Bernhard Meier
Alte Tonarten

Bärenreiter Studienbücher Musik

Herausgegeben von
Silke Leopold
und
Jutta Schmoll-Barthel

Band 3

Bernhard Meier

Alte Tonarten

Dargestellt an der Instrumentalmusik des 16. und 17. Jahrhunderts

Bärenreiter
Kassel · Basel · London · New York · Praha

Bibliografische Information der Deutschen Nationalbibliothek
Die Deutsche Nationalbibliothek verzeichnet diese Publikation in der Deutschen Nationalbibliografie;
detaillierte bibliografische Daten sind im Internet über www.dnb.de abrufbar.

8. Auflage 2024

Umschlaggestaltung: +CHRISTOWZIK SCHEUCH DESIGN
Satz: Tau & Tau Type, Bad Sauerbrunn
Druck und Verarbeitung: docupoint, Magdeburg
Printed in Germany
ISBN 978-3-7618-1053-8
www.baerenreiter.com

INHALT

VORWORT

Den ersten Anlaß zu vorliegendem Buch gab dem Verfasser die Beobachtung, daß die Namen jener Tonarten, die sich als für die sogenannte »klassische Vokalpolyphonie« gültig erweisen ließen, auch in den Titeln von Instrumentalmusik des 16. und frühen 17. Jahrhunderts überraschend oft erscheinen. So stellte sich gleichsam von selbst die Aufgabe, die Frage nach den Tonarten auch für diese Musik zum Gegenstand spezieller Untersuchung zu machen. Vorliegendes Buch bietet die Ergebnisse dieser Studien dar.

Im Hinblick auf das Ziel und die Methode der Untersuchung sah sich der Verfasser auch anderthalb Jahrzehnte nach dem Erscheinen seines Buches »Die Tonarten der klassischen Vokalpolyphonie« nicht dazu veranlaßt, einen anderen Weg als den damals beschrittenen zu verfolgen: galt es doch auch jetzt, entgegen einer Tradition älterer wie auch neuerer Mißdeutungen, das Zeugnis der primären Quellen – der Werktitel und der Aussagen der Musiklehre – wieder ernst zu nehmen, um solcherart zu der Erkenntnis jener »tonartlichen Logik« zu gelangen, welche auch in der Instrumentalmusik des 16. und frühen 17. Jahrhunderts waltet. Diesem Ziel entsprechend muß unsere Darstellungsweise auch jetzt eine vorwiegend zuständliche sein; denn eine entwicklungsgeschichtlich orientierte Untersuchung läßt sich nur dann wirklich sachgemäß vornehmen, wenn wir sowohl den Ausgangspunkt als auch den Endpunkt eines geschichtlichen Prozesses als feste Größe kennen und als in sich gleich »vollkommen« anerkennen, nicht aber wenn wir den Verlauf dieser Entwicklung von vornherein auf lediglich *ein* Ziel beziehen, demgegenüber alle früheren Erscheinungen zu bloßen »Vorstufen« herabsinken.

Bemerkt sei schließlich, daß der als »Grundlagen« betitelte Abschnitt vorliegenden Buches jene Kenntnisse vermittelt, die den Zugang zum Verständnis des Tonartenwesens aller Arten »kunstvoller« Musik der späten Renaissance und des beginnenden Barock, also auch der Vokalmusik, erschließen. Und wie bereits in diesem ersten Abschnitt, wird sich auch im Lauf der folgenden Kapitel dieses Buches immer wieder die Gemeinsamkeit der »mehrstimmigen Tonarten« und der Tonarten des Gregorianischen Chorals als wahrhaft grundlegende Wirklichkeit erweisen.

Gern dankt der Verfasser endlich allen, die ihn beim Zustandekommen vorliegenden Buches unterstützt haben. Sein Dank gilt zunächst den Bibliotheken, die es ihm durch Überlassung von Mikrofilmen ermöglichten, den Bereich seiner Untersuchungen auch über das Repertoire der bisher publizierten Werke hinaus zu erweitern: speziell der Staats- und Stadtbibliothek Augsburg, dem Civico Museo Bibliografico Musicale, Bologna, und der Bayerischen Staatsbibliothek, München. Sodann dankt der Verfasser dem Bärenreiter-Verlag für alles ihm erwiesene Entgegenkommen, und im besonderen Frau Dr. Jutta Schmoll-Barthel für die redaktionelle Betreuung des Buches sowie für ihre vielen wertvollen Anregungen, vor allem betreffs der »Grundlagen« und der »Anhänge«. Schließlich aber dankt der Verfasser wiederum von Herzen seiner lieben Frau, die auch dieses Werk von seinen ersten Anfängen bis zur Vollendung mit kundigem Rat und immerwährender selbstloser Hilfe begleitet hat. Möge man es auch als ihr Werk ansehen.

Pfäffingen bei Tübingen, im Juli 1992 | Bernhard Meier

Abkürzungen

AfMw	Archiv für Musikwissenschaft
AIM	American Institute of Musicology
AMl	Acta Musicologica
ANT	Antiqua. Eine Sammlung alter Musik (Edition Schott)
B.A.	Bärenreiter–Ausgabe
CEKM	Corpus of Early Keyboard Music
CMM	Corpus Mensurabilis Musicae
CSM	Corpus Scriptorum de Musica
Doc. Mus.	Documenta Musicologica, Erste Reihe
DTB	Denkmäler der Tonkunst in Bayern
DTÖ	Denkmäler der Tonkunst in Österreich
EdM	Das Erbe deutscher Musik
E. R.	Edizione Ricordi
Fs.	Festschrift
JAMS	Journal of the American Musicological Society
KmJb	Kirchenmusikalisches Jahrbuch
Mf	Die Musikforschung
MSD	Musical Studies and Documents
R	Reprint
RRMR	Recent Researches in the Music of the Renaissance
TVer	Tijdschrift van de Vereniging voor Nederlandse Muziekgeschiedenis
VfMw	Vierteljahrsschrift für Musikwissenschaft
ZfMw	Zeitschrift für Musikwissenschaft

GRUNDLAGEN

I. Das Problem

Das 16. Jahrhundert ist die Zeit, in welcher neben der Vokalmusik auch die instrumentale Musik endgültig in den Bereich des für schriftwürdig Erachteten aufsteigt. Sie entwächst hiermit dem Bereich des bloß »gewohnheitsmäßigen« Musizierens und wird zu einer auf »Gelehrsamkeit« fundierten »Kunst«, d. h.: sie steigt aus der Sphäre des bloßen »usus« empor und wird zur »ars«, wenn auch noch gut zwei Jahrhunderte vergehen sollten, bis man ihr – auf Kosten der Vokalmusik – den allerhöchsten Rang, die Qualität der sogenannten »absoluten Musik« zuschreiben sollte.

Ein Haupt-Kennzeichen dieses Aufstiegs der Instrumentalmusik ist, wenn wir dem Zeugnis ihrer Quellen Glauben schenken dürfen, die Aneignung und Verwendung des für die Vokalmusik schon seit dem späten 15. Jahrhundert belegten *Tonartensystems* und der hierzu gehörigen Benennungen. Hatte man sich in instrumentaler Musik des frühen 16. Jahrhunderts noch damit begnügt, die Tonart eines Werkes lediglich durch die Tonqualität seines Haupt- und Schlußtons – etwa als komponiert »in *re*«, »in *mi*« usw. – zu bezeichnen, so erscheint 1536 in der Lautentabulatur des Spaniers Luis Milán ein umfangreiches Repertoire von *Fantasías*, denen jeweils eine zahlhafte Tonartbezeichnung *del Primero, del Segundo* etc. bis *del Octavo Tono* vorangestellt ist; dazu, bestimmt für den Spieler dieser Werke, steht am Schluß noch eigens eine »Erklärung der Tonarten, die in der Vokalmusik gebräuchlich sind«.[1] Von nun an gewinnt der Usus, neben vokalen auch instrumentale Werke mit dem Namen authentischer oder plagaler Modi zu benennen, ständig an Verbreitung: allein die bekannten Nachschlagwerke von Brown und Sartori erwähnen z. B. für die Klavier- und Ensemblemusik von ca. 1540–1620 mehr als dreihundert mit solchen Tonartnamen versehene Werke; und für die Lautenmusik der Zeit von 1536 bis zum Jahrhundertende werden etwa zweihundert solcher Kompositionen namhaft gemacht. Und nicht genug mit alledem: nicht weniger als etwa zwanzigmal innerhalb der Drucke von Ensemble- und Klaviermusik und achtmal innerhalb der Drucke von Lautenmusik lassen sich im Lauf der obenerwähnten Zeit Instrumentalwerke als Zyklen durch alle acht bzw. zwölf Tonarten erkennen. Hinzu treten endlich noch »verborgene« Zyklen, d.h. Zyklen, die nicht expressis verbis als solche kenntlich gemacht sind.[2]

Wir finden also in den Quellen instrumentale Musik aller »höheren« Arten sowohl den authentischen als auch den plagalen Modi zugeschrieben, und dies nicht »nur« von Theoretikern. Diesen Zeugnissen gegenüber hat sich die Musikhistorie bisher größtenteils gleichgültig, wenn nicht gar ablehnend verhalten. So lesen wir selbst bei dem besten Kenner älterer Instrumentalmusik, daß »die Unterscheidung zwischen authentischen und plagalen Tönen ... schon im 16. Jahrhundert nur noch eine reine Fiktion war – oder wenigstens gewesen zu sein scheint«.[3] Und der Autor eines der Instrumentalmusik Giovanni Gabrielis gewidmeten Werkes sieht zwar in einer Fußnote zu Recht ein, daß eine Untersuchung der Tonarten dieser Instrumentalmusik »auch die sprachgebundene Musik einzubeziehen« hätte, verfolgt diesen als nötig anerkannten Weg aber nicht weiter.[4] Selbstverständlich – so möchte man fast sagen – begegnen wir auch der Äußerung, die Modusnamen im Titel instrumentaler Werke seien nur als Rücksichtnahme auf die »theologischen und philosophischen Aspekte« zu verstehen: ein Theorem, das für die Vokalmusik der Renaissance seit mehr als anderthalb Jahrhunderten stets wieder nachgesprochen worden ist.[5] Nur eben erwähnt seien endlich jene Analysen, deren Autor – in der Meinung, die Begriffe der dur-molltonalen Harmonielehre genügten zur Erklärung der »Harmonik« von Giovanni Gabrielis Werken – überhaupt darauf verzichtet, die (korrekt zitierten) Modusnamen zu erklären.[6]

Ausführlichere Betrachtung als alle diese Zeugnisse und Vertreter bloßer »Ondit-Tradition« verdient die von Siegfried Hermelink und Harold S. Powers vorgebrachte Lehre von den »Tonarttypen« (»Tonal types«) des 16. Jahrhunderts.[7] Hermelink unterscheidet, mit Berufung auf Werke Palestrinas, insgesamt sechzehn »Tonarttypen mit unverkennbarem Eigencharakter, welche in ihrer Gesamtheit ein durchaus selbständiges, aus den satztechnischen Besonderheiten jener Musik hervorgegangenes System bilden«.[8] Den Widerspruch zwischen den historischen Zeugnissen der Palestrinazeit und dem von ihm vertretenen Lehrsystem glaubt er dadurch lösen zu können, daß – seiner Meinung nach – »das Rüstzeug der zeitgenössischen Theorie und Terminologie allein« nicht hinreiche, »um die historischen Gegebenheiten in ihrer ganzen Tragweite *heute* zu erfassen und darzustellen«; denn »wie der *wahre Sinn* geistiger Erscheinungen schlechthin sich in der Regel *erst im größeren Zusammenhange erschließt*«, so lasse sich auch im Fall der Tonarten der Palestrinazeit »das Wesen der bildenden Kräfte und Gesetze nicht ohne die Zuhilfenahme des erweiterten Vorstellungsbereiches erhellen, der sich *in den nachfolgenden Epochen* der abendländischen Musikgeschichte herausgebildet« habe. Auch wird ausdrücklich bemerkt, daß »der Gedanke, jene … Tonarttypen zu begründen und zu erklären, … einer Reihe von sich wiederholenden (*heutigen*) Erfahrungen und Beobachtungen« entspringe; und Hermelink erkühnt sich sogar zu behaupten, daß die Meister der Palestrinazeit, »*gleichviel ob bewußt oder nicht*, in solchen Kategorien gedacht und empfunden haben«.[9] Mit diesen für die Methode seines historiographischen Vorgehens so aufschlußreichen Sätzen aber steht Hermelink – bisweilen mit fast wörtlichem Anklang – in der Nachfolge Hegels, der dem Historiker im Verhältnis zu den einst handelnden Personen und Völkern dieselbe Rolle einer überlegenen Intelligenz zuweist, die nun auch Hermelink für sich in Anspruch nimmt.[10] Können von solchen Voraussetzungen ausgehend aber Phänomene vergangener Epochen *gerecht* beurteilt werden?

Hermelinks Theorie der »Tonarttypen« ist, allerdings ohne dessen Lehre von den durch »Chiavette« angezeigten Transpositionen, von Harold S. Powers übernommen worden.[11] Von besonderer Wichtigkeit für unseren speziellen Zweck, die Analyse polyphoner wie auch nicht-polyphoner Instrumentalmusik der späten Renaissance und des beginnenden Barock, sind Powers' neueste Publikationen.[12]

Diesen zufolge sind die Modi nichts Reales, und im Hinblick auf die uns überlieferten Tonartbezeichnungen wird behauptet, daß sie lediglich von »Theoretikern« oder Verlegern stammten und daß folglich »Modalität selbst« eher etwas sei, das der mehrstimmigen Musik des 16. Jahrhunderts bloß »zugeschrieben« werde als ihr wirklich »innewohne«.[13]

Stammen nun aber die – gerade bei Instrumentalmusik so zahlreichen – Tonartbezeichnungen wirklich »nur« von Theoretikern oder Verlegern? Und geht es an, diese Personenkreise generell der Mißdeutung dessen, was der Musik ihrer Zeit *tatsächlich* »innewohnt«, zu bezichtigen?

Beginnen wir mit dem Begriff »Teorico«: er schließt für das späte 16. Jahrhundert, wie Lodovico Zacconi – mit ausdrücklicher Berufung auf den Sprachgebrauch seiner Gegenwart – bemerkt, den Besitz kompositorischer Fähigkeit schon »per definitionem« in sich[14]; und schon vierzig Jahre früher rechnet Johannes Oridryus der »musica poetica« nicht nur die Komposition eines Musikwerkes zu, sondern auch – ja sogar an erster Stelle – die Abfassung einer »musiktheoretischen« Schrift.[15] Musiklehre und kompositorische Praxis sind also für das 16. Jahrhundert (und auch für das folgende) keine prinzipiellen Gegensätze: der »Teorico« ist kein Verfechter abgelebter Schulweisheit. Auch haben bekanntlich viele »Theoretiker« des 16. und frühen 17. Jahrhunderts – z.B. Zarlino, Pietro Pontio, Gallus Dreßler, Seth Calvisius und Michael Praetorius – Ämter bekleidet, zu deren Versehung der Besitz kompositorischer Fähigkeiten erstes Erfordernis war.

Des weiteren: Selbst wenn die in Musikdrucken uns überlieferten Modusbezeichnungen »nur« von den Verlegern stammten (eine Behauptung, deren Richtigkeit sich heute nicht mehr nachprüfen läßt), geht es nicht an, jene Verleger der Ignoranz oder »theoretischen« Verbohrtheit zu beschuldigen: auch von ihnen haben sich viele – so Antonio Gardano, Girolamo Scotto, Tilman Susato und Hubert Waelrant – als Komponisten betätigt, und ihre Werke unterscheiden sich allenfalls in der künstlerischen Qualität, nicht aber in den elementaren Grundlagen der »Kompositionswissenschaft« von den Werken der großen Meister.

Endlich kennen wir Tonartbezeichnungen, die zweifellos von den Komponisten der betreffenden Werke stammen: so die Modusbezeichnungen bei Luis Milán (Bezeichnungen, deren »ratio« Milán jeweils noch ausführlich begründet) und in Christian Erbachs autographer Handschrift Wolfenbüttel (W). Zu erwähnen sind ferner Äußerungen von Komponisten, welche sich auf die Modi beziehen: so etwa die Aussage Antonio Cifras in der Dedikation seines Ersten Buchs vierstimmiger Ricercare (s. Anm. 2), die Aussage Giovanni Maria Trabacis bezüglich der Modi seiner Toccaten und der Brief Leonhard Lechners, in welchem dieser Meister (dessen Kompetenz »in musicis« wohl niemand bestreiten kann) sich zur Frage nach der Anzahl der Modi (»Acht oder zwölf?«) äußert und hierbei auch auf Lasso, seinen Lehrer, sowie auf Cyprian de Rore und Alexander Utendal verweist. Die Modusbezeichnungen in diesen Quellen unterscheiden sich aber in nichts von denen, die (angeblich) nur auf »Theoretiker« oder »Verleger« zurückgehen. Der Meinung Hermelinks und Powers' zufolge wäre also eine ganze musikgeschichtliche Epoche – und zwar im Hinblick auf ein fundamentales »Requisitum« der Komposition – einer Selbsttäuschung erlegen! Durch ihre Ablehnung der von den Quellen überlieferten Tonartbezeichnungen stimmen denn auch Hermelink und Powers mit den Vertretern bloßer »On-dit-Traditionen« letztlich überein.

Zwischen den Zeugnissen der Quellen und den Aussagen moderner Autoren bezüglich der Modi klafft also ein Widerspruch, wie er sich schroffer kaum denken läßt.[16] Angesichts dieses status quaestionis ist es nicht nur erlaubt, sondern höchst notwendig, wieder einmal die Frage zu stellen: Besagen die uns überlieferten, gerade im Bereich der Instrumentalmusik besonders häufig vorkommenden Tonartbezeichnungen etwas Reales? Das heißt: Weisen sie auf etwas, das wir schon im bloßen Hören wahrzunehmen fähig sind, wofern wir die uns überlieferten Tonart-Kriterien und Tonartnormen ernst nehmen und versuchen, sie uns wieder anzueignen? Dieser Versuch soll im Folgenden unternommen werden; die Rede sein muß zunächst vom Wesen der Modi und von den Merkmalen, die es ermöglichen, den jeweils vorliegenden Modus zu erkennen.[17]

II. Wesen und Unterscheidungsmerkmale der Modi

Die Tonarten der sogenannten klassischen Vokalpolyphonie (ca. 1540–1600), bezeichnet als *Modi* oder *Toni*, zeigen sowohl Übereinstimmung mit den Tonarten (oder besser: Tongeschlechtern) des Dur-Moll-Systems als auch prinzipielle Unterschiede. Die Übereinstimmung ist eine sozusagen formale: gleich den Dur-Moll-Tonarten existieren auch die Modi im Bewußtsein des Komponisten schon *vor* aller konkreten musikalischen Erfindung, und gleich den Dur-Moll-Tonarten vermitteln auch die Modi den sozusagen »logischen« Zusammenhang eines Musikwerkes. Ebenso fungieren sie – wenn auch nicht sie allein – als Träger affektiver Gehalte. In ihrem »Inhalt« sind die Modi jedoch von unseren Tonarten wesentlich verschieden: sie sind keine Systeme von Dreiklangsbeziehungen, sondern sie fußen auf Gebilden melodischer Art. Dies spiegelt sich aufs deutlichste in den Ausführungen, die die Musiklehre der Renaissance den Modi einerseits und andererseits den Konsonanzen widmet: wo von den Modi gesprochen wird, hören wir nichts von Klängen und Klangfolgen; und wo von diesen die Rede ist, vernehmen wir nichts von den Modi. Der für die Musik des 18. und 19. Jahrhunderts grundlegende Satz, daß die Harmonie der Melodie vorausgehe, hat also für die Zeit, die uns beschäftigt, keine Gültigkeit; ja er verbaut uns von vornherein jeden Zugang zu einem wahrhaft sachgemäßen Verständnis der »alten Tonarten«.[18] Beschreiben wir nun aber die Grundlagen dieser melodischen Tonarten, so erkennen wir: es sind im Prinzip dieselben »fundamenta«, welche für die Melodiebildung des Gregorianischen Chorals gültig oder aus der Melodik dieser einstimmig-liturgischen Gesangsart abgeleitet worden sind. Eindeutige Zeugnisse für diese prinzipielle Gemeinsamkeit der Tonarten von »beiderlei Musik« – der einstimmig choralischen wie auch der mehrstimmigen – geben uns z. B. Johannes Tinctoris (1476), Adrianus Petit Coclico (1552), der Willaert-Schüler Gioseffo Zarlino (1558 und öfters), der Zarlino-Schüler Orazio Tigrini

(1588), der Rore-Schüler Pietro Pontio (1588), Valerio Bona da Brescia (1595) und Seth Calvisius, einer der Amtsvorgänger Bachs im Thomaskantorat (1600)[19]; und die Gültigkeit dieser Aussagen für mehrstimmige Musik findet sich überdies durch den Hinweis auf zeitgenössische Kompositionen, sei es geistlicher, sei es weltlicher Art, bestätigt. Nehmen wir hinzu, was mit Bezug auf die Betitelung instrumentaler Kompositionen mit den Namen aller Modi schon gesagt worden ist, so erkennen wir allein aus dieser gewaltigen Menge von »Exemplifizierungen«, daß es sich hier um ein für jene Zeit gleich Wichtiges gehandelt hat, wie es für die Musik des 18. und 19. Jahrhunderts unser Dur und Moll bedeutet.

Wie aber werden nun die Modi definiert, wie groß ist ihre Anzahl und wie unterscheiden sie sich im einzelnen? Gehen wir aus von einer immer wieder vorgebrachten Definition: Auf die Frage, »was ein Modus sei«, erhalten wir hier die Antwort, der Modus sei »eine bestimmte Regel, die über jeden Gesang betreffs seines Anfangs, seiner Mitte und seines Schlusses urteilt«.[20]

Wir beginnen mit der Erklärung des dem heutigen Leser vertrautesten Begriffes, des Begriffes »finis«. Jeder mit gregorianischen Melodien nur leidlich Vertraute weiß, daß diese auf vier Tönen enden können, die deshalb als »finales«, d.h. Schluß- und Haupttöne der Melodien bezeichnet werden. In der Notierung des Chorals erscheinen sie gewöhnlich als die Töne d, e, f und g. Wichtiger als diese Ton*höhe* ist jedoch, besonders für mehrstimmige Musik, ihre Ton*qualität*, ausgedrückt durch die Solmisationssilben *re, mi, fa* und *sol*. (Zur Solmisation s. Anhang I.) Mit Hilfe dieser Silben ist sogleich die Lage der Ganz- und Halbtöne im nächsten Umkreis der Finalis bestimmt, unabhängig davon, mit welchem Tonbuchstaben diese Finalis bezeichnet sein mag. Geben wir, um uns von dem allzu gewohnten, für die Bestimmung der Tonarten mehrstimmiger Musik geradezu verhängnisvollen Haften an den Tonbuchstaben d, e, f und g von vornherein zu lösen, die genannten Tonqualitäten der vier Finales schematisch wieder:

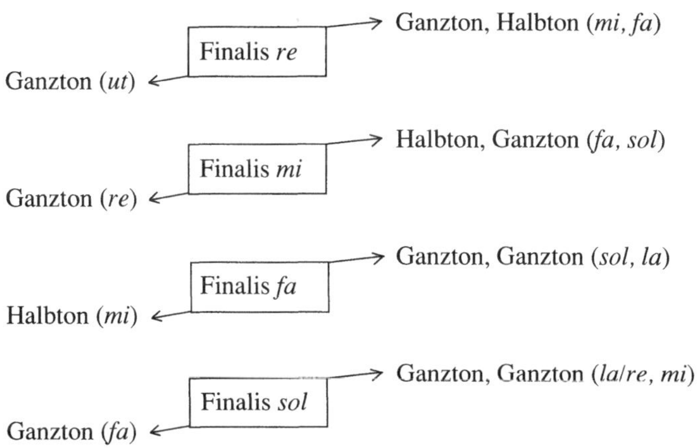

Einer jeden dieser vier Finales gehören nun aber *zwei* Modi zu, ein authentischer und ein plagaler Modus:
der Finalis *re* der 1. und 2.,
der Finalis *mi* der 3. und 4.,
der Finalis *fa* der 5. und 6.,
der Finalis *sol* der 7. und 8. Modus.[21]

Der Unterschied der authentischen und der plagalen Modi tritt alsbald zutage, wenn wir uns den Begriffen »Anfang« und »Mitte« aus der oben angeführten Definition zuwenden. Als für den »Anfang« wesentlich wird uns gesagt, daß die Melodik authentischer Modi durch rasches Aufsteigen von der Finalis zu deren Oberquinte – oder noch höher hinauf – gekennzeichnet werde, die Melodik plagaler Modi hingegen durch baldigen Abstieg von der Finalis zu deren Unterquarte oder durch längeres Verweilen im nächsten Umkreis der Finalis.

Für die Unterscheidung authentischer und plagaler Modi im Hinblick auf die »Mitte« gregorianischer Melodien werden zwei Begriffe eingeführt: »ambitus« und »repercussio«. Von ihnen bezeichnet »ambitus« (oder »cursus«) den einem jeden Modus gestatteten Tonumfang, jeweils bezogen auf die Finalis.[22] Dieser Tonumfang reicht im »Idealfall« bei den authentischen Modi von der Finalis aufwärts bis zu deren Oktave, abwärts nur eine Sekunde; bei den plagalen Modi jedoch nur bis zur Oberquinte der Finalis, abwärts hingegen bis zu deren Unterquarte. Der »Hauptton« liegt also nur bei den authentischen Modi am unteren Ende des verfügbaren Tonraumes, bei den plagalen Modi jedoch etwa in dessen Mitte. Die genannten Tonräume dürfen aber nicht allzu schematisch verstanden werden: es besteht kein Zwang, daß jede Melodie den Ambitus ihres Modus gänzlich ausfülle, und es bestehen andererseits gewisse »Lizenzen«, d.h. Überschreitungen des regulären Ambitus, die aber am Charakter des Modus noch nichts ändern. Diese »Lizenzen« reichen bei den authentischen Modi aufwärts bis zur None oder Dezime, bei den plagalen bis zur Sexte oder (besonders in der Mehrstimmigkeit) gelegentlich auch bis zur Septime oberhalb der Finalis. Nach der Tiefe hin können die Melodien authentischer Modi oft bis zur Untersekunde, bisweilen bis zur Unterterz, die Melodien plagaler Modi bis zur Unterquinte der Finalis abwärts führen. (Stärkere Abweichungen von dieser Norm zeigt bereits im Gregorianischen Choral der 4. Modus; er reicht abwärts nur bis zur Unterterz seiner Finalis, aufwärts aber oft bis zur Obersexte c'; somit unterscheidet er sich am wenigsten von dem gleichfalls zur Finalis *mi* gehörigen Authenticus – eine Tatsache, die für die mehrstimmige Darstellung des 3. und des 4. Modus, wie sich zeigen wird, von weittragenden Folgen ist.)

Die solcherart umschriebenen Bewegungsräume authentischer und plagaler Melodien sind nun aber keine »leeren« Räume, deren Ausfüllung im Belieben des Komponisten steht. Was diese Tonräume ausfüllt, oder besser noch: was sie als solche Tonräume erst entstehen läßt, sind vielmehr *Archetypen melodischer Verläufe*: Archetypen, die zwar »an sich« nirgends existieren, aber als gleichsam physiognomische Grundzüge eines jeden Modus in allen seinen Melodien wirksam sind. Schon den Choraltheoretikern des Mittelalters ist dies sehr wohl bewußt gewesen: so sprechen etwa die beiden meistgelesenen Autoren jener Zeit,

Guido von Arezzo und Johannes Affligemensis, davon, daß der erfahrene Musiker »die Eigenarten und sozusagen die unterschiedlichen Gesichter der Modi« schon beim bloßen Hören derart sicher unterscheiden könne, wie ein weitgereister Mann imstande sei, die Angehörigen verschiedener Völker nach ihrer Gestalt und ihren »Sitten« untrüglich zu bestimmen. Das 16. Jahrhundert hat den hiermit ausgesprochenen Hinweis auf die Formelhaftigkeit der Melodik eines jeden Modus in der Lehre von den sogenannten »repercussiones« für den Schulgebrauch handlich zusammengefaßt. Definiert erscheint der Begriff »repercussio« als »ein Intervall, welches, eigentümlich einem jeden Modus, sehr oft wiederholt wird«.[23] Verwiesen finden wir uns dabei immer wieder auch speziell auf die Bedeutung dieses Intervalls für die Bildung der »fugae« (Imitationsmotive) und »clausulae« (Kadenzen) mehrstimmiger Musik; und ebenso wird, um eventuellem Mißverstehen vorzubeugen, sogleich bemerkt, daß diese Repercussionen nicht »nackt« darzubieten, sondern »etwas verdeckt« einzuführen seien. Sie bilden also, um es in einer heute geläufigen Sprechweise auszudrücken, Gerüst-Intervalle, durch welche sich die einzelnen Modi – und vor allem die Authenti und Plagales – deutlich voneinander unterscheiden. Diese die »Diktion« (»phrasis«) der einzelnen Modi bestimmenden Intervalle führen jeweils von der Finalis aufwärts zu einem zweiten Hauptton, der sogenannten Repercussa. Dieser zweite Hauptton – im französischen Sprachgebrauch des 16. Jahrhunderts: diese »note dominante« – ist allein für die authentischen Modi die Oberquinte der Finalis (im 3. Modus sogar deren Obersext); in den plagalen Tonarten ist diese »Dominante« hingegen nur die Terz oder die Quarte.

Hier ein Schema der bisher angeführten Unterscheidungsmerkmale der Modi (Finalis = Ganze Note, Repercussa = rhombische Note, dazu der Ambitus, die »Lizenzen«, d. h. mögliche Erweiterungen, in Klammern):

Als Beispiele für die »gerüstbildende« Funktion der Repercussionen vorgeführt seien überdies die mittelalterlichen Memorierformeln des 1. und des 2. Modus[24]:

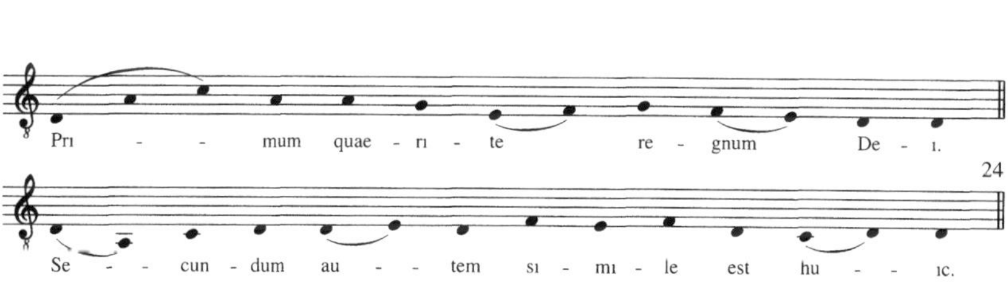

Die vorstehend gegebene Darstellung der Modi und ihrer Merkmale ist aus der Praxis des liturgischen Gesangs und des auf diese Praxis abzielenden Unterrichts entsprungen. Man hat sie deshalb als das »kirchlich-abendländische System« der Modi bezeichnet. Außer diesem System der Modus-Darstellung existiert aber noch ein zweites, dessen Ursprung spekulativer Art ist: das sogenannte »pseudoklassische System«. In diesem aus mißverstandener antiker Theorie hergeleiteten System erscheinen die Modi definiert als Oktavskalen, jede derselben zusammengesetzt aus den verschiedenen Arten (»species«) der Quinte + Quarte (Authenti) oder Quarte + Quinte (Plagales). Die Finalis eines jeden Moduspaares befindet sich also am unteren Ende der den beiden Modi gemeinsamen Quintenspecies (»communis Diapente«), der Unterschied beider Modus-Arten – Authenti und Plagales – aber beruht allein auf der verschiedenen Anbringung der »species Diatessaron« (Quartengattung); die einzelnen »species« beider Intervalle aber unterscheiden sich durch die Lage der Ganz- und Halbtonschritte, ausgedrückt durch die jeweilige Solmisation. Hier das System der »pseudoklassischen« Darstellung der acht Modi:

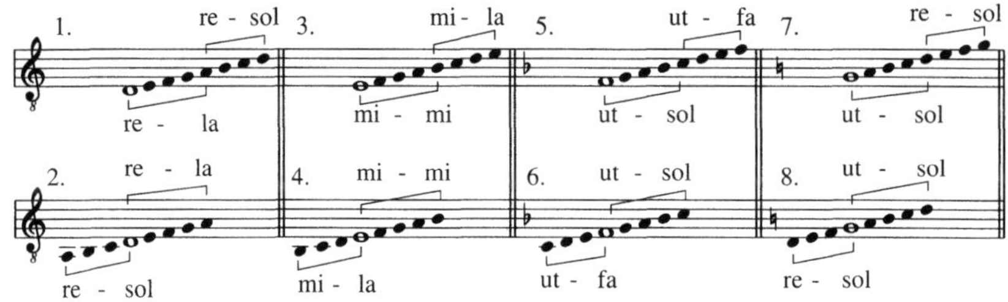

Dieses System hat zuerst in Italien seit Marchetus von Padua (Anfang des 14. Jahrhunderts) ausschließliche Geltung erlangt. Nördlich der Alpen hingegen erlangte die »pseudoklassische« Definition und Darstellung der Modi erst im 16. Jahrhundert größere Bedeutung: zunächst durch die Rezeption der (1496 erstmals gedruckten) *Practica Musicae* des Mailänder Domkapellmeisters Franchinus Gafurius, sodann vor allem durch das 1547 erschienene, aber schon 1519–1539 entstandene *Dodekachordon* des musikalisch interessierten Humanisten Heinrich Loriti Glareanus, der aus dieser rein skalaren Deutung der Modi als aus einem, wie er glaubte, noch erhalten gebliebenen Traditionsgut antiker Musik, seine Theorie der zwölf Tonarten herleitete.[25]

Hier das von Glarean erweiterte System der Tonarten (1.- 4., 7. und 8. Modus wie im traditionellen System):

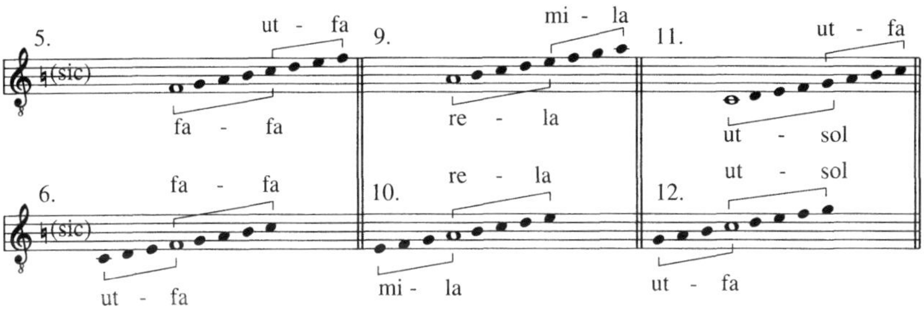

Vornehmlich die Autorität Glareans hat dieser skalaren Interpretation der Modi in der musikgeschichtlichen Literatur des 19. Jahrhunderts eine geradezu ausschließliche Geltung verschafft. Betonen wir demgegenüber um so nachdrücklicher: Es handelt sich bei der »pseudoklassischen« Definition und Darstellung der Modi um eine »mittelalterliche und neuzeitliche Konstruktion«.[26] Die ausschließlich skalare Definition der Modi wird gerade jenen Grundzügen und Merkmalen, die wir zuvor erwähnten, nicht gerecht: »übertrieben« wird etwa die Bedeutung des jeweiligen Oktav-Ambitus, der im 4. Modus so gut wie niemals durchmessen wird und auch für die übrigen Modi nur eine »Kann-«, nicht eine »Muß-Vorschrift« darstellt; unerwähnt bleibt in der »pseudoklassischen« Definition der Modi andererseits die Bedeutung formelhafter Melodiewendungen für die einzelnen Tonarten (wofern der betreffende Theoretiker nicht, wie sogar Glarean mit seinem Begriff »phrasis«, beim kirchlich-abendländischen System »Anleihen macht«); und endlich führt die »pseudoklassische« Darstellung der Modi uns deren Tonmaterial in einer »Reinheit« vor Augen, wie sie nicht einmal der Gregorianische Choral, geschweige denn die mehrstimmige Musik der Renaissance zeigt. Dies gilt besonders für die zwei »in *fa*« fundierten Modi; sie werden in der vorglareanischen Tonartenlehre mit genereller Vorzeichnung von b (also mit der Quinten-species *ut-sol*, innerhalb des Hexachordum molle) notiert; und selbst Werke, die sich durch ihren Titel als im Glareanischen Lydius oder Hypolydius (fundiert also auf f, aber mit h) komponiert zu erkennen geben, kommen niemals ohne irgendwelche episodische Verwendung des b-molle aus.[27] Trotz aller dieser ursprünglichen Praxisferne dürfen wir die rein skalare Definition der Modi indes nicht für schlechthin belanglos ansehen; für ihre Anhänger können auch die »reinen« Gattungen der Quart und Quinte als »Grundlage« der Bildung von Imitationsmotiven dienen. »Formelhafte« und skalare Interpretation der Modi werden uns im Lauf unserer Analysen immer wieder, nebeneinanderlaufend gleichsam, begegnen.

III. Modi und Mehrstimmigkeit

Wie können jedoch diese Unterscheidungsmerkmale authentischer und plagaler Modi – alles Merkmale melodischer Art – auch für die Komposition mehrstimmiger Musik anwendbar sein? Schließen sich Mehrstimmigkeit und Unterscheidung von Authenti und Plagales nicht von vornherein aus?[28] Diese fast bis in unsere Tage vorgebrachte Meinung ergibt sich notwendigerweise daraus, daß mit dem Begriff »Mehrstimmigkeit« sogleich der Begriff eines (zumindest potentiell »schon« vorhandenen) akkordischen Satzes verbunden wird. Sind aber die Kriterien der Modi und die Regeln des mehrstimmigen Satzes klassischer Vokalpolyphonie wirklich derart unvereinbar? Befragen wir denn die Musiklehre der Renaissance im Hinblick auf das Problem »Modi und Mehrstimmigkeit«. Als erstes bemerken wir: Diese Musiklehre – und auch die Musik dieser Zeit – zeigt uns sowohl vertraute als auch fremde Züge. Vertraut ist uns z. B., daß schon seit etwa dem ersten Drittel des 15. Jahrhunderts nun auch Terz und Sext als Konsonanzen – mit nur mehr geringen Einschränkungen für die Sexte – anerkannt sind. Ebenso vertraut ist uns, daß nun die Vierstimmigkeit, oft verglichen mit den vier Elementen, die Grundlage des vokalen Satzes bildet; sodann, daß alle Stimmen – Sopran (Cantus), Alt, Tenor und Baß – satztechnisch »wesentlich« und gleichberechtigt sind; daß also bei der Konzeption des Werkes bereits alle Stimmen in Betracht gezogen wurden und daß schon das Fehlen *einer* Stimme das Werk zum Fragment macht. Gleich vertraut sind uns ferner jene Aussagen, mit welchen die Musiklehre des 16. Jahrhunderts auf die Wichtigkeit des Basses als des »Fundamentes« der Zusammenklänge hinweist. Auch die allmähliche Entstehung des Dreiklangsbegriffes können wir an Zeugnissen seit etwa 1550 deutlich ablesen; und noch vor dem Jahrhundertende (1591) sieht ein deutscher Theoretiker, Cyriacus Schneegaß, im Zusammenklang von Baßton, Terz und Quint erstmals ein trinitarisches Symbol.[29] Diese »moderne« Seite der Musik der Renaissance ist aber nicht das Ganze und geschichtlich allein »Zählende«; die uns fremden Charakterzüge jener Musik müssen wir als gleich bedeutungsvoll und somit als gleich »wirklich« ansehen und würdigen.

Stimmendisposition

Zu diesen uns auf den ersten Blick fremd anmutenden Zügen gehört die Ausführlichkeit, mit welcher das Problem der Stimmen-Zuordnung behandelt wird. Diese Zuordnung ergibt sich nicht, wie wir vielleicht erwarten möchten, aus der »bloß« natürlichen Leistungsfähigkeit eines Soprans, Tenors etc., sondern aus genau definierten Relationen der verschiedenen den Stimmen zugewiesenen Tonräume. Betrachten wir kurz die für klassische Vokalpolyphonie sozusagen normale Stimmendisposition (genannt »a voce piena«; vgl. S. 22f.). Sie umfaßt, gerechnet vom tiefsten Baßton bis zum höchsten Ton des Soprans, einen Gesamt-Klangraum von etwa 2 $^1/_2$ Oktaven. Die Bewegungsräume der einzelnen Stimmen sind innerhalb dieses Gesamt-Klangraums so angeordnet, daß einerseits der Tenor und Sopran, andererseits der Baß und Alt oktav-identische Tonumfänge aufweisen, die

Tonumfänge von Sopran und Alt, Tenor und Baß sich indes um eine Quarte oder Quinte überschneiden. Aus dieser Disposition ergibt sich somit, daß im mehrstimmigen Satz stets *beide* Modi der jeweiligen Finalis vorhanden sind. Es wäre aber irrig, wollten wir hieraus den Schluß ziehen, daß diese Modi sich gegenseitig aufheben. Im Hinblick auf die Tonart wird vielmehr dem Tenor und Sopran der Vorrang zuerkannt: zeigen diese beiden Stimmen den Ambitus und die sonstigen Kennzeichen eines authentischen Modus, so ist der Modus des *gesamten* Werkes als authentisch anzusehen; und zeigen die genannten beiden Stimmen die Merkmale eines plagalen Modus, so gilt auch dieser für das *ganze* Werk. Jene beiden Stimmen, die im Diskantsatz des 15. Jahrhunderts den satztechnischen Vorrang innehatten, behalten also auch in der Musik des 16. und frühen 17. Jahrhunderts ihre *tonartliche Vorzugsstellung*. Mit einem sehr bildkräftigen Vergleich stellt der uns schon bekannte – und wie wir sahen, dem zu seiner Zeit »Modernen« keineswegs abholde – Cyriacus Schneegaß diesen Sachverhalt vor Augen, wenn er zur Struktur des mehrstimmig-vokalen Satzes folgendes bemerkt: »In compositis cantionibus quilibet Authenta cum suo Plagio, et vice versa Plagius cum Authenta, propter Quintae et Quartae communionem … prorsus commiscentur, ita tamen, ut alter illorum *dominetur*, et alter *subserviat*. Ille scilicet in Discanto [sic] et Tenore, hic in Alto et Basso.«[30] (In mehrstimmigen Gesangskompositionen wird jeder authentische Modus mit seinem [zur selben Finalis gehörigen] plagalen Modus, und umgekehrt jeder plagale Modus mit seinem [zur selben Finalis gehörigen] authentischen Modus wegen der Gemeinsamkeit der Quinte und Quarte [d. h. wegen der teilweisen Ambitus-Überschneidung benachbarter Stimmen] vermischt; so jedoch, daß der eine von ihnen herrscht und der andere dient; jenes nämlich [sc. das Herrschen findet sich] im Diskant [=Sopran] und Tenor, dieses [sc. das Dienen findet sich] im Alt und Baß.)

Gerade jene Stimme, die für die Musik des 18. und 19. Jahrhunderts die tonartlich-modulatorischen Vorgänge regelt, der Baß, wird also noch von einem Autor des ausgehenden 16. Jahrhunderts unter die »dienenden« Stimmen verwiesen; und sogar noch im Jahre 1631 finden wir dieselbe Einschätzung des Basses in bezug auf das tonartliche Geschehen, dazu durch einen italienischen Autor, Silverio Picerli, ausgesprochen: in seinem *Specchio Secondo di Musica*, S. 174f., bemerkt Picerli nämlich, daß man den Modus nicht nach dem Baß beurteilen dürfe: denn der Baß und Alt verliefen »immer in Intervallgattungen, die dem Modus, in welchem das Werk komponiert ist, entgegengesetzt sind«.[31] Positiv ausgedrückt besagt dies wiederum, daß der Tenor und Sopran den insgesamt gültigen Modus bestimmen.

Die hier für die Modus-Bestimmung angeführten Belege stellen keineswegs singuläre, sondern in ihrer Art *typische* Erscheinungen dar. Auf dieselbe Weise verfahren etwa Zarlino, sein Schüler Giovanni Maria Artusi, Seth Calvisius, Joachim Burmeister, Johannes Lippius, Maternus Beringer und Michael Praetorius. Auf weitere Zeugnisse dieser Art hat Siegfried Gissel neuerdings verwiesen.[32] Auch Autoren, die, wie Gallus Dreßler in seiner *Practica Modorum explicatio* (Jena 1561) oder der Rore-Schüler Pietro Pontio in seinem *Dialogo* (Parma 1595), das Stimmendispositions-Schema nicht eigens erwähnen, zeigen doch durch ihre Tonart-Beispiele (bei Dreßler nicht weniger als acht vollständig abgedruckte Motetten), daß sie deren authentische oder plagale Modalität nach eben den von uns angeführten Grundsätzen bestimmt haben. Dasselbe gilt für keinen Geringeren als Leonhard Lechner: in einem uns erhaltenen Brief äußert sich dieser bedeutendste Schüler Lassos nicht allein zur Frage »Acht oder zwölf Modi« (wobei die Hälfte stets Plagales sind), sondern er referiert uns auch die Meinung seines Lehrers als eines Anhängers der altüberlieferten Theorie, und er verweist hierfür auf ein »nach den 8 tonis ordenlich nacheinander« angelegtes Buch fünfstimmiger Motetten Lassos.

Dieses Buch ist als der Druck Boetticher 1562 δ leicht zu identifizieren, und eine Prüfung der in ihm enthaltenen Werke zeigt, daß auch Lasso, der genialste Komponist der späten Renaissance, im Hinblick auf die Handhabung der Tonarten genau nach den von der gleichzeitigen Musiklehre uns überlieferten, vorstehend dargelegten Grundsätzen verfahren ist.[33]

Im Folgenden vorgeführt seien die Stimmendispositions-Schemata der acht Modi. (Das Dispositionsschema des 4. Modus ist allerdings von bloß idealtypischem Charakter.)

C = Cantus (Sopran), A = Altus, T = Tenor, B = Bassus
Die Finalis ist jeweils typographisch hervorgehoben.

1. Modus, Finalis *re*

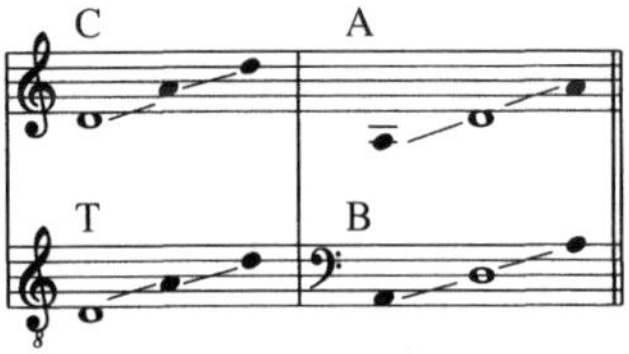

C **d'** – a'– d''
A a – **d'** – a'
T **d** – a – d'
B A – **d** – a

2. Modus, Finalis *re*

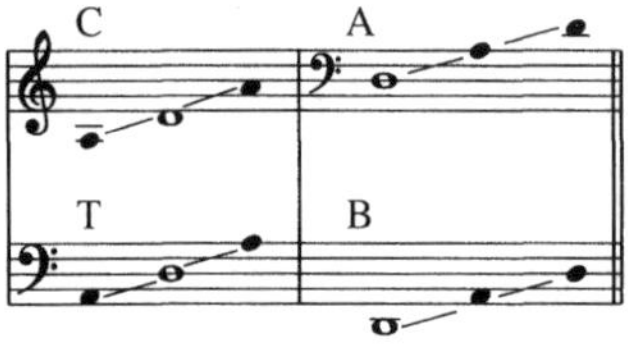

C a – **d'** – a'
A **d** – a – d'
T A – **d** – a
B **D** – A – d

3. Modus, Finalis *mi*

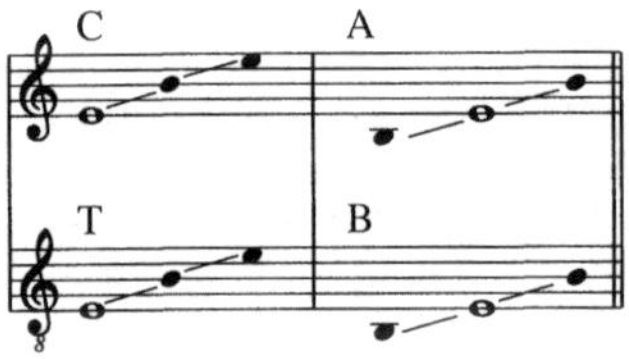

C **e'** – h'– e''
A h – **e'** – h'
T **e** – h – e'
B H – **e** – h

4. Modus, Finalis *mi*

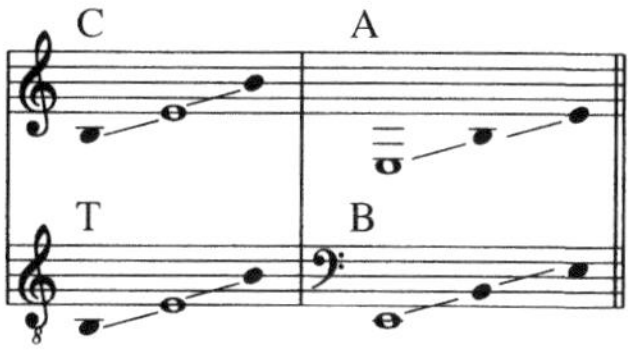

C h – **e'** – h'
A **e** – h – e'
T H – **e** – h
B **E** – H – e

5. Modus, Finalis *fa* (mit b)

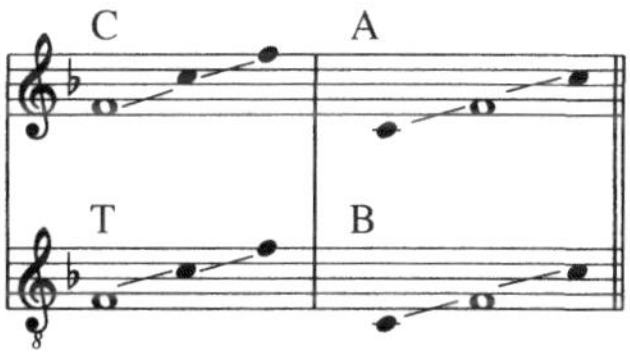

C **f'** – c'' – f''
A c' – **f'** – c''
T **f** – c' – f'
B c – **f** – c'

6. Modus, Finalis *fa* (mit b)

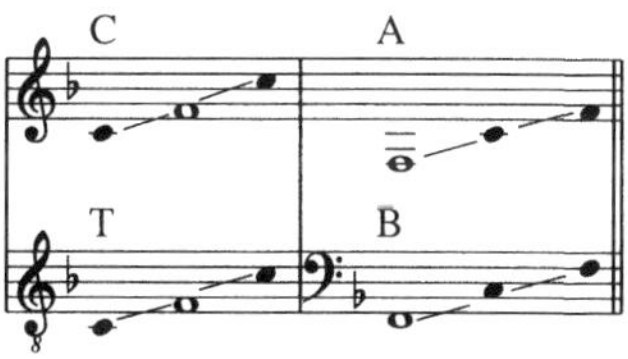

C c' – **f'** – c''
A **f** – c' – f'
T c – **f** – c'
B **F** – c – f

7. Modus, Finalis *sol*

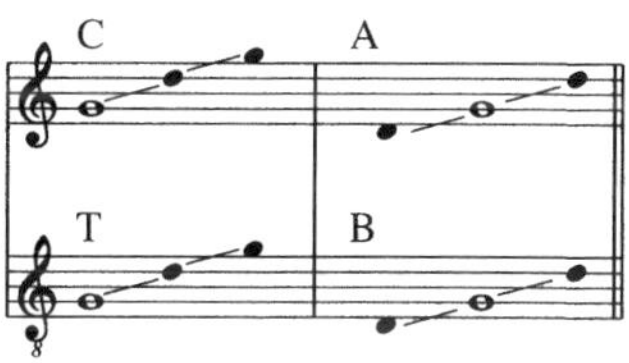

C **g'** – d'' – g''
A d' – **g'** – d''
T **g** – d' – g'
B d – **g** – d'

8. Modus, Finalis *sol*

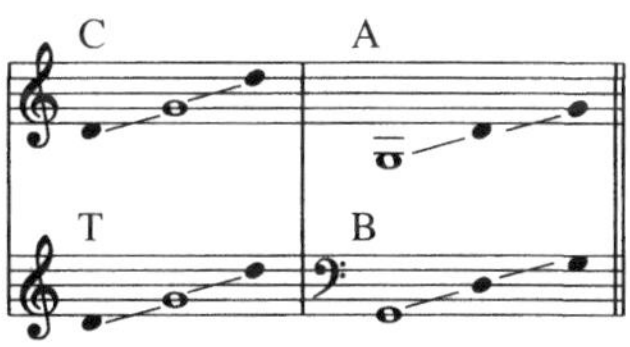

C d' – **g'** – d''
A **g** – d' – g'
T d – **g** – d'
B **G** – d – g

Das Notenschema zeigt die Oktavidentität der Stimmenpaare Cantus und Tenor, Altus und Bassus; das Buchstabenschema zeigt im besonderen die Ambitus-Überschneidungen der jeweils benachbarten Stimmen.

Außer in dieser ihrer »natürlichen« Lage (Finales innerhalb des Hexachordum naturale) können die Modi aber auch auf andere Tonstufen transponiert erscheinen, sofern nur ihre skalare Struktur unverändert bleibt. Wir nennen im Folgenden die gebräuchlichsten Transpositionen.

Der 1. Modus erscheint oft um eine Quarte höher versetzt, also mit Finalis g und vorgezeichnetem b-molle.

Der 2. Modus kommt so gut wie niemals in seiner »natürlichen«, extrem tiefen Lage vor. Wir finden ihn statt dessen meistens »per b-molle« um eine Quarte aufwärts transponiert; und ihrer Verbreitung wegen wird diese Notierungsweise oft nicht mehr als Transposition betrachtet. – Außerdem erscheint der 2. Modus bisweilen auch transponiert in die Oberoktave seiner »natürlichen« Lage, also in den Tenor-Ambitus a – **d'** – a und den Sopran-Ambitus a' – **d''** – a''.

Der 4. Modus erscheint gleichfalls oft um eine Quarte höher transponiert, also mit Finalis a und vorgezeichnetem b-molle. Der Cantus und Tenor bewegen sich in diesem Fall abwärts bis zur Unterquinte der Finalis.

Die traditionellen Modi 5 und 6 erscheinen auch – jetzt ohne b-Vorzeichnung – versetzt auf die Finalis c (5.) bzw. c' (6. Modus, jeweils Tenorlage).

Transpositionen der Modi 3, 7 und 8 kommen nur selten vor. Hier eine Übersicht der erwähnten Transpositionen (jeweils in Tenorlage):

1. Modus

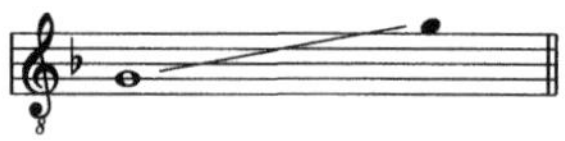

2. Modus

3. Modus (selten)

4. Modus

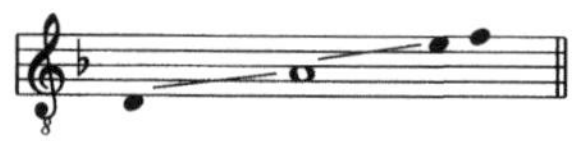

5. Modus (traditionell)

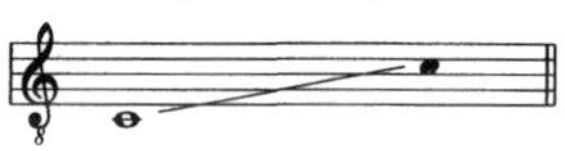

6. Modus (traditionell)

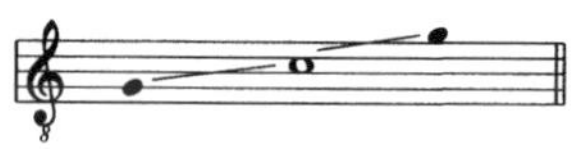

7. Modus (selten)

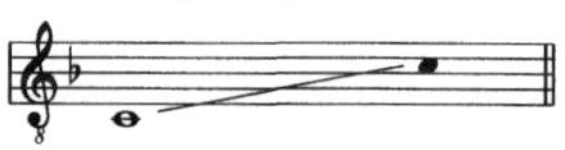

8. Modus (selten)

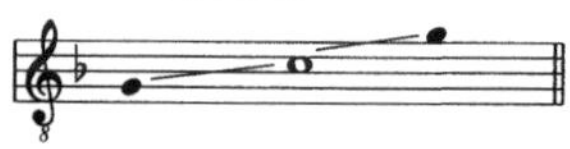

Ebensowenig wie die einstimmig dargestellten Modus-Skalen dürfen wir aber auch diese Dispositions-Schemata der mehrstimmig-authentischen und mehrstimmig-plagalen Modi für leere Abstraktionen halten. Innerhalb dieser Tonräume entfaltet sich vielmehr die durch das modal vorrangige Stimmenpaar geprägte Melodik in grundsätzlich gleicher Weise wie im liturgischen Choral; die Repercussionen und die »species« behalten also ihre volle Gültigkeit.

Kadenzen

Hinzu tritt endlich ein weiteres Unterscheidungsmerkmal der Modi, im besonderen auch des zur selben Finalis gehörigen Moduspaares: die Kadenzen.[34] Als erstes müssen wir uns vergegenwärtigen, was die Zeit der Renaissance unter »Kadenz« verstanden hat. Hierbei stoßen wir wiederum auf etwas uns zunächst Befremdendes: von »der Kadenz« als der stärksten, dabei immer noch vollständigen Abbreviatur einer Tonart (»I-IV-V-I«) ist in der Musiklehre des 16. und frühen 17. Jahrhunderts nirgends die Rede; die Definitionen des Begriffs »Kadenz« zielen vielmehr in erster Linie auf deren Funktion als musikalische Zäsur, verglichen mit den stärkeren oder schwächeren Einschnitten innerhalb einer wohlgeordneten und »geschmückten« Rede. Erst *nach* der Darstellung dessen, was eine Kadenz, in diesem Sinne verstanden, sei, wird dann, unter dem Stichwort »Gebrauch der Kadenzen«, die Frage »Kadenzen und Modi« behandelt. Die prinzipielle Trennung von Tonarten- und Konsonanzlehre findet auch in dieser Art der Darstellung ihren Ausdruck; und gleichermaßen darin, daß mit dem Begriff »Kadenz« *zwei* Systeme charakterisierender Epitheta – das eine zielend auf die kontrapunktische Struktur, das andere auf den modalen Rang von Kadenzen – verbunden werden. Wir wenden uns zunächst den kontrapunktischen Vorgängen zu, die für die Zeit der klassischen Vokalpolyphonie das Wesen von Kadenzen bilden.

Beginnen müssen wir auch jetzt mit einer Negation der uns geläufigen Betrachtungsweise: Wir sind gewohnt, den Kern einer Kadenz im Zusammenwirken von Baß (mit Quartsprung aufwärts oder Quintsprung abwärts) und jener Oberstimme, die den »Leitton« trägt, zu sehen. Die Zeit der Renaissance weist hingegen auch innerhalb des als Kadenz bezeichneten Vorgangs dem Tenor und Sopran die wichtigste Rolle zu: den Kern der Kadenz bildet die Fortschreitung dieser beiden Stimmen von der imperfekten zur perfekten Konsonanz – meist von der großen Sexte zur Oktav – , wobei die große Sext, wenn sie nicht schon vorhanden ist, durch »künstliche«, als etwas Selbstverständliches aber nicht notierte, Erhöhung geschaffen wird. Man sehe etwa folgende Beispiele:

Jede dieser stereotypen Melodiewendungen umfaßt zwei Töne, die sogenannte Penultima (vorletzter Ton) und Ultima (letzter Ton). Hierbei ist die aufwärts führende Wendung »von Haus aus« dem Cantus (Sopran) eigen, die um eine Sekunde abwärts führende Wendung dem Tenor. Dementsprechend werden diese Melodiewendungen als »Clausula cantizans« bzw. »Clausula tenorizans« bezeichnet.

In der Praxis erscheint die »Clausula cantizans« jedoch meistens durch eine Vorhaltsbildung 7-6 bereichert, d. h. auf *drei* Töne – Antepenultima, Penultima und Ultima – erweitert. Kadenzen dieser Art werden, im Gegensatz zu den vorhaltlosen »Clausulae simplices« (= »einfachen Kadenzen«), »Clausulae formales« (= »förmliche Schlüsse«) genannt. Hier wiederum drei Beispiele:

Eine Erweiterung dieses stereotypen Melodie- und Konsonanzfolgen-Gerüstes zu drei-, vier- oder mehrstimmigen Gebilden kann auf zwei Arten erfolgen: zunächst dergestalt, daß die Clausula tenorizans »in fundamento«, d. h. in der tiefsten Stimme bleibt; sodann derart, daß dem abwärtsführenden Sekundschritt der genannten Klausel die Konsonanzfolge Unterquinte-Einklang oder Unterquinte-Unteroktave als Baß-Klausel (»Clausula basizans«) substruiert wird. Auch hierfür einige Beispiele:

Clausula tenorizans in fundamento:
a) 3 voc.

b) 4 voc.

Clausula basizans in fundamento:

Die Beispiele zeigen, daß bei der ersten Art von Kadenzen (Clausula tenorizans in fundamento) die Clausula cantizans ihren »angestammten Ort« verlassen und in eine der Mittelstimmen versetzt werden kann. In den Kadenzen, welche als »Fundamentstimme« die Clausula basizans aufweisen, können sogar die Clausula cantizans und tenorizans in jede der Mittelstimmen »wandern«.

Einer besonderen Erwähnung bedarf endlich die vierstimmige Form der »Clausula in *mi*« (gleich auf welcher Tonstufe sie erscheinen mag). In ihr kann unter der Penultima der Clausula tenorizans keine reine Quinte gebildet werden; denn würde man, um die Einführung der üblichen Clausula basizans zu ermöglichen, die Tenorklausel durch akzidentelle Erhöhung ihrer Penultima verändern, so wäre hiermit die Progression *fa-mi* der Tenorklausel zu *mi-re* verändert, d. h. der *mi*-Charakter der Kadenz zerstört (wie dies, um der Darstellung gewisser Textworte willen, bisweilen geschieht). Vierstimmige »Clausulae in *mi*« weisen deshalb folgende Sonderform der Clausula basizans auf (s. Beispiel a):

a)

b)

Befremdlich an dieser Kadenzbildung ist für uns der Umstand, daß die Kadenz-Ultima hier von ihrer Unterquinte fundiert wird. Diese Fundierung kann zwar dadurch, daß der Baß nachträglich in den Einklang oder die Unteroktave des Tenor-Schlußtons springt, »korrigiert« werden (s. Beispiel b). Notwendig aber ist diese »Korrektur« nicht; auch ohne sie bleibt der *mi*-Charakter der Kadenz erhalten. Noch einmal sehen wir, daß, gleich wie in der Stimmendisposition, so auch innerhalb von Kadenzen nicht der Baß, sondern der Tenor zu den ursprünglichen beiden »Hauptstimmen« gehört.

Einen weiteren Teil der Lehre von den Kadenzen als stereotypen kontrapunktischen Gebilden stellt die Lehre vom »fuggir la cadenza« dar, d. h. die Lehre von Kadenzen, die zwar bis zur Penultima regelrecht verlaufen, dann jedoch, wider Erwarten des Hörers, nicht zu ihrem angebahnten Ziel gelangen, sondern »abgebogen« und dadurch in ihrer gliedernden Wirkung abgeschwächt erscheinen. Sämtliche Formen dieser Kadenz-Abschwächungen können hier nicht dargestellt, sondern nur durch den »Usus« erlernt werden[35] (s. Anhang II). Nur soviel sei bemerkt: unser »Trugschluß« V-VI stellt lediglich *eine* unter vielen Formen der »Cadenze fuggite« dar; und ferner: auch die »Cadenze fuggite« bleiben Kadenzen, welche im Kadenzplan eines Werkes »gelten«.

Mit dieser letzten Bemerkung sind wir bereits zur zweiten für die Behandlung der Kadenzlehre wesentlichen Frage, der Frage »Modus und Kadenzen« gelangt. Auch hier müssen wir mit einer Negation des uns Geläufigen beginnen: Wir hören nämlich stets von »den Kadenzen« eines Modus, nicht von »der Kadenz« desselben. Das heißt: im Gegensatz zu unseren Tonarten besitzt ein jeder Modus *mehrere* Kadenzen, die als ihm »eigen« gelten. Gewiß hat die Kadenz auf der Finalis stets den höchsten Rang inne; ihr zur Seite treten aber stets auch einige Kadenzen auf anderen Tonstufen und dies in hierarchisch abgestufter Ordnung. Eine Kadenz außerhalb der Finalis bedeutet also nicht »per se« schon eine »Ausweichung« oder »Modulation«; ebensowenig aber darf »ad libitum« auf jeder Tonstufe der Skala eines Modus kadenziert werden. Wir haben vielmehr unser Augenmerk darauf zu richten, ob die betreffende, außerhalb der Finalis gebildete Kadenz dem Kreis der als regulär geltenden Kadenzen eines Modus zugehört, oder ob sie außerhalb dieses Kreises steht; nur in letztgenanntem Falle stellt sie eine »irreguläre« oder »modusfremde Kadenz« (in der Sprache des 16. Jahrhunderts: eine »Clausula peregrina« oder »fuori di Tono«) dar.

Welche Kadenzen gelten aber als modal regulär, und welche Begriffe kennzeichnen deren hierarchisch abgestuften Rang? Auch hier ist es schwierig, auf knappem Raum eine der Sache angemessene Antwort zu geben. Stellen wir zunächst fest: trotz aller Gleichheit der tonartlichen Grundlagen, welche der Gregorianische Choral und die mehrstimmige Musik des 16. Jahrhunderts aufweisen, zeigt sich im Bereich der Kadenzlehre ein deutlich wahrnehmbarer Unterschied; die Vielzahl der im Gregorianischen Choral als Stufen der Zäsurbildung möglichen Töne wird in der Musik des 16. Jahrhunderts bereits merklich eingeschränkt. Was die Einzelheiten betrifft, herrscht bei den verschiedenen Autoren keine vollständige Übereinstimmung. Als Extreme genannt seien die von Pietro Aron (1525) einerseits, andererseits die von Zarlino (1558) als einem jeden Modus eigen angeführten Kadenzen: bei Aron eine noch dem Gregorianischen Choral sehr nahestehende Vielfalt, bei Zarlino eine auf alle Modi unterschiedslos angewandte Gleichförmigkeit, indem als reguläre Kadenzen eines jeden Modus bei Zarlino nur mehr jene gelten, die auf den Ecktönen der jeweiligen Oktavgattung des Modus, auf dem »mittleren« Ton dieser Oktavgattung und auf dem »mittleren« der Quinten-species des Modus liegen, also auf Tönen, die zueinander in einfachen Zahlenverhältnissen stehen. Als reguläre Kadenzen aller Authenti gelten somit bei Zarlino die Finalis, deren Oberterz, Oberquint und Oberoktave, als reguläre Kadenzen aller plagalen Modi die Unterquarte von deren Finalis, die Finalis, deren Oberterz und Oberquinte; hiermit aber wird Zarlino, wie wir sehen werden, den »in *mi*«, »in *sol*« und großenteils auch den »in *la*« fundierten Modi nicht gerecht. Zwischen den beiden durch Aron und Zarlino repräsentierten Extremen bewegen sich die Angaben der übrigen vom Gebrauch der Kadenzen handelnden Autoren.

Übereinstimmung wie auch Verschiedenheit herrscht ferner im Hinblick auf die modal-hierarchische Ordnung der Kadenzen: Übereinstimmung darin, daß eine solche Ordnung existiert, Verschiedenheit aber in der Terminologie, mit welcher dieser Tatbestand im Detail erfaßt und beschrieben wird. Unterschieden werden bisweilen nur moduseigene und modusfremde Kadenzen (so etwa bei Vincentio Lusitano, Zarlino und Tigrini). Mehr ins Detail gehen Autoren wie Gallus Dreßler und Joachim Burmeister: sie unterscheiden zwischen »Clausulae principales«, »minus principales« und »peregrinae« oder der »Clausula principalis«, »minus principalis« und »affinalis« eines jeden Modus. Von der »Clausula primaria«, »secundaria« und »tertia« eines jeden Modus spricht Seth Calvisius. Ebenso unterscheidet der Spanier Francisco de Montanos, Domkapellmeister zu Valladolid, für jeden der acht Modi zwischen dessen »Clausula primera«, »segunda« und »intermedia«. Auch der mehrmals schon erwähnte Pietro Pontio bringt in seinem *Ragionamento* eine auf den tonartlichen Rang der einzelnen Kadenzen bezügliche Klassifikation: so etwa von »Cadenze principali, et terminate« (»hauptsächlichen und schlußkräftigen« Kadenzen), »altre cadenze, ma non terminate« (»anderen [sc. moduseigenen], aber nicht schlußkräftigen Kadenzen«) und Kadenzen, welche nur »im Vorbeigehen« (»per transito«) verwendet werden dürften.

Wo aber haben wir innerhalb eines jeden Modus dessen »eigene« Kadenzen zu suchen? Zunächst – und als »Hauptkadenz« – auf dessen Finalis, sodann jeweils auf dessen Repercussa: innerhalb der authentischen Modi (ausgenommen den 3. Modus) also auf dem Oberquintton der Finalis, innerhalb der plagalen Modi, wiederum von der Finalis aus gerechnet, auf der Oberterz bzw. Oberquarte. Als »Ort« der modal »drittrangigen« Kadenz fungiert in den authentischen Modi 1, 3 und 5 die Oberterz der Finalis, im 7. Modus jedoch, da eine Kadenzierung auf h wegen des Fehlens der reinen Oberquinte bzw. Unterquarte nicht möglich ist, die Oberquarte c. Daß in den authentischen Modi auch die Oberoktave der Finalis als »Clavis clausularum« (Tonstufe der Kadenzbildung) fungieren kann, bedarf keiner besonderen Erwähnung. In den plagalen Modi 2, 6 und 8 ist, außer deren Repercussa, auch die Unterquarte der jeweiligen Finalis eine »zweitrangige« Kadenztonstufe. (Im 4. Modus wird, wie bereits ausgeführt, der Unterquartton der Finalis kaum jemals berührt; außerdem wäre eine Kadenzierung auf ihm satztechnisch nicht möglich.) Den modal niedrigsten Rang nimmt sodann in den plagalen Modi 2, 6 und 8 die Oberquinte ihrer Finalis ein. Dieser Ton fällt zwar noch in den regulären Ambitus der genannten Modi. Er bildet aber dessen oberste Grenze, und dementsprechend finden wir ihn als Kadenztonstufe nur mit großer Vorsicht behandelt. Das heißt: Kadenzen auf dem Oberquintton der Finalis erscheinen in den plagalen Modi erst an verhältnismäßig später Stelle innerhalb des Werkablaufs, oder sie bleiben der Ausdeutung bestimmter Textworte vorbehalten. Eine Tabelle mag das bisher Ausgeführte, so gut dies bei aller Vielfalt der Aussagen möglich ist, veranschaulichen (s. Anhang III).

Der heutige Leser wird sich einigermaßen verwundert fragen, wodurch denn diese Oberquint- und Unterquartkadenzen – in unseren Tonarten als »Kadenzen auf der V. Stufe« gleichbedeutende Bildungen – sich in der Vokal- (und Instrumental-)Polyphonie des 16. Jahrhunderts unterscheiden. Die Antwort, die hierauf zu geben ist, zeigt uns nochmals, wie sehr selbst die Kadenzen immer noch als kontrapunktische Gebilde, nicht als »Aussetzung« von Dreiklangsfolgen angesehen worden sind. Oberquintkadenzen geben sich nämlich dadurch zu erkennen, daß der Sopran hier eine der »Haupt-Clausulae« – sei es seine »eigene« oder die Tenor-Klausel – trägt und solchermaßen mit Sekundschritt auf- bzw. abwärts hin zum Oberquintton seiner Finalis führt (also etwa im 5. Modus mit der Wendung c'' – h' – c'' oder d'' – c'' zu dem Oberquintton der Finalis f'). Unterquart-Kadenzen zeichnen sich hingegen dadurch aus, daß bei ihnen der Sopran entweder mit einer der genannten »Haupt-Clausulae« realiter zur Unterquarte seiner Finalis führt (also etwa im 6. Modus die Klauseln c' – h – c' oder d' – c' bildet), oder daß er, wo immer sonst die Diskant- oder Tenor-Klausel liegen mögen, vom Vollzug dieser Melodiewendungen ausgeschlossen bleibt.

Schlüsselungen

An Hand der vorstehend genannten Erkennungsmerkmale – Finalis, Dispositionsschema (vor allem: Ambitus der »herrschenden« Stimmen), stereotyper Melodik, skalarer Struktur und moduseigener Kadenz-Hierarchie – haben wir versucht, die wesentlichen Merkmale der Modi aufzuweisen. *Nicht* zu diesen wesentlichen Merkmalen gehören jedoch die mit den einzelnen Modi gewöhnlich verbundenen Schlüsselungen: sie *erzeugen* nicht den Modus, sondern sind dessen *Folge*: sie resultieren einerseits aus der jeweils gewählten Tonhöhenlage des Modus (hohe Schlüsselung = hohe Lage, tiefe Schlüsselung = tiefe Lage)[36] sowie aus der Disposition der Stimmen, andererseits aus dem Bestreben, Hilfslinien, wenn immer möglich, zu vermeiden. Die Schlüsselungen geben infolgedessen zwar mehr oder weniger bestimmte Hinweise auf den jeweils vorliegenden Modus, dies aber nur im Sinne einer ersten groben Orientierung. In der Musiklehre des 16. Jahrhunderts werden die Schlüsselungen deshalb auch nur gelegentlich besprochen und mehr der bloßen »pratica« als der »scienza« zugerechnet.[37] Für Klaviermusik, notiert auf zwei Systemen, und für alle in Tabulatur aufgezeichnete Instrumentalmusik (gleich ob für Orgel oder Laute) sind sie vollends bedeutungslos.[38] Eine Tabelle der gebräuchlichen Schlüsselungen normal disponierter Werke findet man in Anhang IV.

Ehe wir zur Anwendung des bislang Erkannten fortschreiten, müssen wir aber den Modus-*Benennungen* noch unsere Aufmerksamkeit zuwenden. Da hier, außer Elementarem, auch Problematisches zur Sprache kommen muß, sei die Behandlung dieses Stoffes einem eigenen Abschnitt unserer Einleitung zugewiesen.

IV. Zur Nomenklatur der Modi

Die Benennung der Modi erfolgt, wie wir bereits gesehen haben, von alters her nach einer Reihe von Ordnungszahlen. Die Bezeichnung mit den (vermeintlich) antiken Namen Dorius, Hypodorius etc. ist zwar ebenfalls schon mittelalterlichen Ursprungs, findet sich aber zunächst durchaus nicht in allen von den Modi handelnden Traktaten. An die vorderste Stelle gerückt wird diese »antike« Nomenklatur erst durch Glareans *Dodekachordon* (1547); denn Glarean ist – woran hier noch einmal erinnert sei – der Meinung, daß in den Tonarten des Gregorianischen Chorals und auch der mehrstimmigen Musik eine im Grunde intakte, nur der »Reinigung« bedürftige Tradition antiker Musik noch weiterlebe. Glareans »antike« Tonartnamen haben in der Folge bei den deutschen Theoretikern große Verbreitung gefunden, und die Autorität Glareans hat überdies zur Folge, daß die »antiken« Modusnamen (jedoch ohne die Plagales) auch in der Musikgeschichtsschreibung des 19. und 20. Jahrhunderts immer noch den ersten Platz einnehmen. Betonen wir hingegen nachdrücklich: Auch im 16. Jahrhundert behält in den für uns primären Quellen – Drucken oder Handschriften instrumentaler Musik – die Benennung der Modi mit Ordnungszahlen den ersten Platz: Ricercare (oder auch Canzonen, Toccaten usw.) *del Primo*, *del Secondo Tono* etc. finden sich zu Hunderten, während Bezeichnungen wie etwa *Praeludium Dorii* (sc. Modi) nur höchst selten erscheinen.

Zur Verfügung stehen dem Musiker aber seit etwa 1550 zwei Systeme der Tonart-Benennung: das altüberlieferte System der Modi 1-8 und das Zwölf-Tonarten-System Glareans, das immerhin bezüglich der Modi 1-4 und 7-8 mit dem traditionellen System der Modi übereinstimmt.[39] Zarlino übernimmt in seinen *Istitutioni harmoniche* (Venedig ^{1}1558 und ^{2}1562) zunächst das Glareanische Tonartensystem, allerdings ohne die von Glarean so stark hervorgehobenen »antiken« Modusnamen; denn im Gegensatz zu Glarean und dessen deutschen Gefolgsleuten teilt Zarlino nicht deren Meinung, daß die Modi des Gregorianischen Chorals und der mehrstimmigen Musik antiken Ursprungs seien. Seit 1571 tritt diesen beiden Systemen ein drittes Benennungssystem zur Seite. In seinen *Dimostrationi harmoniche* und auch in den später noch erschienenen Auflagen seiner *Istitutioni* (1573 und 1589) verändert Zarlino die Reihenfolge der Modi von Grund auf: als 1. Modus gilt ihm nun nicht mehr der authentische Modus der Finalis *re* (= d), sondern der zur Finalis *ut* (= c) gehörige Authenticus; und wenigstens hypothetisch verquickt Zarlino in den *Dimostrationi* sein neues System nun auch mit den »antiken« Modusbezeichnungen, derart, daß der auf c fußende authentische Modus jetzt als »Dorius«, sein plagaler Gefährte als »Hypodorius«, etc., bezeichnet wird. Und nicht genug mit alledem: auch die Reihenfolge von Aeolius und Jonicus samt ihren zugehörigen Plagales wird, verglichen mit dem System Glareans, umgekehrt. (Jonicus und Hypojonicus sind jetzt authentischer bzw. plagaler Modus der Finalis g; Aeolius und Hypoaeolius zwar, gleich wie bei Glarean, fundiert auf der Finalis a, jetzt aber als *letztes* Moduspaar.)[40] Dieses Spät-Zarlinische, die Benennung *aller* Modi verändernde System hat jedoch zunächst wenig Anklang gefunden; vorherrschend wird es erst bei den französischen Musiktheoretikern des 17. Jahrhunderts [41], und in Deutschland macht es sich allenfalls geltend dadurch, daß Seth Calvisius die Reihe der auch von ihm mit den Glareanisch-»antiken« Namen bezeichneten Modi nicht mehr mit dem »Dorius«, sondern mit dem »Jonicus« beginnen läßt.[42] Eine Tabelle der drei Systeme und eine Konkordanz der numerischen Benennungen findet man im Anhang V.

Soviel zunächst über die Modus-Nomenklaturen des späten 16. und frühen 17. Jahrhunderts. Verwiesen sei jedoch schon hier darauf, daß diese Systeme von Tonart-Benennungen nicht immer in ihrer »reinen« Form zu erscheinen brauchen, sondern daß wir auch Vermischungen mehrerer Systeme antreffen können. Dieser Gegenstand soll im folgenden Exkurs – den der mit dieser Materie noch nicht hinreichend vertraute Leser überschlagen kann – behandelt werden.

Eine Vermischung der traditionellen und der Glareanischen Tonarten-Nomenklatur findet sich zunächst – und vor allem – im Bereich der »in *fa*« fundierten Modi. Ein erstes Beispiel hierfür bietet der Gebrauch der Namen *Quinto* und *Sesto Tono* in den 1558 zu Rom gedruckten Ricercaren von Giovanni Battista Conforti. In diesem Druck findet sich, benannt als *Quinto Tono*, ein auf der Finalis f, mit b-molle, fußendes und als Authenticus disponiertes Werk (bezeichnet also nach traditioneller Art); sodann als *Sesto Tono* eine auf der Finalis c' bzw. c" (Tenor bzw. Sopran), ohne Vorzeichnung und mit plagalem Ambitus der beiden »Hauptstimmen« fundierte Komposition (bezeichnet also ebenfalls nach traditioneller Art, nur ohne Hinweis auf die transponierte Lage). Hierauf aber folgt, nochmals mit der Bezeichnung *Sesto Tono*, ein zwar wiederum plagal disponiertes, jetzt aber auf f mit b-durum (d. h. ohne Vorzeichnung) fundiertes Werk. Traditioneller 6. Modus und Glareanischer Hypolydius werden hier also, dem Wesen dieser beiden Modi zuwider, mit ein und demselben Namen belegt.[43]

Die Vermischung traditioneller und Glareanischer Modus-Nomenklatur braucht jedoch nicht immer, wie offenbar bei Conforti, auf einer unklaren Vorstellung vom Unterschied beider Tonartensysteme zu beruhen. Wir kennen vielmehr auch Beispiele eines wohlbedachten Kompromisses. So liegt uns etwa in den 1567 gedruckten Ricercaren Claudio Merulos (= Brown [1567]$_2$) ein Zyklus der traditionellen Modi 1-8 vor; das fünfte und sechste Ricercar finden sich jedoch betitelt als *dell' Undecimo* bzw. *del Duodecimo Tono* (also nach Glareanischer Art, nur ohne Hinweis auf die, nach Glareans Meinung, transponierte Lage beider Modi). Auch Merulos 1598 und 1604 gedruckte Orgeltoccaten bieten einen Zyklus der acht traditionellen Modi. Die »in *fa*« fundierten Werke erscheinen jetzt aber betitelt als *Undecimo detto Quinto Tono* bzw. als *Duodecimo detto Sesto Tono*.[44] Der traditionellen Bezeichnungsweise wird also nun auch eine förmliche Konzession gemacht, und das in Merulos Ricercaren-Zyklus bestehende Skandalon einer scheinbar wirren Zählung der Modi wird durch diese Konzession wenigstens teilweise beseitigt. Andererseits aber wird in Merulos Toccatenzyklus das altüberlieferte System der Tonarten erweitert: auf die jeweils mit zwei Werken bedachten Modi 1-8 folgen noch je eine als *Nono* bzw. *Decimo Tono* bezeichnete Toccata. Zu den acht »alten« Modi treten nun somit noch als terminologisch selbständiges Paar jene beiden auf *la* fußenden Tonarten, die, im Gegensatz zum Glareanischen Lydius und Hypolydius, auch schon *vor* Glarean tatsächlich existierten, damals aber, je nach ihrer Melodik, den auf *re* oder *mi* fundierten Modi zugerechnet wurden.

Kompromissen der Modus-Nomenklatur begegnen wir auch im Schaffen Andrea Gabrielis. Wählen wir als Beispiele seine Ricercare und Intonationen. In Andrea Gabrielis 1595 gedruckten Orgelricercaren – die Ricercare *del Ottavo* und *del Decimo Tono* stammen von Giovanni Gabrieli – liegt uns scheinbar ein vollständiger Zyklus der Modi 1-12 vor. Sehen wir indes genauer hin, so bemerken wir, daß der Glareanische Lydius und Hypolydius fehlen. Wir finden statt dessen als *Quinto Tono* ein auf c (ohne Vorzeichnung) fundiertes Werk, benannt also nach traditioneller Art, nur ohne Hinweis auf die Unterquart-Transposition des Modus; als *Sesto Tono* folgt der auf f – mit b-molle – fußende Plagalis. Als *Undecimo Tono* bezeichnet finden wir ein Ricercar, fundiert auf f mit vorgezeichnetem b-molle, d. h. den traditionellen 5. Modus in normaler Lage. Auch zwischen den Ricercaren *del Sesto* und *del Duodecimo Tono* besteht einzig der Unterschied, daß das letztgenannte Werk auf c' (ohne Vorzeichnung) fundiert ist. Ziehen wir nun auch noch Andrea Gabrielis 1589 und 1596 gedruckte Ricercare (= Brown 1589_3 und 1596_7) sowie den Zyklus seiner acht Intonationen (= Brown 1593_4) heran, so erhalten wir im Hinblick auf die Modi 5 und 6 sowie 11 und 12 folgendes Bild:

Quinto Tono:	4 Werke,	2 davon	fundiert auf c (mit ♮)	authentisch
		2 davon	fundiert auf f (mit b)	
Sesto Tono:	3 Werke,	alle	fundiert auf f (mit b)	plagal
Undecimo Tono:	1 Werk,		fundiert auf f (mit b)	authentisch
Duodecimo Tono:	3 Werke,	alle	fundiert auf c' (mit ♮)	plagal

Konsequent gehandhabt finden wir also die Bezeichnungen *Sesto* und *Duodecimo Tono*, schwankend hingegen die Bezeichnung *Quinto Tono*. Was aber viel schwerer wiegt, ist die Tatsache, daß, dem eigentlichen Wesen der Modi und ihrer Benennungen zuwider, ein und dieselbe Sache mit verschiedenen Namen belegt erscheint: der Unterschied von *Quinto* und *Undecimo Tono* einerseits, von *Sesto* und *Duodecimo Tono* andererseits ist reduziert auf einen bloßen Unterschied der Tonhöhen-*Lage*, während die skalare Struktur jeweils gleichartig bleibt.[45] Zugrunde liegt also auch bei Andrea Gabrieli – wie bei den Toccaten Merulos – das traditionelle System der acht Tonarten, lediglich vermehrt um die zwei Modi der Finalis *la*.[46]

Ein Höchstmaß an terminologischer Verwirrung zeigt die Nomenklatur von Giovanni Gabrielis Orgel-Intonationen. Im Titel ihres Druckes (= Brown 1593_4) werden sie benannt als »Composte sopra tutti li Dodeci Toni della Musica«. Diese Angabe stellt sich jedoch bei näherem Zusehen als irrig heraus: nicht nur wird für die beiden Modi der Finalis *mi* eine einzige, als *del Terzo et Quarto Tono* bezeichnete Intonation geboten, sondern es fehlen, was viel schwerer wiegt, auch hier, wie in Andrea Gabrielis Ricercaren-Zyklus, der Glareanische Lydius und Hypolydius. (Die auf f ohne Accoladen-Vorzeichnung notierte Intonation *del Sesto Tono* verwendet in casu stets die Tonstufe b-molle.) Das Problem konzentriert sich also auch hier wieder auf die Benen nung der auf den Tonstufen f und c fundierten Modi. Um diese Frage möglichst klar zu beantworten, müssen wir von jenen Bezeichnungen ausgehen, die Giovanni Gabrieli selbst seinen Intonationen beilegt. (Hinzugefügt sei, daß jede Intonation in zweifacher Notierung – »nicht-transponiert« und »transponiert« – erscheint.)

Folgende Tabelle möge das Verhältnis dieser Nomenklatur sowohl zur traditionellen als auch zur Glareanischen Nomenklatur veranschaulichen.

Giovanni Gabrieli				traditionell bzw. Glarean		
nicht-transp.	5. Tonus (c mit ♮)	=	transp.	5. Tonus, traditionell		
transp.	5. Tonus (f mit b)	=	nicht-transp.	5. Tonus, traditionell		
nicht-transp.	11. Tonus (f mit b)	=	transp.	11. Tonus, Glarean		
transp.	11. Tonus (c mit ♮)	=	nicht-transp.	11. Tonus, Glarean		
nicht-transp.	6. Tonus (f mit b)	=	nicht-transp.	6. Tonus, traditionell		
transp.	6. Tonus (b mit es)	=	doppelt transp.	6. Tonus, faktisch traditionell		
nicht-transp.	12. Tonus (c' mit ♮)	=	nicht-transp.	12. Tonus, Glarean		
transp.	12. Tonus (f mit b)	=	transp.	12. Tonus, Glarean		

Um Licht in diesen Wirrwarr von Modus-Benennungen zu bringen, ordnen wir nun die Modi von Giovanni Gabrielis Intonationen noch nach einem anderen Gesichtspunkt: demjenigen ihrer Finales (jeweils in Tenorlage) und der Verwendung von b-molle und b-durum.
So betrachtet ergibt sich folgendes Bild:

Giovanni Gabrieli		
f mit b-molle	=	transp. 5. Tonus
	=	nicht-transp. 6. Tonus
	=	nicht-transp. 11. Tonus
	=	transp. 12. Tonus
c mit ♮-durum	=	nicht-transp. 5. Tonus
	=	transp. 11. Tonus
c' mit ♮-durum	=	nicht-transp. 12. Tonus
b mit es	=	doppelt transp. 6. Tonus

Identisch sind hier also:
nicht-transp. 5. und transp. 11.Tonus (**c** – c')
nicht-transp. 6. und transp. 12.Tonus (c – **f** – c')
transp. 5. und nicht-transp. 11.Tonus (**f** – f')

Als strukturell gleichartig treten zur Gruppe 2) hinzu:
der nicht-transponierte 12.Tonus (g – **c'** – g') und
der doppelt transponierte 6. Tonus (f – **b** – f')

Die von 1-12 reichende Zählung der Modi erweist sich als bloßer Schein. Was tatsächlich vorliegt, ist auch bei Giovanni Gabrieli ein System von zehn oder genauer von neun Modi, fundiert letztlich auf dem altüberlieferten System, dem gleichfalls die zwei »in *la*« fußenden Modi hinzugefügt sind. Die verschiedenen Namen, wie etwa *Quinto* und *Undecimo Tono, Sesto* und *Duodecimo Tono*, bezeichnen wiederum nur verschiedene Tonhöhen-*Lagen*.[47]

Inkonsequenz der Nomenklatur kann sogar von zwei Stellen zugleich ihren Ausgang nehmen, wie es die 1603 gedruckten Orgelricercare von Giovanni Maria Trabaci (Tra R I) zeigen. Äußerlich gesehen, liegt auch in diesen Ricercaren ein Zyklus der zwölf Modi des Glareanischen (= Früh-Zarlinischen) Tonartensystems vor, und als *Quinto Tono* finden wir hier sogar einen f-Modus ohne Vorzeichnung, also wirklich den Glareanischen Lydius. Als *Sesto Tono* folgt aber kein Hypolydius, sondern ein f-Modus mit b-molle, genauer: der 6. Modus des traditionellen Systems. Und nicht genug hiermit: auch vom 3. und 4. Modus nimmt eine Inkonsequenz der Nomenklatur bei Trabaci ihren Ausgang. Als *Terzo Tono* erscheint nämlich ein plagaler Modus der Finalis a (ohne Vorzeichnung; nach Glarean als 10. Modus zu benennen), und als *Decimo Tono* finden wir, da der *echte* 10. Modus solchermaßen schon »verbraucht« ist, lediglich einen »per b-molle« eine Quinte abwärts transponierten Glareanischen Aeolius. Schließlich finden wir – nach dem unproblematischen, auf f mit b-molle versetzten 11. Modus – als *Duodecimo Tono* zwar einen auf c' fundierten, in seinem Tonvorrat aber vom *Sesto Tono* nicht wesenhaft – d. h. durch andere Lage der Halbtöne in der Skala –, sondern wiederum nur durch verschiedene Tonhöhen-Lage unterschiedenen plagalen Modus.[48]

Schon um die Wende des 16. und 17. Jahrhunderts zeigen sich also – dies ist die »Quintessenz« unseres Exkurses – im System der Tonarten »Risse«; im besonderen derart, daß nicht mehr, wie die Definition der Modi es an sich erforderte, allein die Verschiedenheit der skalaren Struktur den Grund zu verschiedenartiger Benennung bildet. Hiermit scheint sich eine Entwicklung anzubahnen, die im Lauf des 17. Jahrhunderts dazu führte, die überlieferten Namen der Modi nur mehr mit gewissen »Haupttönen« und Vorzeichnungen zu verbinden – so etwa den Namen »1. Modus« mit dem Hauptton d und fehlender Vorzeichnung, den Namen »2. Modus« mit dem Hauptton g und b-Vorzeichnung –, die *ursprünglichen* Unterschiede aller Moduspaare, d. h. ihre Gliederung in Authenti und Plagales, aber zu vergessen und zunächst in der Praxis der mehrstimmigen Musik, dann auch in deren Theorie zu leugnen. Diese Entwicklung aber befindet sich in jener Zeit, der unsere Betrachtung gilt, erst in den Anfängen; grundsätzlich fest hingegen steht auch noch im frühen 17. Jahrhundert das System der authentischen und plagalen Modi, gleich wieviele ein Komponist annehmen und verwenden mag; und allein von dieser Grundlage aus wird sich auch die eben angedeutete Entwicklung und ihr schließliches Münden in die uns vertrauten Tonarten erkennen und beschreiben lassen.

Für uns folgt aus alledem: Wir werden, wenn wir die Bedeutung von Modusnamen zu untersuchen haben, uns stets fragen müssen, auf welchem System – oder auch: auf welchem Kompromiß verschiedener Systeme – diese Bezeichnungen fußen; und wir werden bei der Verwendung »antiker« Modusnamen auch nicht deren uns von Glarean her vertraute Bedeutung als die einzig mögliche ansehen dürfen. Vereinfacht wird die Frage der Modus-Benennung für uns indessen dadurch, daß erstens gerade jene Musiker, mit deren Werken wir es vornehmlich zu tun haben werden – die Italiener, Spanier und Deutschen –, das Spät-Zarlinische System strikt abgelehnt haben; und zweitens dadurch, daß wir, wie bereits erwähnt, in den primären Quellen zur Bezeichnung der Modi so gut wie ausschließlich deren Ordnungszahlen (gleich ob gemäß dem traditionellen oder dem Glareanischen System) verwendet finden. Auf den Gebrauch der pseudoantiken Tonartnamen werden wir deshalb grundsätzlich verzichten; desgleichen auf Namens-Neubildungen wie »authentisches Dorisch«, »plagales Dorisch« usw.; denn beim Wort genommen bezeichnet der Name »Dorius« schon per se einen authentischen Modus. »Authentisches Dorisch« ist folglich ein Pleonasmus, »plagales Dorisch« aber eine »contradictio in adjecto«.

Nach diesem Ausblick auf die Modus-Nomenklatur noch einige Worte zu unserem »modus procedendi«. Vom Einfacheren zum Schwierigeren fortschreitend, richten wir unseren Blick zunächst auf Werke, deren Stimmenzahl konstant bleibt und die in ihrer Satzweise vokalen Vorbildern mehr oder weniger stark verpflichtet sind – so etwa auf polyphone Ricercare, Canzonen und dergleichen. Gefragt wird hierbei jeweils

1. nach der Stimmendisposition des Werkes,
2. nach der melodischen Beschaffenheit des Initialmotivs, das, wie die Musiklehre jener Zeit verlangt, den Modus sogleich kundzugeben hat,
3. nach der Kadenzordnung, die sich im Ablauf eines Werkes nach und nach erschließt.

Ausgehend von den Erkenntnissen, die wir an Werken von konstanter Stimmenzahl und fester Stimmendisposition gewonnen haben, werden wir uns dann Werken von genuin-instrumentaler Art – Präludien, Toccaten usw. – zuwenden. Entnehmen werden wir unsere Beispiele hauptsächlich dem Repertoire der Klavier- und Ensemble-Musik: jenen Arten von Instrumentalmusik also, die eine zweifelsfreie Übertragung in moderne Notation gestatten. Daß angesichts unserer Betrachtungen als eines ersten Überblicks Vollständigkeit nicht angestrebt, geschweige denn errreicht werden soll und kann, versteht sich von selbst.

Bei der Darstellung von Kadenzplänen werden folgende Abkürzungen gebraucht:

Ob-V	= Oberquinte	der Finalis
Ob-VIII	= Oberoktave	der Finalis
U-IV	= Unterquarte	der Finalis

C, A, T, B = Cantus, Altus, Tenor, Bassus

C2, A2, etc. = Cantus secundus, Altus secundus, etc.

fg. = Cadenza fuggita

sp. = Clausula simplex (Kadenz ohne Vorhaltsbildung der Clausula cantizans)

Sp. = Supplementum (so genannt von Joachim Burmeister): ein der Schlußkadenz des ganzen Werkes oder einer »pars« noch folgender kurzer Anhang

(↗) als Zusatz zu der Lagen-Angabe einer Clausula tenorizans bedeutet, daß diese Klausel hier nicht, wie es ihrer eigentlichen Form entspricht, als Sekundschritt abwärts gebildet wird, sondern, in abgeschwächter Form, als Sekundschritt aufwärts, so daß sie auf der Oberterz des als Ultima gemeinten Tones endet.

Zur Orthographie sei vermerkt, daß die im Italienischen des 16. und frühen 17. Jahrhunderts zwischen »Tono« und »Tuono« schwankende Schreibweise zu Gunsten von »Tono« vereinheitlicht wurde. Vereinheitlicht wurde auch die Großschreibung des Wortes »Tonus« bzw. »Tono«, »Ton« etc. und der zugehörigen Ordinalzahl. Schreibfehler in der Titulatur wurden stillschweigend berichtigt.

ERSTER TEIL: INSTRUMENTAL-POLYPHONE WERKE (WERKE MIT FESTGELEGTER STIMMENZAHL)

1. Kapitel: »In *re*« fundierte Werke: 1. oder 2. Modus

- A -

Wir beginnen unsere Übersicht mit dem Orgelricercar *del Primo Tono, Nr. 1* von Andrea Gabrieli (Gabr[A]RO II, 3ff.). Schon ein flüchtiger Blick läßt erkennen, daß dieses Werk dem Typus des imitatorischen Ricercars zugehört; desgleichen, daß es sich um ein monothematisch angelegtes Werk handelt.[1] Für uns aber ist die wichtigste Frage zunächst: Finden wir in dieser Instrumentalkomposition auch jene Anordnung der Stimmen, die für Vokalwerke, komponiert im 1. Modus, bezeichnend ist? Untersuchen wir deshalb die Tonräume, innerhalb derer sich die vier Stimmen unseres Ricercars bewegen. Hier das Ergebnis (nur selten berührte Töne erscheinen in Klammern gesetzt):

C:	(c') d' – c'' (d'')
A:	(f, g) a – f' (g')
T:	d – c' (d', e', f')
B:	G – a

Bezogen auf die Finalis-Tonstufe d (d.h. auf d' für Sopran und Alt, auf d für Tenor und Baß), finden wir also ganz dasselbe Bild, wie wir es aus der im 1. Modus stehenden Vokalmusik des 16. Jahrhunderts kennen: Tenor und Cantus verkörpern den im Titel des Werkes genannten authentischen Modus der Finalis d durch ihren Ambitus und erweisen sich somit als modal »herrschende« Stimmen; Alt und Baß hingegen gehören, nur für sich betrachtet, dem plagalen Modus der Finalis-Tonstufe d zu; für die Modus-Bezeichnung des Ganzen aber sind sie, als bloß »dienende« Stimmen, nicht maßgebend. Von den Freiheiten, welche das Tasteninstrument, verglichen mit dem Vokalsatz, bietet, macht Andrea Gabrieli nur an zwei kurzen – und überdies im Werkablauf recht späten – Stellen Gebrauch: nur in den Takten 31f. und in dem der Schlußkadenz angefügten »Supplementum« wird die streng stimmige Struktur zu Gunsten virtuosen Laufwerks aufgegeben.

Wie aber wird das oben angeführte Dispositionsschema nun melodisch und durch die Abfolge der Kadenzen ausgefüllt? Die Gestalt des Themas, so wie es in den beiden »herrschenden« Stimmen – Sopran und Tenor – erscheint, mag auf den ersten Teil unserer Frage Antwort geben:

C

Dem mit Musik des 16. Jahrhunderts Vertrauten zeigt dieses Thema sogleich ein wohlbekanntes Gesicht: es erweist sich als eine leichte Abwandlung des Initialmodells d – a – c' – a: eines Modells, das sich schon zu Beginn der mittelalterlichen Memorierformel (vgl. Anhang VI) des 1. Modus – *Primum quaerite regnum Dei* – und auch als Initialwendung vieler dem 1. Modus zugehöriger Werke klassischer Vokalpolyphonie findet.[2]

Betrachten wir nun auch die Kadenzordnung des Werkes, so zeigt sich: nach der Andeutung einer Kadenz auf der Finalis d' (Takt 5) erscheint sogleich eine volle Kadenzierung auf dem Oberquintton dieser Finalis, also auf der Repercussa des 1. Modus; die Clausula cantizans (a' – gis' – a', hier, wie gewöhnlich auch sonst in instrumentaler Musik, stark ausgeziert) liegt in der Oberstimme; der Oberquint-Charakter der Kadenz wird durch diese ihre Lage, im Verein mit der vorausgegangenen Melodik des Soprans, aufs deutlichste bekundet.[3] Auch am Ende der Wiederholung des Einleitungs-Duos durch Baß und Tenor wird der Oberquint-Charakter der Kadenz auf a (Tenor, Takt 12f.) nochmals dadurch betont, daß der Tenor hier die real höchste Stimme ist.

Im weiteren Verlauf des Werkes stellt sich der Kadenzplan wie folgt dar:

Takt	Tonstufe	Stimme mit Clausula cantizans	tenorizans
18	a (Ob-V)	C (Ob-V)	T (↗)
24f.	d (fg.)	A	C (fg.)
26	a (Ob-V)	C (Ob-V)	A (↗)
30f.	a (Ob-V)	T (Ob-V)	C (Ob-V,↗)
32f.	a-*mi*	A oder T?	B
37	d	A	B
43f.	a	T (Ob-V)	angebahnt im A, dann durch Überspringen in den C zur Ob-V-Kadenz (↗) umgeformt
45	d + Sp.	A	(T)

Auch jetzt bleiben die »Clausula primaria« und »Clausula secundaria« des 1. Modus vorherrschend. Eine dem 1. Modus fremde Kadenzierung – die Kadenz a-*mi* – erscheint nur einmal und recht spät; die als »Clausula tertia« innerhalb des 1. Modus gleichfalls mögliche Kadenz auf f wird sogar gänzlich vermieden. Die

Kadenzfolge unseres Ricercars entspricht also mit alledem ganz jenem Modus, den uns schon der Titel und das Initialmotiv des Werkes zu erkennen gaben.

Wählen wir nun als zweites Beispiel des »in *re*« fundierten authentischen Modus eine für ein Instrumenten-Ensemble geschriebene, doppelchörig angelegte Komposition: Giovanni Gabrielis *Canzon Primi Toni. A 8, Nr. I* (IMAMI II, 1ff.). Die Finalis-Tonstufe dieses Werkes ist g-*re*; der Modus erscheint also »per b-molle« eine Quarte aufwärts transponiert. Beide Chöre sind, wie ihre Schlüsselung sofort erkennen läßt, gleichartig disponiert, und zwar – prinzipiell zumindest – in der Art eines normal angelegten Satzes klassischer Vokalpolyphonie. Geben wir zunächst die Tonumfänge aller acht Stimmen wieder:

1. Chor:	C:	(f') g'	–	a"
	A:	(b, c') d'	–	d"
	T:	g	–	a'
	B:	G	–	d' (es')
2. Chor:	C:	(f') g'	–	a"
	A:	(b) c'	–	d"
	T:	g	–	a'
	B:	G	–	d' (es')

Modifiziert wird diese dem auf g transponierten 1. Modus eigene Disposition nur in drei Einzelheiten, nämlich
1. durch den häufigen Aufstieg der Sopranstimmen bis a",
2. durch die deutliche Bevorzugung der oberen Bereiche im Ambitus der beiden Sopran- und Tenorstimmen und
3. durch den recht oft eintretenden Abstieg der Bässe nach G (hier eine Folge der doppelchörigen Schreibweise).

Wie aber ist die Melodik des Initialmotivs beschaffen? Betrachten wir das ihrem Verlauf zugrundeliegende intervallische »Gerüst«, so erkennen wir, daß ein vom Altus aufgestelltes, im Tonraum g' – b' – g' – a' – f' – g' sich bewegendes Motiv vom Sopran in der Oberquinte – d. h. mit d" – f" – d" – e" – c" – d" – beantwortet wird. Dem Kenner klassischer Vokalpolyphonie ist solch ein Initialmotiv durchaus nicht fremd: die Imitation g' – b' – g' / d" – f" – d", regelmäßig auch verbunden mit dem Einsatz zuerst der modal »dienenden«, dann erst der modal »herrschenden« Stimme (also: Alt/Sopran bzw. Baß/Tenor): diese Melodik und Stimmeneinsatzfolge begegnet als stereotype Initialwendung des 1. Modus in vielen Vokalwerken des 16. Jahrhunderts.[4]

Richten wir unseren Blick nun auch auf die Kadenzordnung des Werkes, so zeigt sich wiederum, welch hoher Rang auch hier den Kadenzen auf der Finalis g und deren Oberquinte d (mit Ganztonstufe aufwärts) zukommt. Hier die Kadenzfolge in extenso (die Stimmen werden, gemäß ihrer strukturellen Funktion, bezeichnet als C1, A1, T1 und B1 bzw. als C2, A2, T2 und B2; Kadenzen von besonders stark gliedernder Wirkung sind fett hervorgehoben):[5]

Takt	Tonstufe	Stimme mit Clausula	
		cantizans	tenorizans
4f.	d (Ob-V)/$_{g}$	C1 (Ob-V)	T1 (Ob-V)
		A1	A2 (↗)
7f.	d(Ob-V)/$_{g}$	C2 (Ob-V)	T2 (Ob-V)
		A2	C1 (↗)
12	g (Ob-VIII)	C2 (Ob-VIII)	A2
15f.	d (Ob-V)/$_{g}$	C1 (Ob-V)	T1 (Ob-V)
		A1	A2 (↗)
19f.	d (Ob-V)/$_{g}$	C2 (Ob-V)	T2 (Ob-V)
		A2	C1 (↗)
23f.	**g (Ob-VIII)**	C2 (Ob-VIII)	A2
25f.	d-*mi* (Ob-V, sp.)	A1	B1*)
27f.	d-*mi* (Ob-V, sp.)	A2	B2*)
33f.	**b**	A1	T2
39	c	C2	T2
42f.	**d (Ob-V)**	A2	C2 (Ob-V, fg.) + T1 (Ob-V)
46f.	d (Ob-V)	T1 (Ob-V)	B1*)
47f.	d (Ob-V, sp.)	A1	C1 (Ob-V)
50f.	d (Ob-V)	T2 (Ob-V)	B2*)
51f.	**d (Ob-V, sp.)**	A2	C2 (Ob-V,↗)
56	g (Ob-VIII)	C 2(Ob-VIII)	A2
60	**d (Ob-V)**	A1	C1 (Ob-V, fg.) + T2 (Ob-V)
63f.	d (Ob-V)	T2 (Ob-V)	B2*)
64f.	d (Ob-V, sp.)	A2	C2 (Ob-V)
67f.	d (Ob-V)	T1 (Ob-V)	B1*)
68f.	d (Ob-V, sp.)	A1	C1 (Ob-V,↗)
73	**g (Ob-VIII) + Sp.**	C1 (Ob-VIII)	A1

*)Der Oberquint-Charakter auch dieser Kadenzen kommt dadurch zustande, daß der Sopran hier, oberhalb der Clausula cantizans, den Sekundschritt g" – fis" oder die Intervallfolge g" – e" – fis", also eine von der Oberoktav zur Oberseptime seiner Finalis g' gerichtete Bewegung vollzieht.

Wir sehen, noch deutlicher als in Andrea Gabrielis Orgel-Ricercar, wie hier die »Clausula primaria« und »secundaria« gleichsam den festen Rahmen des gesamten Werkes bilden. Von diesem Rahmen umschlossen, vermögen die »Clausula tertia« (b) und die »Clausulae peregrinae« auf d-*mi* und c zwar für die nötige »varietas« zu sorgen, nicht aber den modal »logischen« Verlauf des Werkes zu gefährden.

Bekanntlich sind die Modi aber nicht nur als Inbegriff typischer Melodieformeln, sondern auch als *Skalen* definiert und verstanden worden. Demgemäß kann die dem 1. Modus eigene Melodik – und besonders wiederum die Initial-Melodik – auch aus der skalaren Struktur dieses Modus hergeleitet werden, d. h. aus der Zusammensetzung der Quinten-species *re-la* + der Quarten-species *re-sol* darüber. Ein geradezu musterhaftes Beispiel für diese skalenmäßige Konzeption des

Initialmotivs bietet Antonio de Cabezóns *Tiento del 1. Tono, Nr.11* (CaCW II, 26f.). Sein zuerst vom Tenor vorgetragenes, dann vom Sopran eine Oktave höher wiederholtes Anfangsmotiv lautet wie folgt:

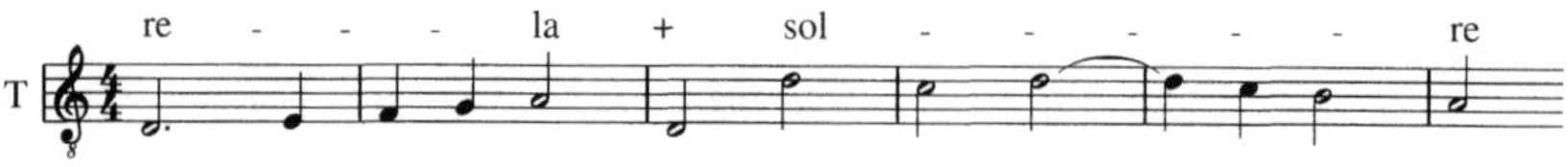

Überblicken wir den weiteren Verlauf des Werkes, so gewahren wir auch hier alle uns bereits vertrauten Kennzeichen des 1. Modus in Bezug auf Disposition der Stimmen sowie Lage und Abfolge der Kadenzen.

Daß es sich bei allen bisher aufgewiesenen Merkmalen des 1. Modus nicht um Singuläres, sondern um Erscheinungen *typischer* Art handelt, möge ein nach Initialmotiven untergliederter Katalog weiterer Beispiele veranschaulichen.

1a) Werke mit authentischer Stimmendisposition, dazu mit Initialmotiv oder Initialmotiv + freier Weiterführung,

bzw.

überdies meistens mit erster Kadenz auf dem Oberquintton der Finalis, oder mit Kadenzfolge Finalis – Oberquintton:

Cabezón, A. de	*Tiento del 1. Tono, Nr. 9* (CaCW II, 21ff.)
–	*Tiento del 1. Tono, Nr. 10* (ibid., 23ff.)[6]
Cavi, P.P. da	*Ricercar Nr. 8* (2 voc.; CaviR)[7]
Cima, G.P.	*»La Vaga«, Canzon 6* (CimPR, 37ff.; die Kadenz auf dem Oberquintton der Finalis g-*re*, Takt 4f., erscheint hier, der Melodik des Tenors halber, als Kadenz d''-*mi*)
Erbach, Ch.	*Ricercar Primi Toni, Nr. 4* (ErCKC I, 20ff.; außer auf den regulären »claves clausularum« des transponierten 1. Modus wird hier infolge der melodischen Beschaffenheit der Themenfortsetzung oft auch auf c, dem Oberquartton der Finalis, kadenziert)
Gabrieli, A.	Ricercar *Primo Tono alla quarta alta* (Gabr[A]RO I, 8ff.)
Guami, G.	*Canzon a 4 Voci, Nr. 21* (GuC, 101ff.; ausgezierte Form: *Nr. 22*; ibid., 104ff.)
Haßler, J.	*Ricercar del Primo Tono* (HasJOW, 2ff.)

Maschera, F. — *Canzon XVII* (IMAMI II, S.LX; auch Mascheras Canzonen IV und IX scheinen, soweit die in IMAMI II, S. LVI und LVIII, wiedergegebenen Anfänge zu erkennen gestatten, dieses Initialmodell zu verwenden)

Merulo, C. — *Ricercar del Primo Tono* (MeruR, Nr. 1)
– — *Canzone »La Scarampa«* (MeruC, Nr. 10)

Paix, J. — *Phantasia Primi Toni* (SchlechtG, 403 ff.; das Modell erscheint hier in sehr »gestreckter« Form)

Santa María, T. de — *Cláusulas de Tono I* (AntOC, 1f.)
– — *Preludio, de Tono I* (ibid., 18; der 1. Modus hier auf c – mit Vorzeichnung von b und es – transponiert; Schluß mit »Clausula secundaria«)

Stoltzer, Th. — *Octo Tonorum Melodiae, Nr. 14* (StAW I, 69f.; man beachte vor allem die Melodik des Tenors in den Takten 1-7)
Sweelinck, J. P. — *Fantasia Nr. 15* (SweWO, 73ff.)

Valente, A. — *Recercata del Primo Tono, Nr. 3* (ValInt, 28ff.; das Modell hier im Sopran, Takt 6-15, sehr »gestreckt«)

Willaert, A. — *Ricercar Nr. I* (MRM I, 1ff.)[8]

Eine Variante dieses Initialmotives (g' – d'' – es'' – d'') findet sich in Palestrinas *Ricercar del Primo Tono* (PalW XXXII, 80f.)[9]; bei der Wiederholung der Phrase stellt sich jedoch die obenerwähnte Gestalt des Initialmotives (*re-la* + *re-fa* darüber) gleichfalls ein.
1b) Werke mit authentischer Stimmendisposition und Initialmotiv – oder auch Initialmotiv + freier Weiterführung

(T)  oder 

bzw. »per b-molle« eine Quarte höher transponiert und mit gleichartiger Kadenzfolge wie oben:

Anonymus — *Séptimo Tiento del Primer Tono* (MME II, 47f., Nr. 40, Tiento XIV)[10]

Cabezón, A. de — *Tiento del 1. Tono, Nr. 17* (CaCW II, 40ff.; das Melodiemodell leicht chromatisiert)

Cavazzoni, G. — *Recercar Primo* (CavO I, 3ff.)

Cavi, P. P. da — *Ricercar Nr. 9* (2 voc.; CaviR)

Cifra, A. — *Canzone Prima, Nr. 11* (CifR, 62ff.)
– — *Canzone Sesta, Nr. 16* (ibid., 78ff.)

Cima, A.	*Canzone »La Gratiosa«* (LuSA, 98ff.)
Conforti, G. B.	*Ricercar del Primo Tono, Nr. 9* (ConR, 46ff.)
Daza, E.	*Fantasia por el Primer Tono, por gesolreut, Nr. 14* (DaF, 26f.)
Erbach, Ch.	*Ricercar Primi Toni, Nr. 1* (ErCKC I, 1ff.)
–	*Ricercar Primi Toni, Nr. 2* (ibid., 7ff.)
Frescobaldi, G.	*Canzone Nr. 1* (FreC, 1ff.)
–	*Canzone Nr. 15, detta »la Rovetta«* (ibid., 58ff.)
Gabrieli, A.	*Ricercar Primo Tono, Nr. 1* (Gabr [A]RO I, 3ff.)
Gabrieli, G.	*Canzon Prima »La Spiritata«* (für Ensemble: Gabr [G]C, 4ff.; für Orgel: Gabr[G]CO I, 27ff.)
Guami, G.	*Canzon »La Grave«, Nr. 9* (GuC, 44ff.)
Ingegneri, M. A.	*Aria di Canzon Francese per sonar del Primo Tono* (IMAMI II, p. Lf.)[11]
Maschera, F.	*Canzon III.* (IMAMI II, p. LVI)
–	*Canzon XVI.* (ibid., p. LIX)
Noordt, A. van	*Fantasia Nr. 35* (RitZ II, 72ff.)[12]
Paix, J.	*Aria di Canzon Francese per sonar del Primo Tono* (PaiO, fol. 173v-174r; auch hier erscheint das Modell sehr »gestreckt«)
Sweelinck, J. P.	*Fantasia Nr. 2* (SweWO, 6ff.)

1c) Werke mit authentischer Stimmendisposition und Initialmodell (A/C oder B/T)

 oder 

bzw. transponiert »per b-molle«; Kadenzfolge wie oben:

Banchieri, A.	*Prima Canzone alla Francese del Primo Tono* (BaOS2, 82f.)
–	*Bizaria del Primo Tono al Graduale* (BaOS3, 135)
–	*Quarta Sonata. In Scherzo* (ibid., 152f.)
Cifra, A.	*Canzone Seconda, Nr.12* (CifR, 65ff.)
Cima, G. P.	*Ricercar Secondo* (CimPR, 5ff.)
–	*»La Curta«, Canzon 5* (ibid., 35f.; die Kadenzbildung in Takt 4f. erfordert die Erhöhung des Soprantons c'' zu cis'')
–	*Fantasia, 7* (ibid., 39ff.)
–	*Capriccio, 8* (ibid., 42ff.; die Kadenzbildung in Takt 7f. erfordert die Erhöhung des Soprantons g' zu gis')

Frescobaldi, G.	*Canzone Nr. 17, detta »la Crivelli«* (FreC, 68ff.; Binnenkadenzen hier, wenn überhaupt, dann nur auf der Finalis)
–	*Canzone Nr. 20, detta »la Pesenti«* (ibid., 80ff.; die Repercussio *re-la* hier durch die Folge der satztechnisch stärksten ersten und zweiten Binnenkadenz, Takt 19f. und 29f., exponiert)
Gabrieli, G.	*Canzon Primi Toni. A 10, Nr. VII* (IMAMI II, 75ff.; die normale Stimmendisposition hier erweitert durch einen mit dem Tenor oktav-identischen Subbaß)
–	*Ricercar sopra Re fa mi don* (KuN, 1ff.)
Grillo, G.B.	*Canzone, Nr. VII* (ANT120, 14f.)
Maschera, F.	*Canzon I., »La Capriola«* (IMAMI II, S. LVI)
Merulo, C.	*Canzone »La Radiula«* (MeruC, Nr.3)
Pasquini, E.	*Primo Tono, Nr. 19* (PasCKW, 50ff.)
Santa María, T. de	*Cláusulas de Tono. I, por csolfaut* (d. h. transponiert auf c, mit Vorzeichnung von b und es; AntOC, 9)
Willaert, A. (?)	(Appendix) *Ricercar Nr. 1* (MRM I, 125ff.)[13]

2) Werke mit authentischer Stimmendisposition und mit Initialmotiv, hergeleitet aus der Oktav-species des 1. Modus; Kadenzordnung wie in den bisher genannten Werken:

Banchieri, A.	*Canzon »La Feliciana«* (BaC, 48ff.)
–	*Sonata Prima* (TorA III, 354; offenbar erstes Stück eines alle acht Modi umfassenden Zyklus)
Casato, F.	*Canzone »La Pecchia«* (LuSA, 137ff.)
Cima, G. P.	*Capriccio* (LuSA, 156ff.)
Frescobaldi, G.	*Canzone Nr. 5* (FreC, 18ff.)
–	*Canzone Nr. 21, detta »la Tarditi«* (ibid., 84ff.)
Gabrieli, G.	*Ricercar, Nr. 1* (NMA 87, 4f.)
–	*Ricercar, Nr. 3* (CantO2, 7ff.)
Guami, G.	*Canzon »La Bastina«, Nr. 3* (GuC, 15ff.)
Haßler, H. L.	*Canzona, Nr. 9* (CantO2, 20ff.)
Maschera, F.	*Canzone »La Fontana«, Nr. IV* (ANT120, 8f.)
[Segni,] Julio da Modena	*Ricercar Nr. III* (MRM I, 8ff.)
Sweelinck, J. P.	*Fantasia Nr. 4* (SweWO, 18ff.; 3 voc.: C, T, B)

Seltener vorkommen dürfte wohl der Fall, daß ein im 1. Modus komponiertes Werk sich mit der Initialmelodik seiner real höchsten Stimme längere Zeit hindurch nur innerhalb der Quinten-species *re-la* bewegt. Ein Beispiel hierfür bietet Giovanni Battista Grillos vierstimmige *Canzone, Nr. VI* (ANT120, 12f.). Immerhin gibt hier bereits die Folge der in den Takten 1-11 gebildeten Kadenzen – g, g', d" – einen deutlichen Hinweis auf die Repercussio *re-la* des 1. Modus.

– B –

Mit der Melodik und Kadenzordnung des 1. Modus hinreichend vertraut, können wir uns nunmehr fragen: Wie beschaffen ist beides in Werken, die als dem *2. Modus* zugehörig benannt oder als diesem Modus zugehörig erkennbar sind?

Betrachten wir als Beispiel hierfür wiederum ein Werk von Andrea Gabrieli: sein als *Secondo Tono. Alla Quarta alta* bezeichnetes Orgelricercar Nr. 3 (Gabr[A]RO I, 12ff.).[14] Die Finalis des Werkes ist g-*re*; sein Stimmen-Dispositionsschema stellt sich folgendermaßen dar:

C:	d'	–	d" (es")
A:	(d, f) g	–	g'
T:	(c) d	–	c' (d')
B:	G	–	g (a, b)

Bezogen auf die Finalis-Tonstufe g-*re* wahren die Stimmen ihren Tonumfang auch hier in fast idealtypischer Reinheit: die »herrschenden« Stimmen, Cantus und Tenor, verlaufen also im plagalen, die »dienenden« Stimmen im authentischen Ambitus. Diesen Ambitus-Verhältnissen entspricht auch die Melodik des Werkes. Hier die ersten sechs Takte:

Als Grundlagen des vom Sopran eingeführten Initialmotivs (Takt 1-3) erkennen wir die unterhalb der Finalis liegende Quarten-species *re-sol*, gefolgt von der dem 2. Modus eigenen Terz-Repercussio *re-fa* (hier = g' – b'): insgesamt eine Initialwendung, der wir bereits im Gregorianischen Choral – so z. B. im Introitus *Ecce advenit* – begegnen. Die freie Weiterführung des Soprans erreicht sodann in verhältnismäßig langsamem Aufstieg den Oberquintton der Finalis und wendet sich von diesem abwärts zur Bildung der ersten Kadenz.

Führen wir uns nun den Kadenzplan des ganzen Werkes vor Augen:

Takt	Tonstufe	Stimme mit Clausula	
		cantizans	tenorizans
6	g	A	C (↗)
8f.	a-*mi*/d (U-IV)	C/A	T/C (U-IV,↗)[15]
11f.	d-*mi* (U-IV, fg.)	A (fg.)	B
15f.	**g**	C	T
23f.	g	C	T (↗)
25	d-*mi* (U-IV)	A	B
29f.	a-*mi*	C	T
31f.	d (U-IV, fg.)	A	T (U-IV, fg.)
32f.	g	T	A
43f.	**g**	C	T
47	g	T	B
56f.	d (Ob-V)	C (Ob-V)[16]	A
64f.	d (U-IV)	T (Ob-V)	A
70	g	T	C (↗)
71f.	a-*mi*	C	A
79f.	d (U-IV)	A	B
80f.	**g**	C	T
94f.	**g + Sp.**	C	T

Der Unterschied dieses Kadenzplans gegenüber der Kadenzordnung des 1. Modus liegt in der Andersartigkeit der außerhalb der Finalis gebildeten Kadenzen. Diese stehen jetzt vornehmlich auf der Unterquarte der Finalis oder auf deren Obersekunde. Die Kadenz auf der Oberquinte der Finalis, die im 1. Modus eine so wichtige Rolle spielte, ist jetzt nur mehr von nebensächlicher Bedeutung: sie erscheint lediglich einmal und dazu recht spät. Auffällig hingegen ist, daß keinerlei Kadenzierung auf der Repercussa b eintritt; es fehlt hiermit eine Kadenz, die üblicherweise zu den Hauptkadenzen des plagalen *re*-Modus gerechnet wird. Statt ihrer erscheint offenbar die Kadenz a-*mi*, eine Kadenz, die nur von Gallus Dreßler noch als »Clausula minus principalis« des (transponierten) 2. Modus erwähnt wird, sonst aber als »Clausula peregrina« gilt.[17] Eindeutig als »Clausulae peregrinae« anzusehen sind, ihres dem Modus widersprechenden Toncharakters wegen, die auf d-*mi* gebildeten Kadenzen. Sowohl diese als auch die auf a-*mi* liegenden Kadenzen werden aber, gleich wie die »Clausulae peregrinae« in Giovanni Gabrielis *Canzon Primi Toni*, stets »eingerahmt« von modal hochrangigen Kadenzen, so daß auch jetzt der Modus nirgends ins Schwanken gerät.

Selbstverständlich können die Melodiegrundlagen »Quarten-species unterhalb der Finalis + Repercussio *re-fa*« auch in folgender Gestalt, ausgehend von der Finalis, erscheinen. Man sehe z. B. das Initialmotiv von Andrea Gabrielis Orgelricercar *Secondo Tono, Nr.2* (Gabr[A]RO II, 6ff.):

Auch dieses Initialmotiv geht letztlich zurück auf den Gregorianischen Choral: wir begegnen ihm bei vielen im 2. Modus stehenden Tractus-Melodien; und auch die im mittelalterlichen Schulbetrieb übliche Memorierformel des 2. Modus – *Secundum autem simile est huic* (s. Anhang VI) – zeigt eben diese Melodiegestalt. Angesichts einer so deutlichen Exposition des plagalen *re*-Modus kann Andrea Gabrieli sich im Verlauf unseres Ricercars denn auch die Freiheit herausnehmen, nach der ersten, auf der Finalis g' gebildeten Kadenz (Takt 7f.) die folgende Kadenz auf d'' einzuführen (siehe Takt 13). Aber auch hier bleibt diese Kadenz vereinzelt; im weiteren Verlauf des Werkes erscheinen nur mehr Kadenzbildungen auf der Finalis, auf deren Unterquarte, Obersekunde, Oberterz und Oberquarte.

Halten wir an dieser Stelle zunächst einmal inne und nennen wir eine Anzahl weiterer instrumental-polyphoner Werke, die – gleich den beiden eben erwähnten Beispielen – eine auf der Zusammensetzung von plagaler Quarten-species *re-sol* (bzw. *sol-re*) + Repercussio *re-fa* gebildete Initialmelodik aufweisen; und fügen wir hinzu, daß im Verlauf dieser Werke die Kadenzbildung auf dem Oberquintton der Finalis entweder gänzlich vermieden wird oder erst sehr spät eintritt. Hier die (ebenfalls leicht zu vermehrenden) Beispiele[18]:

Cifra, A.	*Ricercare Secondo, Nr. 2* (CifR, 90ff.; ebenso die *Canzone Seconda sopra il Secondo Ricercare, Nr. 10;* (ibid., 132ff.)
–	*Canzone Quarta, Nr. 14* (ibid., 71ff.)
Clavijo del Castillo, B.	*Tiento de II Tono, por Gsolreut* (AntOC, 30ff.)
Daza, E.	*Fantasia por el Segundo Tono, por gesolreut, Nr. 15* (DaF, 28f., Tenor, Takt 1-6; der in Takt 2 einsetzende Sopran bewegt sich nur im Ambitus g' – d' – g')
Gabrieli, A.	*Ricercar del Secondo Tono, Nr. VI* (IMAMI I, 54ff.)
–	*Ricercar del Secondo Tono, Nr.VII* (ibid., 64ff.)
Haßler, H. L.	*Fuga II. Toni, Nr. 9* (DTB IV/2, 82ff.)
Stoltzer, Th.	*Octo Tonorum Melodiae, Nr.15* (StAW I, 71ff.)[19]

Seltener vorzukommen scheint der Fall, daß das Initialmotiv eines im (auf g transponierten) 2. Modus stehenden Werkes nur aus dessen Repercussio *re-fa* – mit Hinzunahme entweder des unterhalb oder darüber liegenden Ganztons – hergeleitet ist. Als Beispiel hierfür zu nennen ist immerhin der in seiner Quelle irrtümlicherweise als »Primer Tono« bezeichnete *Tiento Nr. 8* von Cabezón (CaCW II, 18ff.). Auch das Initialmotiv des *Ricercars Nr. VII* von Nicolo Benoist (MRM I, 25ff.) bewegt sich in den »herrschenden« Stimmen längere Zeit in dem genannten Tonraum, ehe es zum Oberquintton seiner Finalis aufsteigt, um alsbald zur Finalis zurückzusinken und dort die erste Kadenz zu bilden.

Wie beim 1., so kann aber auch beim 2. Modus dessen *skalare Struktur* die Grundlage der Melodie-Erfindung bilden. Ein Musterbeispiel für die Verwendung der gesamten Skala als Melodiemodell bietet das Initialmotiv von Christian Erbachs *Fuga Secundi Toni, Nr. 2* (ErCKC III, 18ff.):

Selbst die Beschränkung des Initialmotivs auf den bloßen Quint-Tonraum *re-la* bzw. *la-re* oberhalb der Finalis kann, gleich wie in der Vokalmusik des späten 16. Jahrhunderts, schon als Hinweis auf den plagalen Charakter des Modus gelten. Hier etwa das Exordium von Erbachs *Ricercar Secundi Toni, Nr. 5* (ErCKC I, 28ff.):

Betont wird die plagale Eigenart des Modus im übrigen auch bei solcher Themenbildung dadurch, daß eine Kadenzierung auf dem Oberquintton der Finalis entweder gänzlich vermieden oder lange Zeit hinausgezögert wird.

Einige weitere Beispiele mögen das soeben Gesagte noch verdeutlichen:

Anonymus	*Fantasia* (bzw. *Fantasia Capriccio) Secundi Toni* (LiLSG, Nr. LXXII; an erster Stelle eine Kadenz auf der Repercussa b)
–	*Tiento Segundo Tono* (MME II, 49, Nr. 41, Tiento XV; zu Beginn Kadenzfolge d[sp.], a[U-IV], d[fg.])
Bonelli, A.	Doppelchörige *Toccata »Cleopatra«* (KuN, 84ff.; zu Beginn Kadenzfolge g, g, g, b, b, g, c)
Erbach, Ch.	*Canzona Secundi Toni, Nr. 4* (ErCKC III, 54ff.; die ersten vollständigen Kadenzen liegen auf g und b)
–	*Canzona Secundi Toni, Nr. 6* (ibid., 58ff.; zu Beginn Kadenzfolge g, b[fg.], g)
–	*Ricercar Secundi Toni, Nr. 6* (ErCKC I, 32ff.; hier die Quinten-species *la-re* chromatisch ausgefüllt)
Frescobaldi, G.	*Canzone Nr. 10* (FreC, 43f.; Kadenzfolge zu Anfang: d'' [Ob-V], d'[U-IV, sp.], g)

Hatten die bisher genannten Werke die Quinten-species *re-la* bzw. *la-re* mehr oder weniger stufenweise durchlaufen, so fehlt es aber auch nicht an Kompositionen, die, dem 2. Modus zugeschrieben oder als »Secundi Toni« erkennbar, die Quinten-species *re-la* im Sprung durchmessen und dieser Intervallgattung manchmal sogar noch ein *»fa super la«* als »licentia ascensus« hinzufügen. Aber auch in solchen Fällen ist durch die Kadenzordnung dafür gesorgt, daß nicht der Anschein eines (auf g transponierten) 1. Modus entsteht. Geben wir wiederum einige Beispiele:

Banchieri, A.	Canzonen Nr. 1, 2, 3 und 11 (*La Rovattina, L'Ardina, La Galluppa revista* und *L'Organistina bella*: BaC 19ff., 21ff., 24ff. und 51ff.; stets Vorrangstellung der Kadenzen auf g-*re* und b, keine Kadenzen auf dem Oberquintton der Finalis)
Conforti, G. B.	*Ricercar del Secondo Tono, Nr. 12* (ConR, 63ff.; erste Kadenz auf c[fg.], dem Oberquartton der Finalis, zweite Kadenz auf d[U-IV])
Erbach, Ch.	*Canzona Secundi Toni, Nr. 5* (ErCKC III, 56f.; die einzige außerhalb der Finalis gebildete Kadenz liegt auf dem Unterquartton d)

Weiterhin begegnet, wie in der Vokalmusik, so auch in polyphonen Instrumentalwerken des 2. Modus jene Initialbildung, bei der – bezogen auf g-*re* als »Haupttonstufe« – die modal »dienenden« Stimmen die Quinten-species *re-la* als g – d' (Altus) bzw. als G-d (Bassus) exponieren, Sopran und Tenor aber diese Quinten-species real im Oberquint-Abstand beantworten, d. h. mit der (von Illuminato Aiguino als »Diapente estraordinario« bezeichneten) Quinten-species d' – a' bzw. d – a.[20] Nennen wir auch hierfür einige Beispiele:

Cabezón, A. de	*Tiento del 2. Tono, Nr. 15* (CaCW II, 35ff.)
Haßler, J.	*Ricercar del Secondo Tono* (HasJOW, 6ff.: paarige Imitation *la-re*/*la-re* = a' – d'/d' – g bzw. a – d/d – G)
Padovano, A.	*Ricercar del Secondo Tono* (PadR, 36ff.)
Vinci, P.	Duos *»Lo canalloto«, »Vinci«, »Castro Joanni et muxa«* und *»Barressi«*, alle für Sopran und Tenor; ViLM, Nr. 2, 3, 4 und 8)[21]

Eine Verwechslung solcher Initien mit denjenigen des (nicht transponierten) 1. Modus ist durch das Quint-Verhältnis beider Quinten-species ausgeschlossen: die Quinte *re-fa-la* eines in normaler Lage, d. h. mit Finalis d' (Sopran) bzw. d (Tenor) und folglich mit b-durum gebildeten 1. Modus dürfte durch eine Quinte g – b – d' (bzw. G – B – d) weder »vorausimitiert« noch beantwortet werden: das b-molle würde durch solch eine Imitation zu einem für den Modus konstitutiven Ton, was es – trotz aller episodischen, durch »necessitas« begründeten Verwendung – im untransponierten 1. Modus eben doch *nicht* ist. Soll die Quinten-species *re-la* (oder *la-re*) im 1. Modus real beantwortet oder vorausimitiert erscheinen, so tragen der Alt bzw. der Baß diese Intervallgattung als a – e' (bzw. A – e) oder als e' – a (bzw. e – A) vor. Siehe z. B. den

Anfang von Andrea Gabrielis Ricercar *Primo Tono, Nr. 1* (Gabr[A]RO I, 3ff.).[22]

Eine, wie es scheint, recht seltene Variante dieses Initialtypus liegt in Cabezóns modal nicht bezeichnetem *Tiento Nr.5* (CaCW II, 11f.) vor. Hier führt zunächst der Tenor ein aus der Quinten-species *la-re* gebildetes Motiv als d' – g ein, und der Baß beantwortet dieses Motiv im Unteroktav-Abstand. Schon diese tiefe Lage der Baßstimme wäre für einen 1. Modus, den man aus dem Verlauf des Tenors hier vielleicht heraushören könnte, ungewöhnlich; noch mehr der Umstand, daß die erste Kadenz (Takt 11f.) auf der Tonstufe a-*mi* eintritt. Die Einsätze und Motiv-Durchführungen von Alt und Sopran (Takt 16ff. bzw. 22ff.) bewegen sich denn auch in der soeben als für den 2. Modus charakteristisch geschilderten Art: die Quinte d' – g des Altus wird beantwortet durch die Quinte a' – d' des Soprans. Melodik und Kadenzordnung tun auch im weiteren Verlauf das Ihrige, um den auf g versetzten 2. Modus (nicht, wie in CaCW II, 11 und in MME II, 29, zu lesen, den 1.) als Tonart des Werkes kundzugeben.

Zu einer gewissen Konvention ist endlich, wie es scheint, für Ricercare des (auf g transponierten) 2. Modus das Verfahren geworden, den Sopran mit der Quinten-species *re-la* (= d' – a') einsetzen zu lassen, ihn dann aber – und zwar ausgehend von seinem Anfangston d' – in Gegenbewegung zu beantworten. Als Beispiele für dieses Verfahren seien folgende Werke genannt:

Antegnati, C.	*Ricercar del Secondo Tono* (AntA, 4ff.)
Cifra, A.	*Ricercar Secondo* (CifR, 7ff.)
Merulo, C.	*Ricercar del Secondo Tono* (MeruR, Nr. 2)
Sweelinck, J. P.	*Fantasia Nr. 3* (SweWO, 12ff.)

Wir haben den 2. Modus bisher in seiner gebräuchlichsten, »per b-molle« auf g transponierten Form kennengelernt. Die Musiklehre des späten 16. und frühen 17. Jahrhunderts – so z. B. Seth Calvisius, Maternus Beringer, Michael Praetorius und Jan Pieterszoon Sweelinck [23] – kennt den 2. Modus aber auch als »per b-durum« gebildet: dies freilich nicht in der für einen Chor allzu tiefen Lage auf d (Tenor) und d' (Sopran), sondern um eine Oktave aufwärts transponiert: im Tenor also mit einem Ambitus a – d' – a' und im Sopran, prinzipiell wenigstens, mit dem Tonumfang a' – d'' – a''.[24] Auch die Instrumentalmusik der späten Renaissance verwendet nicht selten diese Oberoktav-Transposition. Geben wir hierfür einige Beispiele von Initialmotiven; sie zeigen uns die schon bekannten, entweder traditionell formelhaften oder skalar strukturierten Melodiegrundlagen:

Palestrina, *Ricercar del Secondo Tono* (PalW XXXII, 81ff.)[25]

C 

Kadenzen: a'(U-IV) ⟿ d''

Gussago, *Sonata 15 à 8 L'Onofria* (KuN, 91ff.)

Erbach, *Ricercar Nr. 30* (ErCKC II, 114ff.)

*) Beide Chöre sind gleichartig, und zwar »a voce piena«, disponiert.

Fassen wir die Ergebnisse unserer bisherigen Untersuchungen zusammen, so zeigt sich schon beim ersten Moduspaar: Auch in der Instrumentalmusik der späten Renaissance sind authentischer und plagaler Modus tatsächlich unterschieden worden. Ja, es ist überraschend, wie streng sich die Komponisten auch in instrumental-polyphoner Musik an die aus der Vokalpolyphonie bekannten Normen der Stimmendisposition, Melodik und Kadenzfolge gehalten haben. Auch wir müssen folglich diese Unterscheidung von Authenti und Plagales anerkennen als eine sowohl im Bewußtsein der Komponisten als auch der von ihnen angesprochenen Hörer lebendige »prae-kompositionelle Wesenheit«: als eine Realität, mit der wir zu rechnen haben, wollen wir Musik jener Zeit wirklich, d.h. nach ihren eigenen Gesetzen wiederum verstehen.

Die Reihenfolge des modalen Systems, gleich ob traditioneller oder Glareanischer Art, erforderte von uns als Nächstes die Besprechung der »in *mi*« fundierten Modi. Verschieben wir jedoch, um der schon für die Vokalmusik uns bezeugten Problematik dieser Modi willen, deren Besprechung auf einen späteren Zeitpunkt; und wenden wir uns nunmehr dem »in *fa*« fundierten Moduspaare zu.

2. Kapitel: »In *fa*« fundierte Werke: 5. oder 6. Modus

Zu Beginn unserer Ausführungen sei daran erinnert, daß gerade bei Werken dieser Art die Nomenklatur stark variiert: der traditionelle 5. und 6. Modus erscheinen bei Glarean (und dem frühen Zarlino) als Transpositionen der auf c fundierten Modi 11 und 12, und umgekehrt: jeder auf c (ohne Vorzeichnung) fundierte Modus erscheint nach traditioneller Lehre als eine Transposition der beiden f-Modi. Gliedern wir deshalb die nun zu besprechenden Werke in folgende drei Gruppen:

1) Werke mit Finalis f und b-molle
2) Werke mit Finalis c und b-durum (= ohne Vorzeichnung)
3) Werke mit Finalis f und b-durum, also im Glareanischen Lydius oder Hypolydius

1) Anders als bei den Modi der Finalis *re*, beruht beim *authentischen Modus der Finalis fa* die Melodik der Initialmotive so gut wie ausschließlich auf der skalaren Konzeption der Tonart. Geradezu als Musterbeispiel einer aus der Oktav-species des traditionellen 5. Modus (= der Quinten-species *ut-sol* + Quarten-species *ut-fa*) hergeleiteten Melodik sei das Initialmotiv der in ANT120, S. 3 veröffentlichten *Canzone* von Luzzasco Luzzaschi angeführt, auch wenn dieses Werk in seinem Titel keine Tonartangabe enthält:

C 

Auch die Stimmendisposition läßt an Deutlichkeit der Modus-Darstellung nichts zu wünschen übrig:

C:	(e') f' – f''
A:	(f, g, a) b – c''
T:	f – f' (g', a')
B:	(A) B – b (c', d')

Die einzige Abweichung vom »schulmäßig« korrekten Schema zeigt der Altus durch die »Vorimitation« des Initialmotivs im Unteroktavabstand zum Sopran, während Cantus, Tenor und Baß die ihnen zukommenden Tonräume aufs genaueste beachten.

Ebenso eindeutig entspricht auch der Kadenzplan dem traditionellen 5. Modus: er enthält nur dessen »Clausula primaria« und »secundaria« und bringt hierdurch die Quint-Repercussio *ut-sol* immer wieder zu Gehör:

Takt	Tonstufe	Stimme mit Clausula cantizans	tenorizans
10f.	f	C	T (↗)
13f.	c (Ob-V)	A	C (Ob-V)
18f.	c (Ob-V, fg.)	C (Ob-V)	T (Ob-V, fg.)
26f.	c (Ob-V)	T (Ob-V)	C (Ob-V,↗)
31f.	f	B	A (↗)
39f.	c (Ob-V)	T (Ob-V)	B *)
45f.	c (Ob-V)	T (Ob-V)	C (Ob-V)
47f.	f + Sp.	A	C (↗)

*) Die extrem hohe Lage, in welcher der Sopran diese Kadenz »begleitet« (Sekundschritt f'' – e''), verleiht auch ihr den Charakter einer auf dem Oberquintton der Finalis f' gebildeten Kadenz.

Als weitere Beispiele für Initialmotive des auf f (mit b-molle) fußenden authentischen Modus, hergeleitet aus dessen Oktav-species, seien folgende Werke genannt:

Banchieri, A.	*Seconda Canzone Italiana* (BaOS2, 79)
Erbach, Ch.	*Ricercar Nr. 32* (ErCk II., 120ff.)
–	*Ricercar XII.* [recte: XI.] *Toni, Nr. 11* (DTB IV/2, 31f.: Cantus, Takt 1-4, im Ambitus c'' – f' – f'' – c'' – f' sich bewegend)
Frescobaldi, G.	*Canzonen Nr. 8* und *Nr. 22, detta »La Vincenti«* (FreC, 35ff. bzw. 87ff.)
Gabrieli, A.	Ricercar *Quinto Tono, Nr. 3* (Gabr [A]RO II, 10ff.)
Soderini, A.	*Canzone »La Scaramuccia«* (TorA III, 185ff.)

Kennzeichnend für andere im traditionellen 5. (alias transponierten 11.) Modus komponierte Werke ist die Bildung des Initialmotivs aus der dem authentischen *fa*-Modus eigenen Quarten-species c'' – f'' bzw. c' – f'. Diese Melodiebewegung kann gelegentlich bis a' bzw. a nach der Tiefe hin erweitert werden, wodurch dann die Quinten-species *sol-ut* eindeutig angezeigt erscheint. Man sehe z. B. das Exordialmotiv von Costanzo Antegnatis *Ricercar del Undecimo Tono* (AntA, 29ff.):

Kadenzen: f (Ob-VIII) c (Ob-V)

Gleichartige Initialmelodik finden wir auch in folgenden Werken:

Erbach, Ch.	*Ricercar Quinti Toni, Nr. 14* (ErCKC II, 4ff.)
Gabrieli, A.	Ricercar *Quinto Tono, Nr. 4* (Gabr[A]RO II, 14f.)
–	Ricercar *Undecimo Tono, Nr. 8* (Gabr[A]RO I, 33ff.)

Der Eigenart des authentischen f-Modus entspricht auch hier die Kadenzordnung, indem sie der Oberquint-Tonstufe der Finalis jeweils den Rang der modal zweitwichtigsten »Clavis clausularum« zuweist.

Die dem traditionellen 5. Modus eigene Oktav-species f – f' bzw. f' – f'' (Tenor bzw. Sopran) kann aber auch derart exponiert erscheinen, daß sie auf die beiden ersten Imitationsmotive verteilt wird. Das Initialmotiv durchläuft in diesem Fall nur die Quinten-species f – c' bzw. f' – c'' – dies aber in raschem Aufstieg –, das folgende Motiv ergänzt dann diesen Quint-Tonraum zur vollständigen, in die species *ut-sol* + *ut-fa* darüber gegliederten Oktavgattung des 5. Modus. So verfahren z. B. Thomas Stoltzer im fünften Stück seiner *Octo Tonorum Melodiae* (StAW I, Nr. 18) und Julio Segni da Modena in seinem *Ricercar Nr. XV* (MRM I, 74ff.). Auch hier trägt die Bildung der jeweils ersten Kadenz auf dem Oberquintton der Sopran-Finalis das Ihrige dazu bei, den Modus als einen authentischen zu kennzeichnen.[1]

Seltener vorzukommen scheint es, daß das Initialmotiv eines dem (traditionellen) 5. Modus zugehörigen Werkes sich längere Zeit hindurch nur im Ambitus c' – f bzw. c" – f' bewegt, wie dies etwa in G. Confortis *Ricercar del Quinto Tono, Nr. 4* (ConR, 19ff.) geschieht. Hier weist jedoch die ostentativ sprunghafte Melodiebewegung des Initialmotivs – c' – a – c' – f – b – a – d' – c' (Tenor, Sopran eine Oktave höher) – sogleich auf den authentischen Charakter des Modus; ebenso auch die Folge der ersten drei Kadenzen (Takt 17f., 25f. und 28f.: c[Ob-V], f und wieder c[Ob-V]), zu deren letzter der Sopran bis f" aufsteigt.

Richten wir unseren Blick nun auf den *plagalen Modus der Finalis fa*, so erkennen wir, daß sich in dieser Tonart wiederum traditionell-formelhafte und skalare Fundierung der Melodik – im besonderen der Initialmotive – deutlich unterscheiden lassen. Wenden wir uns zuallererst den Werken mit formelhafter Bildung des Initialmotives zu.

Ein lehrreiches Beispiel hierfür bietet uns Andrea Gabrielis für ein Instrumenten-Ensemble geschriebenes *Ricercar del Sesto Tono, Nr. IX* (IMAMI I, 74ff.). Die Finalis-Tonstufe des Werkes ist f (mit b-molle), das Dispositionsschema stellt sich dar wie folgt:

C:	c' – c" (d", im Sp. der Schlußkadenz einmaliger von f" ausgehender Skalen-Descensus)
A:	f – a'
T:	c – d'
B:	F – a (b, c')

Dieser plagalen Stimmendisposition entspricht mit einer Deutlichkeit, die schwerlich noch zu übertreffen ist, das zuerst vom Sopran eingeführte, dann vom Alt beantwortete Initialmotiv: es ist hergeleitet aus der Unterquarten-species des 6. Modus und aus dessen Repercussio *fa-la*, Elementen, deren Verbindung letztlich auf den Gregorianischen Choral zurückweist. Die erste Kadenz unseres Ricercars liegt – auch dies bezeichnend für den plagalen Charakter der Melodik – auf der Finalis f. Hier das soeben beschriebene Motiv:

Den weiteren Verlauf des vielteiligen und mit vielen Motiven arbeitenden Werkes möge folgendes Schema verdeutlichen:

Teil	Motiv	Durchführungen	Kadenzen
I (1-16)	a	C, A (Duo)	f
	a	T, B (Duo)	f
	a	C, A, T, B, C (transp.)	c (U-IV)
	b	kurz, im Detail schwer zu beschreiben	**f**
II (16-32)	= notengetreue Wiederholung von I		
III (32-47)	c[3]	T, C, A, (T), B	c (U-IV)
	d	A, C (Duo)	f (sp.)
	d	B, T (Duo)	f (sp.)
	d	A, C + freier B	f (sp.)
	d	T, A, C + freier B	c (U-IV)/**f**
IV (47-64)	e	C, A (Duo)	
	e	T, B (Duo) + 4 v. Anhang	a
	f	quasi imitatio tubarum	c (Ob-V)
	g	rasch wechselnde Imitationsgruppen	**f**
V (64-81)	= notengetreue Wiederholung von IV, Motiv-Abschnitte f und g, + Sp. zur Schlußkadenz		

Auch dieser Kadenzplan bedarf keines weitläufigen Kommentars. Zeigte uns die Kadenzfolge von Luzzasco Luzzaschis eingangs beschriebener Canzone die hervorragende Stellung, welche im authentischen Modus der Oberquint-Tonstufe als der im modalen Rang zweitwichtigsten »Clavis clausularum« zukommt, so sehen wir in Andrea Gabrielis *Ricercar del Sesto Tono* gerade diese »Clavis« als im modalen Rang niedrigste, am spätesten erscheinende Tonstufe der Kadenzbildung behandelt; die Finalis selbst und deren Unterquart-Tonstufe überwiegen als »Claves clausularum« bei weitem.

Führen wir für den plagalen Modus der Finalis *fa* nun auch noch weitere Beispiele an; zunächst Beispiele der uns schon bekannten, auf den Gregorianischen Choral – samt der Merkformel *Sexta hora* (s. Anhang VI) – zurückgehenden Initialmelodik:

Anonymus	*Primera Fantesia del Sesto Tono, Nr. 67* (MME II, 95ff., Fantasia XIII de Vihuela)
Cabezón, A. de	*Tiento* [del 6. Tono], *Nr.4* (CaCW II, 7ff.)[4]
–	*Tiento del 6. Tono, Nr. 14*, Oberstimme (ibid., 32ff.)
Gabrieli, A.	Ricercar *Sesto Tono, Nr. 5* (Gabr[A]RO I, 20ff.)
Stoltzer, Th.	*Octo Tonorum Melodiae, Nr. 19* (StAW I, 80ff., Tenor und Sopran). Man beachte auch die Kadenzfolge f (fg.), f, f, a, f und c (U-IV) in den Takten 1-36.

Als Initialmotiv des 6. Modus (traditioneller Zählung) verwendet werden kann aber auch allein dessen Repercussio *fa-la* (= f – a bzw. f' – a', mit b bzw. b' als hinzugenommenem Spitzenton); so etwa im Sopran von Cabezóns *Tiento*[del 6. Tono], *Nr. 7* (CaCW II, 15ff.):

Weitere Belege dieses Initial-Melodiemodells finden sich in zwei Werken spanischer Anonymi: im [Tiento] *Sesto Tono, Nr. 49* (MME II, 64f., Tiento XXII), besonders in der Oberstimme, und in der *Segunda Fantesia del Sesto Tono, Nr. 68* (ibid., 98f., Fantasia XIV de Vihuela); hier erscheint im Cantus-firmus-artig mensurierten, jedoch frei erfundenen Initium des Soprans (Takt 1-8) die Repercussio f' – a' sogar ganz »nackt«. Dieser Initialmelodik entspricht jeweils auch die Kadenzordnung; im besonderen dadurch, daß – im Gegensatz zu Kadenzierungen auf f, a oder der Unterquart-Tonstufe c – Kadenzen auf der *Oberquinte* der Sopran-Finalis (also auf c") überhaupt fehlen oder erst sehr spät erscheinen.

Zu diesen auf altüberlieferten Initialformeln fußenden Motiven treten – und wie es scheint, je später, desto häufiger – Initialmotive, die aus der *skalaren* Deutung des 6. Modus resultieren. Als Musterbeispiel hierfür kann das Initialmotiv von Christian Erbachs *Canzona Sexti Toni, Nr. 11* (ErCKC III, 76ff.) dienen:

Eine vollständige, skalar gegliederte Darstellung des traditionellen 6. Modus bieten auch Initialmotiv + freie Weiterführung desselben in Hans Leo Haßlers über die Hexachordsilben komponiertem *Ricercar Nr. 3* (DTB IV/2, 66ff.) und in Pietro Pauolo da Cavis zweistimmigem *Ricercar Nr. 3* (CaviR).[6] Als besonders lehrreiches Beispiel solcher aus der Skala c' – f' – c" – f' (Sopran; Tenor eine Oktave tiefer) erfundener Initialmelodik genannt sei endlich Willaerts *Ricercar Nr. XIV* (MRM I, 66ff.): ein Werk, in dessen Verlauf die Melodik des Soprans in den Takten 9-11 sowie die das Exordium beschließende Kadenz auf a (Takt 18f.) auch das Repercussions-Intervall des 6. Modus deutlich anklingen läßt.[7]

Endlich kann der plagale Modus auch bei »in *fa*« fundierten Werken durch die Beschränkung des Initialmotivs der »herrschenden« zwei Stimmen auf die bloße Quinten-species der Tonart, allenfalls mit Hinzunahme der Sext-Tonstufe oberhalb der Finalis, exponiert erscheinen; auch dies unterstützt und bekräftigt durch eine vom authentischen *fa*-Modus abweichende Kadenzordnung.

Ein Beispiel hierfür bietet Palestrinas *Ricercar del Sesto Tono* (PalW XXXII, 88f.). Hier die einleitende Phrase des Soprans:

In den vier stärksten Kadenzen, welche die vier motivisch verschiedenen Abschnitte beenden (Takt 14, 26, 43f. und Schluß), tritt mit der Zieltonfolge f, f, a und f überdies die Repercussio *fa-la* zutage.

Auch für diese Art der Exposition des 6. Modus lassen sich zahlreiche weitere Beispiele anführen. Man sehe etwa folgende Werke:

Aguilera de Heredia, S.	*Falsas de Tono VI, Nr. 28* (AntOC, 40f.; erste und zweite Kadenz, Takt 17-22, auf f und c[U-IV])
Erbach, Ch.	*Ricercar Sexti Toni, Nr. 17* (ErCKC II, 21ff.; erste Kadenz, Takt 22f., auf c[U-IV])
–	*Canzona Sexti Toni, Nr. 13* (ErCKC III, 83ff.; erste und zweite Kadenz, Takt 19-25, auf f und c [U-IV])
–	*Ricercar Sexti Toni, Nr. 16* (ErCKC II, 17ff.; erste Kadenz hier auf c'' [Ob-V], herbeigeführt durch einen satztechnisch motivierten und überdies singulären Aufstieg des Tenors nach f')
Haßler, H. L.	*Ricercar VI. Toni, Nr. 5* (DTB IV/2, 71f.; bis zum episodischen Tonartwechsel, Takt 21ff., Kadenzen nur auf f)
Padovano, A.	*Ricercar del Sesto Tono* (PadR, 18ff.; erste Kadenz, Takt 34f., auf a)
[Segni], Julio da Modena (oder Willaert?)	*Ricercar Nr. XIII* (MRM I, 60ff.; von Cabezón intavoliert als *Tiento del Sesto Tono*: erste Kadenzen, Takt 6f., auf f [fg.], c [U-IV] und f [fg.])[8]
Soto, F. de	*Tiento del Sesto Tono, Nr. 50* (MME II, 66f., Tiento XXIII; auch hier fehlt jede Kadenzierung auf dem Oberquintton der Sopran-Finalis)[9]

Als gleichartig angelegt, wenn auch ohne Modus-Bezeichnung im Titel, können folgende Kompositionen hinzugefügt werden:

Banchieri, A.	*Canzon Quarta: La Rustica sopra Vitam eternam* (BaC, 26ff.; erste Kadenz, Takt 5f., auf c [U-IV])
Cavazzoni, G.	*Recercar Quarto* (CavO I, 14ff.; erste und zweite Kadenz, Takt 8-14, auf a [fg.] und f; sogleich danach c [U-IV])
Cifra, A.	*Canzone Quinta, Nr. 15* (CifR, 74ff.; in Takt 5f. der Oberstimme dann die Quarten-species f' – c' – f', mit Andeutung einer Kadenz auf c')
Cima, G. P.	*Ricercar Sesto* (CimPR, 18ff.; erste vollständige Kadenz, Takt 15f., auf a)
	Ricercar Settimo (ibid., 22ff.; Kadenzfolge f, f, c [U-IV], g, a bis Takt 24)

2) Wenden wir uns nunmehr jenen »in *fa*« fundierten Werken zu, deren Finalis-Tonstufe als c notiert erscheint. In diesen Werken hätten wir, der Lehre Glareans zufolge, die echten, d. h. nicht mit Hilfe einer Vorzeichnung von b transponierten Formen des »Jonicus« bzw. »Hypojonicus« zu erblicken. Betrachten wir aber die tatsächliche Verwendung dieser beiden Modusformen – gleich ob in vokaler oder instrumentaler Musik –, so zeigt sich alsbald, daß diese ihre Bewertung (und als deren Korrelat die Abwertung der auf f, mit b-Vorzeichnung, fundierten traditionellen Modi 5 und 6) erst »a parte post« und auf mehr oder weniger spekulative Art zustande gekommen ist;[10] denn gerade jene Bindung an wirklich ein und dieselbe Finalis, welche für die traditionellen Moduspaare bezeichnend, ja grundlegend ist, fehlt bei diesen auf der »Haupttonstufe« c fundierten Werken. Gehören sie dem (traditionellen) 5. Modus an, so ist ihre Tenor-Finalis c, ihre Sopran-Finalis c' und dementsprechend auch der Ambitus dieser beiden Stimmen *c* – c' bzw. *c'* – c''; der 5. Modus erscheint also um eine *Quarte tiefer* transponiert. Steht ein auf der Tonstufe c fundiertes Werk jedoch im (wiederum traditionellen) 6. Modus, so kann dieser nur um eine *Quinte aufwärts* transponiert verwendet werden, da ein auf c bzw. c' bezogener plagaler Ambitus für die Tenor- bzw. Sopranstimmen allzu tief läge. Ambitus und Finalis der modal »herrschenden« Stimmen sind in diesem aufwärts transponierten 6. (alias 12.) Modus demnach g – *c'* – g' bzw. g' – *c''* – g''. Das altherkömmliche Verhältnis von »Dominus« und »Servus«, »Principalis« und »Collateralis« – oder wie die metaphorischen Bezeichnungen für »authentisch« und »plagal« sonst lauten mögen – ist bei dieser Transposition des 6. Modus also in sein Gegenteil verkehrt.[11]

Die Abwärts-Transposition des 5. Modus begegnet, wie es scheint, nicht allzu häufig. Als Beispiel angeführt sei immerhin das Initialmotiv von Hans Leo Haßlers *Ricercar V. Toni, Nr. 4* (DTB IV/2, 69f.):

Wie beim normalen 5. Modus erkennen wir auch bei dieser Oberstimmen-Melodie deren Fundierung auf der in die Quinten-species *ut-sol* (c' – g') + Quarten-species *ut-fa* (g' – c'') gegliederten Oktavgattung, verbunden mit der – wenn auch schwachen – Andeutung einer Kadenz auf c'' im vierten Takt. – Dieselbe melodische Fundierung ihrer Initialmotive zeigen auch Cabezóns *Tiento Nr. 3* (CaCW II, 5ff.)[12], Sweelincks *Fantasia Nr. 18* (SweWO, 84ff.) sowie eine in ihrer Ausgabe (BaF, Blatt 210) nicht näher bezeichnete *Fantasia* von Adriano Banchieri. Daß bei allen diesen Werken auch die Kadenzordnung derjenigen des auf f (mit b) fundierten authentischen Modus entspricht, bedarf keiner besonderen Erwähnung.

Weit häufiger findet sich hingegen die Oberquint-Transposition des *plagalen* »in *fa*« fundierten Modus. Die enge Verwandtschaft, ja Identität dieses transponierten 6. (alias 12.) Modus mit der Grundform zeigt allein schon das aus der plagalen Quarten-species *fa-ut* + der plagalen Repercussio *fa-la* gebildete Initial motiv von Annibale Padovanos vierstimmigem *Ricercar del Sesto Tono* (PadR, 98ff.):

Auch der Kadenzplan des Werkes bezeugt aufs deutlichste dessen plagale Modalität: liegen doch gerade die Schlußkadenzen der insgesamt sieben motivisch verschiedenartigen Abschnitte nur auf der Finalis-Tonstufe c und auf deren Oberterz.[13]

Dieselben Melodiegrundlagen des Initialmotivs, nur in umgekehrter Reihenfolge, zeigt sogar noch die 1608 erschienene *Sonata 19 à 8 »La Leona«* von Cesare Gussago (KuN, 107ff.); und wiederum sind es Kadenzen auf der Finalis oder auf Finalis-nahen Tonstufen, welche der Bildung einer Kadenz auf dem Oberquintton der Finalis vorausgehen. Aber auch bei Werken, deren erste beide Kadenzen auf der Sopran-Finalis c" und deren Oberquinte liegen, verrät die Zusammensetzung des Initialmotives aus der Quarten-species g' – c" + Repercussio c" – e" immer noch eindeutig den plagalen Charakter ihres Modus: so z. B. in Pietro Vincis instrumentalem Duo *»San Basilli«* (Takt 1-17 bei Kämper, Studien, S. 107).

Am zahlreichsten vertreten sind unter den Werken, die den 6. Modus auf die Oberquinte seiner regulären Finalis – also auf c' bzw. c" – versetzen, Initialmotive, welche die auf diesen Hauptton bezogene plagal geteilte Oktave als Melodiegrundlage exponieren: im Tenor also die Oktave g – *c'* – g', im Sopran die Oktave g' – *c"* – g". Man sehe z. B. das Initialmotiv folgender vierstimmiger *Canzone*, komponiert für zwei Soprane, Alt und Baß, von Andrea Gabrieli (Kämper, Studien, Notenanhang Nr. 11):

Gleich deutlich dargelegt erscheint dieselbe skalare Melodiegrundlage in den Anfangsmotiven folgender Werke:

Brignoli, G.	*Fuga, Nr. 6* (RitZ II, 16f.)
Cima, G. P.	*»La Gratiosa«, Canzon 9* (CimPR, 44ff.)
–	*»La Tripola«, Canzon 11* (ibid., 49f.)
Erbach, Ch.	*Canzona Nr. 21* (ErCKC III, 120ff.)
Gabrieli, G.	*Canzon Seconda* und *Canzon Terza* (Fassung für Ensemble: Gabr[G]C, 8ff. bzw. 13ff.; Fassung für Orgel: Gabr[G]CO I, 30ff. bzw. 33ff.)
–	*Canzon Sol sol la sol fa mi, Nr. 28* (KuN, 44ff.)

Maschera, F. — *Canzon »La Maggia«* (Anfang wiedergegeben in IMAMI II, S. LVII; Anfang der geistlichen Kontrafaktur – Gioseffo Gallo, *Hodie nobis de coelo* – bei Kunze, Die Instrumentalmusik Giovanni Gabrielis, S. 227; man beachte gerade in dieser Canzone Mascheras die relativ hohe Bewertung der Obersekund-Tonstufe d als »Clavis clausularum«)

Merulo, C. — *Canzone »La Ironica«* (MeruC, Nr. 8)

Padovano, A. — *Ricercare del Duodecimo Tono* (TorA III, 85ff.: Initialmotiv der Oberstimme + freie Weiterführung)

Man beachte überdies, daß in den meisten dieser Werke, sofern sie »fugiert« beginnen, die Imitation durch benachbarte Stimmen (Sopran/Alt bzw. Tenor/Baß) real ist: g' – c'' – g'' beantwortet durch c' – f' – c'', g' – c'' – e'' beantwortet durch c' – f' – a' (Tenor/Baß jeweils eine Oktave tiefer). Aber auch die von der Finalis abwärts führende Quarte c'' – g' des Soprans erscheint im Alt real beantwortet durch f' – c': so in Padovanos *Ricercar del Sesto Tono* (PadR, 98ff.). Unverkennbar ist jedoch gegen Ende des 16. Jahrhunderts eine »Modernisierung« gerade dieses letztgenannten Verfahrens (hierzu siehe unten das 6. Kapitel dieses Teils).

Ferner kann, wie im regulären 6. Modus, so auch in dessen aufwärts transponierter Form schon die Beschränkung des Initialmotives auf den bloßen Quint-Tonraum oberhalb der Finalis auf die plagale Art des Modus weisen. Man sehe z. B. den Anfang von Andrea Gabrielis vierstimmigem *Ricercar del Duodecimo Tono, Nr. XI* (IMAMI I, 86ff.):

Zum Durchmessen des bloßen Quint-Tonraumes tritt, wie wir sehen, alsbald eine Kadenz auf der Finalis c' hinzu. Im Sopran und Alt wiederholt sich sofort derselbe Vorgang. Die Kadenzen im weiteren Verlauf des ersten Hauptabschnitts (Takt 1-28) unterstreichen ebenfalls den plagalen Charakter des Modus: sie liegen auf c (fg.), g (Ob-V, sehr schwach), c, e, e, c, c und schließlich auf der Unterquart-Tonstufe g (mit Clausula cantizans g' – fis' – g' im Sopran).

Weitere Beispiele der Exposition des transponierten 6. Modus durch Beschränkung des Initialmotives auf den bloßen Quintraum oberhalb der Finalis bieten etwa folgende Werke:

Chilese, B. — *Canzon à 8, Nr. 32* (KuN, 59ff.; man beachte die für den plagalen *fa*-Modus, transponiert auf c, bezeichnende Kadenzfolge c, c(fg.), c, d, d, c, a, c(sp.), c(sp.), c, c, d, etc.)[14]

Cima, A. — *»La Novella«, Canzon 16* (CimPR, 60f.)

Cima, G. P.	*Canzon 10* (ibid., 46ff.)
Erbach, Ch.	*Canzona Duodecimi Toni, Nr. 20* (ErCKC III, 116ff.)
Gabrieli, A.	Ricercar *Duodecimo Tono, Nr. 9* (Gabr[A]RO I, 36ff.; erste Kadenz auf e)
Gabrieli, G.	*Canzon Duodecimi Toni. A 10, Nr. XI* (IMAMI II, 180ff.; erste Kadenz auf c, Takt 5, nächste vollständige Kadenz – Takt 14 – auf d)
–	*Canzon Quarta* (für Ensemble: Gabr[G]C, 17ff.; für Orgel: Gabr[G]CO I, 35ff.)
Sweelinck, J. P.	*Fantasia Nr. 17* (SweWO, 78ff.)

3) Werfen wir nun noch einen Blick auf Werke, die dem *Glareanischen* (= Früh-Zarlinischen) 5. oder 6. Modus – also dem »Lydius« bzw. »Hypolydius« im einzig wahren Wortverstande – zugehören.

Beispiele dieser beiden Modi finden sich verhältnismäßig selten. Genannt seien immerhin für den Lydius die Ricercare *Quinti Toni, Nr. 13* und *Nr. 15* von Christian Erbach (ErCKC II, 1ff. bzw. 12ff.). Hier die Initialmotive beider Werke:

Ricercar Quinti Toni, Nr. 13

Ricercar Quinti Toni, Nr. 15

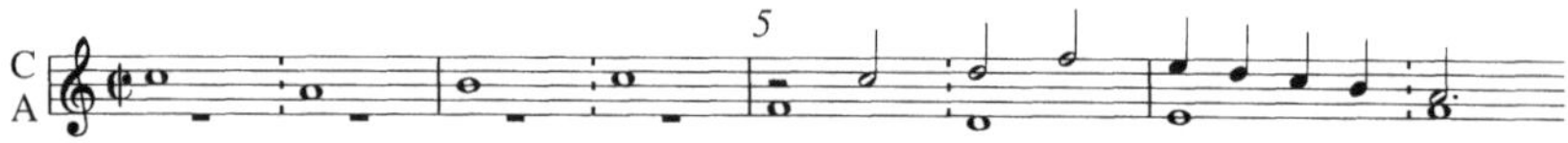

Schon diese zwei Beispiele zeigen hinlänglich, daß die Melodik des Glareanischen Lydius von der Melodik des traditionellen 5. Modus hergeleitet ist: aus der gesamten Oktav-species f' – c' – f im *Ricercar Nr. 13*, aus der oberen Hälfte der Quinten-species c'' – f' + der authentischen Quarten-species c'' – f'' im zweiten von uns angeführten Ricercar[15]; doch gilt jetzt die Tonstufe h als »leitereigen«, und dementsprechend werden jetzt Kadenzen auf a, falls solche vorkommen, als Kadenzen auf a-*la* bzw. auf a-*re* gebildet – also mit Ganztonstufe oberhalb der Ultima und mit der Tonfolge a' – gis' – a' bzw. a – gis – a als Clausula cantizans.

Daß auch die aufsteigende Skala des »echten« Lydius (samt ihrer »licentia«) als Melodiegrundlage fungieren kann, zeigen etwa die Anfangsmotive der bislang unveröffentlichten, jeweils einem Zyklus der Glareanischen Modi 1-12 zugehörigen Ricercare *del Quinto Tono* von Aurelio Bonelli und Floriano Canale (BoR, Nr. 5, bzw. CanR, Nr. 5):

Bonelli

Canale

Für den Glareanischen *Hypolydius* angeführt sei als Beispiel das Initialmotiv von Costanzo Antegnatis *Ricercar del Sesto Tono* (AntA, 14ff.), gleichfalls eines Werkes, das einem Zyklus der zwölf Glareanischen Modi entstammt:

Auch hier sind die Merkmale des traditionellen 6. Modus – Repercussio f – a, Unterquarten-species f – c und plagale Oktav-species c – f – c' – leicht zu erkennen; den einzigen Unterschied gegenüber dem traditionellen 6. Modus bildet die Verwendung von h innerhalb der Quinten-species, die hierdurch zur Intervallgattung *fa-fa* verändert wird.

Bemerkt sei endlich aber auch, daß fast kein Werk in den Glareanischen Modi 5 und 6 ohne gelegentliche, durch melodische oder klangliche »necessitas« erforderte Hinzunahme von b-molle auskommt.[16] Dies gilt besonders für den Hypolydius; hier kann die nach der bloßen Theorie »leiterfremde« Tonstufe b sogar schon innerhalb des Initialmotivs erscheinen, wie das folgende, gleichfalls einem Zyklus der Glareanischen Modi entnommene Beispiel – Nicolò Corradinis *Ricercar del Sesto Tono* (CorR, 32ff.) – zeigt:

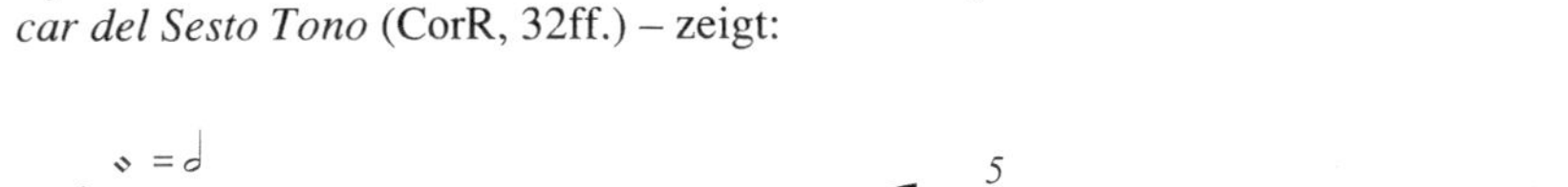

Beschließen wir hiermit unsere Betrachtung der »in *fa*« fundierten polyphonen Instrumentalwerke. Es zeigte sich, daß bei aller Vielfalt der Erscheinungsformen die Unterscheidung von authentischem und plagalem Modus gleich deutlich gewahrt bleibt wie bei den Modi der Finalis *re*. Dies gilt auch für die f-Modi des Glareanischen Systems.

Wenden wir uns nun den »in *sol*« fundierten instrumental-polyphonen Werken zu.

3. Kapitel: »In *sol*« fundierte Werke: 7. oder 8. Modus

Beginnen wir dieses Kapitel mit der Gegenüberstellung von Palestrinas vierstimmigen Ricercaren *del Settimo Tono* und *dell' Ottavo Tono* (PalW XXXII, 89ff. und 91f.).
Das *Ricercar del Settimo Tono* zeigt folgende Disposition seiner Stimmen:

C:	(e', f') g' – g''
A:	(h) c' – c'' (d'')
T:	(f) g – g' (a')
B:	c – c', d'

Die Stimmen-Disposition des Ricercars *dell' Ottavo Tono* lautet dagegen wie folgt:

C:	(c') d' – e''
A:	g – g' (a')
T:	c, d – e' (f', g')[1]
B:	G – a

Ebenso verschieden wie die Stimmen-Dispositionen sind auch die Initialmotive beider Ricercare. Das dem 7. Modus zugeschriebene Werk beginnt mit folgendem Duo von Sopran und Alt:

Den Kern des Motivkopfes bildet die Terz *sol-mi-sol*: eine jener Initialformeln, die, verbreitet schon in Gregorianischen Melodien des 7. Modus, von Pietro Pontio als auch für mehrstimmige Werke dieser Tonart bezeichnend angeführt erscheinen.[2] Die reale Imitation der Tonfolge *sol-fa-mi* im Unterquintabstand (d'' – c'' – h' durch g' – f' – e') läßt überdies bereits im dritten Takt erkennen, daß der aus diesem Skalenausschnitt zu erratende tiefste Ton der Quinten-species – ein Ton mit der Qualität *ut* – nach oben wie nach unten hin von je einer Ganztonstufe umgeben ist. Dies aber ist die Eigenart der vierten in der Reihe der Finales. Die rasche Rückkehr der Oberstimme zu ihrem Anfangston d''-*sol* und der weitere Aufstieg der Melodie bis g'' mit anschließendem Durchmessen der Quarten-species g'' – d'' (= *sol-re*) bestätigen nur weiterhin, daß ein »in *sol*« fundierter authentischer Modus – eben der im Titel genannte 7. Modus – hier tatsächlich vorliegt.

Halten wir nun dagegen die Einleitungsimitation von Palestrinas *Ricercar dell' Ottavo Tono*:

Die Melodik dieser Imitation ist in ihrer Art nicht weniger charakteristisch als diejenige des zuvor besprochenen Ricercars. Wiederum können wir auf Pietro Pontio verweisen: Initialmotive, gebildet aus der Quarten-species *ut-fa* und bezogen auf die vierte Finalis (normalerweise: auf die Tonstufe g), bezeichnet Pontio als für den 8. Modus typisch[3]; es ist dessen Quart-Repercussio, die hier der Melodie zugrunde liegt. Und wir können überdies noch bemerken: auch die reale Unterquint-Beantwortung dieser Repercussio durch die benachbarte »dienende« Stimme bildet bis ins späte 16. Jahrhundert ein den 8. Modus derart deutlich kennzeichnendes Verfahren, daß diese Art der Motiv-Aufstellung und -Beantwortung sogar dazu verwendet werden kann, den Begriff »Wahrheit« musikalisch darzustellen.[4]

Werfen wir nun auch noch einen Blick auf den gesamten Verlauf unserer beiden Ricercare. Beide sind polythematisch angelegt: das *Ricercar del Settimo Tono* in fünf, das *Ricercar dell' Ottavo Tono* in vier Abschnitten.

Aufbau und Kadenzfolge des Ricercars *del Settimo Tono* stellen sich dar wie folgt:

I	(1-17)	g	**c**
II	(14-24)		**g** (Ob-VIII)
III	(24-39)	d (Ob-V)	**g**
IV	(39-51)	c (fg.)	**g** (Zäsur ohne förmliche Kadenzbildung)
V	(51-70)	g (fg.), g	**g + Sp.**

Erster und zweiter Abschnitt greifen in diesem Ricercar eng ineinander: noch während der letzten Durchführung des Initialmotivs setzt schon das neue, den folgenden Abschnitt beherrschende Motiv ein. Die starke Betonung der Tonstufe c – statt d – als »Clavis clausularum« des 7. Modus ist eine Eigentümlichkeit, die Palestrinas Behandlung dieser Tonart auch in seinen Vokalwerken kennzeichnet. Doch unterläßt es Palestrina nicht, durch baldige Kadenzierung auf der Oberoktave der Finalis den Charakter der Tonart als eines authentischen Modus unüberhörbar kundzugeben.

Hier Aufbau und Kadenzordnung von Palestrinas *Ricercar dell'Ottavo Tono*:

I	(1-16)	c (fg.)	**g**
II	(14-31)	c, g	**g**
III	(32-47)		**g** (fg.)
IV	(46-64)	c (fg.), d (U-IV)	**g + Sp.**

Trotz der relativen Ähnlichkeit beider Kadenzpläne ist als Kennzeichen dieser zuletzt beschriebenen, dem plagalen »in *sol*« fundierten Modus eigenen Kadenzfolge zu beachten: Keiner der Hauptabschnitte schließt mit einer außerhalb der Finalis gebildeten Kadenz. Und ferner: Die Oberquint-Tonstufe der Finalis wird als »Clavis clausularum« niemals benutzt; eingeführt erscheint hingegen im Schlußabschnitt eine Kadenz auf dem Unterquartton der Finalis. Die plagale Modalität des Werkes wird solcherart noch durch ein weiteres Kennzeichen zu Gehör gebracht.

Wählen wir als nächstes Beispielpaar zwei Werke von besonders großer Stimmenzahl: Giovanni Gabrielis achtstimmige *Canzon Septimi Toni, Nr. III* (IMAMI II, 30ff.) und seine zwölfstimmige *Sonata Octavi Toni, Nr. XV* (ibid., 270ff.).

Die *Canzone* beginnt mit einem Motiv, das in den Oberstimmen beider Chöre die Quinten-species *sol-ut* (= d" – g') darlegt und auf der Finalis g – wenn auch nur mit einer »Clausula simplex« – kadenziert. Sogleich danach erhebt sich die Oberstimme des ersten Chores bis f", diejenige des zweiten Chores bis g", ja einmal sogar bis a", und auch die Ausfüllung der Quarten-species d" – g" als *re-sol* wird dem Hörer hierbei vorgeführt. Die das Exordium abschließende, sehr deutlich markierte Kadenz liegt alledem entsprechend auf der Oberquinte der Finalis, also im Sopran auf d". – Ebenso deutlich gibt die Oberstimme der *Sonata* den plagalen Modus der Finalis *sol* (= g) zu erkennen. Nun ist es aber nicht die Repercussio *ut-fa*, die uns den 8. Modus exponiert; die einleitende Melodiephrase der Oberstimme (Takt 1–10) hat ihre Grundlage vielmehr in dem skalar aufgefaßten Bewegungsraum des 8. Modus. Die Melodie bewegt sich zunächst – und wohlgemerkt: recht langsam – von der Finalis g' aufwärts bis d", wobei das Erreichen dieses Spitzentons durch eine erste Kadenz auf der Finalis-Tonstufe g, vollzogen vom Alt und Tenor, begleitet wird. Dem Erreichen des genannten Spitzentons der Oberstimme, des Oberquinttons der Finalis g', folgt alsbald ein Abstieg bis c', d. h. bis zu der als »licentia« von Melodien des 8. Modus oft hinzugenommenen Unterquinte der Finalis. Der letzte Teil der Melodiephrase bewegt sich im Tonraum c' – g' – d' – g', und den Schluß bildet wiederum eine – jetzt vom Sopran und Tenor gebildete – Kadenz auf g' (bzw. g). Die sehr bald folgende zweite Kadenz des Soprans liegt sodann auf der Unterquart-Tonstufe der Finalis, sehr deutlich gekennzeichnet dadurch, daß der Sopran, als real höchste Stimme, die Kadenz wiederum mit der von Haus aus ihm zukommenden Melodie-Klausel, der »Clausula cantizans« d' – cis' – d', bildet. Der plagale *sol*-Modus ist mit alledem hinreichend deutlich dargelegt, so daß die im weiteren Verlauf des Werkes eingeführten Kadenzen auf dem Oberquintton der Sopran-Finalis und die »Clausulae peregrinae« auf a die Tonart nicht mehr gefährden können.[5]

Authentischer und plagaler Modus – hier: der Unterschied der beiden Modi der Finalis *sol* – lassen sich also noch in Werken des jüngeren Gabrieli ohne besondere Schwierigkeit unterscheiden. Es verwundert deshalb nicht, daß dieselbe Unterscheidung, gestützt auf dieselben ihrem Ursprung und Wesen nach melodischen Kriterien, sich auch für Werke anderer Meister als real existent erweisen läßt. Nennen wir hierfür – wiederum ohne jeden Anspruch auf Vollständigkeit – noch eine Reihe von Beispielen.

Typische Merkmale des *7. Modus* – Durchmessen der Quinten-species *ut-sol* (bzw. *sol-ut*) und der darüber liegenden Quarten-species *re-sol* – zeigen im

Initialmotiv selbst oder im Initialmotiv und seiner freien Weiterführung etwa folgende Werke:

Banchieri, A.	*Prima Sonata* (BaOS3, 146f.)
–	*Seconda Sonata* (ibid., 148f.)
–	*Terza Sonata. In Scherzo* (ibid., 150f.)
Cima, G. P.	*Ricercar primo* (CimPR, 1ff.; das Initialmotiv erscheint hier in »gestreckter« Form)
Diruta, G.	*Ricercare del Settimo Tono* (TorA III, 163f.)[6]
Erbach, Ch.	*Ricercar Septimi Toni, Nr. 18* (ErCKC II, 29ff.)
–	*Ricercar Septimi Toni, Nr. 19* (ibid., 32ff.)
–	*Ricercar Septimi Toni, Nr. 20* (ibid., 37ff.)
–	*Ricercar Septimi Toni, Nr. 22* (ibid., 50ff.)
Gabrieli, A.	Ricercar *Settimo Tono, Nr. 6* (Gabr[A]RO I, 24ff.)[7]
–	*Ricercar del Settimo Tono, Nr. VIII* (IMAMI I, 68ff.)
Grillo, G. B.	*Canzone Nr. V* (ANT120, 10f.)[8]
Luython, C.	*Ricercar Nr. 2* (MMB 4, 74ff.; der 7. Modus erscheint hier »per b-molle« eine Quinte abwärts transponiert)
–	*Canzon Nr. 5* (ibid., 81f.)
–	*Fuga Suavissima Nr. 6* (ibid., 83ff.)
–	*Ricercar Nr. 7* (ibid., 89ff.)
Maschera, F.	*Canzone »La Mazzuola«* (ANT120, 6f.)
Merulo, C.	*Canzone »La Jolette«* (MeruC, Nr. 9; die über der Quinten-species *ut-sol* liegende Quartengattung *re-sol* hier zwar nicht vollständig dargelegt, jedoch durch Melodiebewegung im Tonraum *re-fa-re* eindeutig kundgegeben)
Padovano, A.	*Ricercar del Settimo Tono* (PadR, 10f.)[8]
Stoltzer, Th.	*Octo Tonorum Melodiae, Nr. 20* (StAW I, 82ff.; siehe die Melodik des Soprans, Tenors und der zwar »Altus« genannten, in Wirklichkeit aber einen Tenor II darstellenden Stimme)

Selbst ein Werk wie Esteban Dazas *Fantasia a tres, por el Septimo Tono, Nr. 11* (DaF, 20f.), dessen Sopran und Tenor sich fast ausschließlich innerhalb der Quinten-species *ut-sol* (= g' – d'' bzw. g – d') bewegen, exponiert den im Titel genannten Modus unverkennbar dadurch, daß seine Kadenzen – mit einer einzigen, rasch vorübergehenden Ausnahme (Takt 5, Kadenz auf a) – stets auf dem Oberquintton der Finalis g oder auf der Finalis selbst gebildet werden.

Betrachten wir nun auch noch die Exordialmotive weiterer dem *8. Modus* zugehöriger Werke; und beginnen wir mit solchen Beispielen, die uns, wie Palestrinas *Ricercar dell' Ottavo Tono*, die Repercussio *ut-fa* als Melodiegrundlage zeigen:

Anonymus	*Segunda Fantesia del Octavo Tono* (MME II, 106ff., Nr. 72, Fantasia XVIII de Vihuela)
Conforti, G. B.	*Ricercar del Ottavo Tono, Nr. 3* (ConR, 13ff.; der 8. Modus hier »per b-molle« eine Quarte höher transponiert)
Daza, E.	*Fantasia a tres, por el Octavo Tono, Nr. 12* (DaF, 22f.). Man beachte, daß hier alle Kadenzen entweder auf der Finalis-Tonstufe g oder auf c gebildet werden; ebenso deutlich wie uns Daza in seiner *Fantasia... Nr. 11* die Repercussio des 7. Modus exponiert, bringt er uns jetzt, in seiner *Fantasia... Nr. 12*, die Repercussio des auf derselben Finalis *sol* fußenden *plagalen* Modus zu Gehör.
Erbach, Ch.	*Canzona Octavi Toni, Nr. 17a* (ErCKC III, 100ff.)
Gabrieli, A.	*Ricercar per sonar. A 8, Nr. III* (IMAMI I, 25ff.). Man beachte die mehrmalige Kadenzierung auf der Finalis innerhalb des bis Takt 21 reichenden ersten Abschnitts und die Bildung des sodann eingeführten Imitationsmotives aus der plagalen Oktav-species d'' – g' – d', wiederum mit baldiger Kadenzierung auf g.[9]
Padovano, A.	*Ricercar del Ottavo Tono* (PadR, 62ff.)
[Segni], Julio da Modena	*Ricercar Nr. IX* (MRM I, 40ff.)[10]
–	*Ricercar Nr. XIX* (ibid., 106ff.)[11]
Senfl, L.	*Praeambulum 6 vocum* (MAM 9, 1ff.)

Als »Fundament« der Melodiebildung bleibt die Repercussio *ut-fa* auch dann erhalten, wenn die Melodik des Initialmotivs gelegentlich bis d'' und e'' bzw. d' und e' (Sopran bzw. Tenor) ausgreift. Man sehe z. B. den Anfang folgender Werke:

Anonymus	*Primera Fantesia del Octavo Tono* (MME II, 105f., Nr. 71, Fantasia XVII de Vihuela)
Buus, J.	*Ricercar* (KinO, 245ff.)
Erbach, Ch.	*Ricercar Octavi Toni, Nr. 24* (ErCKC II, 61ff.)

In allen diesen zuletzt genannten Werken wird die melodische Darstellung der Repercussio *ut-fa* (= g' – c'' bzw. g – c') durch die Kadenzordnung noch zusätzlich bekräftigt: der Anonymus und Jachet Buus bilden sogleich die erste Kadenz auf c, während Erbachs Ricercar zu Beginn (Takt 1–32) die Kadenzfolge g (fg.), g, c, c, c, c, g aufweist.

Bisweilen kann, wie in der Vokalmusik, ein Initialmotiv des 8. Modus auch aus dessen Quarten-species (bzw. einem Teil derselben) + dessen Repercussio gebildet werden: so z. B. das Initialmotiv des achten Stückes aus Thomas Stoltzers *Octo Tonorum Melodiae* (StAW I, Nr. 21) sowie die Initialmotive von Antonio Valentes *Recercata dell' Ottavo Tono, Nr. 7* (ValInt, 49ff.) und von Girolamo Cavazzonis *Recercar Secondo* (CavO I, 6ff.). Man sehe hier das Einleitungsmotiv von Stoltzers und Valentes Werk:

Stoltzer

Valente

Seltener zu begegnen scheint eine aus der *rein skalaren* Konzeption des 8. Modus hergeleitete Exordialmelodik, wie wir sie an Giovanni Gabrielis *Sonata Octavi Toni* schon beobachtet haben (siehe oben, S. 66). Immerhin bietet Aurelio Bonellis *Canzone »Artemisia«* (BoR, Nr. 15) ein weiteres, geradezu schulmäßig deutliches Beispiel hierfür:

Dieser Gruppe zuzurechnen sind auch folgende zwei Werke:

Ingegneri, M. A.	*Aria di Canzon Francese per sonar del Ottavo Tono* (IMAMI II, S. LIIf.)[12]
Viadana, L.	*Sinfonia »La Venetiana« à 8* (KuN, 113ff.)[13]

Auch im Verlauf dieser Werke unterstützt die Kadenzordnung den plagalen Charakter der Melodik: Ingegneris Canzone enthält, außer Kadenzen auf der Finalis g, nur Kadenzen auf deren Unterterz (sic); bei Viadana erscheinen zunächst zwei vollständige Kadenzen auf der Finalis (Takt 5f. und 10f.), anschließend eine Reihe von »Clausulae simplices« auf g, g, a und c, und sodann – vor der Wiederholung der gesamten Takte 1–19 – wiederum eine »förmliche« Kadenz auf g'. (Das Klausel-Akzidens fis' ist zu ergänzen.)

Endlich kann, wie wir es schon bei den Modi der Finales *re* und *fa* beobachtet haben, auch bei »in *sol*« fundierten Werken eine länger dauernde Beschränkung der Melodik des Initialmotives auf den bloßen Quint-Tonraum g – d' (Tenor) bzw. g' – d'' (Sopran) dazu fähig sein, den Modus als einen plagalen kundzugeben; so z. B. in Giovanni Gabrielis *Ricercare dell' Ottavo Tono, Nr. 3* (Gabr [G]CO I, 14ff.):

Die Kadenzfolge des durch dieses Motiv beherrschten Abschnittes (Takt 1–15: Kadenzen auf g, g, g, g, c und g) trägt ebenfalls deutlich zur Erkenntnis bei, daß hier der *plagale* Modus der Finalis *sol* vorliegt.

Die gleiche Melodiegrundlage des Exordiums und eine gleichfalls dem plagalen Modus eigene Kadenzordnung zeigen folgende Werke:

Canali, F.	*Canzone »La Canobbia« à 8* (KuN, 80ff.)
Frescobaldi, G.	*Canzone Nr. 7* (FreC, 29ff.)
[Segni], Julio da Modena	*Ricercar Nr. XVI* (MRM I, 81ff.)
Soderini, A.	Canzone *»La Ducalina«* (TorA III, 188ff.)

Etwas ausführlicher einzugehen ist noch auf zwei weitere dem plagalen Modus der Finalis *sol* zugeschriebene Werke: Giovanni Battista Confortis *Ricercar del Ottavo Tono, Nr. 2* (ConR, 8ff.) und Peter Cornets *Fantasia Octavi Toni* (RitZ II, 60ff.).

In Confortis Ricercar erscheint der 8. Modus »per b-molle« transponiert auf c' (Tenor) bzw. c'' (Sopran). Diese Transposition erlaubt es dem Komponisten nicht nur, die Quinten-species c'' – g'' bzw. c' – g' als Melodiegrundlage des Initialmotivs in den tonartlich vorrangigen Stimmen zu verwenden, sondern auch der genannten Quintengattung oft die Sext, im Tenor sogar bald schon die Septime als »Lizenz« hinzuzufügen; denn bei solch hoher Lage von Tenor und Oberstimme kann um 1560 noch nicht der Gedanke aufkommen, daß den Quinten-species c' – g' bzw. c'' – g'' noch ein weiterer Aufstieg – im Sopran etwa nach c''' – zugefügt werden könne, wodurch der plagale Modus zum authentischen verändert würde. Und wiederum leistet auch die Folge der Kadenzen – erst auf der Unterquarte der Sopran-Finalis (wenngleich als »fuggita«), dann auf der Sopran-Finalis selbst – das Ihrige, den Modus als einen plagalen zu bestimmen (siehe Takt 13 und 17f.).

Cornets *Fantasia*, ein 1625 in seine Quelle eingetragenes Werk, bietet uns ein Beispiel sowohl der beginnenden Zersetzung als auch der Bewahrung des plagalen *sol*-Modus. Als Symptom der Zersetzung gewahren wir eine zunächst fast ausnahmslos vollzogene Erhöhung der Tonstufe f zu fis, so daß wir in den Takten 1–16, wenn wir das Werk nur *hören* (und es nicht schon kennen), einen »in *fa«* fundierten Modus (genauer: den traditionellen 6. Modus) zu vernehmen glauben. Auch die erste, auf der Finalis gebildete Kadenz (Takt 4f.) fügt sich diesem Erscheinungsbilde ein. Erst wenn Cornet zur Bildung der zweiten, auf der Unterquarte der Finalis liegenden Kadenz sich anschickt (Takt 17ff.), erscheint nun auch die »leitereigene« Tonstufe f (besonders deutlich im Sopran), und wir können jetzt endlich verstehen, daß wir unterhalb des »Haupttons« die Quarten-species *sol-re* als »Fundament« der Tonart aufzufassen und den Modus folglich als den 8. anzusehen haben (eine Tatsache, die der Gebrauch der Tonstufe f auch im weiteren Verlauf des Werkes immer wieder ins Gedächtnis ruft).

Wir sehen also: Auch die Bezeichnungen »Septimi« und »Octavi Toni« weisen auf musikalisch Reales, auch für uns wiederum Erkennbares hin.

Ehe wir zu weiteren Betrachtungen fortschreiten, müssen wir indes noch einen Augenblick bei einer Sondergruppe der »in *sol*« fundierten beiden Tonarten verweilen. – Nehmen wir zum Ausgangspunkt Giovanni Gabrielis doppelchörige *Canzon Septimi Toni, Nr. II* (IMAMI II, 14ff.). Dieses Werk endet zwar regulär auf der Finalis g; sein Anfangsmotiv aber würde jeder heutige Hörer nicht dem 7., sondern dem Glareanischen 12. Modus zuschreiben: so deutlich exponieren einerseits Sopran und Alt, andererseits Tenor und Baß die in Quarte + Quinte geteilten Oktavgattungen g' – c'' – g'' (imitiert durch c' – f' – c'') bzw. g – c' – g' (beantwortet durch c – f – c'). Ihre Erklärung findet diese für einen 7. Modus, wie es scheint, so seltsame Initialmelodik durch eine italienische Sondertradition der Moduslehre. Schon bei Pietro Aron hören wir, daß der 7. und der 8. Modus bisweilen auch auf c (ohne b-Vorzeichnung) enden könnten; und noch ein Autor des späten 16. Jahrhunderts, Illuminato Aiguino, überliefert nicht nur gleichfalls diese Aussage, sondern illustriert sie überdies durch ein (in Tenorlage aufgezeichnetes) Notenbeispiel, dessen Melodik zunächst deutlich den (auf g fundierten) 7. Modus exponiert, dann aber auf c' endet.[14]

Angesichts dieser Tradition muß zumindest einem italienischen Hörer weder die Verbindung eines (von der »schulmäßigen« Gestalt des 7. Modus aus gesehen) »regelwidrigen« Initialmotivs mit einem »regelrechten« Schluß – so in Gabrielis Canzone – noch das von Aiguino praktizierte umgekehrte Verfahren als etwas dem 7. Modus Fremdes erschienen sein.

Beispiele einer solchen Handhabung des 7. Modus sind in der Vokalmusik »ultramontaner« Meister äußerst selten.[15] Dasselbe gilt, so scheint es, auch für deren Instrumentalmusik. Immerhin finden wir auch hier eine Ausnahme: Erbachs *Canzone Nr. 14* (ErCKC III, 86ff.), ein Werk, das sich vom Anfang bis zum Schluß in der Art eines Glareanischen 12. Modus bewegt, dennoch aber als *Septimi Toni* bezeichnet erscheint. Ob diese Tonart-Zuweisung vom Komponisten stammt, läßt sich hier allerdings nicht entscheiden, da das Werk nicht in der autographen Handschrift Wolfenbüttel (W) überliefert ist.[16]

Auch bei spanischen Meistern gewahren wir Beispiele für die uns so überraschende, ja befremdende Nähe von Tonarten, die – jeweils in Tenorlage – auf g und c' fundiert sind. Betrachten wir etwa Tomás de Santa Marías *Cláusulas de Tono VIII, Nr. 8* (AntOC, 8): dieses Stück – das erste Beispiel, welches der Komponist für den 8. Modus gibt – endet zwar regulär auf g, verläuft jedoch in seinen ersten 24 Takten derart, als stellten die Töne c'' bzw. c' (Sopran bzw. Tenor) die Finalis dar und als wäre das Initialmotiv aus der Unterquarten-species dieser »Finalis« + der Repercussio c'' – e'' (bzw. c' – e') hergeleitet; d.h., als läge auch hier ein Glareanischer 12. Modus vor. – Noch mehr gilt das soeben Gesagte für Cabezóns *Tiento del 8. Tono, Nr. 22* (CaCW II, 57ff.): dieses Werk verläuft sowohl im Hinblick auf seine Stimmendisposition als auch auf seine Melodik und Kadenzordnung ganz wie ein auf c'' bzw. c' fundierter plagaler Modus – so sehr, daß uns das im Sinne des »normalen« 8. Modus reguläre Ende des Werkes auf der Tonstufe g fast wie ein bloßer »Halbschluß« anmutet.

Wenden wir uns nach diesem Exkurs in ein Gebiet problematischer Tonart-Zuweisungen nun einem, verglichen mit allem bisher Dargelegten, noch schwierigeren Stoffe zu: der Betrachtung der »in *mi*« fundierten instrumental-polyphonen Werke.

4. Kapitel: »In *mi*« fundierte Werke: 3. oder 4. Modus

Mit der Behandlung dieser auf der Finalis e bzw., »per b-molle« transponiert, auf a fundierten Kompositionen betreten wir, wie eben schon erwähnt, ein schwieriges Terrain; denn das eine der Kriterien, mit deren Hilfe wir die authentischen und plagalen Modi der Finales *re*, *fa* und *sol* zu unterscheiden vermochten: das Kriterium des Ambitus versagt hier in sehr vielen – um nicht gar zu sagen: in den meisten Fällen. Während nämlich der 3. Modus in seinem Bewegungsraum den anderen authentischen Tonarten gleicht, weicht der 4. Modus vom Habitus der übrigen Plagales sehr stark ab. Schon im Gregorianischen Choral erreicht keine der im 4. Modus stehenden Melodien den Unterquartton der Finalis e; aufwärts aber berühren diese Melodien oft den Obersextton c'. In mehrstimmigen, dem 4. Modus zugehörigen Werken tritt als weitere »Lizenz« der Aufstieg zur Septime der Sopran- bzw. Tenor-Finalis hinzu. Und nicht genug hiermit: Prüfen wir die Ambitus-Verhältnisse von Vokalwerken, die uns als »Quarti Toni« belegt sind, so können wir – vor allem im Tenor – auch einen zeitweiligen Aufstieg bis zur Oberoktave der Finalis beobachten. Will aber ein Komponist sich auch der tiefen Lagen des 4. Modus bedienen, so führt er die »herrschenden« Stimmen seines Werkes nicht allein zur Unterquarte der Finalis hinab, sondern bis zur Unterquinte. Die Musiklehre des 16. Jahrhunderts gibt die aus alledem resultierende schwere Unterscheidbarkeit der zwei »in *mi*« fundierten Modi freimütig zu. Wir werden also, wie in der Vokalmusik, so auch in der Instrumentalmusik zwar Werken begegnen, in denen beide Modi der Finalis *mi* uns als deutlich unterschiedene Tonarten vorgeführt erscheinen; andererseits aber auch Werken, bei welchen der Unterschied des 3. und des 4. Modus auf ein Minimum reduziert ist.[1]

Unter diesen Umständen muß unsere Betrachtung sich im Folgenden einzig an Werken orientieren, die in ihren Quellen als dem 3. oder als dem 4. Modus zugehörig bezeichnet sind; und wir werden jeweils eruieren müssen, ob und wo sich eine »ratio«, die die Betitelung rechtfertigt, findet. Insgesamt aber wird unsere Betrachtung nach Möglichkeit vom Leichteren zum Schwierigeren fortschreiten.

An den Anfang unserer Betrachtung gestellt seien Tomás de Santa Marías *Cláusulas de Tono III* und *Cláusulas de Tono IV*, zwei mit didaktischer Zielsetzung komponierte Werke (AntOC, 3f. bzw. 4). Fragen wir auch hier zuallererst nach der Disposition der Stimmen. Sie stellt sich dar wie folgt:

Cláusulas de Tono III		*Cláusulas de Tono IV*	
C:	(d')e' – e''	C:	d', e' – c''
A:	a – a'	A:	a – f' (g')
T:	e – e' (f', g')	T:	e – d'
B:	A – a	B:	A – a

Was wir aus diesen Dispositionsschemata erkennen, ist zwar das Bestreben, im Bewegungsraum der »herrschenden« Stimmen beide Modi der Finalis *mi* zu unterscheiden. Doch ist dieser Unterschied auch hier nurmehr sehr gering. Bei den modal »dienenden« Stimmen vollends fehlt in bezug auf ihren Ambitus jeglicher Unterschied – so im Baß –, oder der Unterschied ist – so im Alt – noch geringer als in dem modal »herrschenden« Stimmenpaar.[2]

Wie aber zeigen sich dennoch die dem 3. und 4. Modus jeweils eigenen, vom Komponisten intendierten unterschiedlichen Charakterzüge?

Antwort auf diese Frage geben uns Santa Marías *Cláusulas* sogleich, wenn wir nicht nur den sozusagen leeren Ambitus ihrer Stimmen betrachten, sondern die Art, in welcher diese Tonräume jeweils ausgefüllt erscheinen. Man sehe allein schon den Anfang beider Stücke:

Cláusulas de Tono III

Cláusulas de Tono IV

Bereits in diesen wenigen Takten tritt der Unterschied des 3. und des 4. Modus deutlich zutage. Zu Beginn der *Cláusulas de Tono III* erhebt sich die modal »herrschende« Stimme – hier der Sopran – von der Finalis e' sogleich zur Repercussa c'' und wenig später sogar zum Oberoktavton e''. Den 4. Modus hingegen kennzeichnet eine engschrittige Melodik des Initialmotivs mit stark betonter Halbtonwendung, beides in seiner Wirkung noch gesteigert durch die reale Unterquint-Beantwortung in der modal »dienenden« Stimme. Nicht weniger verschiedenartig ist auch der Kadenzplan beider Werke. In den motivisch zweiteilig angelegten *Cláusulas de Tono III* erscheint als erste Kadenz – am Schluß des ersten Teils (Takt 22f.) – eine Kadenz auf c'', der Repercussa des »in *mi*« fundierten authentischen Modus; im weiteren Verlauf des Werkes folgen noch zwei Binnenkadenzen – sie liegen auf e' und g' – und die reguläre Schlußkadenz auf e', diese mit »Supplementum«. Was fehlt, ist jegliche Kadenzbildung auf a. Daß diese Kadenz mit voller Absicht vermieden wird, zeigt die Kadenzordnung der *Cláusulas de Tono IV*: hier tritt, herbeigeführt durch den Einsatz des Soprans und seine Fortschreitung h' – c'', bereits in Takt 7f. eine nach a zielende kadenzartige Wendung ein, und ihr folgt nur wenig später, als Schluß des Exordiums, eine »förmliche« Kadenz auf a'. Im weiteren Verlauf des Werkes aber wird nur mehr auf der Finalis e' kadenziert (siehe die Takte 21f., 29f. und 33f.); hinzu kommt eine Melodik, die sich im Sopran zunächst innerhalb des Tonraumes a' – e' (mit einmaliger Hinzunahme von d') bewegt (Takt 13–18) und in ihrer letzten, nochmals mit der Halbtonwendung h' – c'' – h' anhebenden Phrase wiederum das Intervall a' – e' als »Gerüst« erkennen läßt. Gleich deutlich wie im Initialmotiv der *Cláusulas de Tono III* die Repercussio e' – c'' (Sopran) bzw. e – c' (Tenor) zutage tritt, wird in den *Cláusulas de Tono IV* uns also dessen Repercussio *mi-la* sowohl in der Kadenzordnung als auch in der Melodik – im besonderen der Oberstimme – kundgegeben.

Verlassen wir nun aber den Bereich bloßer Lehrstücke, und versuchen wir zu erkennen, ob und wie sich die »in *mi*« fundierten beiden Modi auch in »wirklicher Musik« unterscheiden lassen.

Als erste Beispiele betrachtet seien Giovanni Battista Confortis Ricercare *del Terzo Tono, Nr. 7* und *del Quarto Tono, Nr. 8* (ConR, 35ff. bzw. 41ff.). In beiden Werken erscheint der im Titel genannte Modus »per b-molle« transponiert; die Finalis-Tonstufe ist also jeweils a-*mi*. Gehen wir wiederum aus vom Stimmen-Dispositionsschema der beiden Ricercare:

Ricercar del Terzo Tono

C:	(f') g', a'	–	a''
A:	(g*, a, b) c', d'	–	c'', d''
T:	(f) g, a	–	a', b'
B:	c, d	–	d'

Ricercar del Quarto Tono

C:	d'	–	f''
A:	g, a	–	a', b' (h', c'', d''*)
T:	f, g	–	f', g' (a', b')
B:	c, d	–	a, b (h, c', d', es'*)

*Dieser Ton wird jeweils nur einmal berührt

Im *Ricercar del Terzo Tono* finden wir also das schulmäßig »reine« Ambitus-Schema durch alle Stimmen – wenn auch im Alt mit einigen Lizenzen – bewahrt. – Ausführlicher zu besprechen sind die im *Ricercar del Quarto Tono* vorliegenden Ambitus-Verhältnisse. In diesem Werk nimmt der Sopran jenen Tonraum ein, welchen Melodien des 4. Modus – zumal in dessen auf a transponierter Gestalt – durchmessen können, wenn sie einen größeren Tonbereich unterhalb der Finalis benutzen. Der Alt verläuft infolge dieses ostentativ plagalen Tonraumes der Oberstimme in einem dem Altus aller übrigen plagalen Modi analogen – also, nur für sich betrachtet, authentischen – Ambitus, allerdings mit gewissen Freiheiten in Bezug auf dessen Obergrenze. Der Tenor seinerseits bewegt sich, abweichend vom Sopran, in dem anderen den »herrschenden« Stimmen eines 4. Modus eigenen Ambitus: er steigt nur bis zur Terz unter die Finalis a hinab, bewegt sich aufwärts aber bis zur Obersext und Oberseptime dieser Finalis; und er zeigt erstmals auch, wenngleich nur selten, jenen zu Beginn vorliegenden Kapitels schon erwähnten Aufstieg zur Oberoktave seiner Finalis: einen Aufstieg, dem wir in späteren Beispielen noch öfters begegnen werden. Der Baß endlich benutzt, wie schon in Santa Marías *Cláusulas de Tono IV*, einen Tonraum, der sich nach der Tiefe nicht, nach der Höhe nur sehr wenig vom Bewegungsraum des Bassus innerhalb der Stimmendisposition des 3. Modus unterscheidet.

Trotz dieser Ambitus-Besonderheiten in der Disposition des 4. Modus kann von einer Nivellierung der im Titel unserer Ricercare angegebenen Tonarten keine Rede sein: schon die Melodik der Initialmotive, dazu auch der Ort der ersten Kadenzbildung zeigen deutliche Unterschiede. – Im *Ricercar del Terzo Tono*, das durch ein achttaktiges Duo von Tenor und Baß eröffnet wird, durchmißt der Tenor, rasch und mehrmals von seiner Finalis aufsteigend, den Tonraum a – f', also die dem 3. Modus eigene Repercussio »*mi-fa per sextam*«; und auf dem Obersextton der Finalis bildet Conforti auch, gleich wie Santa María in seinen *Cláusulas de Tono III*, die erste Kadenz innerhalb des Werkes. Daß diese Kadenz (siehe Takt 8) nur als »Cadenza fuggita« eintritt und im späteren Verlauf des Werkes nur noch einmal wiederkehrt (siehe Takt 70, wo der Aufstieg g'' – a'' des Soprans ihr den Charakter einer Obersext-Kadenz verleiht), ist nicht weiter von Belang; angesichts des obenerwähnten Einleitungsduos und der anschließenden Initialmotiv-Durchführungen (C/A/B/C/T) kann – nach zweimaliger Kadenzbildung auf der Finalis a (Takt 15 und 19f.) – nun auch ohne Bedenken auf dem Oberquartton der Finalis, also auf d' bzw. d'' (Tenor- bzw. Sopranlage) kadenziert werden; und ebenso unbedenklich können Kadenzen auf der Tonstufe d auch im weiteren Verlauf des Werkes als besonders deutliche Zäsuren eintreten (so in Takt 63f. und 85).

Jenes Motiv hingegen, welches den größten Teil (genauer: 70 von insgesamt 105 Takten) des Ricercars *del Quarto Tono* beherrscht – es ist das aus Josquins Messe *La-sol-fa-re-mi* bekannte und noch von Frescobaldi in einem seiner 1624 gedruckten Capricci (Fre Cap, Nr. 4, 31ff.) verwendete Motiv –, stellt die nur um einen Ton abwärts erweiterte Repercussio (hier: *la-mi*) des 4. Modus dar; und dieser andersartigen Gestalt des Initialmotivs entspricht auch eine andersartige Kadenzordnung. Sehr bald nämlich – schon beim Übergang vom dritten Takt zum vierten – vernehmen wir, noch im einleitenden Duo von Tenor und Alt, eine Wendung, die als »Cadenza fuggita« auf d' wirkt; und vernehmen wir als nächste, durch das Aussetzen der beiden Oberstimmen besonders »ohrenfällig« gestaltete Zäsur eine Art von »Clausula simplex« auf der Tonstufe f (Takt 12f.), so handelt es sich hier, da die Haupt-Clausulae dem Baß und Altus anvertraut sind, nicht um eine Kadenz auf der Obersexte der Finalis, sondern auf deren Unterterz (dasselbe nochmals in Takt 41f.). Die erste satztechnisch starke, durch Verwendung der Baßklausel gekennzeichnete Zäsur aber liegt, gemäß der Norm des transponierten 4. Modus, auf der Repercussa d, mit Clausula cantizans d' – cis' – d' im Tenor und Motiv-Schlußton a' im Sopran (Takt 16f.). Besonders deutlich markiert erscheint der 4. Modus aber auch in dem durch Übergang zum Dreiertakt gekennzeichneten Schlußabschnitt (Takt 89ff.): hier, wie in Santa Marías *Cláusulas de Tono IV*, vermittels einer engschrittigen, in den »herrschenden« Stimmen um die Oberquinttonstufe e, mit stark hervortretender Halbtonwendung darüber, kreisenden Melodik, die von den »dienenden« Stimmen real im Unterquintabstand, also von der Finalis aus und in gleich starkem Maße halbtonhaltig, beantwortet wird.

Ausführlich zu besprechen sind auch die »in *mi*« fundierten Tientos des Antonio de Cabezón. Richten wir unseren Blick zunächst auf seinen *Tiento del 3. Tono, Nr. 20* (CaCW II, 50ff.) – übrigens der einzige in diesem Modus komponierte Tiento Cabezóns[3] –, so scheint uns an den Ambitus-Verhältnissen dieses Werkes zunächst einiges verwunderlich: so etwa, daß der Baß gleich zu Beginn – und nochmals in Takt 17–21 – von seiner Finalis e bis zu deren Unteroktave hinabsteigt; ferner, daß der Sopran und Tenor den Terz-Tonraum unterhalb ihrer Finalis bereits im Anfangsteil so auffällig durchmessen, daß man dies kaum mehr als eine bloße Lizenz bewerten kann. Doch erklären sich alle diese Anomalien durch den mit »fugas al contrario« bezeichneten Kunstgriff des Werkes. Daß trotzdem der *authentische* »in *mi*« fundierte Modus vorliegt, zeigt schon im einleitenden Unterstimmen-Duo die Melodik des Tenors: in ihr, der modal »herrschenden« Stimme, haben wir die Grundgestalt des Initialmotivs vor uns; und diese Grundgestalt exponiert sogleich die in die Quinten-species e – h + Quartenspecies h – e' gegliederte Skala des 3. Modus. Die »Vorimitation« durch den Baß stellt nur die Umkehrung dieser Grundgestalt dar.

Auch die Wiederholung des Motivs durch den Tenor (Takt 15ff.), der Vortrag einer von e' nach c'' rasch aufsteigenden Motiv-Variante durch die Oberstimme, die Bildung der ersten Kadenz – zum Ende dieser fast halbtonlosen Variante – auf h', dem Oberquintton der Sopran-Finalis (Takt 22f.), und der sich anschließende Vortrag des gesamten Initialmotivs durch den Sopran im Ambitus e' – e'': dies alles bestätigt die zu Anfang durch den Tenor exponierte Tonart. Endlich begegnen wir noch einem weiteren, aus Santa Marías *Cláusulas de Tono III* uns schon bekannten Merkmal des »in *mi*« fundierten authentischen Modus: auch Cabezón vermeidet in seinem *Tiento Nr. 20* jegliche Kadenzbildung auf a; wir finden somit – abgesehen von der singulären ersten Kadenzierung auf h' – nur mehr Kadenzen auf den Tonstufen e, g und c (letztere sowohl als Unterterz wie auch als Obersexte der Finalis e).

Die als *del 4. Tono* bezeichneten *Tientos Nr. 13, 16* und *21* Cabezóns (CaCW II, 29ff., 37ff. und 54ff.) zeigen hingegen in ihren Exordien alle jene Kennzeichen, die uns bereits in Santa Marías *Cláusulas de Tono IV* begegnet sind: engschrittige Melodik des Initialmotivs mit stark betonter Halbtonwendung, baldigen Eintritt einer Kadenz auf a und – wie hinzugefügt sei – eine vielfache Wiederholung von Kadenzen auf dieser Tonstufe, der Repercussa des 4. Modus, im weiteren Verlauf der Werke. Man sehe hier die Anfänge dieser Tientos:

Tiento Nr. 13

Tiento Nr. 16

Tiento Nr. 21

Alle diese Initien zeigen, daß auch Cabezón den 4. Modus als eine vom 3. Modus unterschiedene Tonart dem Hörer sogleich kundzugeben versteht.

Allerdings gewahren wir beim 4. Modus, so wie Cabezón ihn handhabt, nun auch in viel größerem Ausmaß, als wir es von Conforti bereits kennen, den Aufstieg der modal »herrschenden« Stimmen bis zum Oberoktavton ihrer Finalis. Geschieht dies im *Tiento Nr. 16* noch verhältnismäßig selten (siehe den Schlußteil: Tenor, Takt 122ff., und Cantus, Takt 132ff.), so macht Cabezón in den *Tien-*

tos Nr. 13 und *Nr. 21* ausgiebigen Gebrauch von dieser »Lizenz«: wohlgemerkt aber erst in der Mitte beider Werke, nachdem der 4. Modus schon hinreichend deutlich zu Gehör gebracht worden ist.

Ein besonderes Wort mag dem *Tiento Nr. 13* gelten: er stellt das kunstvollste von Cabezóns »in *mi*« fundierten Werken dar. Der Ton e" des Soprans wird hier zum Ausgangspunkt einer durch ihre »übermäßig« vielen Ton- und Motivwiederholungen sich auszeichnenden »Imitatio campanarum« (Takt 61–95). Wiederhergestellt wird die modale Norm sodann durch eine aus der Quarten-species *la-mi* gebildete Motivik, und noch besonders unterstrichen wird die Zugehörigkeit des Werkes zum plagalen Modus der Finalis *mi* im Schlußabschnitt (Tenor, Takt 155ff.) durch die Einführung der Cantus-firmus-artig langmensurierten zweiten Differenz des 4. Psalmtons.[4]

Nachdem wir erkannt haben, daß im 4. Modus die tonartlich »herrschenden« Stimmen auch zum Oberoktavton ihrer Finalis aufsteigen können, sofern nur die Melodik, vor allem im Exordium, die Eigenarten des auf *mi* fußenden plagalen Modus wahrt, bereitet auch die Tonart-Zuschreibung der folgenden Werke keine besonderen Schwierigkeiten mehr:

Aguilera de Heredia, S.	*Tiento de IV Tono, de Falsas, Nr. 26* (AntOC, 33ff.: Initialmotiv abgeleitet aus der Quarten-species *la-mi*; bis Takt 31 Tenor, Sopran und Baß in betont tiefer Lage)
Anonymus	*Primera Fantesia del Quarto Tono* (MME II, 86f., Nr. 61, Fantasia VII de Vihuela: Finalis d-*mi*; sehr engschrittige und halbtonhaltige Melodik, die sogar die Bildung der ersten Kadenz auf dem Oberquintton der Finalis ermöglicht, ohne daß der plagale Charakter des Modus hierdurch ins Zwielicht geriete)
–	*Segunda Fantesia del Quarto Tono* (ibid., 87f., Nr. 62, FantasiaVIII de Vihuela: Finalis auch hier d-*mi*; gleichfalls engschrittige und halbtonhaltige Melodik; erste Kadenz – Takt 13f. – auf der Finalis)
Daza, E.	*Fantasia por el Quarto Tono, Nr. 4* (DaF, 7f.: Initialmotiv abgeleitet aus der Quarten-species *mi-la*; Aufstieg der »herrschenden« Stimmen nach e' bzw. e" innerhalb von Imitationsmotiven, hergeleitet aus der Intervallgattung *la-mi*)
Gabrieli, G.	*Fantasia del Quarto Tono, Nr. 13* (Gabr[G]CO I, 47f.: engschrittige, stark halbtonhaltige Melodik des Initialmotivs; sämtliche Binnenkadenzen auf a: Aufstieg des Tenors nach e' und des Soprans nach e", Takt 19 bzw. 20, zu Beginn eines aus der Quarten-species *la-mi* = e' – h bzw. e" – h' + a' – e' gebildeten Motives; auf derselben Melodiegrundlage beruht sogar der *gesamte* Verlauf von Aguilera de Heredias *Tiento de IV Tono de Falsas, Nr. 27*, AntOC, 36ff.)

[Segni], Julio da Modena

Ricercare Nr. XI und XII (von Luis Venegas de Henestrosa intavoliert und als *Quarto Tono* bezeichnet; beide Fassungen in MRM I, 49ff. bzw. 55ff.: engschrittige Initialmelodik, rasch hinführend zu Kadenzbildung auf a; Aufstieg zum Oberoktavton der Finalis nur im Tenor, niemals im Sopran)

Der vorstehend konstatierten Handhabung des 4. Modus begegnen wir selbst in einer so monumental angelegten Komposition wie Giovanni Gabrielis *Canzon Quarti Toni. A 15, Nr. XVI* (IMAMI II, 290ff.).

Das Werk ist dreichörig konzipiert. In Tätigkeit tritt zunächst allein der 1. Chor; der Verlauf seiner Oberstimme lautet wie folgt:

Der nur langsam vollzogene Aufstieg der Melodie von der Finalis e' zu deren Obersexte c'', das wesentlich raschere Zurücksinken von diesem Spitzenton zur Finalis, abgeschlossen durch eine auf der Finalis gebildete erste Kadenz, sodann auch das Verharren der folgenden Melodiephrase im Tonraum g' – c'' – a', die Bildung der zweiten Kadenz auf a' und der Schluß dieser Phrase mit dem Halbtonschritt c'' – h', fundiert durch den Baß mit der Tonfolge A – E: dies alles weist sehr deutlich auf einen »in *mi*« fundierten *plagalen* Modus. Diesen Eindruck bestätigt weiterhin der vom 2. Chor bestrittene, die Takte 10–21 umfassende Abschnitt: im allgemeinen durch die tiefe Lage seiner Stimmen und den hieraus resultierenden »dunklen« Klang, im besonderen durch die etwa im Tonraum e' – a' – a sich vollziehende Bewegung seiner Oberstimme (die wir wohl als eine Altstimme betrachten dürfen). Der nur vom 3. Chor vorgetragene Abschnitt Takt 21–26 führt uns mit seiner Oberstimme wieder in höhere Lagen; aber auch jetzt noch in einen Tonraum, der dem 4. Modus durchaus eigen ist – und dies um so mehr, als im Verlauf dieses Abschnitts zu der engschrittigen, im Ambitus a' – d'' – h' – c'' – a' – h' – c'' – a' sich bewegenden Melodik des Soprans eine dreimalige Kadenzbildung auf a hinzutritt (siehe Takt 24–26). Erst nach alledem – genauer: erst mit dem Wiedereintritt des 1. Chores in Takt 28 – weiten sich die Bewegungsräume der Stimmen nach oben. Besonders stark ausgedehnt erscheint der Bewegungsraum des dem 1. Chor zugehörigen Soprans. Der Tonraum, den diese Stimme jetzt durchmißt, ist jedoch die Quarten-species *mi-la* = e'' – a''; und beziehen wir den gesamten Verlauf des 1. Soprans auf die – sozusagen – nunmehr maßgebende »Finalis« e'', bleibt auch die jetzt in höchster Höhe sich bewegende Melodik – gleichsam wenigstens – plagal.[5]

Der Unterschied des 3. und des 4. Modus war in den Werken, denen unser Augenmerk bisher gegolten hat, stets relativ leicht zu erkennen. Führen wir nun aber auch einige Beispielpaare vor, die uns in *alle* Abstufungen dieses Unterschieds – vom sofort »Augenfälligen« bis hin zur kaum mehr wahrnehmbaren Nuance – Einblick geben. Es handelt sich hierbei um Orgelricercare dreier Meister: Christian Erbachs, Claudio Merulos und Andrea Gabrielis.

Im Falle Erbachs beschränken wir uns auf jene beiden »in *mi*« fundierten Ricercare, die in der autographen Handschrift Wolfenbüttel[6] überliefert sind: das *Ricercar Tertii Toni, Nr. 8* (ErCKC I, 52ff.) und das *Ricercar Quarti Toni, Nr. 10* (ibid., 57ff.). Bei diesen Werken genügt – trotz gleicher Ambitus-Verhältnisse – schon ein Blick auf das Initialmotiv, um uns den Unterschied der im Titel genannten Modi wahrnehmen zu lassen. – Das *Ricercar Nr. 8* beginnt mit einer paarigen Imitation von Alt und Sopran. Was wir vernehmen, ist ein Motiv, das sich, angestimmt vom Alt, im Tonraum e' – g' – c' – f' – e' bewegt und vom Sopran im Oberquintabstand – d. h. als h' – d" – g' – c" – h' – übernommen wird. Mit dem Sopran und Alt oktavidentisch tragen sodann auch der Tenor und der Baß das genannte Motiv vor. Dieses Initialmotiv bewegt sich also in den modal »herrschenden« Stimmen sogleich in einem, bezogen auf die Finalis e' bzw. e, hoch gelegenen Tonraum, und dies mit recht sprunghafter Melodiebewegung. – Im *Ricercar Nr. 10* vernehmen wir hingegen, vorgetragen allererst durch den Sopran, ein Motiv, dessen melodische Grundlage sich unverkennbar als die Quarten-species *mi-la-mi* (= e' – a' – e') darstellt. Daß der Aufstieg nach a' zudem sehr langsam vor sich geht – drei Takte lang bewegt sich die Melodik nur im engsten Umkreis der Finalis e' –, erhöht noch den ostentativ plagalen Habitus dieses Initialmotivs. Es kann dem somit exponierten 4. Modus nicht mehr Abbruch tun, wenn Erbach in der Weiterführung des Motives den Sopran alsbald die Skala e" – e' durchlaufen läßt. Bezeichnend ist vielmehr, daß auch der Tenor, nachdem er in Takt 21 mit der Durchführung des Initialmotives eingetreten ist, sich zunächst ebenfalls streng innerhalb der Grenzen des plagalen e-Modus bewegt und erst verhältnismäßig spät bis e' aufsteigt.

Betrachten wir als nächstes Beispielpaar nun die posthum (1605) gedruckten Orgelricercare *del Terzo* und *del Quarto Tono* von Claudio Merulo (MeruR, Nr. 3 und 4). Beide Ricercare sind, grosso modo gesehen, zweiteilig angelegt. Der erste, durch das Initialmotiv beherrschte Teil umfaßt im *Ricercar del Terzo Tono* die Takte 1–52, im *Ricercar del Quarto Tono* die Takte 1–28. Der Anfang der Exordialimitation stellt sich jeweils dar wie folgt:

Ricercar del Terzo Tono

Ricercar del Quarto Tono

In ihrem äußerlichen Tonumfang zeigen beide Motive, so wie sie in der modal »herrschenden« Stimme, dem Sopran (und später auch im Tenor), erscheinen, keinen Unterschied: es ist jeweils die Tonfolge Oberquarte-Finalis-Obersexte-Oberterz, die uns als Folge der Anfangs- und Ecktöne der Melodiebewegung hörbar wird. Verschieden ist jedoch die *Art*, in welcher Merulo diesen Tonraum jeweils ausfüllt. Nennen wir zunächst ein rein äußerliches Unterscheidungsmerkmal: im *Ricercar del Terzo Tono* benötigt der Sopran (und später der Tenor) zum Durchmessen des genannten Tonraumes nur wenig mehr als einen Takt, im *Ricercar del Quarto Tono* hingegen zweieinhalb Takte. Das heißt nun im Hinblick auf die musikalischen Kennzeichen beider Imitationsmotive: dem Initialmotiv des *Ricercar del Terzo Tono* eigen ist eine sehr sprunghafte Bewegung; im besonderen wird die Repercussio e' – c" sprungweise durchmessen, und auch die Bewegung von der Repercussa c" zur Oberterz der Finalis geht als Sprung vor sich. Das *Ricercar del Quarto Tono* weist demgegenüber eine durchweg langsamere Melodiebewegung auf: dem einleitenden Quartsprung d" – a' folgen keine gleichgroßen oder gar größeren Sprünge mehr; und wird auch im Laufe dieses dem plagalen *mi*-Modus zugehörigen Initialmotivs die Obersexte der Finalis (hier f") erreicht, so geschieht dies doch nicht unvermittelt. Ebenso geht auch der folgende Abstieg von der Obersext zur Oberterz der Finalis langsamer – jetzt sogar stufenweise – vor sich. Aufgrund dieses Unterschiedes der den ersten Teil eröffnenden Motive gewinnt nun auch der Habitus des ganzen ersten Teils der beiden Ricercare – trotz gleicher Ambitus-Verhältnisse und Kadenzordnungen – ein eigenes Gesicht. Auch für den zweiten Hauptteil läßt sich, obschon weniger deutlich ausgeprägt, ein solcher Unterschied beobachten: das diesen Teil jeweils beherrschende Motiv ist im *Ricercar del Terzo Tono* charakterisiert durch einen Beginn mit Quintsprung ab- und wieder aufwärts, während das entsprechende Motiv im *Ricercar del Quarto Tono* jene engschrittige, stark halbtonhaltige Melodik zeigt, die uns bereits in Santa Marías *Cláusulas* als Kennzeichen des 4. Modus dargeboten worden ist. Ein mit den Eigenarten der »in *mi*« fundierten Modi wohlvertrauter Hörer kann folglich auch hier den Unterschied von Authenticus und Plagalis als etwas vom Komponisten nicht bloß Intendiertes, sondern auch Verwirklichtes wahrnehmen.

Dasselbe gilt sogar noch von Andrea Gabrielis Orgelricercaren *Terzo* und *Quarto Tono (Nr. 7* bzw. *Nr. 8*; Gabr[A]RO II, 26ff. und 29ff.). Hier die Initialmotive beider Werke:

Ricercar Terzo Tono, Nr. 7

Ricercar Quarto Tono, Nr. 8

Rein äußerlich betrachtet, bewegen sich auch diese Motive jeweils in demselben Tonraum; und überdies entspricht der Beginn mit der fallenden Quinte im Ricercar *Terzo Tono*, mit der aufsteigenden Quinte im Ricercar *Quarto Tono* nicht einmal jenem von der italienischen Musiklehre des 16. Jahrhunderts immer wieder vorgebrachten Theorem, daß die Intervall-species der authentischen Modi aufwärts, die der plagalen Modi abwärts verliefen.[7] Der Unterschied, auf den die Modusbezeichnungen im Titel beider Ricercare weisen, tritt jedoch sogleich zutage, wenn wir die beiden Initialmotive spielen und den Gang ihrer Melodik aufmerksam verfolgen. Als Eigenart, die den »in *mi*« fundierten authentischen Modus von seinem plagalen Gefährten auch im Fall unserer Ricercare unterscheidet, konstatieren wir zunächst einen deutlich wahrnehmbaren »Tempo-Unterschied«: im Motivkopf des Ricercars *Terzo Tono* eine verhältnismäßig rasche, im Motivkopf des Ricercars *Quarto Tono* hingegen eine langsamere Bewegung. Allein hierdurch entsteht bereits ein affektiver Unterschied, da »movimenti veloci« in der Musiktheorie des 16. Jahrhunderts als für die Darstellung heiterer, »movimenti tardi« als für die Darstellung trauriger Affekte tauglich angesehen werden. In dieselbe Richtung weist die quasi-unterschiedliche »Halbtonhaltigkeit« der beiden Initialmotive. Zwar ist bei gleichem Ambitus beiden Melodien dasselbe Tonmaterial und somit auch die gleiche Anordnung von Ganz- und Halbtonschritten eigen; doch erscheinen die Halbtonschritte im Initialmotiv des Ricercars *Terzo Tono* in keiner Weise hervorgehoben, während sie im Initialmotiv des Ricercars *Quarto Tono* – erst als relativ langmensurierter Sekundschritt h' – c", dann innerhalb der Melodiewendung a' – c" – h' – c" – überaus stark zutage treten. Des weiteren gewahren wir in unseren beiden Ricercaren einen uns schon von den entsprechenden Werken Merulos her bekannten Charakterzug: das den Themenkopf von Andrea Gabrielis Ricercar *Terzo Tono* weiterführende Anschlußmotiv durchläuft in ostentativ sprungweiser Bewegung – und dazu noch mit dreimaliger Wiederholung des Anfangstons – die Repercussio c" – e' des 3. Modus (Sopran, Takt 3f.), während an entsprechender Stelle des dem 4. Modus zugehörigen Initialmotivs (Ricercar *Quarto Tono*, Sopran, Takt 3f.) dieses Intervall stufenweise durchmessen wird.

Indessen: nicht nur dieser Blick auf die zwei Werkanfänge, auch der Blick auf den *gesamten Ablauf* beider Werke vermittelt uns ein unterschiedliches Bild. Betrachten wir zuerst wieder das Ricercar *Terzo Tono*, so gewahren wir in den Takten 32/34ff. ein hier neu eingeführtes Quart-Motiv, das vom Tenor als *re-sol-re* (a – d' – a) aufgestellt und vom Sopran als *mi-la-mi* (e' – a' – e') übernommen wird. Die »species« von Motiv-Aufstellung und -Beantwortung sind also verschieden; und diese Unterschiedlichkeit bleibt auch für die weiteren Durchführungen des Motivs bezeichnend. Mit anderen Worten: die dem *mi*-Modus an sich eigene Quarten-species *mi-la* tritt nicht beherrschend zutage: von den acht Durchführungen, die das Motiv bis Takt 45 erfährt, zeigen nur vier – die zweite sowie die sechste bis achte – diese intervallische Gestalt; und wird von Takt 45 an ein weiteres Motiv mit dem genannten Quart-Motiv gekoppelt, so verschafft auch dieses neue Motiv der Quarten-species *mi-la* kein größeres Gewicht. – Untersuchen wir nun das Ricercar *Quarto Tono* im Hinblick auf seinen Gesamtverlauf, so gewahren wir zunächst ein äußerliches Unterscheidungsmerkmal: der Baß verläuft insgesamt etwas tiefer; bis Takt 41 vermeidet er (mit Ausnahme einer Viertelnote in Takt 22) jeden über f hinausführenden Aufstieg, und gegen Ende des Werkes berührt er zwei- bzw. einmal die Töne F und E. Der eigentliche Unterschied, den das Ricercar *Quarto Tono* gegenüber seinem Vorgänger aufweist, liegt jedoch wiederum in der Melodik seines Mittel- und Schlußteiles. Der Mittelteil (Takt 34–$67_{,1}$) beruht, insofern wie derjenige des Ricercars *Terzo Tono*, gleichfalls auf einem Quart-Motiv. Jetzt aber, im Ricercar *Quarto Tono*, wird dieses Motiv nicht nur sogleich als *la-mi* eingeführt, sondern in dieser seiner Gestalt mit fast pedantischer Genauigkeit bewahrt: von den insgesamt achtzehn Durchführungen des Motivs verändern nur zwei – die zwölfte und vierzehnte Durchführung – die species *la-mi* zur species *sol-re*. Es geschieht also gerade das, was der Meister im Ricercar *Terzo Tono* geflissentlich vermieden hat: der Hörer vernimmt das als *la-mi* aufgestellte Motiv – und mit ihm die Repercussio des 4. Modus – immer wieder. Ähnliches geschieht sodann auch innerhalb des dritten Hauptteils: in seinem letzten, mit Takt 97 anhebenden Unterteil ist es wiederum ein letztlich auf der Quarten-species *la-mi* – genauer: auf der Tonfolge *sol-la-sol-mi-fa-mi* – beruhendes Motiv, welches dem Hörer zunächst sechsmal in dieser seiner Grundgestalt vorgeführt erscheint – einer Gestalt, um deren Bewahrung willen sogar die Erniedrigung von h zu b (bzw. H zu B) im Alt und Baß (Takt 100 bzw. 107) in Kauf genommen wird. Erst die noch folgenden sechs Durchführungen des Motivs verändern dessen intervallische Struktur dann zu *mi-fa-mi-ut-re-ut*. Zum Schluß unseres Ricercars aber hören wir nochmals eine dem 4. Modus speziell eigene Melodiewendung: ein bereits seit Takt 101 aufgetretenes Begleitmotiv wird jetzt, Takt 120ff., verselbständigt, und es nimmt nun gerade in den modal »herrschenden« Stimmen – im Sopran und Tenor – die Melodiegestalt e' – g' – a' – d' – e' – f' – e' (bzw. e – g – a – d – e – f – e) an; mit ihr aber wiederum eine die plagale Repercussio *mi-la-mi* exponierende Gestalt.

Selbst in diesen beiden Ricercaren des älteren Gabrieli finden wir also den durch die Werktitel angedeuteten Unterschied des »in *mi*« fundierten authentischen Modus und seines plagalen Gefährten – obgleich in nur mehr überaus subtiler Art – als etwas dem erfahrenen und aufmerksamen Hörer Wahrnehmbares dargestellt.

Eine höchst eigentümliche, bislang – so scheint es – nur bei diesem Meister nachweisbare Art der Unterscheidung des authentischen und des plagalen Modus der Finalis *mi* zeigt Palestrinas schon erwähnter Zyklus vierstimmiger Ricercare. Das *Ricercar del Terzo Tono* (PalW XXXII, 83f.) bietet mit seinem von der Finalis rasch zu deren Obersexte führenden Initialmotiv zwar noch nichts für uns Neues. Dennoch sei dieses Motiv – zum Vergleich mit dem Folgenden – hier wiedergegeben:

C

Eingehender zu betrachten haben wir indessen Palestrinas *Ricercar del Quarto Tono* (PalW XXXII, 84ff.). Bei diesem Werk zeigt bereits die hohe Schlüsselung – g^2, c^2, c^3 und c^4-Schlüssel – an, daß der im Titel genannte Modus nicht in seiner normalen Lage (Finalis e im Tenor, e' im Sopran), sondern in einer hochtransponierten Form erscheint; nicht jedoch in der üblichen Transposition »per b-molle« auf a-*mi*. Auf welche andere Tonstufe aber versetzt Palestrina in unserem Ricercar den 4. Modus? Eruieren wir, ehe wir diese Frage zu beantworten unternehmen, erst einmal das Stimmen-Dispositionsschema des Werkes; es stellt sich dar wie folgt:

C: (f'*, g') a' – g''
A: (a*, h*, c') d' – c'' (d''*)
T: a – a'
B: (c) d – e' (f')
*Diese Töne werden jeweils nur einmal berührt

An Tonstufen, die einen *mi*-Charakter tragen, fallen in den Ambitus der modal »herrschenden« Stimmen (Tenor und Sopran) jeweils die Töne h und h' bzw. e' und e''. Wir haben also entweder eine Oberquint-Transposition des 4. Modus vor uns oder eine Transposition in die Oberoktave seiner regulären Lage – letzteres analog jener Oberoktav-Transposition des 2. Modus, deren sich gerade auch Palestrina in seinem *Ricercar del Secondo Tono* bedient. Wie aber können wir erkennen, welche dieser beiden Möglichkeiten im Fall unseres Ricercars *del Quarto Tono* zutrifft? Geben wir zunächst einmal den Anfang des Werkes wieder:

C
A

Bassus: e —— f— g– a ———— e—g...

Was wir zu Beginn aller vier Stimmen vernehmen, ist die Quarten-species *mi-la*: ein Intervall also, das uns sofort den 4. Modus kundgibt. Welches *mi* ist nun aber die Finalis: der Einsatzton der »herrschenden« oder der Einsatzton der »dienenden« Stimmen? Solange wir allein den Quart-Aufstieg des Soprans vernehmen, wären wir geneigt, dessen Einsatzton *mi* = h' als die Finalis anzusehen; und auch die freie Weiterführung des Soprans bestärkte, wenn wir sie nur für sich betrachten würden, diese unsere Vermutung. Die streng reale Beantwortung der Quarten-species *mi-la* des Soprans durch den Alt wäre bei einer Annahme von h' als Finalis gleichfalls ohne Verletzung der modalen Normen möglich; ebenso die gleichartige Imitation von Baß und Tenor. Was *gegen* die Annahme von h' (bzw. h) als Finalis spricht, wäre indessen – abgesehen von der Seltsamkeit eines Modus, der gerade über seiner Finalis keine reine Quinte besäße – zunächst die zweite Durchführung des Initialmotivs im Tenor (Takt 12–15,$_1$): eine Durchführung des Motivs im Ambitus e' – a' – e' würde zu einem auf h fußenden plagalen Modus wenig passen. Noch mehr widerspricht der Annahme von h als der Finalis unseres Ricercars dessen Kadenzfolge.

Hier ein Überblick derselben:

Takt	Tonstufe	
9f.	a (fg.)	
18f.	e/**a**	Ende des Abschnitts I
28f.	**a** (quasi sp.)	Ende des Abschnitts II
33f.	e (fg.)	
37f.	d	
43	**d**	Ende des Abschnitts III
46f.	e	
48f.	e	
55f.	**e + Sp.**	

Eine Kadenz auf h, die, wie wir bei Cabezón sahen, zumindest als zweistimmiger Gerüstsatz sehr wohl zu realisieren ist, fehlt in unserem Ricercar also gänzlich; und jene Kadenz, die auch innerhalb eines auf h transponierten 4. Modus als regulär anzusehen wäre – die Kadenz auf d – wird erst dann gebildet, wenn schon mehr als die Hälfte des Werkes erklungen ist. Betrachten wir hingegen e als die Finalis-Tonstufe unseres Ricercars, zeigt die Kadenzordnung des Werkes eine durchaus regelrechte Gestalt; von der normalen Form des 4. Modus unterschieden lediglich dadurch, daß die Kadenz-Tonstufe a im Sopran und Tenor stets als Unterquintton der Finalis e'' bzw. e' eintritt. Und betrachten wir nun auch die Ambitus-Verhältnisse, so zeigt sich: der Baß verläuft, bezogen auf e als auf seinen Hauptton, in einem authentischen Modus – in sofern getreu dem Dispositionsschema des 4. Modus, jedoch um eine Oktave aufwärts transponiert; der Tenor seinerseits verläuft, bezogen auf e' als seinen Hauptton, in einem plagalen Ambitus, betont hierbei jedoch sehr stark dessen tieferen Bereich und nützt die ihm an sich verfügbaren Ascensus-Möglichkeiten nicht vollständig aus. Die stärksten Abweichungen vom normalen Tonraum eines 4. Modus zeigt der Sopran: bezogen auf e'' als Finalis, bewegt er sich aufwärts nur um eine kleine Terz, nimmt dafür aber, gleich dem Tenor, den Raum einer Quinte unterhalb der

Finalis ein und unterschreitet – allerdings nur selten – auch noch diese Grenze. Den Grund für diese Gestaltung des Soprans bildet offenbar, gleich wie bei dem auf d" transponierten 2. Modus, das Bestreben, einerseits den Ton g", den bis ins späte 16. Jahrhundert höchsten Ton des in Vokalmusik gebräuchlichen Systems, auch hier nicht zu überschreiten (und somit eine eventuell vokale Ausführung des Ricercars nicht unmöglich zu machen[8]), andererseits aber auch bei dieser Beschränkung dem Sopran hinreichenden Raum zu einer musikalisch befriedigenden Entfaltung seiner Melodik zu gewähren. Was endlich den Altus betrifft, so muß dessen an sich mit dem Baß oktav-identischer Ambitus, der Eigentümlichkeit des Soprans wegen, am oberen Ende etwas beschnitten erscheinen.

Unsere vorstehend ausgeführte Deutung der Modalität von Palestrinas *Ricercar del Quarto Tono* mag zunächst verwunderlich anmuten. Betonen wir deshalb um so nachdrücklicher: gerade diese Erscheinungsform des 4. Modus findet sich später bei Michael Praetorius – wie bekannt, einem in der italienischen Musik wohlbewanderten Autor – expressis notis wiedergegeben. In jener ersten Reihe von Tabellen, mit deren Hilfe Praetorius im dritten Band seines *Syntagma* die Eigenarten der Modi abbreviiert vor Augen führt, erscheint der 4. Modus (Hypophrygius) sogar »primo loco« als Sopran mit Finalis e" und Ambitus h' – e" – h" sowie mit Repercussio h' – e" (sic) und als Baß mit Ambitus e – e'; also, abgesehen von der Nicht-Benutzung der Töne a" und h" durch den Sopran, ganz in der Art, wie Palestrina uns in seinem Ricercar den 4. Modus vorführt.[9]

Wie groß oder gering der Unterschied des 3. und des 4. Modus in den Werken, denen unsere Aufmerksamkeit bisher gegolten hat, sich auch darstellen mag: gemeinsam ist doch allen diesen Werken, daß sich beide Modi sogleich als fundiert »in *mi*« kundgeben.

Wir gewahren indessen noch einen anderen, von allem bisher Dargelegten abweichenden Usus. Dieser Usus besteht darin, die als »Tertii Toni« betitelten Werke so zu komponieren, als läge ein Glareanischer 10. Modus – also ein auf a fundierter Plagalis – vor. Die Besprechung dieser Werke sei deshalb dem folgenden Kapitel vorbehalten, zu dem uns diese Beobachtung gleichsam von selbst hinführt.

5. Kapitel: »In *la*« fundierte Werke: 9. oder 10. Modus

Das »in *la*« – also auf a oder, eine Quinte tiefer transponiert, auf d (mit b) – fundierte Moduspaar ist, wie bekannt, erstmals von Glarean und in dessen Nachfolge dann auch von Zarlino als selbständig, d. h. als 9. und 10. Modus anerkannt worden. Das Wort »anerkannt« wird hier mit Absicht verwendet; denn anders als beim Glareanischen Lydius und Hypolydius, für die mehrstimmige Werke erst im *Gefolge* von Glareans (und Zarlinos) Theorie entstanden sind, lagen auf a fundierte Kompositionen, wie Glarean mit Recht betont, zu seiner Zeit schon in beträchtlicher Anzahl vor. Es kann hier nicht unsere Aufgabe sein, die vorglareanische Bezeichnung solcher Werke näher zu untersuchen[1]; wir nehmen vielmehr die Bezeichnungen »del Nono Tono« und »del Decimo Tono« als ein im späten 16. Jahrhundert bereits Gegebenes hin.

Betrachten wir zunächst einige Werke, die durch ihren Titel als dem 9. Modus zugehörig bezeichnet erscheinen; zugehörig also dem »in *la*« fundierten authentischen Modus. Suchen wir uns aufgrund musiktheoretischer Zeugnisse über die Struktur dieser Tonart zu unterrichten, so erfahren wir von unseren Gewährsmännern – Glarean, Zarlino und deren Anhängern –, daß der 9. Modus sich aus der Quinten-species *re-la* (Tenorlage: a – e') und der Quarten-species *mi-la* darüber (Tenor: e' – a') zusammensetze; und als reguläre Kadenz-Tonstufen dieses Modus nennt uns Zarlino, gleich wie für alle anderen Authenti, die Finalis, deren Oberterz, Oberquint und Oberoktave.

Diesen Beschreibungen gemäß müßten wir im 9. Modus also eine Tonart vor uns haben, die sich nur wenig – genauer: nur durch die andersartige Lage des Halbtons in der Quarten-species – vom 1. Modus unterschiede.[2] Ein Blick auf die wirkliche Beschaffenheit von Werken, die als »del Nono Tono« bezeichnet sind oder als diesem Modus zugehörig sich erkennen lassen, lehrt uns jedoch viel mehr und anderes, als die schulmäßige Musiktheorie uns über diesen Modus zu berichten weiß.

Als erstes Beispiel hierfür genannt und betrachtet sei Giovanni Gabrielis *Canzon Noni Toni. A 8, Nr. IV* (IMAMI II, 41ff.). Das Werk ist doppelchörig angelegt, und beide Chöre sind von gleicher Disposition, gemäß dem normalen Ambitus-Schema Cantus + Tenor, Altus + Bassus. Cantus und Tenor repräsentieren also durch ihren Ambitus auch hier die für das Ganze gültige Tonart. Die einleitende Imitationsgruppe – ein Duo von Sopran und Alt des ersten Chores – lautet jedoch wie folgt:

Schon hier finden wir – und wohlgemerkt: nicht an einer beliebigen, sondern an einer für die Darbietung des Modus wesentlichen Stelle – ein vom schulmäßigen Schema des 9. Modus stark abweichendes Verfahren: im Zug einer realen Unterquint-Imitation wird der Halbtonschritt, der im Sopran – einer modal »herrschenden« Stimme – das Initialmotiv eröffnet, auch von der nachahmenden, modal »dienenden« Stimme übernommen. In einer dem auf a-*la* bzw. a-*re* fundierten 9. Modus zugehörigen Komposition entsteht also die Intervallik e" – f" – e", beantwortet durch a' – *b'* – a', eine Intervallik, die wir als dem 3. oder 4. Modus zugehörig kennen und die in unserer Canzone erst beim Eintreten der Kadenz – mit Ganztonstufe oberhalb der Finalis (Alt und Sopran: *h'* – a') – zu Gunsten des Gebrauchs ausschließlich »leitereigener« Töne desavouiert erscheint. Und nicht genug hiermit: auch im weiteren Verlauf des Werkes (Takt 39f.) begegnen wir »phrygisierenden« Wendungen; hier einer quasi-Kadenzierung auf a-*mi*. Auch im Hinblick auf die Bildung ihrer übrigen Kadenzen fügt sich unsere Canzone keineswegs dem von Zarlino für den 9. Modus vorgeschriebenen Gesetz. Zwar liegen alle »förmlichen« Kadenzen der Canzone auf der Finalis a, und dies mit *re*- bzw.

la-Charakter; die nach dem vollstimmigen Schluß des Einleitungsteils (Takt 15) rasch abwechselnden Sätzchen beider Chöre zeigen uns indessen nicht, wie die Schulregel es erforderte, Schlußbildungen auf der Oberquinte der Finalis, sondern allererst eine dreimal wiederkehrende »Clausula simplex« auf der Oberquarttonstufe d; und gleichartige Wendungen finden sich wieder unmittelbar vor dem Schluß des Werkes (Takt 78–82).

Die hier beschriebenen Erscheinungen sind keineswegs singulär. Sie besitzen vielmehr zahlreiche Entsprechungen in der Vokalmusik des 16. Jahrhunderts[3]; und sie können auch in der Instrumentalmusik jener Zeit als für den 9. Modus – oder wenigstens: als für *eine* Art, ihn zu handhaben – charakteristisch gelten. Bezeichnen wir diese Art der Handhabung des 9. Modus im Folgenden als »phrygisierend«. Ihre Kennzeichen sind die jederzeit, besonders auch schon im Initialmotiv mögliche Verwendung der »leiterfremden« Tonstufe b neben der »leitereigenen« Tonstufe h; ferner die hervorragende Stellung der Oberquarttonstufe d als der zweitwichtigsten »Clavis clausularum« und die relativ geringe Rolle, die der Oberquinttonstufe in der Hierarchie der Kadenzen zukommt.

Diese Art, den auf *la* fundierten authentischen Modus zu gebrauchen, scheint die historisch ältere zu sein. Wir begegnen ihr – wiederum schon innerhalb des Initial-Motivkopfs – auch in den Orgelricercaren von Andrea Gabrieli. Betrachten wir als Beispiel hierfür zunächst das Ricercar *Nono Tono, Nr. 5* (Gabr [A]RO II, 16ff.); der im Titel genannte Modus erscheint hier »per b-molle« um eine Quinte abwärts transponiert.[4] Das Anfangsmotiv des Werkes lautet wie folgt:

Dieses Motiv beherrscht, von Takt 20 an gekoppelt mit einem gleichfalls imitatorisch durchgeführten Begleitmotiv, das ganze Werk; und immer wieder finden wir den Motivkopf, wenn er in den »dienenden« Stimmen ex d durchgeführt wird (dies aber ist fast ausnahmslos der Fall), als d' – es' – c' – d' – es' – d' bzw. d – es – c – d – es – d gebildet, also in einer, von der schulmäßig-skalaren Darstellung des transponierten 9. Modus aus gesehen, regelwidrigen Form.[5]

Betrachten wir nun auch die Kadenzordnung unseres Ricercars; sie stellt sich dar wie folgt[6]:

Takt	Tonstufe
7	g (Ob-IV)
13	f
15ff.	a/**d**[7]
22	d

26 a (durch die Melodik des Begleitmotivs – Sekundschritt d'' – c'' – als Oberquint-Kadenz wirkend)

28f. g (fg.)/d-*mi* (fg.)

35f. f (sp.,↗)

41 a (Ob-V)

42f. g

44 d (Ob-VIII)

48ff. d-*mi*/**g (Ob-IV)**

51 g[8]

52f. b (U-III)

57f. a (wie oben, Takt 26)

60ff. d (fg.) + Sp.

Auch hier steht die Oberquart-Tonstufe der Finalis in ihrem modalen Rang als »Clavis clausularum« deutlich höher als die Oberquinte.

Dieselbe Halbtonwendung zu Beginn des Initialmotivs und dieselbe Art der Beantwortung zeigen auch Andrea Gabrielis Orgelricercare *Nono Tono, Nr. 6* und *Nr. 7* (Gabr[A]RO II, 19ff., bzw. RO I, 28ff.). Letztgenanntem Werk fehlt aber jede Kadenzbildung auf der Oberquarttonstufe seiner Finalis, was als atypischer Zug konstatiert werden muß.

Dem bisher für Giovanni und Andrea Gabrieli aufgewiesenen Verfahren, das Exordium des 9. Modus »phrygisierend« zu gestalten, begegnen wir auch in folgenden Werken:

Antegnati, C.	*Ricercar del Nono Tono* (AntA, 24ff.)
Cantone, S.	*Canzone »La Serafina«* (LuSA, 93ff.)
Cima, A.	*Canzone »La Gentile«* (ibid., 105ff.)
Corradini, N.	*Ricercar del Nono Tono* (CorR, 50ff.)
Haßler, J.	*Ricercar* (HasJOW, 10ff.)
Sweelinck, J. P.	*Ricercar del Nono Tono, Nr. 10* (SweWO, 49ff.; die erste Kadenz hier auf der Oberquinttonstufe e)[9]

Eine gesonderte Erwähnung verdient Erbachs *Canzona Noni Toni, Nr. 19* (ErCKC III, 112ff.): der Halbtonschritt e'' – f'' des Soprans erscheint hier in so rascher Bewegung, daß seine »leiterfremde« Unterquint-Beantwortung durch den Alt kaum mehr als solche wahrgenommen wird. Dasselbe gilt, mutatis mutandis, auch für Tenor und Baß.

Mit dieser Gestaltung ihres Einleitungsmotivs vermittelt Erbachs Canzone gleichsam den Übergang zu einer zweiten Gruppe von Initialmotiven des »in *la*« fundierten authentischen Modus. Bezeichnen wir diese Gruppe als »*noch* phrygisierend«. Das heißt: die dieser Gruppe zugehörigen Initialmotive enthalten zwar noch den problematischen Halbtonschritt e' – f' – e' (bzw. e'' – f'' – e'') und seine reale Unterquint-Beantwortung, suchen diese aber gleichsam zu verstecken, indem sie die genannten Melodiewendungen nicht sogleich im Motivkopf, sondern erst im späteren Verlauf des Motives einführen. Man sehe z. B. den Anfang von Andrea Gabrielis Ensemble-*Ricercar del Nono Tono, Nr. X* (IMAMI I, 81ff.):

Von derselben Art ist das Initialmotiv der Canzone »*La Ondeggiante«, Nr. 13* von Gioseffo Guami (GuC, 62ff.), und auch Jakob Haßlers *Fantasia Noni Toni* (HasJOW, 15ff.) sowie Giovanni Gabrielis *Ricercare Nr.5* für Orgel (Gabr [G]CO I, 24ff.) dürfte dieser Gruppe zuzurechnen sein.[10]

Im weiteren Sinne verstanden, gehört zu dieser Gruppe auch Giovanni Gabrielis dreichörige *Canzon Noni Toni. A 12, Nr. XIV* (IMAMI II, 247ff.). Hier dient eine »phrygisierende« Wendung sogar dazu, den Modus eindeutig kenntlich zu machen; denn mag die einleitende kurze Melodiephrase des Soprans aller drei Chöre auch die Finalis a unmißverständlich als »a mit dem Ganzton über sich« darbieten, so gestattet doch die ständige akzidentelle Erhöhung der Tonstufe c zu cis noch nicht, die Finalis sogleich als a-*re* (bzw. *la*) zu bestimmen. Folgt aber dieser ersten Phrase sogleich eine zweite, deren Oberstimme sich jeweils im Ambitus e" – f" – d" – cis" – d" bewegt, mit einer Clausula simplex auf d" endet und in deren Vorbereitung die Tonstufe b einführt, dann besteht für den kundigen Hörer kein Zweifel mehr darüber, daß ein 9. Modus vorliegt.[11]

Noch weiter von der »phrygisierenden« Darstellung des 9. Modus entfernen sich zwei andere in dieser Tonart komponierte Werke von Giovanni Gabrieli: seine *Canzon à 12 in Echo, Nr. 3* (KuN, 17ff.) und die *Canzon à 12, Nr. 4* (ibid., 26ff.). In der ersten dieser Canzonen durchläuft die Oberstimme des ersten Chores sogleich die ganze (durch Erhöhung von c" zu cis" nur leicht modifizierte) Skala des 9. Modus und kadenziert auf a", dem Oberoktavton der Finalis. Die Tonstufe b erscheint zwar schon in Takt 6f., doch wiederum nur im Zusammenhang von Wendungen, die auf d als Zäsurton zielen. Die der Kadenz auf a" nächstfolgenden »förmlichen« Kadenzen liegen erst auf c (Takt 11 und 12), sodann auf d (Takt 24 und 25), alle ohne Verwendung von b-molle. Erst in den Takten 32–36 gewinnt die Tonstufe b wieder größere Bedeutung, und zwar im Zusammenhang mit der Bildung erst von Clausulae simplices auf a-*mi*, sodann mit der Bildung gleichartiger Kadenzen auf der Tonstufe f. – In der zweiten *Canzon à 12* wird die Tonstufe b sogar nur mehr an *einer* – dazu noch recht späten – Stelle eingeführt (Takt 40–46), auch hier im Zusammenhang mit Kadenzbildungen (Clausulae simplices) auf d. Die erste »förmliche« Kadenz aber liegt wiederum auf a'', und wiederum bildet sie den Schluß einer den gesamten Ambitus des 9. Modus (hier: e'' – a' – a'') durchmessenden Initialphrase der drei Soprane.

Mit der Erwähnung dieser Werke des jüngeren Gabrieli haben wir uns bereits jener Auffassung des 9. Modus mehr und mehr genähert, die als »puristisch« bezeichnet sei. Es ist hier nicht der Ort, ihr in Vokalmusik des 16. Jahrhunderts nachzugehen. Bemerken wir nur, daß sie sich z. B. innerhalb der als Zyklus aller Modi des Glareanischen Systems komponierten *Psalmi poenitentiales* (+ fünf angefügter *Orationes*) von Alexander Utendal findet: in der zweiten *Oratio*, also dem neunten Stück des Zyklus, fordert der Beginn des vom Sopran vorgetragenen Exordialmotives (e'' – e'' – e'' – f'' – e'' – c'' – d'' – e'') zu einer realen Unterquint-Beantwortung geradezu heraus; um der »Reinheit« des Modus willen aber vermeidet Utendal diese »phrygisierende« Beantwortung dadurch, daß er den Halbtonschritt e'' – f'' nicht real durch den Halbtonschritt a' – b', sondern durch die Terz a' – c'' beantwortet.[12] – Ein analoges Beispiel dieses Verfahrens, den 9. Modus – wenigstens zu Anfang – skalenmäßig »rein« zu exponieren, bietet wiederum ein Werk Giovanni Gabrielis: seine *Fuga del Nono Tono, Nr. 15* (Gabr[G]CO I, 52ff.); auch hier antwortet dem Halbtonschritt e'' – f'' des Soprans die Terz a' – c'' des Altus:

Desselben Kunstgriffes bedient sich Girolamo Frescobaldi zu Beginn seiner *Canzone Nr. 4* (FreC, 15ff.) und seines *Capriccio sopra un Soggetto* (FreCap, Nr. 10, 63ff.); ebenso verfährt auch Gioseffo Guami im Exordium seiner Canzonen *»La Guamina«, Nr. 10* und *Nr. 20* sowie seiner mit dem gleichen Motiv beginnenden Canzone *»La Lucchesina«, Nr. 19* (GuC, 47ff., 99ff. und 93ff.).[13] Besonders offenkundig vermieden wird die »phrygisierende« Deutung eines Initialmotivs des 9. Modus in Adriano Banchieris *Seconda Canzone alla Francese* (BaOS2, 83):

Der Umstand, daß der Komponist sich hier genötigt fühlt, den von ihm gewünschten, skalar »richtigen« Ton h' durch ein Warnungsakzidens eigens vorzuschreiben, zeigt zugleich, wie gebräuchlich an Stellen dieser Art eine »phrygisierende« Imitation gewesen sein muß.

Im Detail anders, gleich jedoch im Endzweck, der Vermeidung einer »phrygisierenden« Themen-Aufstellung und -Beantwortung, verfahren wiederum Banchieri in seiner *Prima Canzone Italiana* (BaOS2, 78), Frescobaldi in seiner *Canzone Nr. 24, detta »La Paulini«* (FreC, 96ff.) und Hans Leo Haßler in seinem

Ricercar Nr. 2 (DTB IV/2, 61ff.): Banchieri, indem er den problematischen Halbtonschritt e" – f" (bzw. e' – f') in den modal »herrschenden« Stimmen sorgsam vermeidet; Frescobaldi, indem er innerhalb eines offenkundig nach dem Vorbild des 1. Modus erfundenen Initialmotivs der »herrschenden« Stimmen den genannten Halbtonschritt erst spät und sehr rasch vorübergehend einführt; Haßler endlich, indem er sein Thema in den modal vorrangigen Stimmen zwar aus der Skala des 9. Modus (*re-la* + *mi-la* darüber) bildet, von den »dienenden« Stimmen aber die Oktav-species *re-la* + *re-sol* darüber (also d' – a' – d" bzw. d – a – d') vortragen läßt. Ähnlich wie Banchieri schließt auch der 1635 verstorbene Anton Holtzner in einer dem 9. Modus zugehörigen Canzone (RitZ II, 112ff.) den Halbtonschritt e" – f" (bzw. e' – f') aus dem Thema selbst aus.

Bemerkenswert ist aber auch bei allen diesen Werken, deren Initialmotive in Aufstellung und Beantwortung offenbar gemäß der Schulregel über den Tonvorrat des 9. Modus erfunden sind, die bedeutsame Rolle, welche der Oberquart-Kadenz zugewiesen erscheint: in Giovanni Gabrielis *Fuga* und in beiden Fassungen der *Canzone »La Guamina«* folgt eine Kadenz auf d sogleich der ersten, auf der Finalis a gebildeten Kadenz des Werkes; in Guamis *»Lucchesina«* und bei Holtzner findet sich eine Kadenz auf dem Oberquartton der Finalis sogar »primo loco«; bei Haßler und Frescobaldi begegnet eine solche Kadenz zwar erst später im Verlauf des Werkes, doch auch hier als erste Kadenz, die auf einer Tonstufe außerhalb der Finalis eintritt. Ganz in derselben Weise verfährt Scipione Stella in seiner *Prima Canzon* (CEKM 24, 9ff.): auch er begnügt sich, wenigstens geraume Zeit, mit dem Tonvorrat des »puristisch« aufgefaßten 9. Modus; bezeichnenderweise aber bildet auch er die erste Kadenz innerhalb des Werkes auf d " (Takt 3), ehe dann, vier Takte später, eine »Clausula primaria« auf der Finalis a das Exordium der Canzone beendet.

Genannt sei endlich noch Guamis *Canzon Nr. 25* (GuC, 116ff.): ihr Initialmotiv ist in seiner Einsatztonfolge und Melodik offenkundig dem oben, S.44, unter der Ziffer 1c erwähnten Exordial-Melodietypus des 1. Modus nachgebildet; doch erweist der 9. Modus auch hier seine Eigenständigkeit dadurch, daß der ersten, auf der Finalis a gebildeten Kadenz alsbald eine zweite auf der Tonstufe d – also auf der Oberquarte, nicht wie im 1. Modus auf der Oberquinte der Finalis – folgt.

Überblicken wir nach allen diesen Einzeldarstellungen noch einmal das Bild, das uns der – seit Glarean so genannte – 9. Modus bietet, so erkennen wir: es ist bei weitem weniger eindeutig und geschlossen als das Bild der »alten« Modi. Fast gleich einem Chamäleon – so wäre man versucht zu sagen – schillert das Bild des 9. Modus, indem diese Tonart sich bald dem 1. Modus zuneigt, bald aber auch – und oftmals an sehr exponierter Stelle – sich dem 3. Modus nähert. Der Unterschied des 9. und des 1. Modus ist also – dies sei nochmals betont – größer, als das bloße Skalenschema beider Modi uns vorspiegelt.

Zu betrachten bleibt uns nunmehr noch der »in *la*« fundierte plagale Modus, der 10. Modus nach der Zählung Glareans. Geben wir zunächst einige Beispiele von Initialmotiven dieser Tonart:

C. Antegnati, *Ricercar del Decimo Tono* (AntA, 27ff.):

G. Gabrieli, *Ricercare del Decimo Tono, Nr. 4* (Gabr [G] CO I, 19f.):

Ch. Erbach, *Ricercar Decimi Toni, Nr. 10* (DTB IV/2, 29f.):

D. Rivolta, *Canzone »La Biglia«* (LuSA, 148f.):

G. Frescobaldi, *Ricercare con obligo di cantare la quinta parte...* (OeL 5, 6ff.):

Antegnatis Initialmotiv zeigt deutlich die von der Unterquarte zur Finalis führende Quarten-species *mi-la*, verbunden mit der Terz-Repercussio *re-fa*. Dieselben Melodiegrundlagen, nur mit einem von der Finalis ausgehenden Einsatz, weist das Initialmotiv Giovanni Gabrielis auf. Erbachs Initialmotiv ist – hierin ähnlich vielen entsprechenden Motiven des 2. Modus – hergeleitet aus der Repercussio *re-fa*; die nicht-reale Nachahmung des Initialmotives durch den Baß – er beantwortet die Terz a – c' des Tenors durch den Halbtonschritt e – f – verrät dem Hörer aber sogleich, daß die unterhalb der Finalis liegende Quarten-species als *mi-la* strukturiert ist und daß folglich ein auf a (nicht auf g-*re* oder d) fundierter Modus vorliegt. Ausschließlich auf der skalaren Gliederung des 10. Modus fundiert ist das Initialmotiv der Canzone Rivoltas: es durchmißt die gesamte, in Quarte + Quinte gegliederte Oktav-species des auf a fußenden plagalen Modus. Das Einleitungsmotiv von Frescobaldis Ricercar endlich liefert uns wiederum ein Beispiel dafür, daß man allein schon die Beschränkung der Melodik – allerdings einer vorwiegend engschrittigen Melodik – auf den bloßen Quint-Tonraum oberhalb der Finalis als Kennzeichen plagaler Modalität aufgefaßt hat. – Besonders unterstrichen wird der plagale Charakter des Modus aller von uns angeführten Werke ferner durch die Folge der Kadenzen: in Antegnatis und Erbachs Ricercaren sowie in Rivoltas Canzone wird zunächst mehrmals auf der Finalis kadenziert, ehe auch andere Tonstufen als »Claves clausularum« zur Geltung kommen.[14] Bei Giovanni Gabrieli erscheint an erster Stelle eine Kadenz auf der Unterquart-Tonstufe e, gefolgt sodann von drei Kadenzen auf der Finalis a, und auch Frescobaldi verwendet in den Takten 1–24 seines Ricercars nur diese beiden Tonstufen zur Bildung von Kadenzen.

Nochmals indessen muß, ehe wir dieses Kapitel beschließen, unser Blick sich zu den Modi der Finalis *mi* zurückwenden. Wir bemerkten oben, S.86, schon, daß außer den von uns behandelten Methoden, den authentischen und den plagalen *mi*-Modus zu unterscheiden, noch eine andere Art der Unterscheidung dieser Modi existiere: der Usus, ein als *»Tertii Toni«* angesehenes Werk derart zu komponieren, als läge ein Glareanischer 10. Modus vor, ein sogleich als fundiert »in *mi*« erkennbares Werk hingegen ohne weitere Rücksichten auf Ambitus, Melodik und Kadenzordnung dem 4. Modus zuzuweisen. Als Beispiele für diese Art von »3. Modus« genannt seien folgende Werke:

Banchieri, A.	*Suonata Terza* (TorA III, 355; drittes Stück eines acht »Suonate« umfassenden und, wie die in TorA III, 354 und 357f., veröffentlichten beiden anderen »Suonate« zeigen, nach der Reihenfolge der acht traditionellen Modi angeordneten Zyklus)
Cifra, A.	*Ricercare Terzo* (CifR, 95ff.; drittes Stück eines nach der Reihenfolge der traditionellen Modi 1–8 angeordneten Zyklus)
Daza, E.	*Fantasia por el Tercero Tono, Nr. 3* (DaF, 5f.)
Trabaci, G. M.	*Ricercar Terzo Tono, con tre Fughe* (TraR, 8f.)
Valente, A.	*Recercata del Terzo Tono* (ValInt, 33ff.)

Daß die Unterscheidung der beiden eigentlich »in *mi*« fundierten Modi durch diese Betrachtungsweise sehr erleichtert wird, steht außer jedem Zweifel. Doch ist mit dieser Art von »3. Modus« – wir betonen nochmals: einer *von Anfang an* auf a fundierten Tonart – das ursprüngliche Prinzip des Zusammenhangs von authentischem und plagalem Modus – die Zugehörigkeit zu ein und derselben Finalis – aufgegeben; und zugleich ist hiermit ein gewichtiger Schritt getan zu jener Verwirrung und jenem Verfall des modalen Systems, von dem uns Aussagen von Theoretikern des späten 17. Jahrhunderts zeugen: betrachten doch diese Autoren den plagalen Modus der Finalis a als »an Stelle des 3. Modus dienend« oder gar schon als den 3. Modus selbst.[15]

Doch stellt diese Bezeichnungsweise nicht die einzige Art dar, auf welche man den 10. Modus Glareans mit den Modi der Finalis *mi* in Verbindung gebracht hat: der 10. Modus ist vielmehr, gelegentlich zumindest, auch als »4. Modus« angesehen worden. Zeugnis hiervon gibt uns die als *del Quarto Tono* bezeichnete *Tercera Fantesia* eines spanischen Anonymus (MME II, 89f., Nr. 63, Fantasia IX de Vihuela): ein Werk, das wir auf Grund seines Schlusses dem Glareanischen 10. Modus zuzuweisen hätten. Und nicht genug hiermit: auch in der musiktheoretischen Literatur des 16. Jahrhunderts hat diese Sicht- und Bezeichnungsweise ihre Spuren hinterlassen. So konstatiert Gallus Dreßler, daß der 4. Modus die – nach seiner Definition als Skala H – e – h bzw. h – e' – h' ihm zukommenden – tiefsten Töne nur selten berühre, weil die Musiker der Gegenwart »meist nach dem Hypoaeolius (= dem 10. Modus Glareans) zu trachten« schienen.[16] Und noch kurz vor 1600 finden wir bei Johannes Magirus die Aussage, daß die – offenbar selbst um diese Zeit noch keineswegs ausgestorbenen – Anhänger der traditionellen Lehre von den acht Tonarten »den Hypoaeolius für einen Hypophrygius halten«[17], ihn also ganz in jener Art beurteilen wie etwa vier Jahrzehnte früher unser spanischer Anonymus. Noch weiter geht endlich Camillo Angleria, wenn er im Jahre 1622 den Glareanischen 9. Modus als »3.«, den Glareanischen 10. Modus als »4. Modus« bezeichnet, beides »secondo l'uso moderno«.[18]

Fassen wir die Ergebnisse der bislang von uns angestellten Untersuchungen zusammen, so erkennen wir: Mögen sich in dem gewaltigen Repertoire instrumentaler Werke, die mit Modus-Bezeichnungen versehen sind, auch Kompositionen finden, die, wie die zuletzt besprochenen, auf *mi* und *la* fundierten Werke, uns auf »weiche Stellen« oder gar auf schon beginnenden Verfall des Systems der Modi hinweisen: grundsätzlich hat trotzdem noch im späten 16. und frühen 17. Jahrhundert das System der Modi, gegliedert in die beiden Gruppen der Authenti und Plagales, die Normen tonartlicher Ordnung auch für polyphon-instrumentale Musik festgelegt. Die Bezeichnung solcher Musikwerke mit den Namen *aller* acht bzw. zwölf Modi weist auf reale Unterschiede: Unterschiede freilich, die wir nur dann wieder in den Blick bekommen, wenn wir die Aussagen der mit dem Schaffen eines Cabezón, Merulo, der beiden Gabrieli und so vieler anderer Meister gleichzeitigen Musiklehre als vollwertige Zeugnisse betrachten und behandeln.

Unser vorstehend resümiertes Ergebnis haben wir vermittels einer sozusagen querschnittartigen Betrachtung gewonnen: Werke älterer und jüngerer Meister dienten uns gleichermaßen als Belege. Wir könnten uns, gleich wie dies für die Tonarten der klassischen Vokalpolyphonie geschehen ist, mit dieser Sichtweise begnügen. Wir können – oder vielmehr: wir müssen, dem gegenwärtigen Stand unserer Forschungen entsprechend, nun aber auch noch eine Frage entwicklungsgeschichtlicher Art aufwerfen und, andeutend wenigstens, beantworten. Es ist dies die Frage, ob eine in Vokalmusik des späten 16. Jahrhunderts bezüglich der Exordial-Imitation nachweisbare Neuerung auch auf den Bereich polyphon-instrumentaler Musik übergegriffen hat. Der Behandlung dieser Frage gilt das folgende, den Ersten Teil abschließende Kapitel.

6. Kapitel: »Modernisierung« der Einleitungsimitation

Wir haben bisher, gemäß der Funktion des Exordiums, den Modus kundzugeben, an Hand vieler Anfangsabschnitte instrumental-polyphoner Musikwerke die melodischen Characteristica der Modi vorzuführen versucht. Unser Augenmerk galt hierbei stets der Melodik, wie sie in den modal »herrschenden« Stimmen sich darstellt, sowie der den Modus gleichfalls kennzeichnenden Kadenzordnung. Wovon bisher nicht oder nur gelegentlich die Rede war, ist die intervallische Beziehung, welche zwischen den einzelnen Motiv-Durchführungen der Exordial-Imitation – besonders zwischen den Motiv-Durchführungen lagenmäßig benachbarter Stimmen – waltet. Von dieser Beziehung soll nunmehr die Rede sein. Um die im Titel angedeutete »Modernisierung« zu erkennen, müssen wir jedoch zunächst den Usus klassischer Vokalpolyphonie – samt der an ihrem Vorbild orientierten polyphonen Instrumentalmusik – kurz zu beschreiben suchen.[1]

Die Musiklehre des 16. Jahrhunderts gibt uns, was die intervallischen Beziehungen der Imitations-Einsätze anlangt, zunächst nur die allgemeine Regel, daß die Intervalle der Imitation, außer dem Einklang und der Oktave, die Quinte und die Quarte seien. Eine spezielle Beziehung dieser Regel zu den Modi besteht vorerst nicht – oder nur in dem negativen Sinne, daß Imitationen in anderen als den erwähnten Intervallen zu vermeiden seien, da sie das Werk in Gefahr brächten, sich aus den Bahnen seines Modus zu entfernen. Doch haben sich in klassischer Vokalpolyphonie bestimmte, den einzelnen Tonarten zwar nicht immer, doch im Regelfall eigene Gewohnheiten im Hinblick auf die Anfangstöne der Einleitungsimitation herausgebildet.

In aller Kürze zusammengefaßt läßt sich sagen: die Modi der Finales *re* und *fa* bevorzugen als Einsatztöne der Durchführungen ihres Initialmotivs vornehmlich jene Töne, welche die Ecktöne der den Modus einer Stimme konstituierenden Quinten- und Quarten-species darstellen. Beginnt also in einem im 1. Modus stehenden Werk der Sopran mit d', so beantwortet die nächsttiefere Stimme – im Normalfall: der Altus – das Motiv ex a; beginnt der Sopran mit a', so antwortet die nächsttiefere Stimme (meistens der Alt) ex d'. Oder auch umgekehrt: trägt der Alt als erste Stimme das Initialmotiv, mit a beginnend, vor, so beantwortet der Sopran das Motiv ex d', usw. Prinzipiell gleichartig liegen die Verhältnisse im 2., 5. und 6. Modus. Niemals aber – hierauf sei nochmals verwiesen – bedeutet dieser Usus einen *Zwang*; Ausnahmen sind, besonders bei den Modi der Finalis *re*, jederzeit möglich.[2]

Vom bisher Ausgeführten abweichende Verhältnisse zeigen die Modi der Finales *mi* und *sol* sowie der authentische Modus der Finalis *la*. Beginnt das Initialmotiv in einem dieser Modi, vorgetragen von einer tonartlich »herrschenden« Stimme, auf der Finalis, so beantwortet die nächsttiefere »dienende« Stimme dieses Motiv real aus der Unterquinte. Beginnt also in einem Werk, dessen Tonart der 7. oder 8. Modus ist, der Sopran sein Initialmotiv mit g', so antwortet der Alt ex c'. Beginnt im 3. oder 4. Modus der Sopran mit e', so antwortet der Alt ex a; und beginnt im 9. Modus der Sopran sein Initialmotiv mit a', so antwortet der Altus ex d'. Auch bei umgekehrter Reihenfolge der Einsätze – z. B. Alt/Sopran –

bleibt in den Tonarten der Finales *mi* und *sol* sowie im 9. Modus die intervallische Beziehung der Einsatztöne der Exordial-Imitation dieselbe: ein vom Alt ex c' eingeführtes, vom Sopran ex g' beantwortetes Initialmotiv ist fähig, ein im 7. oder 8. Modus stehendes Werk zu eröffnen[3]; ein vom Alt ex a eingeführtes, vom Sopran ex e' beantwortetes Initialmotiv kann den Anfang eines im 3. oder 4. Modus komponierten Werkes bilden, eine Imitations-Einsatztonfolge Alt/Sopran ex d' und a' kann zu Beginn eines dem 9. Modus zugehörigen Werkes stehen. Die Melodik der solchermaßen eingeführten Motive stimmt hierbei, im Regelfalle wenigstens, auch in ihrer Intervallik überein (so z. B.: g' – h' – d'' beantwortet durch c' – e' – g', oder umgekehrt; g' – c'' beantwortet durch c' – f', oder umgekehrt; e' – c'' beantwortet durch a – f', usw.).

Modernisierend ausgedrückt, ist also nicht bloß eine von den Skalenstufen »I« und »V« (bzw. »V« und »I«) ausgehende Exordialimitation möglich, sondern auch eine Anfangsimitation, die von den Stufen »I« und »IV« bzw. »IV« und »I«, ja sogar von den Stufen »II« und »V« bzw. »V« und »II« ihren Ausgang nimmt.

Diese Vielfalt von Möglichkeiten wird nun radikal beschnitten durch eine Vorschrift Zarlinos. In Buch III, Kapitel 28 seiner *Istitutioni harmoniche* verlangt Zarlino nämlich vom Komponisten, daß seine »fugiert« einsetzenden Stimmen »sopra le chorde estreme, overo sopra le mezane de i Modi, sopra i quali è fondata la cantilena« zu beginnen hätten.[4] Ein Einsatz des Soprans ex g', beantwortet vom Altus ex c' (oder umgekehrt), ist gemäß dieser Vorschrift innerhalb eines auf der Tonstufe *sol* = g fundierten Modus nicht mehr möglich; denn mag sich z. B. der Sopran im authentischen Ambitus oberhalb der genannten Finalis (also im Tonraum g' – g'') bewegen und der Altus folglich in dem auf dieselbe Finalis bezüglichen plagalen Ambitus (d' – *g'* – d'') verlaufen, oder mögen sich umgekehrt der Sopran innerhalb des »in *sol*« fundierten plagalen Tonraumes (d' – *g'* – d'') und der Alt demgemäß in dem auf g bezüglichen authentischen Ambitus (g – d' – g') bewegen: die Tonstufe c stellt weder in der einen noch in der anderen Stimme einen Eckton der die jeweilige Oktav-species konstituierenden Quart- oder Quintengattung dar. Dasselbe gilt von der Tonstufe a im 3. und 4. Modus sowie von der Tonstufe d im Glareanischen Aeolius (alias 9. Modus).

Wiederum modernisierend ausgedrückt: Beantwortungen von »I« durch »IV« oder von »IV« durch »I«, ebenso von »II« durch »V« sind, gemäß dieser Regel Zarlinos, nicht mehr möglich. Modus und Einsatztonfolgen des Initialmotives treten nun in ein für alle Modi gleiches und dabei stets eindeutiges Verhältnis zueinander. Stehen die Anfangstöne der Aufstellung des Initialmotivs und seiner Beantwortung zueinander im Verhältnis einer Quinte, dann repräsentiert stets der tiefer gelegene Einsatzton die Tonstufe der Finalis; stehen die genannten Einsatztöne zueinander im Verhältnis einer Quarte, dann repräsentiert der höhere Ton die Finalis-Tonstufe. Auf diese solcherart repräsentierte Haupt-Tonstufe ist dann das melodische Geschehen innerhalb der modal »herrschenden« Stimmen – vor allem innerhalb des Soprans als der in ihrem Verlauf am leichtesten wahrnehmbaren Stimme – zu beziehen; und je nach der Eigenart dieses melodischen Geschehens ergibt sich, ob »in casu« ein authentischer Modus vorliegt oder ein plagaler.

Ist diese Regel Zarlinos aber nicht, gleich seiner allzusehr schematisierenden Lehre von den modal regelrechten Stufen der Kadenzbildung, bloße Theorie geblieben? Gewiß: eine Untersuchung der Werke Willaerts, auf dessen zu Ende des Jahres 1558 erschienene *Musica Nova*[5] Zarlino sich bei seiner Darstellung der Modi vornehmlich beruft, läßt erkennen, daß sich diese Werke ebensowenig der Kadenzlehre Zarlinos sklavisch fügen wie dessen Lehre von den regulären Einsatztönen der Exordial-Imitation. Auch Lasso und – bisweilen wenigstens – noch Giovanni Gabrieli folgen der älteren Praxis. »Ad unguem« beachtet finden wir Zarlinos Lehre von den Einsatztonfolgen jedoch im Exordium der Werke Marenzios (seiner Motetten ebenso wie seiner Madrigale); desgleichen bei anderen Meistern des am Hof Alfonsos II. von Ferrara gepflegten späten Madrigals[6]; und mit wenigen, durch Wortausdeutung motivierten Ausnahmen beachtet auch Monteverdi in seinen polyphonen Madrigalen diese Regel.

Unser Ziel ist jedoch nicht, die Auswirkungen dieser Neuerung auf die Exordialmelodik der Vokalmusik weiter zu verfolgen. Wir fragen uns vielmehr: Hat diese Normierung der Exordialimitations-Einsatztöne auch auf das Gebiet instrumentaler Polyphonie übergegriffen? Betrachten wir, um dies genauer zu erkennen, eine Anzahl von Werken, komponiert in jenen Tonarten, deren Einleitungs-Imitation durch das »moderne« Verfahren die stärksten Veränderungen erlitten hat: Werke in den Modi der Finales *mi* und *sol*.

1) Um die Bedeutsamkeit der Neuerung bei den »in *mi*« fundierten Werken nach Gebühr würdigen zu können, müssen wir außer dem 3. und 4. Modus auch den Glareanischen 10. Modus mit einbeziehen, da diese drei Tonarten sich bei ihrer älteren Handhabung oft nur wenig, ja bisweilen kaum noch unterscheiden.

Beginnen wir mit einer Gegenüberstellung des 3. und 10. Modus, und wählen wir zu unserem Ausgangspunkt die entsprechenden Werke aus Costanzo Antegnatis als Zyklus der zwölf Glareanischen Modi angeordneter Sammlung von Orgelricercaren (*L'Antegnata*, Venedig 1608).

Antegnatis *Ricercar del Terzo Tono* (AntA, 6ff.) zeigt zu Beginn die Einsatztonfolge h, e', h', e. Das Quartverhältnis der Einsatztöne 1 und 2, sodann das Quintverhältnis der Einsatztöne 2–4 läßt uns sofort die Tonstufe e als Tonstufe der Finalis erkennen, und die Lage der einzelnen Stimmen verrät alsbald, daß hier nacheinander erst der Tenor, dann der Alt, Sopran und Baß das Thema durchführen. Notieren wir hier nur das Thema in Sopranlage:

Es zeigt uns, daß der Komponist den Haupt- und Bezugston des melodischen Geschehens, die Finalis e bzw. e', in den modal »herrschenden« Stimmen realiter nicht einzuführen braucht, da der Bezug auf diese Haupttonstufe durch die Einsatztonfolgen von vornherein gesichert ist. Verläuft das Thema im Tenor und

Sopran zudem in Finalis-ferneren Tonlagen und mit relativ wenig halbtonhaltiger Melodik, dann ist hierdurch der Charakter des Modus als des »in *mi*« fundierten Authenticus – auch ohne Bindung an altüberlieferte Melodiemodelle – schon zu Anfang eindeutig kundgegeben.

Halten wir nun dagegen Antegnatis *Ricercar del Decimo Tono* (AntA, 27ff.). Die Einsatztonfolge der Exordial-Imitation ist hier A, e, e', a. Gemeinsam mit den Modi der Finalis *mi* besitzt, nach »modernem« Usus, der 10. Modus als Einsatz-Tonstufe des Initialmotivs nur noch die Tonstufe e; die Einsatz-Tonstufe a hingegen ist jetzt nur mehr ihm allein vorbehalten. Setzt also im *Ricercar del Decimo Tono* der Baß ex A ein und beantwortet der Tenor das den Tonraum A – d – A durchmessende Motiv des Basses mit dem Durchmessen des Quart-Tonraumes e – a – e (+ angehängter Kadenz auf a), so ist allein hierdurch schon ausgesagt, daß die Melodik des Initialmotivs, zu beziehen auf die Finalis-Tonstufe a, in den modal vorrangigen Stimmen, Tenor und Sopran, aus der unterhalb der Finalis a bzw. a' liegenden Quarten-species *mi-la* gebildet und somit plagalen Charakters ist.

Daß die soeben geschilderte Art der Unterscheidung von 3. und 10. Modus keinen Einzelfall darstellt, möge folgende Gegenüberstellung der Ricercare *Terzo Tono* und *Decimo Tono* aus dem 1615 gedruckten Zweiten Buch vierstimmiger Ricercare von Giovanni Maria Trabaci (TraR II, Nr. 3 und 10) zeigen:

Terzo Tono

Decimo Tono

In Trabacis Ricercar *Terzo Tono* finden wir, wie bei Antegnati, die Tonstufe a als Einsatztonstufe sorgfältig vermieden. Das zunächst erklingende Motiv könnte, allein für sich betrachtet, zwar auch den Tenor-Anfang eines im 4. Modus stehenden Werkes bilden. Die Tatsache aber, daß diesem Motiv keine tiefere Stimme antwortet, sondern daß nur zwei höhere – motivisch selbständige – Stimmen, beide ex e', nacheinander einsetzen, macht unsere anfängliche Vermutung bald schon sehr ungewiß – um nicht zu sagen: hinfällig. Die Annahme, daß die bisher vernommenen Einsatztöne die »Haupttonstufe« eines auf *mi* (= e) fußenden Modus bezeichnen, mag bereits jetzt sehr nahe liegen. Zur Gewißheit wird sie durch den Einsatz des Soprans ex h'; und indem der Sopran nicht nur das zu Beginn vom Baß aufgestellte Motiv jetzt in dieser hohen Lage durchführt, sondern unmittelbar danach auch das Motiv des Altus in den Ambitus h' – e" versetzt, tritt nun auch der authentische Charakter dieses *mi*-Modus eindeutig zutage, ohne daß – wie bei Antegnati – die Sopran-Finalis e' jemals realiter in dieser Stimme zu erklingen brauchte.

Noch offenkundiger ist die Ähnlichkeit der Einleitungs-Imitation von Trabacis Ricercar *Decimo Tono* mit Antegnatis tonartgleichem Werk: durch die Einsatztonfolge A, e wird auch bei Trabaci die Tonstufe a sogleich als Finalis-Tonstufe fixiert, durch die Lage der Stimmen deren Charakter als Baß und Tenor kundgegeben, und durch die Melodik des Tenors die Konstitution des Modus als gebildet aus den Intervallgattungen e – a + a – e' – a (= *mi-la* + *re-la* darüber), d. h. aus den solchermaßen nur dem 10. Modus eigenen skalaren Grundlagen, zu Gehör gebracht.

Wir sehen also: Mag die generelle Normierung der Einsatztöne, insofern sie die Einleitungs-Imitation betrifft, den »in *mi*« fundierten beiden Tonarten ein sie bisher besonders kennzeichnendes Merkmal – die Imitation Finalis/Unterquinte oder umgekehrt – genommen haben, so bedeutet die erwähnte Normierung doch nicht *nur* einen Verlust. Dem Verlust gegenüber steht vielmehr ein in seiner Art gleich großer Gewinn an leichterer Erkennbarkeit: eine Verwechslung von 3. und 10. Modus ist bei strikter Befolgung von Zarlinos Regel über die tonartlich normgemäßen Einsatztöne der Exordial-Imitation fortan ausgeschlossen. Und nicht genug hiermit: auch der bereits im 16. Jahrhundert oft als kaum mehr wahrnehmbar erwähnte Unterschied des 3. und des 4. Modus gewinnt, wie sich im Folgenden noch zeigen soll, durch die Normierung der Exordial-Imitationstonfolgen schärferes Profil.

Richten wir den Blick zunächst wieder auf unseren »Hauptmeister« Antegnati. Sein *Ricercar del Quarto Tono* (AntA, 9ff.) bringt diesen Modus transponiert auf a-*mi* zu Gehör. Diese Notierung eines »in *mi*« fundierten Werkes weist bereits in der Vokalmusik des späten 16. Jahrhunderts darauf, daß wir den Modus eher als plagal denn als authentisch anzusehen haben.[7] Antegnati begnügt sich jedoch keineswegs mit diesem sehr vagen Unterscheidungsmerkmal. Bctrachten wir vielmehr das Exordium seines dem 4. Modus zugeschriebenen Ricercars, so vernehmen wir zunächst drei jeweils von ein und derselben Tonstufe *mi* ausgehende Motiv-Einsätze: die ersten beiden ausgehend von a, den dritten ausgehend von a'. Die Häufung solcher im Einklangs- bzw. Oktavabstand einsetzender Motiv-Durchführungen weist an sich schon darauf, daß wir in diesen Anfangstönen die Finalis und mit ihr den Bezugston alles jeweils folgenden melodischen Geschehens zu erblicken haben. Eine vierte, im Unterquart-Abstand zu a' beginnende Motiv-Durchführung (Takt 11ff.) macht diese unsere Annahme zur Gewißheit. Die Reihenfolge der Imitations-Einsätze enthüllt sich somit als Folge von Baß, Tenor, Sopran und Alt. Bezogen auf die Finalis-Tonstufe a-*mi*, gibt sich nun auch die Melodik des Initialmotivs in den modal »herrschenden« Stimmen – und dazu auch des hier in Tenorlage einsetzenden Bassus – als plagal zu erkennen: sie erhebt sich nur bis zur Oberterz der Finalis, steigt aber mindestens bis zur Unterterz der Finalis hinab; und auch der Altus weist, von seinem Einsatzton e' ausgehend, dieselbe Art der Melodiebewegung auf. Der weitere Verlauf des Werkes zeigt, diesem Exordium gemäß, eine »schulmäßig« reguläre Stimmendisposition »a voce piena«. Sopran und Tenor verlaufen also in einem eindeutig plagalen, Baß und Alt in einem gleichermaßen eindeutig authentischen Ambitus – dies alles im Gegensatz zu den meisten uns bisher bekannten Werken, die als *Quarti Toni* bezeichnet sind. Auch der Kadenzplan von Antegnatis *Ricercar del Quarto Tono* weist besondere, ostentativ plagale Eigentümlichkeiten auf: die Kadenz auf der Oberquarte der Finalis wird, weil sie im *Ricercar del Terzo Tono* eine große Rolle spielte, jetzt bewußt vermieden – sie erscheint erst vor dem toccatenartigen Schlußteil des Werkes (Takt 49) –, und statt ihrer werden Kadenzen auf Finalisnäheren Tonstufen auffällig bevorzugt; dies ist übrigens ein Verfahren, dessen sich schon Lasso und Alexander Utendal bedient hatten, um im Zyklus ihrer nach der Reihenfolge der Modi angeordneten Bußpsalmen die Tonart des dritten und des vierten Psalms zu unterscheiden.[8]

Antegnati läßt also nichts ungetan, um selbst den 3. und den 4. Modus als zwei für den Hörer deutlich unterscheidbare Tonarten kundzugeben. Und er steht hiermit keineswegs allein: auch Trabacis Ricercar *Quarto Tono* (TraR II, Nr. 4) unterscheidet sich sogleich von dem oben, S. 99, wiedergegebenen Exordium seines im 3. Modus komponierten Werkes.[9]

Quarto Tono

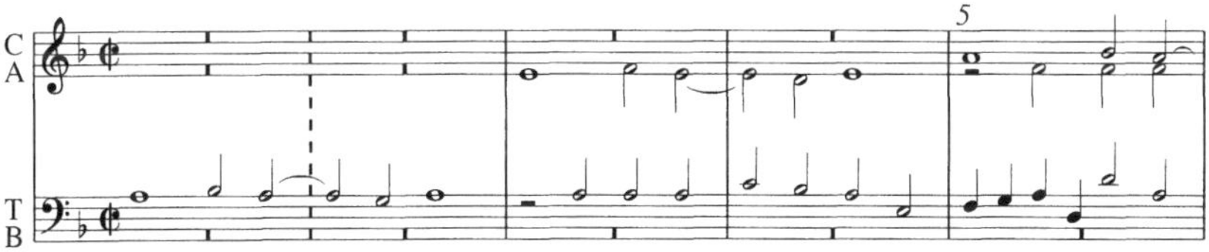

Durch das Oberquint-Verhältnis der ersten beiden Themen-Einsätze und -Durchführungen wird sogleich der Ton, mit dem die erste Themen-Durchführung beginnt und endet, als die Finalis kundgegeben. Der Melodieverlauf des Initialmotivs gibt uns sodann den *mi*-Charakter dieser Finalis zu erkennen, und das uns von früher schon bekannte Merkmal ostentativer Engschrittigkeit der Melodiebewegung enthüllt uns überdies die *plagale* Beschaffenheit dieses »in *mi*« fundierten Modus. Dies alles vollzieht sich innerhalb von nur vier Takten; der Einsatz des Soprans ex a' und die hieran sich schließende Durchführung des Initialmotivs bestätigen nur das zuvor uns Dargelegte.[10]

Leichter unterscheidbar werden durch die Normierung der Einsatztöne des Exordialmotivs endlich auch der 4. und der 10. Modus. Ein instruktives Beispiel hierfür bieten die beiden in ihrer Quelle unmittelbar aufeinander folgenden Orgelricercare *del Quarto* und *del Decimo Tono* von Ascanio Mayone (MaSL, Nr. 1 und 2; Nr. 1, ohne Angabe der Tonart, auch bei TorA III, 145ff.). Die Motiv-Einsätze ex a-*mi*, e', e und a'-*mi* (das hieße bei nicht-transponierter Lage: ex e, h, H und e') lassen uns beim ersten Ricercar, verbunden mit einer Melodik, die sich in den modal vorrangigen Stimmen (Tenor und Sopran) auf den Tonraum zwischen Ober- und Unterterz der Finalis beschränkt, tatsächlich sogleich den »in *mi*« fundierten plagalen Modus erkennen.[11] Finden wir im Ricercar Nr. 2 hingegen das im Folgenden zitierte Initialmotiv, so wäre, gemäß der Verfahrensweise älterer Meister, durch die Melodik dieses Motivs allein noch nicht eindeutig entschieden, ob die Finalis als *mi* oder *la*, die Tonart des Werkes folglich als 3. oder 10. Modus anzusehen wäre:

C 

Da Mayone sich jedoch nach dem »modernen« Usus richtet, gibt uns die Einsatztonfolge e', a, e, A sogleich Aufschluß darüber, daß wir die Tonstufe a als Finalis zu betrachten haben. Wird uns somit dieser Bezugspunkt des ganzen musikalischen Geschehens kundgegeben – und dies geschieht bereits im Lauf der Takte 1–3 –, dann ist der *plagale* Charakter des Modus unschwer zu erkennen.

2) Bei den »in *sol*« fundierten Tonarten berührt die Eliminierung aller (modernisierend) als »I/IV« oder »IV/I« zu bezeichnenden Exordial-Einsatztonfolgen die im 7. Modus komponierten Werke nur dann, wenn ihr Initialmotiv in den tonartlich »herrschenden« Stimmen mit g' (Sopran) bzw. g (Tenor) einsetzt. Die streng reale Unterquint-Beantwortung ist nunmehr ausgeschlossen; denn wohl die Tonstufe d,

nicht aber die Tonstufe c ist einer der Ecktöne jener Quart- bzw. Quinten-species, welche die skalare Grundlage der »in *sol*« – d. h. in praxi fast immer: auf g – fundierten Modi darstellen. Ein Beispiel hierfür bietet das in Trabacis Erstem Buch (TraR I, 16f.) enthaltene Ricercar *Settimo Tono:*

Das Quart-Verhältnis der Einsatztöne beider Stimmen sagt uns, daß der Anfangston der höheren Stimme die Finalis darstellt. Der sofortige Übergang der tieferen Stimme zur realen Unterquint-Beantwortung gibt uns anschließend zu erkennen, daß diese Finalis – ein Ton mit dem Charakter *ut* – als »*ut* mit dem Ganzton unter sich« anzusehen ist. Und führte uns nicht schon der Motivkopf des Soprans zu dieser Erkenntnis, so zeigt uns die Melodik der Oberstimme in den Takten 4–6 eindeutig und endgültig, daß wir den authentischen Modus der vierten Finalis vor uns haben.

Viel folgenschwerer wirkt sich die Normierung der Exordial-Imitationstonstufen für den *8. Modus* aus. Er ist, so wäre man versucht zu sagen, der »Hauptleidtragende« der Neuerung; denn er verliert mit der zuvor erwähnten Aufstellung und realen Unterquint-Beantwortung seiner Repercussio *ut-fa* gerade jenes Kennzeichen, das ihn nicht nur vom 7. Modus, sondern auch von allen anderen Tonarten so auffällig unterschied.

Was angesichts der uniformen Festlegung der Einsatztöne übrigbleibt, um einen 8. Modus auch jetzt noch als solchen kenntlich darzustellen, möge uns der Anfang von Antegnatis *Ricercar del Ottavo Tono* (AntA, 21ff.) zeigen:

Wir vernehmen hier, vorgetragen in der Reihenfolge Cantus, Tenor, Bassus, Altus, ein ex d'' bzw. d' einsetzendes und ex g bzw. g' real beantwortetes Quintmotiv *sol-ut.* Die Zugehörigkeit dieses, nur für sich gesehen, sozusagen »neutralen« Motivs zu dem plagalen Modus der Finalis *sol* wird uns jedoch schon alsbald kundgegeben durch den Abstieg des – nun frei weitergeführten – Soprans nach f' und e'. Wir bekommen hiermit die Quarten-species *sol-re* – und zwar unterhalb der Quinten-species d'' – g' – hinreichend deutlich vorgeführt. Der 8. Modus erscheint hier also nurmehr als abstrakt skalares Gebilde.

Dasselbe gilt für Antonio Cifras *Ricercare Ottavo* aus dem als Zyklus der Glareanischen Modi 1–10 angelegten Ersten Buch seiner Ricercare (CifR, 43ff.).

Hier vernehmen wir zu Beginn (Takt 1–11) die Quinten-species *sol-ut*, vorgetragen mit der Einsatztonfolge d', g', g', g', d'. Die Tonstufe g wird uns hierdurch sogleich als »Haupttonstufe« exponiert; die freie Weiterführung des Initialmotivs durch den Sopran sowie das frei erfundene Begleitmotiv des Tenors zeigen uns darüber hinaus durch ihre skalare Struktur und tiefe Lage, daß auch hier ein plagaler Modus der Finalis g vorliegt.

Ein Mit- und Nebeneinander von »Altem« und »Neuem« zeigt endlich das *Ricercare Ottavo* aus Cifras Zweitem, nach der Reihenfolge der traditionellen Modi 1–8 angelegtem Buch (CifR, 123ff.): hier erscheint zwar ein Initialmotiv, welches in den »herrschenden« Stimmen aus der Repercussio *ut-fa* (= g – c' bzw. g' – c") hergeleitet ist, von den »dienenden« Stimmen jetzt aber nicht mehr real, sondern durch die Quarten-species *re-sol* – ex d' bzw. d – vorausimitiert oder beantwortet wird.

Soweit die Ausführungen zu den von der Neuerung am stärksten betroffenen Tonarten. Daß die Normierung der Einsatztöne des Initialmotivs aber auch für die anderen Modi – gelegentlich wenigstens – tiefgreifende Folgen nach sich ziehen kann, möge zum Schluß noch am Beispiel von Antegnatis *Ricercar del Primo Tono* (AntA, 1ff.) aufgewiesen werden. Das Initialmotiv dieses Werkes entstammt weder einer der traditionellen Eingangs-Melodiewendungen des 1. Modus, noch ist es offenkundig aus dessen Skala abgeleitet. Dennoch geben, dank des »modernen« Verfahrens, die Einsatztonfolgen und der von den »herrschenden« Stimmen durchlaufene Tonraum den »in *re*« fundierten Authenticus sogleich eindeutig zu verstehen. Überdies ermöglicht der »moderne« Usus es dem Komponisten, die offenkundige Darbietung der Repercussio *re-la* durch eine Kadenzfolge d – a (Ob-V) bis zur Mitte des Werkes (Takt 42–50) hinauszuzögern.[12]

Wir erkennen somit aus dem in diesem Kapitel Ausgeführten: Die in der Vokalmusik des späten 16. Jahrhunderts zu beobachtende Entwicklung hin zu einer für alle Modi gleichartig gehandhabten Intervallik der Einsätze des Initialmotivs hat alsbald auch die polyphone Instrumentalmusik in ihren Bann gezogen.[13] Die Folgen des »modernen« Verfahrens sind – wie wir sahen – einerseits, daß der jeweilige Modus rascher und deutlicher zu erkennen ist. Andererseits aber zeigt sich in der uniformen Festlegung der Einsatztöne und in der durch diese Festlegung sich weitaus stärker geltend machenden nur mehr skalaren Konzeption der Modi unverkennbar doch eine gewisse schulmäßig anmutende Erstarrung, der im weiteren Verlauf des 17. Jahrhunderts dann die Nivellierung erst des Unterschiedes von Authenti und Plagales und endlich auch der Modi überhaupt, zu Gunsten der modernen Tongeschlechter, unschwer folgen konnte.

ZWEITER TEIL: GENUIN-INSTRUMENTALE WERKE (WERKE OHNE FESTGELEGTE STIMMENZAHL)

Einleitung

Wir haben gesehen, daß bei Instrumentalwerken mit festgelegter Stimmenzahl und einer der Vokalmusik weithin gleichen Struktur des polyphonen Satzes der Unterschied authentischer und plagaler Modi sich als real bestehend nachweisen – und vor allem: sich als im Hören durchaus wahrnehmbar erkennen läßt.

Wie aber steht es hiermit bei Werken, die nicht polyphon, sondern genuin instrumental, d. h. quasi-improvisatorisch und oft auch sehr virtuos gestaltet sind? Die Namen, welchen wir bei Werken dieser Art begegnen, sind sehr vielfältig: wir finden Bezeichnungen wie Toccata, Intonation, Introitus u. a. Alle diese Bezeichnungen weisen auf *ein* Hauptmerkmal solcher Werke hin: auf deren präludierenden Charakter. Zu den wichtigsten Aufgaben präludierender Musik gehört indes normalerweise auch die baldige Kundgabe der Tonart, durch die der Hörer auf den Modus des sich anschließenden »Hauptstücks« vorbereitet werden soll. Dieser Aufgabe gemäß, sind auch genuin-instrumentale Werke von ihren Komponisten – oder »schlimmstenfalls« von ihren Verlegern – oft mit Tonartbezeichnungen versehen worden. Unsere Frage lautet demnach: Sind auch bei Präludien, Toccaten und dergleichen die in der Betitelung genannten Unterschiede authentischer und plagaler Modi tatsächlich wahrnehmbar?

Werfen wir aber, ehe wir in Einzeluntersuchungen eintreten, noch einen Blick auf die satztechnische Struktur der Werke, welche uns nunmehr beschäftigen. Wir gewahren auch in dieser Hinsicht eine große Vielfalt: Toccaten, Praeludien usw. können aus bloßem Laufwerk bestehen; sie können aber auch mehr oder weniger »polyphonisierend« gehalten sein, wobei polyphonisierende, ja streng polyphone Partien meist in der Mitte, seltener schon zu Beginn erscheinen.

Für unsere Betrachtung von Interesse sind die nicht-polyphonen Werke bzw. Werkabschnitte, und wiederum vorab die Exordien. Angesichts eines weithin noch unbegangenen Terrains muß unsere Darstellung wiederum, ja noch mehr als zuvor den Charakter eines ersten Versuches tragen. Orientieren wir uns deshalb auch jetzt vornehmlich an leicht zugänglichen Beispielen, dazu wiederum an der Reihenfolge der auf *re, fa, sol, mi* und *la* fundierten Modi. Und wählen wir, um nicht in einem Meer allzu disparaten Materials zu versinken, *eine* Quelle im besonderen zu unserem Leitfaden: Claudio Merulos *Toccate d'intavolatura d'organo... Libro primo* und ... *Libro secondo*, erschienen zu Rom 1598 bzw. 1604 (= Brown 1598_9 bzw. Sartori 1604 d). Diese Werke stellen, laut ihrer Betitelung, einen Zyklus der traditionellen acht Modi dar, vermehrt um die Glareanischen Modi 9 und 10. Richten wir also in erster Linie an sie die Frage nach der Wirklichkeit der Unterschiede dieser Tonarten.

Einzugehen ist indessen noch auf eine spezielle Frage des »procedere«. Die nicht »fugierten« Teile genuin-instrumentaler Musik – und somit auch deren

Exordien – zeigen sich oft belebt durch virtuose Fiorituren und Passagen. Ist es nun möglich und erlaubt, solche Abschnitte auf einen ihnen zugrunde liegenden »regulär-kontrapunktischen«, wenn auch nicht »fugierten« Satz zu reduzieren? Diese Frage ist bereits von früheren Autoren gestellt und verschiedenartig beantwortet worden: verneinend im besonderen mit dem Hinweis darauf, daß die genannten Fiorituren ebensosehr einen Teil des Werkes bildeten wie in Chopins Klaviermusik deren Verzierungen.[1] Dieser Aussage ist, prinzipiell gesehen, gewiß beizustimmen. Ebensosehr aber wie wir, wenn es gelten würde, die Tonalität von Chopins Klavierwerken zu untersuchen, deren Fiorituren mehr oder weniger außer Betracht lassen dürften, dürfen oder müssen wir, wenn wir die Anfangsteile unserer Toccaten auf ihre tonartlichen »Fundamente« untersuchen, uns jeweils fragen, inwieweit die Fiorituren und Passagen hier als essentiell zu gelten haben, oder inwieweit sie, als »bloße« Auszierungen, nur von sekundärer Art sind. Gehen wir denn, nach diesen Vorbemerkungen, zur Besprechung im Detail über.

1. Kapitel: »In *re*« fundierte Werke: 1. oder 2. Modus

Im Toccaten-Zyklus unseres »Hauptmeisters« Merulo umfaßt diese Gruppe fünf Werke: zwei bezeichnet als im 1. Modus stehend, drei dem 2. Modus zugewiesen. Die *Toccata Prima del Primo Tono* (MeruT I, 1ff.) kann ihres polyphonen Exordiums wegen außer Betracht bleiben.[1] Das Exordium von Merulos *Toccata Seconda del Primo Tono* (MeruT I, 6ff., Takt 1–5, Mitte) weist hingegen keinerlei Ansätze zu »fugierter« Schreibweise auf, wohl aber in den Takten 3–5 – zuerst im Baß, dann in der Oberstimme – reiches Passagenwerk. Sehen wir jedoch genauer hin, so enthüllt sich das Passagenwerk des Basses als eine »Auskomposition« der Intervallsprünge G – g – c; und das Passagenwerk der Oberstimme läßt sich, zumindest mit sehr großer Wahrscheinlichkeit, auf die Intervallfolge d' – a' – c'' – a' reduzieren. Somit aber zeigt das Exordium unserer Toccata folgende Grundgestalt:

In dieser Melodik des »Soprans« erkennen wir ein uns schon wohlvertrautes Melodiemodell des 1. Modus: den Aufstieg durch die Quinten-species *re-la* (= d' – a'), gefolgt von einem weiteren Aufstieg bis c'', in der ausgezierten Fassung sogar bis e''. Ebenso vertraut ist uns die Folge der Haupt-Zäsuren: zuerst – nach einer Clausula simplex auf g' (Takt 3) – eine »förmliche« Kadenz auf a', dem Oberquintton der

Finalis, sodann wenig später (Takt 8f.) eine gleichfalls »förmliche« Kadenz auf der Finalis d'. Auch der Baß unterschreitet nicht jenen Tonraum, der ihm als einer »dienenden« Stimme in einem polyphonen Satz zukäme. Mögen denn die beiden Mittelstimmen unserer Toccata sich nurmehr dem Charakter bloßer Füllstimmen annähern, so kann doch dank der erwähnten Merkmale – Melodik des Soprans, Kadenzfolge und Tiefenausdehnung des Bassus – über die Tonart des Werkes schon nach diesen wenigen Anfangstakten kein Zweifel mehr bestehen.

Richten wir unseren Blick nun auf jene Toccaten Merulos, die als dem *2. Modus* zugehörig bezeichnet sind. Die Finalis aller dieser drei Werke ist, wie üblich, g-*re*. Betrachten wir, der Reihenfolge gemäß, zunächst die *Toccata Terza del Secondo Tono* (MeruT I, 14ff.). Das Exordium dieses Werkes reicht bis zum Anfang von Takt 7 und zeigt wiederum keinerlei Ansätze zu »fugierter« Schreibweise; doch gewahren wir, bei meist ruhig fließendem Verlauf der Oberstimmen, einen stark diminuierten Baß. Es fällt indes auch hier nicht schwer, diese meist im Tonumfang einer Oktave, Quarte oder Quinte verlaufenden Passagen der Baßstimme auf die genannten Gerüst-Intervalle zu reduzieren. Auch die Passagen des »Soprans« in den Takten 3–5 und 6 erweisen sich unschwer als akzidentell. Wir erhalten somit für das Exordium unserer Toccata folgendes Bild eines regulären vierstimmigen Satzes:

Auch in dieser Toccata zeigt die Melodik des »Soprans« besonders deutlich den Charakter des Modus: es ist die Repercussio *re-fa*, d.h. die Repercussio des *plagalen re*-Modus, welche der Initialmelodik unserer Toccata als Modell zugrunde liegt. In den Verlauf dieser Melodik eingebettet sind überdies drei Kadenzen: erst eine – durch die Diminuierung des Soprans in seiner wirklichen (nicht reduzierten) Fassung nur schwach angedeutete – Kadenz modal dritten Ranges auf a'-*mi*, sodann eine modal zweitrangige Kadenz auf der Tonstufe d. Die Gerüst-Clausulae dieser Kadenz liegen in den Mittelstimmen; wir haben es also, wie oft schon anderwärts in modal gleichartigen Werken, mit einer Kadenz auf dem Unterquartton der Finalis zu tun. Den Schluß des Exordiums bildet eine »Clausula primaria« auf der Finalis. Blicken wir endlich auf den Baß, so erkennen wir, daß diese Stimme sich – noch deutlicher als im vorausgegangenen Beispiel – in jenem Ambitus bewegt, den sie, auch hier als »dienende« Stimme, gemäß dem Dispositionsschema eines »a voce piena« angelegten polyphonen Satzes zu durchmessen hat. Einem mit der unterschiedlichen Melodik des »in *re*« fundierten Moduspaars vertrauten Hörer genügt also schon dieser kurze Einleitungsabschnitt, um sich von der Tonart unserer Toccata ein hinreichend deutliches Bild zu verschaffen.

Auf der Repercussio *re-fa* (= g' – b') fußt auch die Initialmelodik der *Toccata Quarta del Secondo Tono* (MeruT I, 19ff.). Hinzu tritt in diesem Werk bereits in der Mitte von Takt 2 die Anbahnung einer – so scheint es – zur Ultima g-*re*, also zur Finalis führenden Kadenz. Wird diese Kadenz dann im letzten Augenblick vermieden und folgt statt ihrer eine weit ausladende Sechzehntel-Figuration der Oberstimme, die auf ein Gerüst einfacher Intervallschritte oder -sprünge zu reduzieren allzu problematisch wäre, so sind wir doch, wenn diese Figuration einsetzt, über den Charakter des Modus als der »in *re*« fundierten plagalen Tonart schon zur Genüge unterrichtet, und die Eigenart der genannten Figuration – sie bewegt sich fast gänzlich in Regionen unterhalb der Sopran-Finalis g' –, dazu auch die Folge von Kadenzen auf den Tönen d' (wenngleich mit *mi*-Charakter) und g', der Finalis, bekräftigen weiterhin den Eindruck, welchen schon die beiden Anfangstakte uns vermittelt haben.

Nicht ganz so leicht zu erkennen ist der Modus von Merulos *Toccata Quinta del Secondo Tono* (MeruT I, 23ff.). Indessen kann auch hier der im Titel genannte Modus spätestens im Lauf der Takte 1–5 wahrgenommen werden, und zwar wiederum an der Melodieführung der Oberstimme sowie an der Folge der Kadenzen. Noch unverziert vernehmen wir zunächst einen Skalenaufstieg des »Soprans« durch die Quinten-species *re-la* (= g' – d''). Diesem Aufstieg folgt aber – wohlgemerkt – kein weiterer Ascensus; vielmehr bewegt sich die Oberstimme, kaum daß sie ihren Spitzenton erreicht hat, in raschem Laufwerk abwärts bis b, also bis zur Untersexte ihrer Finalis. Und steigt der »Sopran« in Takt 3 wieder aufwärts, führt auch dieser Ascensus nicht über die Quinte bzw. kleine Obersexte der Finalis g' hinaus. Zu beachten ist hier überdies die »harmonische« Fundierung der – etwas vereinfacht – als c'' – es'' – d'' zu beschreibenden Schlußwendung dieses Wiederaufstiegs: es ist eine vom Tenor und Baß vollzogene Sext-Oktav-Progression a – b, c – B, d. h. eine »Clausula simplex« auf der Tonstufe b. Der weitere Verlauf der Oberstimme – nach wie vor rasch bewegtes Passagenwerk – nimmt sich durch Aufstieg bis f'', ja kurze Zeit hindurch sogar bis g'', größere Freiheiten heraus. Daß Merulo aber auch jetzt nicht an einen Übergang vom (transponierten) 2. in den (gleichfalls transponierten) 1. Modus denkt, beweist wiederum die Kadenzierung: den Schluß des Laufwerk-Abschnittes der Oberstimme (Takt 5, Mitte) fundiert eine zweite Zäsur auf der Tonstufe b, und diesmal sogar eine »förmliche« Kadenz. Dem Melodieverlauf des »Soprans« liegt also in den Takten 1–3, Mitte die skalare Struktur des auf g' versetzten 2. Modus zugrunde. Aus der Folge des Oberstimmen-Anfangstons (bzw. des Anfangsdreiklangs) und der in Takt 3 bzw. 5 gebildeten Zäsuren erkennen wir zudem die Repercussio *re-fa*. Erst *nach* alledem führt Merulo nun auch eine Kadenz auf d'', dem Oberquintton der »Sopran«-Finalis, ein. Das heißt: erst jetzt, an dritter Stelle, bringt der Meister jene Kadenz zu Gehör, die er, stände unsere Toccata im authentischen »in *re*« fundierten Modus, bereits »primo« oder wenigstens »secundo loco« hätte bringen müssen.[2]

Können wir die Betrachtungsweise, die wir im Hinblick auf Merulos »in *re*« fundierte Toccaten angewandt haben, aber auch auf Werke anderer Meister übertragen? Antworten wir darauf zunächst durch eine kurze Besprechung zweier gleichfalls einem Zyklus – hier der Modi 1–8 – zugehöriger Werke: der Intonationen *del Primo* und *del Secondo Tono* von Andrea Gabrieli (Gabr [A]Int, 3 bzw. 4). Für die Intonation *del Primo Tono* genügt eine Betrachtung – oder vielmehr: das Hören – der Takte 1–5,$_1$, um hier das Initialmodell a' – d' – a' – c'' – a' als Grundlage der Oberstimme zu vernehmen, wobei der Anfangston dieser Phrase durch den Dreiklang über d fundiert, das Ende durch die erste (und einzige) Binnenkadenz auf a', dem Oberquintton der »Sopran«-Finalis, ausgezeichnet ist. Auch der weitere, nun fast ausschließlich durch Passagenwerk bestimmte Verlauf der Oberstimme hält sich im Ambitus der durch die Anfangstakte exponierten Tonart.

Die Intonation *del Secondo Tono* beginnt gleichfalls mit dem Dreiklang ihrer Finalis-Tonstufe, hier g-*re*, in Quintlage. Doch steigt bei diesem Werk die Oberstimme im Exordium (Takt 1–3, Mitte) nirgends über ihren Anfangston d'' hinauf; vielmehr bewegt sie sich zunächst stufenweise abwärts bis f', wobei der Schluß dieser Phrase durch eine Kadenz auf d-*mi* – mit Clausula cantizans bzw. tenorizans im Alt und Baß – fundiert wird: d. h. durch eine Kadenz auf dem *Unterquartton* der Finalis g'. An diese Kadenz schließt sich im »Sopran« wiederum Passagenwerk; aber auch hier hält es sich im Ambitus des im Titel genannten plagalen Modus; und kehrt der »Sopran« in den Takten 6-10,$_1$ zu »cantabler« Melodik zurück, so ist es – keineswegs zufällig – die Repercussio g' – b' – g', die uns hier dargeboten wird.

Weitere lehrreiche Beispiele bietet uns – zunächst für den 1. Modus – das Toccaten-Opus Erbachs. In seiner *Toccata Primi Toni, Nr. 6* (ErCKC IV, 22f.) erkennen wir, wie in Andrea Gabrielis Intonation *del Primo Tono*, schon in den Anfangstakten (1-7,$_1$) des »Soprans« das Initial-Melodiemodell a' – d' – a' – c'' – a', mit abschließender Kadenz auf a'. – Dieses Modell gewahren wir auch zu Beginn von Erbachs *Toccata Primi Toni, Nr. 7* (ErCKC IV, 23ff.); doch wird es hier nicht sogleich durch eine Kadenz bekräftigt, sondern zunächst – ohne merklichen Übergang – in Laufwerk aufgelöst. Dieses Laufwerk aber hält sich grundsätzlich innerhalb des Ambitus des 1. Modus, und die erste Kadenz tritt auch hier auf dem Oberquintton der »Sopran«-Finalis ein (siehe Takt 11f.; in Takt 15f. sodann die zum »fugierten« Mittelteil überleitende Kadenz auf der Finalis d'). – Auf der skalaren Konzeption des 1. Modus fußen hingegen Erbachs Toccaten *Primi Toni, Nr. 8* und *Nr. 10* (ErCKC IV, 26ff. und 33ff.). Beiden Werken gemeinsam ist die Eröffnung durch einen Skalen-Descensus a' – d' des »Soprans« – eine Melodiephrase, deren Anfangston auch hier durch den »Hauptdreiklang« über d fundiert wird. Hieran schließt sich in der Toccata Nr. 8 ein bis d'', mit Kadenz daselbst, führender Aufstieg; in der Toccata Nr. 10 sogar ein Aufstieg bis f''. Auch die Kadenzordnung zeigt in beiden Werken aufs deutlichste den 1. Modus an: in Nr. 8 gewahren wir nicht weniger als drei Binnenkadenzen auf a', der Oberquinte der Sopran-Finalis d', und in Nr. 10 bildet Erbach die einzige Binnenkadenz des Werkes (Takt 30f.) gleichfalls auf diesem Ton.[3]

Aber selbst in Kompositionen, die gänzlich aus Laufwerk bestehen, lassen sich die Melodiegrundlagen des 1. Modus unschwer eruieren. Als Beispiel hierfür erwähnt sei die *Toccata di grado del Primo Tono* von Girolamo Diruta (KrebsD, 383): ihre Oberstimme durchmißt sofort den Tonraum a' – d'/c' – f'' (der Anfangston a' »harmonisiert« durch den Dreiklang über d), und ihre »Mediationskadenz« liegt wiederum auf a', also dem Oberquintton der Finalis.[4] Selbst ein so spätes Werk wie die 1642 gedruckte *Toccata del Primo Tono per l'Introito* von Antonio Croci (CroF, Nr. 1) läßt noch alle Hauptmerkmale des im Titel genannten Modus – Finalis *re*, authentischen Ambitus der Oberstimme und Repercussio *re-la* – sogleich zu Beginn aufs deutlichste erkennen:

Daß wir nun auch in »freistimmigen« Werken, die dem *2. Modus* zugeschrieben sind, vom Komponisten die Grundzüge dieser Tonart sogleich vorgeführt erhalten, bedarf nach allem, was wir bisher sahen, keiner besonderen Erwähnung mehr. Führen wir uns indes zum besseren Verständnis auch für den *plagalen* Modus der Finalis *re* einige Beispiele vor.

An erster Stelle genannt seien hier zwei Toccaten Sweelincks: seine *Toccata Secundi Toni, Nr. 25* und die nur fragmentarisch erhaltene, gleichfalls mit der Bezeichnung *Secundi Toni* versehene *Toccata Nr. 72* (SweWo, 104f. bzw. 259).[5] In beiden Werken bildet die Repercussio *re-fa* (= g' – b') das Gerüst der Initialmelodik des »Soprans«; wir brauchen die einleitende Melodiephrase der Oberstimme nur zu dekolorieren, um diese ihre modale Grundlage auch »ad oculos« zu erkennen; so z. B. für die Takte 1–$10,_1$ der *Toccata Nr. 25*.

C 

Auch die Kadenzordnung beider Toccaten Sweelincks entspricht dieser Initialmelodik: in der *Toccata Nr. 25* liegen die ersten beiden »förmlichen« Kadenzen (Takt 17f. und 26f.) auf der plagalen Repercussa b, in der T*occata Nr. 72* finden wir »primo loco« eine Kadenz auf der Finalis g-*re* (Takt 12f.) und wenig später eine – nur durch die Führung der Baßstimme abgeschwächte – Kadenz auf dem Unterquartton d' (Takt 17f.).

Fundiert auf der Repercussio *re-fa* sind auch die Exordien »freistimmiger« Werke Christian Erbachs. Verwiesen sei etwa auf seine *Intonatio Secundi Toni, Nr. 1* (ErCKC V, 53ff., Takt 1–$7,_1$) und den Beginn seines *Introitus Secundi*

Toni, Nr. 3 (ErCKC V, 14ff., Takt 1–4,$_1$). Ebenso durchmißt in Erbachs *Toccata Secundi Toni, Nr. 13* (ErCKC IV, 47ff.) die Oberstimme allererst die Repercussio *re-fa*, ehe dann – mit Übergang zu Achtel- und Sechzehntelbewegung – die gesamte Quinten-species g' – d'' durchmessen und, nach raschem Abstieg vom Spitzenton, auf der Finalis g-*re* kadenziert wird. (Die zweite Kadenz, Takt 15f., liegt auf dem Unterquartton d', die dritte, Takt 20f., wiederum auf der Finalis.)

Einer besonderen Erwähnung bedarf Hans Leo Haßlers *Toccata Secundi Toni* (DTB IV/2, 119ff.).[7] Die Anfangstakte ihrer Oberstimme stellen sich, alles bloßen Spielwerks entkleidet, dar wie folgt:

C 

Durch diesen Melodieverlauf wird uns sogleich der auf g'-*re* bezogene plagale Tonraum exponiert. Bewegt sich die Sechzehntel-Figuration der Oberstimme im weiteren Verlauf des bis Takt 19 reichenden Anfangsteils sodann in einem, rein äußerlich gesehen, übermäßigen Ambitus (d' – g''), so braucht dies auch hier keine Vermischung des (transponierten) 2. und des (gleichermaßen transponierten) 1. Modus zu bedeuten. Was Haßler auch *nach* den drei Anfangstakten in modaler Hinsicht *wirklich* meint, zeigt sich vielmehr bald schon durch die Folge der Kadenzen: die erste Kadenz (Takt 7f.) tritt ein auf der Finalis g'-*re*; nur vier Takte später folgt ihr eine Kadenz auf b', und beide Male ist es der »Sopran«, welcher die Kadenz mit »seiner« Melodieklausel, der »Clausula cantizans«, bildet. Eine Kadenzierung auf d'' aber wird nicht nur während des Anfangsteils, sondern auch während der »fugierten« Mittelpartie bis Takt 83f. – bei 121 Takten Länge des gesamten Werkes – vermieden. Trotz aller Freiheiten, welche Haßler sich infolge virtuosen Laufwerks bereits in den Takten 4–9 herausnimmt, bleibt der 2. Modus also auch durch die Ordnung der Kadenzen strikte gewahrt. Und nicht genug hiermit: sobald innerhalb des Anfangsteils die Diminution vom »Sopran« in den Baß übergeht, hält sich die Oberstimme wiederum ganz »regelrecht« innerhalb der Grenzen eines auf g' transponierten 2. Modus.

Wie bei polyphoner Instrumentalmusik, finden wir endlich auch im Bereich der Toccata die Beschränkung auf den bloßen Quint-Tonraum *re-la* bzw. *la-re* als ein Mittel zur Darstellung des plagalen Modus verwendet. Als Beispiele hierfür genannt seien Erbachs Toccaten *Secundi Toni, Nr. 12, 14* und *15* (ErCKC IV, 41ff., 54ff. und 59ff.). Ihr Exordium fußt in der Oberstimme jeweils auf der abwärts führenden Quinten-species des »per b-molle« transponierten 2. Modus, woran sich in der *Toccata Nr. 12* virtuoses, aber den Ambitus des 2. Modus (samt Lizenzen) wahrendes Laufwerk anschließt, während in der *Toccata Nr. 14*, bei durchweg »cantabler« Führung des »Soprans«, die Kadenzfolge g', c'' (nicht d''!), d (Unterquarte der Finalis g') den plagalen Modus unverkennbar darlegt. Die *Toccata Nr. 15* endlich zeigt, außer dem gleichartigen Verlauf ihrer »Sopran«-Melodik, auch jenen Eingangsphrasenschluß und jene Kadenzierung (d-*mi*, Unterquarte), die wir schon aus Andrea Gabrielis Intonation des 2. Modus kennen.

Ausgerüstet mit den bislang gewonnenen Erkenntnissen in bezug auf die Tonart genuin instrumentaler Musik können wir nun auch den Modus jener »in *re*« fundierten Werke bestimmen, deren Titel keine Tonartbezeichnung enthält. Bieten wir die Ergebnisse dieser Untersuchung in Katalogform dar.

1. Modus:

Anonymus	*Toccata, Nr. 3* (EdM 36, 6f.): Oberstimmen-Initialformel d' – a' – c'' – a'; erste Kadenz auf a'.
Erbach, Ch.	*Toccata, Nr. 29* (ErCKC IV, 121ff.): Initialmelodik des »Soprans« hergeleitet aus der skalaren Struktur des 1. Modus (a' – d' – d'' – a'); erste »förmliche« Kadenz (Takt 27f.) auf d''.
–	*Toccata, Nr. 30* (ErCKC IV, 127ff.): »Sopran«-Initium a' – d' – a' – c'' – a'; erste Kadenz auf a'.
Merulo, C.	*Toccata Quinta* (MeruT III, 17ff.): »Sopran«-Initium a' – d' – a' – c'' – a'; erste Kadenz (Takt 6f.) hier allerdings auf g'.
Merulo oder Sweelinck (oder Haßler, H. L.?)	*Toccata* (MeruT III, 26ff., bzw. SweWO, 100f.; HasHLT, 55ff., hier als »Opus dubium«): Aufstieg des »Soprans« durch die Quinten-Gattungen d' – a' + a' – e'', zum Ende der Phrase Rückkehr nach d'; Kadenzfolge a'(fg.), d' (erstgenannte Kadenz unter dem Spitzenton e'' des »Soprans«, hierdurch als Kadenz auf der Oberquinte der »Sopran«-Finalis ausgewiesen).
Pasquini, E.	*Toccata, Nr. 3* (PasCKW, 5ff.): Einleitungsmelodie der Oberstimme ausgehend von a' (fundiert durch Dreiklang über d) und auch im folgenden Verlauf zentriert um den genannten Anfangston (mit Melodie-Ausbiegungen bis e' und e''); erste Kadenz auf a'.

2. Modus:

Anonymus	*Präambulum, Nr. 33* (EdM 36, 71f.): Finalis-Tonstufe g-*re*; Sopran und Tenor beschränken sich im (nicht »fugierten«) Anfangsteil auf die Quinten-species d'' – g' bzw. d' – g, mit jeweils hinzugenommenem »*fa super la*«; Kadenzfolge g (fg.), g (Takt 6f. bzw. 10f.). Das Motiv der »fugierten« Fortsetzung fußend auf der Repercussio *re-fa*.
Erbach, Ch.	*Toccata, Nr. 31* (ErCKC IV, 130f.): »Sopran«-Exordialmelodie gebildet aus der Repercussio g' – b'; erste Kadenz auf b'.
–	*Toccata, Nr. 35* (ErCKC IV, 151ff.): Exordium des »Soprans« abgeleitet aus der Quinten-species *la-re* (= d'' – g'), sodann Laufwerk, das aber den Ambitus (+ »Lizenz« d'' – f'' – d'') des transponierten 2. Modus nur nach der Tiefe hin überschreitet. Erste Kadenzen (Takt 3–5 und 16f.) auf g' (sp.), c' (sp.) und b'; eine Kadenzierung auf d'' wird bezeichnenderweise vermieden.

Pasquini, E.	*Toccata, Nr. 4* (PasCKW, 7ff.): Zu Beginn (Takt 1–5) im »Sopran« Darstellung der Repercussio *re-fa* (= g' – b'), dann Abstieg zur Unterquarte der Finalis. Auch im weiteren Verlauf wird der plagale Ambitus der »Sopranstimme« so streng eingehalten, daß sich eine Bildung von Binnenkadenzen erübrigt.

Zu betrachten bleibt uns endlich noch eine Sonderform von Toccaten *»Primi Toni«*, der wir bei Erbach begegnen. Es handelt sich um dessen Toccaten Nr. 1–5 und 9: Kompositionen, die teils als reine Laufwerk-Toccaten zu klassifizieren sind, teils auch einen polyphonen Mittelteil aufweisen. Alle diese Toccaten *»Primi Toni«* fußen zwar auf der Finalis d, erscheinen in der Ausgabe jedoch mit Vorzeichnung von b-molle. Sie müßten also, achteten wir nur auf diese beiden Kennzeichen, als dem auf d transponierten 9. Modus zugehörig angesehen werden. Solch eine Beurteilung wäre indessen irrig: sehen wir nämlich auf den wirklichen Verlauf dieser Toccaten, so finden wir den nach dem Wortlaut der Ausgabe »leitereigenen« Ton b derart oft durch h ersetzt, daß wir beide Töne, wollten wir nur die numerische Häufigkeit ihres Erscheinens beachten, als faktisch gleichrangig bewerten müßten. Suchen wir aber auch die *Bedeutung* beider Töne gegeneinander abzuwägen, so erweist sich die Tonstufe h als modal »leitereigen«: alle auf a gebildeten Kadenzen erscheinen nämlich, wie im normalen 1. Modus, als Kadenzen »in *re*«, d. h. mit den Fortschreitungen gis – a und h – a als Discantus- bzw. Tenor-Melodieklauseln. Doch finden wir auch eines der dem 9. Modus eigenen Hauptkennzeichen von Erbach übernommen: der Oberquint-Kadenz auf a (sc. a-*re*) steht fast gleichrangig zur Seite die Oberquart-Kadenz auf g; eine Kadenz also, die in der Musiklehre des späten 16. Jahrhunderts dem 1. Modus nicht zugestanden wird[8], im 9. Modus aber, wie wir schon bei polyphonen Werken dieser Tonart sahen, den zweithöchsten Rang einnimmt.

Besprechen wir als Beispiele dieser Sonderform des 1. Modus kurz das Exordium und den Kadenzplan der Toccaten Nr. 1 und Nr. 2 von Erbach.

Die *Toccata Primi Toni, Nr. 1* (ErCKC IV, 1ff.) bewegt sich mit ihrer Oberstimme zunächst eng im Umkreis des (durch den Dreiklang über d fundierten) Anfangstons a'; eine in Takt 4f. angebahnte Doppelkadenz d'/g wird umgangen oder wenigstens abgeschwächt. In Takt 7 durchmißt die Oberstimme sodann – mit einem den Verlauf der weiteren fünf Takte bestimmenden Sechzehntel-Motiv – den Quint-Tonraum e" – a'. Diese »species« wird jedoch, der Accoladen-Vorzeichnung der Ausgabe entgegen, als *la-re* bestimmt, und der Sekundschritt h' – a' des »Soprans« wird demgemäß vom Baß »begleitet« mit der Tonfolge gis – a; es entsteht somit etwas einer Clausula simplex auf a' zumindest Ähnliches. Die erste »förmliche« Kadenz (Takt 13f.) liegt aber auf g', dem Oberquartton der »Sopran«-Finalis.
Im weiteren Verlauf des Werkes bildet Erbach folgende Kadenzen:

Takt			
22f.	**a-*re***	(Ob-V)	Ende des ersten Teils, Anfang der »Fuge«
28f.	g	(Ob-IV)	
35f.	d		
40f.	d (fg.)		
43f.	d (sp.)		
49f.	**a-*re***	(Ob-V)	Ende der »Fuge«
60ff.	d + Sp.		

In der *Toccata Primi Toni, Nr. 2* (ErCKC IV, 4ff.) zeigt schon der Anfang des »Soprans«, ausgehend von der Quintlage des »Hauptdreiklangs« über d und aufsteigend bis d'', den Charakter des Modus als einer authentischen Tonart. Durch die sofortige Einführung des Tones h' wird diese Quarten-species a' – d'' überdies sogleich als *re-sol* definiert. Die Kadenzfolge innerhalb des Werkes – hier einer reinen Laufwerk-Toccata – lautet sodann:

Takt		
5f.	a-*re*	(Ob-V,↗)
9f.	g	(Ob-IV, sp., fg.)
10f.	g	(Ob-IV, sp.)
15f.	a-*re*	(Ob-V)
21f.	f	
30ff.	**d**	
39f.	**a-*re***	(Ob-V)
52f.	d	
54f.	g	(Ob-IV)
60ff.	**a-*re***	(Ob-V)
67ff.	d + Sp.	

Von den übrigen dieser Gruppe zugehörigen Toccaten Erbachs bringen zwar die *Toccaten Nr. 4* und *Nr. 5* (ErCKC IV, 13ff. und 16ff.) die Oberquart-Kadenz auf g' an erster Stelle vor; die Oberquint-Kadenz a'-*re* fehlt aber auch bei ihnen nicht. In der *Toccata Nr. 3* (ErCKC IV, 8ff.) erscheint die Kadenz auf g' erst gegen Ende des Werkes (Takt 58f.), nachdem bereits mehrmals auf a'-*re* kadenziert worden ist. Auf der Grenze zum »Normaltypus« des 1. Modus steht endlich die *Toccata Nr. 9* (ErCKC IV, 29ff.): in ihr erscheint zwar ebenfalls häufig die Tonstufe b-molle, die einzige Binnenkadenz des Werkes liegt aber auf a'-*re* (Takt 43f.).

Im Ganzen gesehen, erweist sich somit die Bezeichnung *Primi Toni* auch bei allen Werken dieser Gruppe als begründet. Ob wir es bei dieser Ausprägung des 1. Modus nur mit einer Eigenart Erbachs zu tun haben oder ob sich diese Sonderform des 1. Modus auch anderwärts in der Musik des späten 16. und frühen 17. Jahrhunderts findet, müßten zukünftige Untersuchungen zeigen.

Fassen wir, am Ende des Kapitels angelangt, nun dessen Inhalt und Ergebnis kurz zusammen. Es zeigt sich: Auch bei genuin-instrumentaler Musik haben die Meister der späten Renaissance den authentischen Modus von seinem plagalen

Gefährten – hier: den 1. vom 2. Modus – deutlich unterschieden. Zwar kann von einem den Verlauf aller Stimmen regelnden Dispositionsschema – abgesehen von »fugierten« Episoden – nicht mehr die Rede sein; die übrigen für instrumental-polyphone Musik maßgebenden Kriterien und Merkmale der Modi gelten prinzipiell aber auch für »freistimmige« Kompositionen. Gewiß erscheinen diese Tonart-Merkmale bei Toccaten, Intonationen und ähnlichen Werken, verglichen mit instrumentaler (und vokaler) Polyphonie, nur in sozusagen rudimentärer Gestalt. Andererseits aber drängt der Komponist die für die Modus-Bestimmung wesentlichen Merkmale auf sehr engen Raum – oder besser gesagt: in eine sehr kurze Zeitspanne – zusammen; und dies so deutlich, daß auch alle Freiheiten, die sich der Komponist im Passagenwerk herausnimmt, am Urteil, das wir sogleich zu Beginn uns haben bilden können, nichts mehr ändern. Die Modi sind somit auch in freistimmig-instrumentaler Musik nicht weniger »präsent«, als sie es in polyphonen Vokal- oder Instrumentalwerken des 16. Jahrhunderts sind. Die Erkenntnis der in genuin-instrumentaler Musik waltenden modalen Normen setzt allerdings die sehr genaue, von uns Heutigen erst wieder zu erlernende Kenntnis der letztlich dem Gregorianischen Choral entstammenden Tonart-Gesetzlichkeit klassischer Vokalpolyphonie voraus.[9] Wenden wir uns nun den »in *fa*« fundierten Werken zu.

2. Kapitel: »In *fa*« fundierte Werke: 5. oder 6. Modus

Mit den »in *fa*« fundierten vier Toccaten beginnt das Zweite Buch von Merulos Toccatenzyklus. Von der eigentümlichen Benennung dieser Werke – einer Kompilation traditioneller und Glareanischer (= Früh-Zarlinischer) Bezeichnungsweise – war bereits die Rede (siehe oben, S. 32f.). Wir bedienen uns im Folgenden nur der traditionellen Nomenklatur.

Wie schon bei dem »in *re*« fundierten Moduspaar, gibt uns Merulo auch zu Beginn seiner auf *fa* fußenden Toccaten deren Modus einmal in skalarer, das andere Mal in melodisch-formelhafter Gestalt zur Kenntnis. Betrachten wir die Exordien der betreffenden Werke jeweils ihrer Reihenfolge nach.

Die *Toccata Prima del Quinto Tono* (MeruT II, 1ff.) bietet dem Verständnis keine Schwierigkeiten: Gestützt zu Anfang durch den Dreiklang über f, erklingt im »Sopran« (Takt 1–4,$_1$) eine Melodie, welche sich im Tonraum a' – c'' – f' – f'' bewegt, in eine kolorierte Kadenz auf dem letztgenannten Ton ausmündet und hierdurch sowohl den *fa*-Charakter der Finalis als auch den Charakter des auf ihr fundierten Modus als eines authentischen kundgibt. Das hier Vernommene bestätigt auch der weitere Verlauf des Werkes.

Die *Toccata Seconda del Quinto Tono* (MeruT II, 6ff.) versetzt ihren Modus um eine Quarte abwärts, also auf c' (Sopran) bzw. c (Tenor). Auch das Exordium dieses Werkes beruht auf einem regulär vierstimmigen Satz, von dessen Auszierungen wir leicht abstrahieren können. Reduziert auf diese seine Grundlage, stellt sich der Anfangsabschnitt unserer Toccata dar wie folgt:

In diesen elf Takten führt Merulo uns sämtliche Merkmale des auf c transponierten 5. Modus vor. Die Melodik der zunächst Cantus-firmus-artig langmensurierten, tatsächlich aber frei erfundenen Oberstimme gehört einem Initialtypus zu, den wir aus vokalen und instrumental-polyphonen dem (traditionellen) 5. Modus zugehörigen Werken bereits kennen[1]; ebenso repräsentiert die Kadenzfolge die Repercussio des auf c (Tenor, bzw. c' im Sopran) transponierten 5. Modus. Die das »Sopran-Thema« begleitenden »stereotypen Kontrapunkte« der drei Unterstimmen endlich tragen das Ihrige dazu bei, die Finalis *ut* als *ut/fa*, d. h. »*ut* mit dem Halbton unter sich« zur Kenntnis zu geben. Erst nachdem dies alles vor uns ausgebreitet worden ist, setzt eine stärkere Diminution der Oberstimme ein; und erst nach einer weiteren Kadenzbildung auf g' (Takt 12) gebraucht Merulo nun auch Kadenzen modal niedrigeren Ranges (a' und e'), ehe er, nun wiederum mit einer »Clausula primaria«, zu dem »fugierten« Mittelteil des Werkes überleitet.

Gleich exemplarisch führt uns Merulo die beiden Arten, einen Modus darzustellen, auch in seinen zwei dem (ebenfalls traditionellen) 6. Modus zugewiesenen Toccaten vor.

Für die *Toccata Terza del Sesto Tono* (MeruT II, 13ff.) mag es genügen, die Anfangsphrase ihrer Oberstimme – in den Takten 5, 8 und 10 dekoloriert – wiederzugeben und die Stellen der Kadenzbildungen zu vermerken:

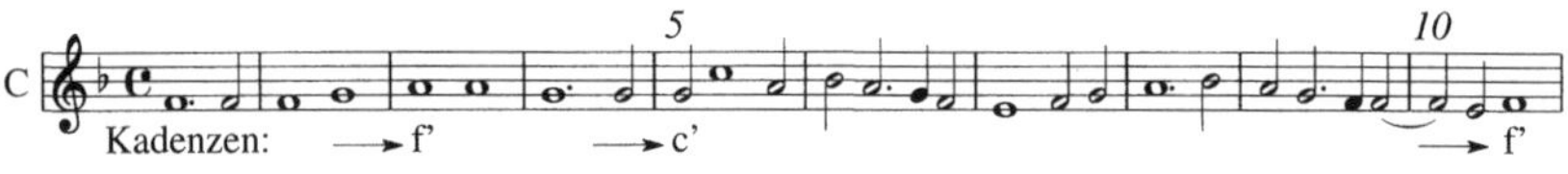

Der Anfang dieser Melodie im besonderen, im Großen gesehen aber ihr gesamter Verlauf fußt auf dem Gerüst-Intervall f' – a' (= *fa-la*), der schon im Gregorianischen Choral dem 6. Modus eigenen Repercussio. Der Eigenart dieses Modus entspricht auch die Kadenzfolge innerhalb des Exordiums: erst auf der Finalis f', dann auf deren Unterquartton (»Gerüst«-Klauseln in den Mittelstimmen), endlich wiederum auf der Finalis. Auch der Baß bewegt sich in dem ihm zukommenden Tonraum F – f.[2]

Das Exordium der *Toccata Quarta del Sesto Tono* (MeruT II, 18ff.) exponiert den 6. Modus hingegen als skalares Gebilde. Bezeichnend hierbei ist wiederum, daß sich die Oberstimme – wie schon in manchen Toccaten des »in *re*« fundierten plagalen Modus – auf den Tonraum der bloßen Quinten-species oberhalb der Finalis beschränkt und sich vom Spitzenton dieser Intervallgattung sogleich – und vor allem: ohne jegliche Kadenzierung daselbst – wieder abwärts wendet. Alle Kadenzen, die bis zum Eintritt des »fugierten« Mittelteils gebildet werden, liegen vielmehr auf der Finalis oder auf deren Unterquart-Tonstufe c. Zum besseren Verständnis seien die Takte 1-9,$_{1}$ unserer Toccata in allen vier Stimmen – wo nötig, dekoloriert – wiedergegeben:

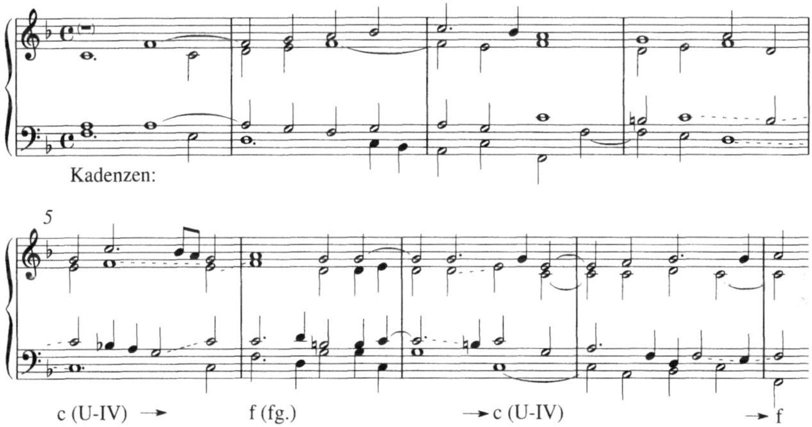

Kurz zu berühren bleibt für dieses Exordium noch eine Frage der Interpretation. Die Pause zu Beginn der Oberstimme ist, wie das Notenbeispiel zeigt, nicht original. Meinte nun Merulo, daß der »Sopran« unserer Toccata erst in der zweiten Hälfte von Takt 1 einzusetzen habe, oder dachte Merulo sich die Oberstimme des Werkes als mit c', d. h. in Einklangsverdoppelung mit dem »Altus«, einsetzend? Die Frage läßt sich auf Grund des Notenbildes allein nicht lösen. Der Höreindruck ist immerhin der, daß als Folge der real höchsten Töne zu Beginn das Quart-Intervall c' – f' vernommen wird. Wie man die Stelle aber auch deuten mag: selbst die unserem Vorhaben »ungünstigste« Interpretation – der Einsatz des »Soprans« erst mit f' – genügt vollauf, den *plagalen* Modus der Finalis *fa* als Tonart zu erweisen.

Fügen wir den Beispielen aus Merulos Toccatenzyklus aber auch noch Belege aus dem Schaffen anderer Meister hinzu. Als erstes Beispielpaar erwähnt seien die Intonationen *del Quinto Tono* und *del Sesto Tono* von Giovanni Gabrieli (Gabr[G]CO I, 4 bzw. 5). Beide Werke erscheinen, wie der Intonations-Zyklus des Meisters überhaupt, sowohl in normaler als auch in transponierter Lage; allerdings sieht Giovanni Gabrieli für den 5. Modus dessen in die Unterquarte transponierte Lage als »normale« an. Die Finalis-Tonstufe der Intonation *Quinto Tono* ist also c (ohne Vorzeichnung). Bezogen auf c', durchmißt die Oberstimme unserer Intonation sogleich den gesamten Ambitus eines auf diesem Hauptton fußenden authentischen Modus. Hinzu tritt in Takt 3f. eine »Mediationskadenz« auf g', zu verstehen als Oberquint-Kadenz durch die Führung des Soprans von d" nach h'. Die Intonation *Sesto Tono* zeigt hingegen das altbekannte Melodiemodell »plagale Quarten-species *fa-ut* + Repercussio *fa-la*«, mit einer schwach angedeuteten »Mediationskadenz« auf der Unterquart-Tonstufe der Finalis (Takt 3f.).

Werfen wir aber auch einen Blick auf die »in *fa*« fundierten Intonationen Andrea Gabrielis. Die Intonation *Quinto Tono* (Gabr[A]Int, 7) – auch sie fundiert auf der Haupttonstufe c – beruht mit den Anfangstakten ihres »Soprans« auf demselben Skalen-Modell wie die tonartgleiche Intonation Giovanni Gabrielis. Infolge der größeren Ausdehnung von Andrea Gabrielis Intonation kommen aber die speziell dem authentischen Modus eigenen hohen Lagen und »Lizenzen« noch stärker zur Geltung. – Für die Initialmelodik der Intonation *Sesto Tono* (Gabr[A]Int, 8) wählt Andrea Gabrieli gleichfalls die skalare Gliederung des Modus als Grundlage: der »Sopran« bewegt sich, ausgehend von dem (durch Dreiklang über f fundierten) Anfangston c" stufenweise abwärts bis g'; und unter diesem letztgenannten Ton bilden die Mittelstimmen eine Kadenz auf c', dem Unterquartton der »Sopran«-Finalis; dieser Kadenz folgt sogleich in Takt 5 eine quasi-Clausula simplex auf der Finalis-Tonstufe. Auch der sich anschließende, durch reiches Passagenwerk gekennzeichnete Verlauf des »Soprans« hält sich, von wenigen Ausnahmen abgesehen, innerhalb des Ambitus des auf f' fußenden plagalen Modus. (Bezeichnenderweise ist der höchste jemals erreichte Ton innerhalb des Passagenwerkes nur die Obernone der Finalis, nicht – wie in der Intonation des 5. Modus – die Oberduodezime.)

Als drittes Beispielpaar genannt seien Christian Erbachs *Introitus Quinti Toni, Nr. 7* (ErCKC V, 33ff.) und sein *Introitus Sexti Toni, Nr. 9* (ErCKC V, 41ff.). Das dem 5. Modus zugeschriebene Werk transponiert den Modus wiederum auf c und beginnt mit dem Dreiklang der Finalis-Tonstufe in Quintlage. Wenn also der »Sopran« sich im Tonraum g' – c" – g' bewegt und auf g' alsbald kadenziert, ist hiermit eindeutig ausgesagt, daß die Melodiebewegung sich innerhalb der authentischen, *über* der Quinten-species c' – g' liegenden Quartengattung vollzieht und, wie einer authentischen Tonart »von Haus aus« eigen, durch eine Oberquint-Kadenz beschlossen wird. Bewegt sich der »Sopran« hingegen in Erbachs *Introitus Nr. 9*, ebenfalls ausgehend von der Quintlage des »Hauptdreiklangs«, abwärts durch die Quinten-species *sol-ut* und bildet er auf der genannten »Sopran«-Finalis *ut* (jetzt = f') die erste durch ihre diminuierte Oberstimme stark hervorgehobene Kadenz, so ist hiermit – trotz der in diese Melodiebewegung eingelagerten Kadenzbildung auf c" (Takt 3) – der *plagale* Charakter des Modus, exponiert durch die Beschränkung der Initialmelodik auf die bloße Quinten-species, hinreichend deutlich ausgedrückt. – Im weiteren Verlauf beider *Introitus*-Kompositionen wird der reguläre Ambitus der Oberstimme durch rasch bewegtes Laufwerk mehrmals ausgeweitet; doch bleibt dadurch, daß sich der »Sopran« des dem 5.

Modus zugeschriebenen *Introitus* bis zur Ober-Duo- und Tredezime der Finalis c', derjenige des *Introitus Sexti Toni* sich allenfalls bis zur Dezime oberhalb der Finalis f' ausdehnen kann, immer noch ein merklicher Unterschied gewahrt. Ebenso bemerkenswert unterscheidet sich auch im weiteren Verlauf die Kadenzordnung beider Werke. Im *Introitus Quinti Toni* bildet der »Sopran« ausschließlich Kadenzen auf der Oberquint und Oberoktave seiner Finalis; die einzige Kadenz auf der Finalis c' liegt in den drei Unterstimmen (Takt 47f.). Im *Introitus Sexti Toni* überwiegen stattdessen Kadenzen auf der Finalis f' und deren Oberquinte, wozu in Takt 46f. bezeichnenderweise noch eine Kadenz auf dem Unterquartton der »Sopran«-Finalis hinzutritt. Eine den Ambitus des plagalen f-Modus nach aufwärts überschreitende, stark kolorierte Kadenz auf f'' findet sich nur an der Nahtstelle zwischen dem virtuosen Anfangsteil und dem »fugierten« Mittelabschnitt. (Dies ist übrigens kein singuläres Verfahren, wie die im Beispielkatalog, S. 121, genannte *Toccata del Sesto Tono, Nr. 10* von Andrea Gabrieli zeigt.)

Besonders erwähnt sei endlich die *Toccata del Sesto Tono, Nr. 10* eines italienischen Anonymus (CEKM 34, 46ff.). In dieser reinen »Laufwerk-Toccata« bewegt sich die Oberstimme in Zweiunddreißigstel-Figuration sogleich im Tonraum a' – f'/e' – f'' – c' – e', also in einem für die Unterscheidung von authentischem und plagalem Modus völlig »unbrauchbaren « Ambitus; und auch im weiteren Verlauf des »Soprans« finden wir, neben dem Abstieg bis g und f, noch dreimal den bis f'' reichenden Ascensus (siehe Takt 6, 9 und 10). Was aber trotz aller dieser Freiheiten bestehen bleibt, ist, neben der strengen Bindung des Basses an seine innerhalb der Disposition »a voce piena« ihm zukommenden Ausdehnung (f – F), die dem 6. Modus eigene Ordnung der Kadenzen: die erste, schon beim Übergang von Takt 1 zu Takt 2 eintretende Kadenz liegt auf c', mit den »Haupt-Melodieklauseln« im Alt und Baß; es handelt sich also, bezogen auf die »Sopran«-Finalis f', um eine *Unterquart*-Kadenz. Als nächstfolgende Zäsur gewahren wir eine »Doppelkadenz« c'/f, wobei die nach c' führende Clausula cantizans nun im »Sopran« – jetzt also realiter auf der Unterquarte der Finalis f' – zu liegen kommt (siehe Takt 7f.). Mit einer Kadenz auf f' (Takt 10f.) markiert der Komponist sodann die wichtigste Zäsur innerhalb seines Werkes: von hier an gehen nun das Laufwerk und mit ihm die Ambitus-Freiheiten in den Baß über (der in den Takten 14ff. bis C, Kontra-B und Kontra-F hinabsteigt und solcherart den »dunklen« Klang des plagalen Modus noch speziell betont), während der »Sopran« fast ausschließlich »sangbar« geführt ist und die dem 6. Modus gesetzten Grenzen jetzt streng einhält. Dieser Melodik entsprechen auch die bis zum Schluß noch eintretenden Kadenzen: sie liegen auf dem Unterquartton c' (Takt 15) sowie auf der Finalis f' (Takt 16f., 17f. und 23). Eine Kadenzbildung auf c'' ist also, wie wir sehen, niemals eingetreten; der Kadenzplan und der Ambitus der nicht-diminuierten Außenstimmen sind es somit, die hier selbst extremen Freiheiten des Spielwerks gegenüber doch die Norm des Modus als einer *plagalen* Tonart darlegen und wahren.

Den stärksten Gegensatz zu dieser gerade zu Beginn so »extravaganten« Komposition bildet die ihr vorausgehende, gleichfalls anonym überlieferte *Toccata del Sesto Tono, Nr. 9* (CEKM 34, 42ff.): im Exordium dieses Werkes (Takt

1–22,$_{1}$) zeigt die Oberstimme mit einer Deutlichkeit, die sich nicht überbieten läßt, das Repercussions-Intervall f' – a' als ihre Grundlage, und selbst im Laufwerk überschreitet der »Sopran« niemals die dem 6. Modus gesetzten Grenzen; ebensowenig unterschreitet auch der Baß jemals den von der »regulären« Stimmen-Disposition ihm zugestandenen tiefsten Ton F.

Belegen wir das für die beiden Modi der Finalis *fa* bisher Ausgeführte stichwortartig noch durch eine Anzahl weiterer Beispiele.

5. Modus:

Anonymus	*Toccata, Nr. 1* (EdM 36, 2f.): Finalis c bzw. c'; Initialphrase des »Soprans«, nach einstimmigem Laufwerk im Ambitus c' – g" – c' – c – g, abgeleitet aus der Oktav-species c' – g' – c" – g' – e' (mit Kadenz c unter letztgenanntem Ton).
Erbach, Ch.	*Toccata, Nr. 34* (ErCKC IV, 144ff.): Finalis f bzw. f' (mit b); Anfangsmelodie der Oberstimme hergeleitet aus der Quarten-species c" – f", zu Beginn fundiert durch den Dreiklang über f; Kadenzfolge c", f" (Takt 5f. bzw. 9f.).
Gabrieli, G.	*Toccata, Nr. 12* (Gabr[G]CO I, 44ff.): Finalis c bzw. c'; Einleitungs-Melodiephrase des »Soprans« gebildet aus der Quarten-species g' – c" – g' (Anfangston fundiert durch den Dreiklang über c) + der Tonfolge g' – f' – e' (oberer Teil der Quinten-species *sol-ut).*
Sweelinck, J. P.	*Praeludium, Nr. 33* (SweWO, 121f.): Finalis f bzw. f' (mit b); die Oberstimme, zu Beginn gestützt durch Dreiklang über f, durchmißt in den Takten 1–15 den gesamten Tonraum des skalar konzipierten 5. Modus (c" – f" – f').
Pseudo-Sweelinck [3]	*Fantasia, Nr. 19* (SweWO, 87ff.): Finalis c bzw. c'; auch hier die skalare Struktur des 5. Modus maßgebend für die erste Melodiephrase des »Soprans« (Takt 1–9).

6. Modus:

Anonymus	*Präambulum, Nr. 13* (EdM 36, 24f.): Finalis c' bzw. c"; Initial-Melodiephrase des »Soprans« abgeleitet aus der Repercussio e" – c" (Anfangston gestützt durch Dreiklang über c) + Quarten-species c" – g'; kadenzartige Bildungen auf g' und c" in den Takten 6–8.
Bertoldo, S.	*Toccata Seconda, Nr. 12* (CEKM 34, 52ff.): Die »Sopran«-Stimme beschränkt sich im Exordium des Werkes auf die bloße Quinten-species f' – c"; die erste Kadenz liegt auf der Finalis-Tonstufe f. Auch im weiteren Verlauf des Werkes bewegt sich der »Sopran« (vom »Supplementum« der Schluß-

kadenz abgesehen) niemals über die Obergrenze des auf f' bezogenen plagalen Ambitus hinaus. Überdies liegen sämtliche von Takt 6 an noch gebildete Kadenzen nur auf der Finalis oder auf deren Oberquart-Tonstufe b; letzteres vielleicht, um unserer Toccata keinen durch mehrmalige Kadenzierung auf a-*mi* leicht erzielbaren, hier aber nicht gewollten allzu traurigen Affektcharakter zu verleihen.[4]

[Byrd, W.] *Praeludium, Nr. XXIV* (FitzVB I, 83f.): Finalis c' bzw. c"; Anfang der Oberstimme gebildet aus der Repercussio c" – e", sodann aus der Quinten-species c" – g"; aus der Repercussio (jetzt als e" – c") hergeleitet auch die »cantable« Schlußphrase des »Soprans«.[5]

Diruta, G. *Toccata di salto cattivo del Sesto Tono* (DirT, Nr. 3): Initialphrase des »Soprans« gebildet aus der Repercussio a' – f'; Anfangston gestützt durch Dreiklang über F, am Ende der Phrase (Takt 3f.) Kadenzbildung auf f'; das sodann einsetzende Laufwerk durchmißt allererst den Ambitus f' – c' – c" – c', d. h. die in Quarte + Quinte gegliederte Oktav-species des 6. Modus; auch die zweite Kadenz (Takt 12f.) liegt auf der Finalis f.

Gabrieli, A. *Toccata del Sesto Tono, Nr. 10* (Gabr[A]Int, 12ff.): Zunächst Skalen-Aufstieg des »Soprans« von f' bis c", dann rasches Zurücksinken nach a' und bis Takt 9 Bewegung in einem Tonraum, dessen Kern-Intervall die Repercussio a' – f' ist. Phrasen-Schlußkadenz (Takt 9f.) auf f'; desgleichen die nächstfolgende Kadenz (Takt 18f.). Auch die im »Sopran« nach f" führende Kadenz vor Eintritt des »fugierten« Mittelteils stellt nur eine Diminution der Kadenzformel e' – f' – e' – f' dar.

– *Toccata del Sesto Tono* (DirT, Nr. 5): »Cantabler« Anfang der Oberstimme gebildet aus der absteigenden Quinten-species c" – a' – g' – (f'); Anfangston gestützt durch Dreiklang über f, zu Ende der Phrase kadenzartige Bildung auf der Tonstufe f; erste »förmliche« Kadenz (Takt 18f., vor Beginn des »fugierten« Mittelteils) gleichfalls auf der Finalis f.

– *Praeludium Sexti Toni* (Cant0 2, 6f.): »Cantable« Initial-Melodiephrase des »Soprans« fast notengetreu gleich derjenigen des zuletzt genannten Werkes; zum Ende der Phrase quasi-Clausula simplex auf der Tonstufe f.

Pasquini, E. *Toccata, Nr. 2* (PasCKW, 3ff.): Auf den 6. Modus weisen die Beschränkung der Oberstimme auf die bloße Quinten-species f' – c" während der ersten zehn Takte sowie das langsame Durchmessen dieser Intervallgattung in den Takten 1–5, die Bildung der ersten Kadenz (Takt 8f.) auf f' und die tiefe Lage der Baßstimme. (Spätere Ambitus-Erweiterungen im Laufwerk des »Soprans« bis f'' und g'' vermögen, nach diesem Werkanfang, den Modus nicht mehr zu verändern.)

Sweelinck, J.P. — *Toccata, Nr. 31* (SweWO, 117ff.): Finalis c' bzw. c''; Einleitungs-Phrase des »Soprans« hergeleitet aus der Repercussio c'' – e'' – c'' + der Quarten-species c'' – g' – c''; erste Kadenz (Takt 11f.) auf c''.

– — *Fantasia, Nr. 17* (SweWO, 78ff.): Finalis auch hier c' bzw. c''; Initialphrase des »Soprans« (im Unteroktav-Abstand vorausimitiert durch den Altus) hergeleitet aus der skalaren Struktur des Modus (erst c'' – g'', dann – Takt 16ff. – auch die Quartenspecies c'' – g'); erste Kadenz, Takt 26f., auf g'. Der Tenor und Baß nehmen an der obengenannten Imitation nicht teil; die Melodik des Tenors exponiert aber deutlich den auf c' bezogenen plagalen Modus. (Mit dem Eintreten der Echo-Effekte, Takt 73ff., Ambitus-Ausweitung aller Stimmen nach der Tiefe hin.)

Eine gesonderte Besprechung erfordern endlich zwei Präludien von John Bull aus dem Fitzwilliam Virginal Book (FitzVB II, 23f. und 248f.). Diese beiden Stücke sind die einzigen ihrer Art, welche in der genannten Quelle eine über den bloßen Gattungsnamen hinausgehende Bezeichnung tragen. Die Bezeichnung des zweiten Präludiums als *»Praeludium. D.«* müßte freilich rätselhaft bleiben, trüge nicht das erstgenannte, tonartlich gleiche Werk die Überschrift *»Praeludium. Dor.«* Aufzulösen sind beide Abkürzungen demnach als *»Praeludium Dorii«* (sc. Modi). Wieso aber erscheint diese Tonart-Bezeichnung bei zwei keineswegs auf d (oder g-*re*), sondern auf c bzw. f (mit b) fundierten Werken? Die Frage ist leicht zu beantworten: John Bull verwendet offenbar die Spät-Zarlinische, mit dem authentischen Modus der Finalis c (bzw. transponiert: f mit b-Vorzeichnung) beginnende Zählung der Modi; im Gegensatz zu Zarlino benutzt aber Bull zur Benennung der Modi nicht die Ordnungszahlen 1–12, sondern er macht sich eine von Zarlino lediglich hypothetisch angedeutete »antike« Tonarten-Nomenklatur zu eigen, nach welcher als »Dorius« der authentische Modus der Finalis c (oder besser: der Finalis *ut*), als »Hypodorius« der zu dieser Finalis gehörige plagale Modus, usw., zu bezeichnen sind.[6] Vergleichen wir diese von John Bull für seine beiden Präludien benutzte Zarlinisch-»antike« Nomenklatur mit den altüberlieferten Modusnamen, so zeigt sich, daß dieser »Dorius« mit dem altüberlieferten 5. Modus identisch sein muß. Trifft dies nun aber in John Bulls genannten zwei Praeludien auch wirklich zu?

Betrachten wir zunächst das zweite, auf der Tonstufe c fundierte und als *Praeludium. D.* bezeichnete Werk (FitzVB II, 248f.). Grosso modo gesehen, gliedert es sich in einen polyphonisierenden ersten und einen immer mehr durch virtuoses Laufwerk beherrschten zweiten Teil (Takt 1–11,$_1$ bzw. 11–20). Als unterschiedliches Merkmal dieser beiden Teile fällt beim Spielen und Hören sofort auf, daß der erste Teil einen normal disponierten vierstimmigen Satz darstellt – Sopran und Tenor mit authentischem, auf c' bzw. c bezogenem Ambitus, Alt und Baß hingegen mit plagalem Tonumfang –, während im zweiten Teil die Zahl der Stimmen auf drei reduziert erscheint. Ferner gewahren wir im ersten Teil eine große Anzahl kadenzierender oder kadenzartiger Bildungen, während dem zweiten Teil solche Bildungen, abgesehen von der Schlußkadenz, fehlen. Es ist also der erste Teil des Werkes, der uns dessen Tonart zu erkennen gibt: die Oberstimme durchmißt im Verlauf der Takte 1–11 den Tonraum c' – c" – c', und die Kadenzfolge zeigt uns eindeutig, daß dieser Oktavtonraum in Quinte + Quarte, also in die »species« c' – g' – c" zu gliedern ist. Mag das Laufwerk des »Soprans« im zweiten Teil diesen »Normal-Ambitus« des auf c' versetzten 5. Modus sowohl nach der Tiefe als auch nach der Höhe überschreiten, so wahren doch Tenor und Baß die ihnen durch die Disposition »a voce piena« zugewiesenen Tonräume.

John Bulls *Praeludium. Dor.* (FitzVB II, 23f.) weicht von dem Werk, das wir zuletzt besprochen haben, in mehreren Punkten ab. Die Ton*qualität* der Finalis ist zwar dieselbe, nämlich *ut*, die Finalis-Ton*stufe* aber ist jetzt f, mit b-Vorzeichnung. Gemeinsam mit dem zuletzt besprochenen Werk ist dem *Praeludium. Dor.* die Zweiteiligkeit. Der erste Teil aber enthält, abgesehen vom Schluß, keinerlei Kadenzen, und es fehlt ihm auch jede polyphonisierende Struktur: Passagenwerk in jeweils *einer* Stimme und Haltetöne der übrigen Stimmen beherrschen vielmehr den gesamten Verlauf. Auch der Klangraum – vom tiefsten Ton des Basses bis zum höchsten Ton der Oberstimme – ist, wie wir es z. B. schon in vielstimmigen Werken Giovanni Gabrielis beobachten konnten, auf drei Oktaven erweitert. Modale Orientierung bietet unter diesen Umständen vornehmlich die Oberstimme. Als erstes bemerken wir, daß sie sich von Takt 1 bis zu ihrem ersten Halteton (Takt 7) im Tonumfang c' – f" (dazu einmal auch g") bewegt und daß sie in den restlichen sieben Takten des ersten Teils einmal sogar bis c hinabsteigt. Beim Spielen und *Hören* des Werkes aber gewinnen wir einen Eindruck, der von der äußerlichen Feststellung, die wir soeben trafen, stark abweicht. Es sondert sich nunmehr das »Essentielle« des »Soprans« von dem bloß koloristisch-Akzidentellen; und als »Essentielles« tritt nun in den Takten 1-7 die jeweils mit dem Harmoniewechsel zugleich eintretende Tonfolge c" – d" – e" – f" der Oberstimme zutage. Bedenken wir überdies, daß der Oberstimmen-Anfangston durch den Dreiklang über F gestützt wird, so vernehmen wir demnach die Quarten-species, die dem auf der »Sopran«-Finalis f' fundierten authentischen Modus zugehört: eine Quarten-species, von deren Spitzenton der folgende Verlauf der Oberstimme innerhalb des ersten Teils dann – wenn auch ausgeziert – zu der Finalis f' hinunterführt. Der zweite Teil bestätigt nur das bisher wahrgenommene tonartliche Geschehen; ja er bekräftigt es noch nachdrücklich dadurch, daß der »Sopran« sich, außer in den beiden Anfangstakten, langsam – und somit auch »cantabel« – bewegt. Sein Bewegungsraum ist aber, im Großen und Ganzen gesehen, der Oktav-Tonraum f" – f'. Die Bezeichnung »Dorius« in dem vom Komponisten gemeinten Sinne besteht also auch bei diesem Praeludium John Bulls zu Recht; ebenso – wenn man einmal ihre wenig glückliche Nomenklatur übernimmt – die Bezeichnung als »XIII. Modus« durch die Herausgeber des Werkes.[7] Alle diese Namen aber meinen das, was die traditionelle Lehre als den 5. Modus bezeichnet.

Der Leser mag sich fragen, warum in vorliegendem Kapitel nicht von Werken die Rede war, die im Glareanischen Lydius oder Hypolydius komponiert sind. Die Antwort ist unschwer zu geben: Werke dieser Art scheinen nur sehr selten vorzukommen. Daß Giovanni Gabrielis Intonationen-Zyklus, trotz seiner Nomenklatur, kein dem Glareanischen Lydius und Hypolydius zugehöriges Werk enthält, wurde schon oben, S. 33f., erwähnt. Immerhin seien als Beispiele dieser beiden Glareanischen Modi das fünfte und sechste Stück aus dem als *»Die zwölff toni oder modi utraque* [sic] *scalae«* bezeichneten Zyklus intonationsartiger Kompositionen des Basler Münsterorganisten Samuel Mareschal genannt (siehe MarSW, 5).[8]

Mareschals Intonation *Quinti Toni (Lydius)* bietet diesen Modus in der nicht sehr häufig vorkommenden Transposition um eine Quinte abwärts, d. h. versetzt auf die Tonstufe b, mit Oberquarte e. Zu Beginn fundiert durch den »Hauptdreiklang« über B, durchmißt die Oberstimme in den ersten sechs Takten den Tonraum f' – d' – f' – b' – f' und zeigt uns hiermit ein Initialmodell, das wir vom traditionellen 5. Modus her schon kennen.[9] Auch die Kadenzfolge des Werkes – Finalis, Oberoktave, Finalis – sowie der Ambitus der Baßstimme bestätigen die im Titel genannte Tonart.

Mit seiner Intonation *Sexti Toni (Hypolydius)* – einem nun wiederum in der normalen Lage dieser Tonart, d. h. mit Finalis-Tonstufe f und Oberquarte h, komponierten Werk – liefert Mareschal einen der sehr seltenen Belege »reiner«, d. h. ohne jede Zuhilfenahme von b-molle auskommender Darstellung dieses Glareanischen Modus. Die Tonart ist hier allerdings für uns schwerer zu erkennen, da das Stück nicht mit dem Dreiklang der Finalis-Tonstufe, sondern mit dem Dreiklang über c beginnt. Anschließend an diesen in Quintlage dargebotenen Dreiklang durchmißt die Oberstimme zwar sogleich die Quinten-species f' – c'' – f' (NB. mit h' im Aufstieg wie im Abstieg), und auch der Baß bewegt sich in den Takten 1–8 im Ambitus c – f – F; doch wird der Bezug des melodischen Geschehens auf die Tonstufe f als den modalen Hauptton, wie uns scheint, erst durch die nach f führende Binnenkadenz, Takt 12f., eindeutig klargestellt. Von hier aus rückblickend, erkennen wir nun zweifelsfrei den plagalen Charakter der Oberstimmen-Melodik, mag diese sich auch fast ausschließlich auf den bloßen Quint-Tonraum oberhalb der Finalis beschränken und sodann im Schlußabschnitt (Takt 13ff.) nur mehr im nächsten Umkreis der Finalis f' verweilen.

Beschließen wir hiermit unsere Betrachtung der auf den beiden Modi der Finalis *fa* fundierten freistimmigen Kompositionen und gehen wir über zur Untersuchung gleichartiger Werke mit Finalis *sol*.

3. Kapitel: »In *sol*« fundierte Werke: 7. oder 8. Modus

Auch für diese Gruppe von Werken bietet uns Merulo in dem gedruckten Zyklus seiner Orgeltoccaten lehrreiche Beispiele; zunächst mit den beiden dem authentischen *sol*-Modus zugeschriebenen Werken: der *Toccata Quinta* und *Toccata Sesta del Settimo Tono* (MeruT II, 23ff. und 29ff.). Hier – dekoloriert – der Anfang beider Werke:

Toccata Quinta

Kadenz g

Toccata Sesta (7. Modus »per b-molle« eine Quinte tiefer transponiert)

etc. ⟶ Kadenz c

Wiederum erkennen wir an diesen Beispielen die beiden Möglichkeiten, einen Modus darzustellen: als Skala – so in der *Toccata Quinta* – oder als modellhaftes Gebilde, so in der *Toccata Sesta*, hier als Quint-Aufstieg *ut-sol* + Terz-Aufstieg *re-fa*. Ein übriges, den Modus kundzugeben, leistet in beiden Werken wiederum die Folge der Kadenzen. Zwar erscheint, nach einer »Clausula primaria« auf g' bzw. c' (mit b), »secundo loco« jeweils eine Kadenz auf dem Oberquartton der Finalis – dies eine Eigenart der speziell in Italien üblichen Handhabung des 7. Modus[1] –, dann aber folgt in beiden Toccaten sogleich eine »schulgerechte« Kadenzierung auf dem Oberquintton der Finalis (siehe *Toccata Quinta*, Takt 9 und 10f.; *Toccata Sesta*, Takt 8f.). Beachten wir endlich, daß sich auch die Tiefen-Ausdehnung des Bassus innerhalb der geschilderten Exordien – und noch lange darüber hinaus – in jenen Grenzen hält, die durch die Stimmen-Disposition »a voce piena« vorgezeichnet sind.

Stellen wir den im 7. Modus komponierten Toccaten Merulos nun jene zwei Toccaten seines Zyklus gegenüber, die als dem 8. Modus zugehörig betitelt sind. Auch diese Werke zeigen die beiden prinzipiellen Möglichkeiten, einen Modus darzustellen.

Wir beginnen mit der *Toccata Ottava all' Ottavo Tono* (MeruT II, 42ff.). Auch ihr Exordium (Takt 1–7,$_{1}$) läßt sich ohne allen Zwang auf einen regulär vierstimmigen Satz reduzieren:

Leicht zu erkennen ist die Repercussio *ut-fa* des 8. Modus aus der Initialmelodik des »Soprans«. Aufschluß darüber, daß das Werk »in *sol*« fundiert ist, gibt uns alsbald der Verlauf der beiden tiefsten Stimmen, die schon in Takt 1 und 2 den Unter*ganzton* der Finalis zu Gehör bringen. Dem Habitus einer plagalen Tonart entspricht schließlich der Umstand, daß nicht weniger als drei Kadenzen nacheinander auf g, der Finalis-Tonstufe, gebildet werden. Die erste außerhalb der Finalis eingeführte Kadenz (Takt 8) liegt zwar, gleich wie in Merulos dem 7. Modus zugehörigen Toccaten, auf der Tonstufe *fa*. Doch ist eine Verwechslung der Kadenz-Dispositionen beider *sol*-Modi nicht möglich; denn die c-Kadenz unserer dem 8. Modus zugeschriebenen Toccata liegt – so deutlich als dies nur geschehen kann – auf dem *Unterquintton* der »Sopran«-Finalis g'; und folgte der genannten, »primo loco« eingeführten Oberquart-Kadenz im 7. Modus alsbald eine Kadenz auf dem Oberquintton der Finalis, so nimmt gerade diese Oberquint-Kadenz in unserer dem 8. Modus zugeschriebenen Toccata einen äußerst niedrigen Rang ein: sie erscheint erst in Takt 41, d. h. erst nach vielen weiteren auf g und c gebildeten Kadenzen, ja sogar erst *nach* einer Clausula peregrina auf e (Takt 25); und dieses Bild ändert sich auch nicht im restlichen Verlauf unserer Toccata. Hinzu kommt als weiteres Unterscheidungsmerkmal gegenüber den im 7. Modus stehenden Toccaten von Merulos Zyklus auch hier die andersartige Tiefen-Ausdehnung der Baßstimme: sie reicht, wie bei polyphonen Werken des 8. Modus, bis G bzw. F.

Schwieriger zu erkennen ist die satztechnische Grundlage – und mit ihr die Exposition des Modus – in Merulos *Toccata Settima dell' Ottavo Tono* (MeruT II, 35ff.). Gewiß zeigt bereits in den Takten 1–3,$_1$ die Bewegung des »Soprans«, zusammen mit deren Fundierung durch den Baß und einer kadenzartigen Bildung am Schluß des genannten Abschnitts, daß wir einen plagalen Modus vor uns haben, dessen »Sopran« sich vom Unterquartton der Finalis erst sprungweise zur Finalis selbst und dann stufenweise um eine große Terz weiter nach oben bewegt.

Die Ausfüllung des Quartsprunges – und damit seine Zuordnung zu einer der drei Quarten-species – bleibt indes noch offen. Und nicht genug hiermit: in den Takten 3–5 Mitte löst die Oberstimme sich in Laufwerk auf, welches, rein äußerlich betrachtet, den Tonraum h' – e – g'' – e' – g' durchmißt und somit aller Unterscheidung von authentischem und plagalem Ambitus Hohn zu sprechen scheint. Betrachten wir jedoch die musikalisch *wesentlichen* Vorgänge, die von diesem Passagenwerk begleitet werden, so erkennen wir zunächst (Takt 3) das Festhalten am Dreiklang über G bzw. g, im folgenden Takt eine vom Alt und Baß auf d' bzw. d gebildete Kadenz (vom »Sopran« begleitet mit einer von e'' und g'' nach fis' absteigenden Koloratur) und in Takt 5 eine Kadenz auf g' bzw. g, an der nun der »Sopran« und Tenor mit der ihnen jeweils eigenen Melodie-Klausel beteiligt sind. Das Verhältnis der von den »dienenden« Stimmen gebildeten Kadenz auf der Tonstufe d zu der Kadenz der »herrschenden« Stimmen auf der Finalis-Tonstufe g enthüllt sich somit als ein Unterquart-Verhältnis. Ganz offen dargelegt wird dieses Verhältnis durch die nun sich anschließende Melodiebewegung des »Soprans« (Takt 6–$8,_1$): die Oberstimme durchläuft jetzt, ohne jede Auszierung, den Quart-Tonraum g' – d'; und die Qualität dieser Quarten-species als *sol-re* wird nun durch die Einführung von f' – anstatt der bis dahin stets vorgenommenen akzidentellen Erhöhung zu fis' – unverkennbar kundgegeben. Somit erscheint auch die nun vom »Sopran« und Alt auf d' gebildete Kadenz (Takt 7f.) eindeutig als Kadenz »in *re*« und zugleich als Kadenz auf dem Unterquartton der »Sopran«-Finalis. Angesichts aller dieser Verhältnisse mag es wohl gestattet sein, die Takte 1–$8,_1$ unserer Toccata, an einigen Stellen wenigstens hypothetisch, auf folgenden vierstimmigen Satz zu reduzieren:

Was wir hier sehen und – vor allem – hören, ist also, nun insgesamt betrachtet, die skalare Darstellung des 8. Modus; und gar bald vernehmen wir auch dessen Repercussio *ut-fa*: im weiteren Verlauf des Anfangsteils dadurch, daß Merulo nur mehr auf der »Haupttonstufe« g und c Kadenzen bildet; im folgenden polyphonen Mittelteil (Takt 19ff.) dadurch, daß dessen »Thema« uns so deutlich wie dies nur geschehen kann, die Repercussio *ut-fa* des 8. Modus zu Gehör bringt.

Betrachten wir nun auch noch die »in *sol*« fundierten Intonationen von Andrea Gabrieli. – Die Intonation *del Settimo Tono* (Gabr[A]Int, 9) läßt infolge der ständigen Erhöhung ihrer »leitereigenen« Tonstufe f zu fis (und einmal auch des Tones c" zu cis") in ihren nota contra notam gehaltenen Anfangstakten zunächst den Eindruck entstehen, daß ein auf *fa* fundierter Modus vorliege. Im Anschluß an die Cadenza fuggita g (Takt 3f.) steigt nun aber der »Sopran«, der sich bisher nur im Tonraum d" – g' – d" bewegt hatte, in den Raum der darüber liegenden Quarten-species auf, und diese Quarten-species erweist sich nunmehr eindeutig als *re-sol*. Die Oberstimmen-Melodik der Takte 1–5 enthüllt sich somit als fundiert auf den Intervallgattungen »*ut-sol* + *re-sol* supra« und hiermit auf der nur dem 7. Modus eigenen Oktavskala. Das bis zur »Mediationskadenz« (Takt 12f.) von der Oberstimme vorgebrachte Laufwerk unterschreitet zwar – wohlgemerkt übrigens: nur in raschester Bewegung – an einigen Stellen den normalen Tonumfang eines dem 7. Modus zugehörigen Soprans; alle nur in Achtelnoten mensurierten und deshalb vom Hörer leichter auffaßbaren Läufe der Oberstimme halten sich jedoch stets im normalen »Sopran«-Ambitus g' – g". Der Norm des 7. Modus entspricht vor allem auch die schon erwähnte »Mediationskadenz«: sie endet – mit Clausula cantizans in der Oberstimme – auf der Repercussa d", und im Ambitus des 7. Modus bewegt sich auch der Schlußabschnitt der Oberstimme unserer Intonation. Zu bemerken ist endlich als Besonderheit dieser Intonation, daß der Baß durch seinen Abstieg bis G den Gesamt-Klangraum des Werkes auf drei Oktaven erweitert.

Andrea Gabrielis Intonation *dell' Ottavo Tono* (Gabr[A]Int, 10) beginnt gleichfalls mit einem Abschnitt, der, im Grunde genommen, nota contra notam komponiert ist und nur durch die schon in der Mitte von Takt 2 beginnende Kolorierung der Baßstimme – einen Skalen-Descensus g – G – ein virtuos-spielfreudiges Profil erhält. Als den *plagalen* Modus kennzeichnend bemerken wir jedoch sogleich einen von der »Sopran«-Finalis g' nur langsam und zunächst nur bis zum Oberquartton c" aufsteigenden Melodieverlauf: d. h. eine Darlegung der Repercussio *ut-fa*. Das in Takt 4 auf die Oberstimme übergreifende Sechzehntel-Passagenwerk weitet sich dann allerdings aus zu dem uns schon bekannten Ascensus nach g"; sogleich aber folgt ein rascher Abstieg zur »Mediationskadenz«, und diese liegt jetzt – bezeichnend wiederum für den plagalen Modus unserer Intonation – auf der »Sopran«-Finalis g'. Auch in den noch folgenden Takten des Werkes exponieren der »Sopran« und Baß den durch die Stimmen-Disposition »a voce piena« einem 8. Modus vorgegebenen Gesamt-Tonraum.

Auf weitere Beispiele der »in *sol*« fundierten beiden Modi sei nur mehr in Kürze hingewiesen.

7. Modus:

Anonymus	*Toccata oder Präludium, Nr. 14* (EdM 36, 26f.): Exordial-Melodik der Oberstimme hergeleitet aus der Skala g' – d" – g"; Kadenzfolge d", g".

– *Präambulum, Nr. 32* (EdM 36, 70f.): Initialmelodik wie in dem zuvor genannten Werk; Kadenzfolge g' (mehrmals), d''.

Erbach, Ch. *Toccata Septimi Toni, Nr. 24* (ErCKC IV, 97ff.): Der 7. Modus erscheint hier um eine Quarte tiefer transponiert, also mit Finalis-Tonstufe d und Vorzeichnung von fis. Einem mit seiner Oberstimme zunächst nur um den Oberquint- bzw. Oberquartton der Finalis kreisenden Abschnitt (Takt 1–$9_{,1}$) mit Kadenzen auf a' und g' sowie akzidenteller Erhöhung der Untersekund-Tonstufe c' zu cis' folgt von Takt 9 an das Durchlaufen des gesamten »Sopran«-Ambitus (samt Lizenzen im Auf- und Abstieg), dazu eine deutlich ausgeprägte Kadenz auf dem Oberquintton a' (Takt 22f.).

– *Toccata Septimi Toni, Nr. 25* (ErCKC IV, 101ff.; der 7. Modus wiederum transponiert auf d, mit Vorzeichnung von fis): Zunächst Durchmessen der Quinten-species *sol-ut* durch den »Sopran«, mit kadenzartiger Wendung auf der Finalis (Takt 4f.) und Cadenza fuggita auf dem Oberquintton a (Takt 8f.); sodann Vervollständigung und Erweiterung des »Sopran«-Ambitus durch Aufstieg bis f'', gefolgt von einer zur »Fuge« überleitenden Kadenz auf d'', dem Oberoktavton der »Sopran«-Finalis.

8. Modus:

Gliedern wir diesen Katalog, der besseren Übersichtlichkeit halber, zunächst in Werke, deren Titel uns die Tonart angibt, und wenden wir uns dann vergleichbaren, aber ohne Tonartnamen überlieferten Kompositionen zu.

Erbach, Ch. *Toccata Octavi Toni, Nr. 28* (ErCKC IV, 119ff.): Die Takte 1–4 exponieren den 8. Modus sowohl melodisch als auch »harmonisch«: ersteres dadurch, daß die Initialmelodik des »Soprans« den Tonraum g' – a' – h' – c'' durchläuft, letzteres dadurch, daß der Baß den Oberstimmen-Anfangston durch g fundiert und den Halbtonschritt h' – c'' des »Soprans« mit einer »Clausula tenorizans« d – c begleitet. Die nächstfolgenden Kadenzen (Takt 11f. bzw. 17f.) liegen auf d' und g'. Kadenzbildungen auf d'' werden während des ganzen, 55 Takte umfassenden Werkes vermieden.

– *Toccata Octavi Toni, Nr. 26* (ErCKC IV, 105 ff.): Der Exordialmelodik des »Soprans« liegt die Quinten-species d'' – g' zugrunde, das Erreichen des Tones g' wird jedoch begleitet durch die Bildung einer Kadenz auf c'. Bereits hierdurch – genauer noch, durch den Beginn mit einem Dreiklang über g und die soeben erwähnte Kadenzierung – zeigt sich, daß die Repercussio *ut-fa* den Hintergrund des »harmonischen«

Geschehens bildet. Auch der weitere Verlauf bestätigt durch Melodik und Kadenzordnung den plagalen Charakter des Modus.

–

Toccata Octavi Toni, Nr. 27 (ErCKC IV, 114ff.): Der in mäßiger Bewegung gehaltene Anfangsteil der Oberstimme (Takt 1–13,$_1$) verläuft, grosso modo gesehen, im Ambitus h' – g' – d'' – g'; der Anfangston wird gestützt durch den »Hauptdreiklang« über G; etwa in der Mitte des Exordiums (Takt 6–8) findet sich eine Kadenz auf d'', sogleich verschränkt mit einer Kadenz der Altstimme auf g', und zum Schluß wiederum eine Kadenz auf g', nun mit Clausula cantizans und tenorizans in »ihren« Stimmen. Der Verzicht des »Soprans« auf einen über die Quinten-species *ut-sol* hinausführenden Aufstieg, dazu die tiefe Lage der Baßstimme in den Anfangstakten, weist auch hier sogleich auf den plagalen Modus hin, mag auch später der Ambitus der Oberstimme – einmal sogar im »fugierten« Mittelteil – sehr frei behandelt werden.

Gabrieli, A.

Toccata del Ottavo Tono (Gabr[A]Int, 18ff.): In diesem Werk exponiert die Folge der real höchsten Töne zu Beginn (Takt 1–4) die skalare Struktur des 8. Modus (d' – g' – d''). Auch weiterhin bewahren die Haltetöne sowohl des »Soprans« als auch des Bassus die durch die Stimmen-Disposition des Modus ihnen zugewiesenen Tonräume. Hinzu tritt die Folge der Zäsuren: auf zwei Clausula-simplex-ähnliche Progressionen nach g' und c'' (Takt 9 bzw. 10f.) folgt eine »förmliche« Kadenz auf g' (Takt 11f.) und sodann – als letzte Binnenzäsur – eine wiederum »förmlich« gebildete Kadenz auf d', dem Unterquartton der »Sopran«-Finalis (Takt 21); die Bildung einer Kadenz auf d'' wird also, aller virtuosen Spielfreude zum Trotz, konsequent vermieden.

Romanini, A.

Toccata dell' Ottavo Tono (TorA III, 171ff.)[2]: Das Exordium (Takt 1–3) exponiert in der Melodik des Soprans (Gerüst: g' – d'' – c'') sowie in der »Harmonik« – Fortschreiten vom Dreiklang über g zu einer Clausula simplex auf der Tonstufe c – sogleich aufs deutlichste die Repercussio *ut-fa*. Diese Kadenzordnung bleibt auch für den folgenden, durch reiches Passagenwerk gekennzeichneten Verlauf des Werkes bestimmend: der schon erwähnten Schlußkadenz des Exordiums folgen weitere Kadenzen auf c'' in den Takten 12f. und 20 (d. h. zwei Takte vor dem Schluß); eine auf d'' gebildete Kadenz (Takt 15) wird hingegen von der pausenlos durchlaufenden Bewegung des »Soprans« gleichsam überspielt.

Geben wir nun, wie bereits erwähnt, noch einige Beispiele von »in *sol*« fundierten genuin-instrumentalen Werken, die sich per analogiam als dem 8. Modus zugehörig erweisen.

Anonymus — *Praeludium, Nr. 120* (FitzVB II, 40f.): Der melodische Kern des Oberstimmen-Initiums stellt sich dar als d'' (fundiert durch Dreiklang über G) – g' – e' – a' – h' – c'', mit »förmlicher« Kadenz daselbst; die weiteren Binnenkadenzen des Werkes liegen auf d' (sp.), a' (sp.), d' und g' (siehe Takt 10f., 12, 14 und 15f.); auch überschreitet der »Sopran« erst im »Supplementum« der Schlußkadenz seinen regulären Ambitus nach aufwärts.

– *Praeludium, Nr. 22* (FitzVB I, 80): Auch in diesem Werk liegt ein 8. Modus vor, kenntlich an der ständigen Kadenzierung erst auf der Finalis-Tonstufe g, dann auf der Repercussa c und endlich wiederum auf der Finalis g.

Bull, J. — *Praeludium, Nr. 106* (FitzVB I, 418ff.): Die »Sopran«-Melodik – bis zur Mitte des Werkes ohne jede Ambitus-Überschreitung –, dazu die Kadenzfolge (c', g', c', g') und die sogleich wahrgenommene Tiefen-Ausdehnung des Bassus weisen eindeutig auf den plagalen Modus der Finalis *sol*.

Pasquini, E. — *Toccata, Nr. 6* (PasCKW, 12ff.): Im Exordium des Werkes (Takt 1–11) bewegt sich der »Sopran« fast ausschließlich im Ambitus (h' –)c'' – g'; »förmliche« Kadenzen erscheinen auf c'' und g' (Takt 3f. bzw. 10f.), dazwischen findet sich eine Zäsur auf der Tonstufe d (Takt 8); jede Zäsurbildung, geschweige Kadenzierung auf d'' wird jedoch während des ganzen Werkes vermieden.

Sweelinck, J. P. — *Toccata, Nr. 27* (SweWO, 108f.): Die »Sopran«-Melodik erscheint zu Anfang hergeleitet aus der Quinten-species *sol-ut* (= d'' – g') + einem Teil der unterhalb ihrer liegenden Quarten-species *sol-re* (= g' – f' – e' – g'), ähnlich wie wir dies bereits aus Antegnatis *Ricercar del Ottavo Tono* kennen (siehe oben, S. 103). Die Bildung von Kadenzen wird bis kurz vor dem Ende des Werkes umgangen.

Wenden wir uns zum Schluß des Kapitels noch einem Werke zu, dessen Tonart zu bestimmen uns, trotz der Betitelung, erhebliche Mühe bereitet: der *Toccata dell'Ottavo Tono* von Paolo Quagliati (TorA III, 175ff.). Auch hier haben wir es mit einer, abgesehen von einem kurzen Exordium, reinen Laufwerk-Toccata zu tun. An »förmlichen« Kadenzen findet sich nur eine einzige in Takt 13f., und der »Sopran«-Ambitus erscheint im Laufwerk bis zur Oberdezime oder Ober-Undezime, in »sangbaren« Abschnitten bis zur Oktav und None oberhalb der Finalis g' ausgeweitet. Weshalb nun konnte Quagliati – oder wenigstens Diruta, dessen

Transilvano diese Toccata enthält – das Stück trotz alledem als *dell'Ottavo Tono* bezeichnen? Die Antwort, die wir zu geben vermögen, ist der Hinweis darauf, daß sich innerhalb des Exordiums (Takt 1–4,$_1$) die Oberstimme von ihrem Anfangston d'' (fundiert durch den Dreiklang über g) nicht weiter aufwärts bewegt, sondern zunächst auf diesem ihrem Anfangston beharrt und dann zu der das Exordium abschließenden Melodiewendung c'' – h' – a' – h' hinuntersteigt; ferner, daß die schon erwähnte Binnenkadenz zwar auf der Tonstufe d gebildet wird, die Gerüst-Melodieklauseln dieser Kadenz aber in der Alt- und Baßstimme liegen; endlich, daß der Baß – sehen wir ab von gewissen »Lizenzen« sowohl des Auf- als auch des Abstiegs – den innerhalb des 8. Modus ihm zukommenden Tonraum G – g wahrt und ihn gerade im Schlußabschnitt (Takt 27ff.) noch einmal deutlich exponiert. Von diesen Beobachtungen aus kann uns die Modus-Bezeichnung von Quagliatis Toccata allenfalls noch verständlich werden. Trotzdem erscheinen hier, wie in keiner der bislang von uns betrachteten Toccaten, die Unterscheidungsmerkmale der auf gemeinsamer Finalis fußenden Moduspaare – wenigstens für unser vor allem an der Vokalmusik geschultes Auffassungsvermögen – bereits sehr geschwächt. Nur Giovanni Maria Trabacis noch gesondert zu besprechende Toccaten werden uns Ähnliches zeigen.

4. Kapitel: »In *mi*« fundierte Werke: 3. oder 4. Modus

Auf die Problematik dieser dem 3. oder 4. Modus zugehörigen Kompositionen ist bereits im Ersten Teil eingegangen worden. Es verwundert deshalb nicht, daß auch im Bereich genuin-instrumentaler Musik sich diese beiden Modi oft schwer oder kaum noch voneinander unterscheiden lassen und daß uns gerade hier Symptome der Verwirrung und Zersetzung des traditionellen Tonartensystems sichtbar werden.

Richten wir deshalb, um nicht in einem Meer unlösbarer Widersprüche zu versinken, unseren Blick zunächst auf zwei Opuscula, die dank ihrer didaktischen Zielsetzung, ähnlich wie Santa Marías polyphone *Cláusulas,* die beiden Modi der Finalis *mi* noch deutlich unterscheiden. Es handelt sich um Samuel Mareschals Intonationen *Tertii* und *Quarti Toni* (MarSW, 4f.).

Mareschals Intonation *Tertii Toni (Phrygius)* bekundet den Charakter dieses Modus als eines authentischen sogleich durch einen raschen, von der »Sopran«-Finalis e' zur Oberquint und Obersexte führenden Aufstieg. Bezeichnenderweise verweilt die Oberstimme dann auch weiterhin – bis Takt 10 – im Tonraum c'' – a' – e'' – h' – c'', wobei »Sopran« und »Tenor« sogar eine Kadenz auf h, dem Oberquintton der Finalis, bilden (siehe Takt 6f.). Von c'' nimmt endlich auch der zur Finalis e' hinführende Schlußfall der Oberstimme seinen Ausgang.

Mareschals Intonation *Quarti Toni (Hypophrygius)* unterscheidet sich, was den sozusagen »leeren« Ambitus ihrer Außenstimmen betrifft, von der Intonation des 3. Modus zwar nur dadurch, daß der »Sopran« niemals nach d'' und e'' aufsteigt. Sehen – oder vielmehr: hören wir indes genauer zu, dann gewahren wir, daß die Melodik von Mareschals Intonation *Quarti Toni*, verglichen mit der Intonation des 3. Modus, insgesamt andersartig gestaltet ist. Bereits in den Anfangstakten von Mareschals dem 4. Modus zugeschriebener Intonation vernehmen wir z. B. jene engschrittige, den Halbton h' – c" ostentativ deutlich exponierende Melodiewendung, die uns aus polyphonen Darstellungen des plagalen e-Modus – etwa bei Santa María und Cabezón – schon wohlbekannt ist; und auch in seinem weiteren Verlauf bewegt sich der »Sopran« von Mareschals Intonation *Quarti Toni* in der soeben charakterisierten Art. Auch die im 3. Modus von Mareschal sorgfältig vermiedene Kadenz auf a wird jetzt, im plagalen Modus der Finalis *mi*, als »Mediationszäsur« gebildet (Takt 8f.). Unterschieden ist endlich die Bewegungsart beider Intonationen: rascher im 3., betont langsamer im 4. Modus.

In der Praxis, d. h. im Schaffen großer Meister werden wir allerdings so gut wie nie auf eine derart säuberliche Unterscheidung der »in *mi*« fundierten beiden Modi stoßen. Dies zeigt allein schon die Untersuchung einiger mit Tonartbezeichnungen versehener Werke von Claudio Merulo – unserem »Hauptmeister« –, von Christian Erbach und Andrea Gabrieli.

1) Merulos handschriftlich sowie in Dirutas *Transilvano* überlieferte *Toccata del Terzo Tono* (MeruT III, 22ff., Modusbezeichnung in beiden Quellen) bewegt sich zwar nur im Gesamt-Tonraum A – c", also in einem Tonraum, der an sich dem 4. Modus (Disposition »a voce piena«) eigen ist. Doch zeigt die Melodik der »cantabel« geführten Oberstimme in Takt 3 gehäufte Intervallsprünge – h' – e' – c" –, und auch im folgenden Verlauf finden wir einen mehrmaligen Wiederanstieg des »Soprans« nach c" (siehe Takt 6ff. und 12f.). Diese Merkmale der Melodik mögen die Zuweisung des Werkes an den 3. Modus verursacht haben. (Vgl. auch das oben, S. 80f., über Merulos »in *mi*« fundierte Ricercare Ausgesagte.)

Eine andere Art, den 3. Modus darzustellen und ihn vom plagalen Modus der Finalis *mi* zu unterscheiden, treffen wir – wie gelegentlich schon in streng polyphoner Instrumentalmusik – nun auch in den Toccaten aus Merulos *Intavolatura d'Organo*: die *Toccata Sesta* und *Toccata Settima*, beide bezeichnet als *del Terzo Tono* (MeruT I, 27ff. bzw. 32ff.), geben sich in ihrem Verlauf – und zwar fast bis hin zum Schluß – derart, als läge hier ein Glareanischer 10. Modus vor. Man sehe z. B. das Initialmotiv der *Toccata Sesta*, in Takt 4 leicht dekoloriert:

Auch der Anfang der *Toccata Settima* ist ganz in der Art eines Glareanischen 10. Modus gehalten. Ebenso bestätigen, so scheint es wenigstens, Melodik und Kadenzfolge in beiden Werken auch weiterhin die Annahme, daß ein auf a fundierter plagaler Modus vorliege. Nur das »Supplementum«, welches Merulo der jeweils letzten Kadenz anfügt, führt zu einem Schluß auf e: einem für uns höchst überraschend wirkenden, gleichsam nur »halbschlüssigen« Ende. Wir finden in den beiden dem *Terzo Tono* zugeschriebenen Toccaten von Merulos *Intavolatura* also schon beinahe – um es mit den Worten Giovanni Maria Bononcinis[1] auszudrücken – »il decimo (sc. Modo) in luogo del terzo« verwendet; ein Verfahren, welches auch in Guillaume Gabriel Nivers' Skalen-Schematen der Modi zum Ausdruck kommt.[2]

Merulos als *del Quarto Tono* bezeichnete *Toccata Ottava* und *Toccata Nona* (MeruT I, 38ff. und 44ff.) zeigen hingegen ihre Fundierung »in *mi*« (hier: auf a-*mi*) sogleich durch die Gestalt ihrer Initialmotive; ja, dieser *mi*-Charakter wird hier, zusammen mit einer noch recht strengen Beachtung des dem »Sopran« nach oben hin verfügbaren Tonraumes, zum Kennzeichen der »in *mi*« fundierten plagalen Modalität schlechthin. Hier das Initialmotiv der *Toccata Ottava*:

Man gestatte uns an dieser Stelle noch einen kurzen Ausblick auf Bononcinis Aussagen zu den an sich »in *mi*« fundierten beiden Modi: diese Aussagen, samt den von Bononcini gegebenen Beispielen, führen uns mitten hinein in die Krise und Auflösung des Systems der Modi. Bononcinis Beispiel des »Decimo Tuono...che serve in luogo del terzo« fügt seiner Schlußkadenz kein nach e führendes »Supplementum« mehr an. Folgt aber solch ein »Supplementum«, so bedeutet dies für Bononcini nicht mehr, wie für Merulo, eine Darstellung des 3. Modus, sondern einen »Decimo Tuono... che serve in luogo del quarto«.[3] Der wirklich vom Anfang bis zum Schluß »in *mi*« fundierte Modus – gleich ob authentisch oder plagal – existiert also für Bononcini gar nicht mehr.[4]

2) Bei den »in *mi*« fundierten toccatenhaften Werken *Erbachs* ist uns die Modus-Zuweisung nur in einem einzigen Fall durch die Autorität des Komponisten selbst gesichert: d. h. gesichert durch die Überlieferung des Werkes in der autographen Handschrift Wolfenbüttel. Diese Modus-Zuschreibung aber lautet *Introitus Tertii et Quarti Toni* (ErCKC V, Nr. 5, 23ff.). Erbach hat dieses Werk also als Vorspiel für »Hauptstücke« *beider* auf der Finalis *mi* fundierter Modi komponiert. Bei dem nicht-autograph überlieferten *Introitus Quarti Toni, Nr. 6* (ErCKC V, 29ff.), der sich in seiner Melodik und Kadenzfolge von dem vorausgegangenen Introitus nicht unterscheidet, mag allein schon die Fundierung »in *mi*« für die Zuweisung an den plagalen Modus genügt haben. – Bei Erbachs gleichfalls nicht-autograph überlieferten *Toccaten Nr. 16–22* (ErCKC IV, 62-90) ist die Sachlage noch verwirrender. Für die Toccaten Nr. 16 und 17 dürfte wohl die Fundierung des erstgenannten Werkes auf e für die Bezeichnung dieses Werkes als *Tertii Toni*, die Fundierung des zweiten Werkes auf a-*mi* für die Bezeichnung als *Quarti Toni* den Ausschlag gegeben haben.[5] Für die Toccaten Nr. 18–22 bildete, wie es scheint, wiederum die sogleich erkennbare Fundierung »in *mi*« (= auf e) den Grund zur Zuweisung an den 4. Modus. Kompliziert wird die Sachlage bei den Toccaten Nr. 20 und 21 noch dadurch, daß ihr Schluß durch den Dreiklang über A (sic) gebildet wird.

3) Vor eine spezielle Frage stellen uns endlich Andrea Gabrielis *Intonationen del Terzo* und *del Quarto Tono* (Gabr[A]Int, 5 und 6). Was uns bei diesen Werken zunächst rätselhaft erscheint, ist der Umstand, daß die dem 3. Modus zugewiese-

ne Intonation einen fast ohne jedes Laufwerk komponierten und den Ton d'' niemals überschreitenden »Sopran« aufweist, während gerade diese Stimme in der Intonation *Quarto Tono* sehr reich koloriert erscheint und sich dabei mehrmals bis nach g'', also bis zur Obergrenze des einem vokalen Authenticus gestatteten Tonraums, bewegt (auch der Schluß des »Soprans« liegt auf e''). Gerade jene Merkmale, die wir an Andrea Gabrielis Orgelricercaren Nr. 7 (*del Terzo Tono*) und Nr. 8 (*del Quarto Tono*) beobachten konnten – die raschere und mehr sprunghafte Bewegung im authentischen, die langsamere und zu kleineren Intervallen neigende Bewegung im plagalen Modus –: gerade diese Merkmale erscheinen in den beiden auf *mi* fußenden Intonationen sozusagen jeweils »am verkehrten Platz« gebraucht. Eine plausible Deutung dieser Paradoxie wäre möglich, wenn wir hier ein Erratum annehmen und folglich die Intonation Nr. 3 dem 4., die Intonation Nr. 4 dem 3. Modus zuweisen wollten.[6] »Rechtfertigen« ließe sich die von der Quelle uns gegebene Tonarten-Zuschreibung dadurch, daß die Intonation Nr. 3 sich mit ihrer Oberstimme lange Zeit im Tonraum h'/c'' aufhält und nur *eine* »Mediationskadenz« – auf a', Takt 8 – besitzt, während die Intonation Nr. 4 diese Kadenz *zweimal* – und das zweite Mal unmittelbar vor dem auf e liegenden Schluß – vorbringt. Immerhin ist dieses Argument, verglichen mit der von uns eingeführten Konjektur, nicht stark genug, um das Problem, das die Benennung der »in *mi*« fundierten Intonationen aus Andrea Gabrielis Zyklus uns aufgibt, schlüssig zu lösen.[7]

Angesichts dieser Problematik verstehen wir noch besser als zuvor, weshalb Giovanni Gabrieli für die beiden Modi der Finalis *mi* nur mehr *eine* Intonation (Gabr[G]CO 1,3) komponiert hat; und wir erkennen in den auf dem Hauptton *mi* fundierten Tonarten mehr denn je die »weiche Stelle« innerhalb des überlieferten Systems der Modi. Wir werden einem ähnlichen Problem – um nicht zu sagen: demselben Problem, nur von anderer Seite her gesehen – auch innerhalb jener Gruppe genuin-instrumentaler Werke begegnen, deren Betrachtung uns als Nächstes beschäftigen soll.

5. Kapitel: »In *la*« fundierte Werke: 9. oder 10. Modus

Auch zu Beginn dieses Abschnitts sei ein kurzer Rückverweis gestattet. Wir sahen schon im Ersten Teil (Kapitel 5), daß der authentische Modus der Finalis *la* – der 9. Modus des Glareanischen und Früh-Zarlinischen Systems – in zweifacher Gestalt erscheinen kann: in einer Gestalt, die wir »puristisch« nannten, und in einer zweiten, dem Anschein nach historisch älteren und in der Praxis mindestens gleich oft vorkommenden Gestalt, die wir als »phrygisierend« zu kennzeichnen suchten. Wir sahen ferner, daß der 10. Modus Glareans (und des frühen Zarlino) als eine Art des 3., ja manchmal selbst als eine Art des 4. Modus angesehen worden ist.[1] Wir werden also, wenn wir Toccaten betrachten, die als dem 9. Modus zugehörig bezeichnet oder als ihm zugehörig erkennbar sind, uns jeweils fragen müssen, in welcher der soeben erwähnten Gestalten dieser Modus »hic et nunc« erscheint. Und wir werden überdies auch stets darauf gefaßt sein müssen, ein »in *la*« fundiertes Werk einem der »in *mi*« fundierten Modi zugeschrieben zu finden.

Beginnen wir unsere Darstellung wiederum mit einigen Beispielen des authentischen Modus, und richten wir unseren Blick zunächst wieder auf ein Werk Merulos: auf die *Toccata Nona del Nono Tono*, das einzige Exempel, das uns Merulos *Intavolatura d'Organo* für diesen Modus gibt (siehe MeruT II, 49ff.). Der im Titel genannte Modus erscheint hier um eine Quinte tiefer transponiert; die Finalis-Tonstufe ist also d, mit vorgezeichnetem b-molle. Schon ein flüchtiger Blick zeigt uns, daß Merulo den 9. Modus hier »puristisch« verwendet. Merulo bedient sich also grundsätzlich nur jenes Tonvorrates, den die Skalen-Schemata des 9. Modus bei Glarean, dem frühen Zarlino und den ihrer beider Lehre übernehmenden Autoren theoretischer Traktate zeigen. Die »leiterfremde« Halbtonstufe *es* erscheint insgesamt nur zweimal, und – noch bedeutsamer – erst innerhalb des »fugierten« Mittelteiles unserer Toccata (Takt 31 und 46): das heißt, zu einem Zeitpunkt, da der Modus durch Melodik und Kadenzfolge längst eindeutig bestimmt ist. Auch die in der »phrygisierenden« Gestalt des 9. Modus so »hochrangige« Kadenz auf der Oberquarte der Finalis (hier: auf g) erscheint erst innerhalb des Mittelteils (siehe Takt 27, 30f., 34 und 39). Im virtuosen Schlußteil wird sie wiederum, gleich wie im Anfangsteil, vermieden.

Wenden wir unsere Aussage nun aber ins Positive, und fragen wir uns: Wie exponiert Merulo in der *Toccata Nona* deren (transponierten) 9. Modus? Schon die Oberstimmen-Anfangsmelodie gibt uns hierüber ausreichenden Aufschluß. Ihr Verlauf sei deshalb bis zur ersten Kadenz wiedergegeben (in der ersten Hälfte von Takt 5 leicht dekoloriert):

Die Initialwendung dieser Phrase – der Aufstieg von der Finalis zu deren Oberquinte und Oberseptime – erweist sich offenkundig als entlehnt aus dem Formelschatz des 1. Modus; nur die, verglichen mit diesem Modus, andersartige Lage des Halbtonschrittes oberhalb der Quinten-species *re-la* zeigt uns, daß wir den 9. Modus vor uns haben. Etwas überraschend mag innerhalb eines authentischen Modus die Bildung der ersten beiden Kadenzen auf der Oberterz der Finalis wirken (siehe Takt 8 und 10). Im folgenden Verlauf des ersten Teils unserer Toccata finden wir indessen auch die im modalen Rang höher stehenden Kadenzen auf der Finalis d und auf a-*mi* mehrmals gebildet (letztere durch die hohe Lage des »Soprans« als Oberquint-Kadenzen ausgewiesen; siehe Takt 14f., 16, 20f., 23f. und 25f.). Erst nach Kundgabe aller dieser für den »puristisch« aufgefaßten 9. Modus wesentlichen Merkmale treten sodann die eingangs erwähnte »leiterfremde« Tonstufe *es* (in Takt 46 als Penultima einer Clausula tenorizans d-*mi*) und die dem skalenmäßig »reinen« 9. Modus gleichfalls fremde Kadenzierung auf der Oberquart-Tonstufe der Finalis ein.

»Puristisch« aufgefaßt erscheint der Modus in Melodik und Kadenzfolge auch in Hans Leo Haßlers *Toccata Noni Toni* (HasHLT, 38ff.; Tonartbeleg im Revisionsbericht). Wie Merulo bildet Haßler die ersten Kadenzen auf der Oberterz und der Finalis, ehe er dann im »fugierten« Mittelteil eine Kadenz auf dem Oberquartton der Finalis einführt (Takt 40f.). Auch die »leiterfremde« Tonstufe b-molle erscheint erst innerhalb der Vorbereitung dieser Kadenz oder in einem durch satztechnische »necessitas« erforderten Zusammenhang (siehe Takt 37, 39 und 49). Nur die Kadenzbildung auf dem Oberquintton der Finalis fehlt in Haßlers Werk.

Als dem 9. Modus zugehörig erweist sich auch Sweelincks *Toccata Nr. 29* (SweWo, 113).[2] Im Hinblick auf ihr Tonmaterial ist sie gleichfalls der »puristischen« Darstellung des 9. Modus zuzurechnen. Diesen Modus exponiert Sweelinck dadurch, daß die Oberstimme erst den Quint-Tonraum e" – a' – e" (mit Hinzunahme von gis') durchmißt, sich dann – nach einer kurzen Pause – in den Raum der Quarten-species a" – e" erhebt und endlich in den Quint-Tonraum e" – a' zurückkehrt. Hiermit ist uns die dem 9. Modus eigene skalare Struktur – Quinte *re-la* + Quarte *mi-la* darüber – zur Kenntnis gegeben worden. Die Kadenzfolge des Werkes zeigt indessen Merkmale, die eigentlich der »phrygisierenden« Gestalt des 9. Modus zugehören: der ersten, auf der Finalis a gebildeten Kadenz (Takt 15f.) läßt Sweelinck sogleich in den nächsten beiden Takten eine Kadenz auf d folgen, der sich wenig später (in Takt 21f.) eine Kadenz auf c anschließt; jede Kadenzbildung auf e wird hingegen vermieden.[3] Überhaupt unterbleibt von Takt 22 an jegliche Kadenzierung, und innerhalb des mit Takt 27 einsetzenden Laufwerkes der Oberstimme wird nun auch der Ambitus des 9. Modus äußerst frei gehandhabt; wiederum aber, da der Modus vorher schon hinreichend deutlich kundgegeben worden ist, ohne Schaden für dessen Erkennbarkeit.

Suchen wir außer dem 9. Modus nun auch den 10. Modus in unsere Betrachtung mit einzubeziehen, so geschieht dies am besten durch den Vergleich zweier jeweils den genannten Modi zugehöriger Toccatenpaare.

Das erste dieser Paare besteht aus Sweelincks Toccaten Nr. 22 und Nr. 21. – Ausdrücklich als *Noni Toni* bzw. als *del Nono Tono* bezeichnet findet sich die *Toccata Nr. 22* (SweWO, 97ff.).[4] Ihre Oberstimme verharrt zunächst mit einer Reihe langer Haltetöne im Tonraum e" – f" – c", wobei der Anfangston durch den Dreiklang über A gestützt erscheint. Dieser Beginn des »Soprans« weist zwar schon – mit großer Wahrscheinlichkeit zumindest – auf den authentischen Charakter des Modus. Die beiden tiefsten, ab Takt 4 kanonisch geführten Stimmen erlauben sich indessen alsbald große Freiheiten: der »Tenor« durchmißt den Tonraum a – e' – c (sic), und der Baß bewegt sich zuletzt abwärts bis C. Auf der Tonstufe c – mit Clausula cantizans c" – h' – c" im »Sopran« – führt Sweelinck auch die erste Kadenz innerhalb des Werkes ein (Takt 12f.). Dann aber geben der Aufstieg des »Soprans« nach g" und die Bildung der zweiten Kadenz auf d" (Takt 22f.) – letztere also wiederum nach Art des »phrygisierenden« 9. Modus – den authentischen Charakter der hier vorliegenden Tonart unbestreitbar kund. Ebenso deutlich verrät diesen Charakter die Melodik des »fugierten« Mittelteils mit ihrem vom »Sopran« zunächst innerhalb der Quinten-species e" – a', dann innerhalb des Tonraums a" – d" durchgeführten Motiv und seiner jeweils ebenfalls im Ambitus des 9. Modus verharrenden freien Weiterführung.

Als im 10. Modus komponiert zeigt sich hingegen Sweelincks *Toccata Nr. 21* (SweWO, 93ff.). Ihr Initialmotiv, vorgetragen von der Oberstimme, ist unverkennbar fundiert auf der skalaren Struktur des plagalen Modus der Finalis *la*: es durchmißt den Tonraum a' – e' – c" – e" – a' – h', und nach kurzer Pause kadenziert es schon in Takt 6f. auf der Finalis a'. Bis hierher, aber auch im weiteren Verlauf des Anfangsteils überschreitet der »Sopran« niemals die Obergrenze seines regulären Ambitus; und die zweite, zu der »fugierten« Episode überleitende Kadenz innerhalb des Werkes (Takt 19f.) liegt unverkennbar auf der *Unterquart*-Tonstufe der »Sopran«-Finalis a'. Gleich deutlich exponiert auch das »Fugenthema« des Mittelteils den »in *la*« fundierten plagalen Modus: es beginnt mit der ostentativ »halbtonhaltigen« Tonfolge h' – h' – h' – c" – h' – a' und beschränkt sich in seinem Aufstieg auch weiterhin auf die bloße Quinten-species a' – e"; die Beantwortung durch den »Tenor« geschieht anfangs im Unteroktav-Abstand, später sogar noch ex e, also aus einem dem plagalen Modus *allein* eigenen Tonraum.

Denselben Vergleich der »in *la*« fundierten beiden Modi können wir auch bei zwei Werken Erbachs – seinen Toccaten Nr. 33 und Nr. 32 (ErCKC IV, 135ff. bzw. 131ff.) – anstellen. In der *Toccata Nr. 33* exponiert uns der »Sopran«, ähnlich wie in Sweelincks *Toccata Nr. 29*, zunächst die Quinten-species e" – a' (hier mit Rückkehr nach e"), um sodann, nach kurzem Aufstieg bis g", auf d" zu kadenzieren. Einer an sich »puristischen« Darstellung des 9. Modus wird also auch hier die mit der rein skalar aufgefaßten Struktur des authentischen »*la*-Modus« eigentlich unvereinbare, aus der »phrygisierenden« Gestalt dieses Modus jedoch sich erklärende Oberquart-Kadenz – und zwar »primo loco« (Takt 9f.) – hinzugefügt. Auch dem weiteren Verlauf des Werkes fehlt jede durch die »Schulregel« des 9. Modus – wie etwa bei Zarlino – erforderte Kadenzierung auf e; statt dessen begegnen wir immer wieder der Kadenzbildung auf d und f, d. h. auf der Oberquart- und Obersext-Tonstufe der Finalis – auch letztere Tonstufe eine »Clavis clausularum«, die uns auf die Modi der Finalis *mi* verweist.

In Erbachs *Toccata Nr. 32* bewegt sich der »Sopran« hingegen zunächst – fast wäre man versucht zu sagen: ostentativ – nur im Tonraum a' – c" – a', also innerhalb einer plagalen Repercussio; und auf der Finalis a' liegt auch, gleich wie in Sweelincks *Toccata Nr. 21*, die alsbald eingeführte erste Kadenz. Erst nach abermaliger Kadenzierung auf der genannten Finalis – erst also »tertio loco« – wird außerhalb der Finalis kadenziert (Kadenz auf d", Takt 21f.). Die noch folgenden Kadenzen liegen auf den Tönen a', c" und a' (Takt 37f., 48f. und 51f.). Gleich deutlich wie Sweelinck unterscheidet also auch Erbach zwischen beiden Modi der Finalis *la*, dem 9. und 10. Modus Glareanischer und Früh-Zarlinischer Zählung.

Einige Schwierigkeit bereitet uns hingegen die modale Zuweisung von Andrea Gabrielis *Toccata del Nono Tono, Nr. 12* (Gabr [A] Int, 23ff.). Suchen wir nach Argumenten *für* die uns genannte Tonart, so könnten wir darauf verweisen, daß der »Sopran« unserer Toccata in seinem Passagenwerk schon während des virtuosen Eingangsteils bis a", b" und c"' aufsteigt, ja daß er einmal sogar c"' und a" als Haltetöne einführt (siehe Takt 20, 22 und 36-38). Auch in einer freien Motiv-Weiterführung des »fugierten« Mittelteils (Takt 58) steigt die Oberstimme nochmals bis a" empor. – Ebenso fundierte, ja, wie uns scheint, noch beweiskräftigere Argumente ließen sich aber auch für den *10. Modus* anführen: so vor allem die nur den Quint-Tonraum a' – e" – a' – und zwar fast nur schrittweise – durchmessende »Sopran«-Melodik des Exordiums, mit baldiger Kadenzbildung auf a' (Takt 10f.); des weiteren die ausschließlich auf a' (viermal) und c" (einmal) vollzogene Kadenzierung bis zum Beginn des Mittelteils (Takt 15, 16f., 29f., 33f. und 41f.). Auch die engschrittige Bewegung des ab Takt 42 durchgeführten »Fugen-Themas« weist eher auf einen 10. als auf einen 9. Modus; ebenso, daß erst jetzt – in Takt 56 und Takt 59f. – auf d, der im 9. Modus so wichtigen und dort als »Clavis clausularum« so bald eingeführten Tonstufe, kadenziert wird. Hinzuweisen ist endlich darauf, daß der Baß unserer Toccata stets einen bis A reichenden und somit der Disposition des 10. Modus entsprechenden Tonraum benutzt. Die Möglichkeit einer irrigen Modus-Zuschreibung scheint uns nach alledem keineswegs ausgeschlossen zu sein.[5]

Den Leser mag verwundern, daß wir, entgegen unserer sonstigen Gewohnheit, die *Toccata Decima del Decimo Tono* aus Merulos *Intavolatura d'Organo* (MeruT II, 56ff.) erst jetzt behandeln. Den Grund hierfür bildet eine schon im Exordium dieses Werkes begegnende Anomalie. Dieses Exordium zeigt nämlich die von polyphonen im 9. Modus komponierten Werken her uns wohlvertraute, im 10. Modus jedoch, wie es scheint, nur selten anzutreffende Doppelgestalt der oberhalb der Finalis gelegenen Sekund-Tonstufe: diese Tonstufe erscheint in Merulos Toccata zunächst (in Takt 2 und der ersten Hälfte von Takt 3), gemäß der »schulmäßig«-skalaren Konzeption des 10. Modus, als h'; bei der Bildung der ersten Kadenz aber wird sie zu b verwandelt. Wir finden also selbst innerhalb des *plagalen* Modus der Finalis *la* – und überdies an hervorragender Stelle – eine »phrygisierende« Wendung. Auch im späteren Verlauf des Werkes begegnet noch mehrmals die Veränderung der »leitereigenen« Tonstufe h zu b; so in den Begleitstimmen der ersten Fugato-Episode (Takt 24ff.) und in drei auf a-*mi* gebildeten Kadenzen (Takt 39f., 57f. und 65). Daß angesichts dieser Mehrdeutigkeit der Tonstufe a (als a-*re* und a-*mi*) auch die Kadenz auf d eine bedeutsame Rolle spielt, fügt sich dem ungewohnten Bild dieses 10. Modus zwanglos ein. Erinnern wir uns jedoch daran, daß Merulo den »normalen« 10. Modus – nur mit angehängtem Schluß auf e – schon als *Terzo Tono* »verbraucht« hat, so vermögen wir wohl auch die Ursache dieses so stark »phrygisierenden« Charakters unserer Toccata zu erkennen: ihr Modus soll vom Modus der beiden als *Terzo Tono* bezeichneten Tonarten (s.oben S. 133f.) hörbar unterschieden sein.

Die an Merulos *Toccata Decima* beobachtete Erscheinung lenkt unseren Blick abermals zu der besonderen Affinität von *mi*– und *la*-Modus, die wir schon im Ersten Teil gewahrten. Geben wir hier noch einige Beispiele: Frescobaldis *Orgeltoccata Nr. 12 b* (CEKM 30/I, 48ff.) wäre, ihrer Melodik und Kadenzordnung gemäß, dem 9. Modus zuzuschreiben, erscheint aber in ihrer Quelle bezeichnet als *Toccata Tertii Toni*; eine andere Toccata desselben Meisters (ReißG II, 236f.)

hätten wir dem 10. Modus zuzuweisen, sie trägt aber den Titel *Toccata Quarti Toni*.[6] Dieselbe Bezeichnung »*Quarti Toni*« trägt auch Sweelincks *Toccata Nr. 29*, die sich uns in ihrem Schriftbild, vor allem aber im Hören, als ein Prototyp des 9. Modus (sic) zu erkennen gegeben hat.[7] Samuel Mareschals Intonation *Decimi Toni* (*Hypoaeolius*; MarSW, 6f.) würden wir endlich angesichts ihres Beginns mit dem Dreiklang über e, der Beschränkung des Ambitus ihrer Oberstimme auf den Sext-Tonraum e' – c'' (nur zweimal mit d') und ihrer Kadenzfolge als dem 4. Modus zugehörig halten, würde diese Annahme nicht durch die Schlußkadenz des Werkes auf a widerlegt.

So sehen wir denn nochmals, daß nicht nur der geringe Unterschied zwischen dem 3. und 4. Modus, sondern auch die in der Musiklehre nur selten erwähnte starke Affinität der »in *mi* und »in *la*« fundierten Modi eine jener Stellen bildet, an welchen sich am leichtesten Verwirrung in das scheinbar so fest gefügte System der Modi einzuschleichen vermochte.

Mit dieser Beobachtung könnten wir den Zweiten, der genuin-instrumentalen Musik gewidmeten Teil unseres Buches beschließen. Fügen wir indes noch einen Ausblick auf zwei in ihrer Art besonders problematische, jedoch mit Tonartbezeichnungen versehene Werke des frühen 17. Jahrhunderts hinzu.

6. Kapitel: Giovanni Maria Trabacis Toccaten *Secondo* und *Ottavo Tono*

Mit der Behandlung dieser beiden in Trabacis *Ricercate... Libro Primo* enthaltenen Toccaten (siehe Anhang VII) betreten wir eine der schwierigsten Strecken unseres Weges. Ungewöhnlich – oder genauer: eine Eigenheit der neapolitanischen Schule – ist schon die Notierung in Partitur und die hiermit verbundene feste Stimmenzahl[1]; doch nötigen uns sowohl die Betitelung der Stücke als auch ihr Habitus dazu, sie im Zusammenhang mit den »normalen«, an keine feste Stimmenzahl gebundenen Toccaten zu behandeln.

Als für unser Vorhaben wichtiges Zeugnis ist indes allererst eine Aussage Trabacis heranzuziehen. Sie findet sich in seinem Zweiten Buch vierstimmiger Ricercare (Neapel 1615; TraR II = Sartori 1615c), p. 41, in einer »an den Leser« gerichteten Bemerkung und handelt vom Umfang des für verschiedene Gattungen von Musik einzuhaltenden Gesamt-Klangraumes. Hierbei verweist Trabaci zunächst auf die überlieferte Regel, gemäß derer dieser Klangraum – vom tiefsten Baß- bis zum höchsten Sopranton – nicht mehr als etwa 20–22 Töne (d. h. etwa 2 1/2 Oktaven) umfassen dürfe. Dies aber, fügt Trabaci sogleich hinzu, sei das Gesetz der »Ersten Schule«. Es beruhe auf der Leistungsfähigkeit der menschlichen Stimme, und man habe es deshalb zu beachten in Motetten, Madrigalen und »besonders [auch] in notierten Ricercaren«. Bei anderer Instrumentalmusik aber mache er – Trabaci – sich anheischig, »nicht nur zwanzig, sondern auch fünzig Töne zu gebrauchen«, wenn dies notwendig sei und die Gelegenheit ihn dazu bewege. Man solle aber auch bei Musik solcherArt nicht sagen, daß [z. B.] durch allzu hohen Anstieg aus einem 8. ein 7. oder aus einem 3. ein 9. Modus werde.[2] Die Erweiterung des Klangraumes führt also, Trabacis Meinung zufolge, nicht schon »per se« zu einem Abgehen von den Gesetzen des jeweils zugrundeliegenden Modus. Leider verrät uns Trabaci jedoch nichts über die Einzelheiten des hier angedeuteten Verfahrens. Der Befund unserer zwei Toccaten muß uns denn erweisen, ob wir auch »hier und jetzt« etwas von den Gesetzen des 2. und des 8. Modus durchschimmern sehen – oder besser: hören können.

Wir beginnen mit der *Toccata Prima. Secondo Tono* (TraR I, 107ff.), und zunächst mit zwei äußerlichen Feststellungen: die Finalis-Tonstufe ist g-*re* und der Gesamt-Ambitus des Werkes – vom tiefsten Baßton bis zum höchsten Ton der Oberstimme – beträgt etwas mehr als dreieinhalb Oktaven (D-a"). Der Gesamt-Tonraum unserer Toccata – etwa 22–25 Töne – bleibt also noch weit unter jenem Maximum, innerhalb dessen sich Trabaci anheischig macht, den Unterschied eines authentischen und des ihm zugehörigen plagalen Modus darlegen zu können.

Fragen wir nun aber: Was *hören* wir tatsächlich im Verlauf unserer Toccata? Was wir als erstes vernehmen, ist ein durch einen Orgelpunkt auf G fundierter, in langsamer Bewegung fortschreitender, mit vielen Vorhaltsdissonanzen ausgestatteter, zum Teil imitatorisch angelegter Satz (Takt 1–5). Die »Haupttonstufe« des Werkes wird uns durch den lange festgehaltenen Baßton und durch die Einsatztöne der übrigen drei Stimmen – alle ex g – kundgegeben; den Charakter dieser Haupttonstufe als *re* verrät uns spätestens im dritten Takt der Tenor; aber auch die akzidentelle Erniedrigung der 6. Stufe, wie wir sie schon in Takt 2 (im Altus) und kurz darauf auch im Sopran vernehmen, wäre bei einem auf *ut, fa* oder *sol* fundierten Modus unmöglich. Trabaci gibt uns aber noch mehr zu erkennen: er verknüpft die beiden höchsten Stimmen durch Imitation, und zwar derart, daß sie ein von g' nach d' absteigendes Motiv vortragen. Im Verlauf von nur vier Takten haben wir also die Eigenart der Finalis kennengelernt und ein von der Finalis zu deren Unterquart absteigendes Initialmotiv vernommen: beides zusammen deutliche Hinweise auf den plagalen Charakter des hier vorliegenden Modus. Sobald jedoch der Sopran das Initialmotiv in seiner regulären Lage (g' – d') vorgetragen hat, transponiert er es um eine Oktave aufwärts. Dies widerspricht nun zwar ganz offen dem Gesetz der »Ersten Schule«; doch konnten wir Ähnliches – die Einführung eines Quart-Motivs *mi–la* als e" – a" – schon in Giovanni Gabrielis *Canzon Quarti Toni, Nr. XVI* (siehe oben, S. 79) beobachten – allerdings erst an einer viel späteren Stelle des Werkablaufs. Kehren wir jedoch zu unserer Toccata zurück. Von Takt 6 an beherrscht ihren »motivischen« Aufbau eine Anzahl imitatorisch, wenn auch in recht lockerer Folge durchgeführter Spielfiguren. Ihre Melodik gibt, vom Gesichtspunkt der »Ersten Schule« aus betrachtet, für die Modus-Bestimmung keinen sicheren Anhalt, da diese Motive in den tonartlich »herrschenden« Stimmen jederzeit bis zur Oktave der Finalis g' bzw. g aufsteigen können – es sei denn, daß man diesen Aufstieg *nur* bis zur Oktave (und nicht noch beträchtlich höher) schon als ein Indiz für den plagalen Charakter des Modus annähme. (Man vergleiche etwa den Aufstieg des Oberstimmen-Laufwerkes in Romaninis *Toccata dell' Ottavo Tono* einerseits – hier bis g" – und andererseits in Bell'Havers *Toccata del Primo Tono*, hier bis a", der Duodezime oberhalb der

»Sopran«-Finalis d'.) Auf den plagalen Charakter des Modus unserer Toccata verweist vielleicht auch die Folge der Motiv-Einsatztöne: ex g, g' und G, sodann ex D und zweimal d' (Takt 6–11), d. h. zuerst von der Finalis-Tonstufe, sodann von deren Unterquart-Tonstufe aus. Viel wichtiger indessen ist für die Darstellung der Tonart das »harmonisch«-kadenzielle Geschehen. Wir hörten bereits, daß der Orgelpunkt über G-*re*, verbunden mit dem Initialmotiv g' – d', uns zu Beginn (Takt 1–4,$_1$) den – »per b-molle« transponierten – 2. Modus exponiert. Zu Ende dieses Orgelpunktes – er erstreckt sich noch etwa drei Takte über die Darbietung des Initialmotivs hinaus – bahnt sich eine erste Kadenzierung an, und zwar auf c bzw. c'', dem Oberquartton der Finalis (siehe Takt 7f.). Sopran und Tenor führen diese Kadenz, der Erwartung des Hörers gemäß, mit der ihnen jeweils eigenen Melodieklausel zu Ende; der Baß überbaut und schwächt sie jedoch vermittels der eben jetzt von ihm durchgeführten Skalen-Spielfigur (die seit Takt 6 als »Motiv« fungiert). Sogleich aber bildet Trabaci in den Takten 9–10 eine weitere, wiederum durch die Baßführung abgeschwächte Kadenz, jetzt auf g-*re*; und in Takt 13f. schließt sich hieran die stärkste Binnenzäsur des Werkes überhaupt: eine Kadenz auf b, die jetzt auch vom Baß mit voller Kraft fundiert wird. Dieser Kadenz folgt ein »motivisch« neuer Abschnitt, charakterisiert durch wiederum schwächere Zäsuren auf f, c und g (Takt 14–20,$_1$). Es folgen zu einem abermals neuen, gleich spielfreudigen Motiv zwei Kadenzen auf g und c (Takt 21–23), beide zu »Cadenze fuggite« abgeschwächt. Der noch übrige Verlauf des Werkes gliedert sich motivisch in zwei Abschnitte (Takt 23/24–30/32 und Takt 31 bis Schluß), der erste Abschnitt beherrscht von einer Achtelfigur, der zweite bestimmt durch ein die Bewegung wieder steigerndes, in Sechzehnteln aufwärts führendes Skalenmotiv. Den Übergang vom ersten zum zweiten Abschnitt vermittelt eine kadenzähnliche Wendung: eine Art »Clausula simplex«, zustandekommend durch die Progression g –a– b
c — B von
Alt und Baß (Takt 31f.). Der an dieser Stelle einsetzende Schlußabschnitt bleibt, gleich dem ihm vorausgegangenen, ohne Binnenkadenzierung.

Versuchen wir nun, das, was wir soeben gleichsam Schritt für Schritt uns vorwärtstastend vernommen haben, uns in Form eines Überblicks vor Augen zu führen:

Takt		
1–7	Orgelpunkt über	**G**
7f.	Kadenz	c'' (fg.)
9f.	"	g' (fg.)
13f.	"	**b'**
15f.	"	f '' (sp.)
17f.	"	c'' (sp.)
19f.	"	g (sp.)
21f.	"	g (fg., sp.)
23	"	c'' (fg.)
31f.	"	b (sp.)
39f.	"	**g'**

Durch die Folge der satztechnisch wichtigsten Zäsuren wird uns also die Repercussio *re-fa-re* des 2. Modus exponiert. Und bezeichnenderweise liegt von den übrigen Kadenzen keine auf der Tonstufe d; selbst Kadenzbildungen, die wir als auf der Unterquart-Tonstufe der Finalis g erkennen könnten, werden von Trabaci geflissentlich vermieden. Dies alles läßt uns die Bezeichnung unserer Toccata als *Secondo Tono* als zu Recht bestehend erkennen.

Werfen wir, da uns ein real vierstimmiger Satz vorliegt, jetzt aber auch noch einen Blick auf die den Stimmen eigenen Bewegungsräume. Sie stellen sich dar wie folgt:

Cantus:	(h) c'	–	g'' (a'')
Altus:	g	–	c'' (d'')
Tenor:	c	–	g'
Bassus:	(D-E) F/G	–	c' (d')

Unschwer läßt sich dieses Schema als eine in allen Stimmen nach oben hin gleichmäßig vorgenommene Erweiterung der Stimmen-Disposition der »Ersten Schule« erkennen:

Cantus:	(h) c'	–	d''	+	Quarte darüber (dazu 2mal a'')
Altus:	g	–	g'	+	Quarte darüber (dazu 1mal d'')
Tenor:	c	–	d'	+	Quarte darüber
Bassus:	(D-E) F/G	–	g	+	Quarte darüber (dazu 1mal d')

Die Untergrenze des Cantus, Altus und Tenors bleibt also unangetastet. Die Tonraum-Erweiterung des Bassus nach der Tiefe läßt sich schon bei Werken der »Ersten Schule« beobachten. Insgesamt bleibt somit auch in Trabacis Toccata *Secondo Tono* die Oktav-Identität von Cantus und Tenor einerseits, Altus und Bassus andererseits erhalten. Daß trotz aller Erweiterungen des traditionellen Ambitus-Schemas der plagale Modus nicht zu einem authentischen oder zu einem »authentisch-plagalen Gesamtmodus« verwandelt wird, zeigte uns allein schon die Kadenzordnung. Das Fehlen von Kadenzen auf dem Oberquint-, geschweige denn dem Oberoktavton der Finalis läßt erkennen, daß die Quart-Erweiterung nach oben (+Lizenz) doch nicht denselben Rang besitzt wie die dem 2. Modus in der Disposition »a voce piena« eigenen Oktav-Tonräume.

Schwieriger ist es hingegen, für Trabacis *Toccata Seconda. Ottavo Tono* (TraR I, 111ff.) die »ratio« dieser Modus-Bezeichnung zu eruieren. Gemeinsam mit dem zuvor besprochenen Werk Trabacis hat seine *Toccata Seconda* die Finalis-Tonstufe g – jetzt allerdings ohne Vorzeichnung – und den Gesamt-Tonraum von drei bis dreieinhalb Oktaven (D/G-g'', dazu einmal a''). Wie aber gibt Trabaci uns innerhalb dieses »monströsen« Tonraums den 8. Modus zu erkennen? Verwirrend wirkt gerade zu Beginn die hohe Lage des Soprans, der in den Takten 1–5 sich mit seinem Laufwerk innerhalb des dem 7. Modus – more primae scholae – eigenen Ambitus bewegt; die Haltetöne des Soprans – h', d'', h', g' (Takt 1–5) – liegen jedoch sämtlich innerhalb der auch dem 8. Modus eigenen Quinten-species. Auch die Unterstimmen verlaufen bis zum Ende des Exordiums (Takt 1–$9_{,1}$) innerhalb jener Tonumfänge, welche die altherkömmliche Disposition des 8. Modus ihnen zugesteht; und in Takt 6 geht auch das Laufwerk des Soprans in den plagalen, auf g' bezogenen Ambitus über. Die alsbald eintretende erste Kadenz bildet der Sopran aber auf d'', und es folgt sogleich eine durch die beiden Mittelstimmen vollzogene Kadenzierung auf der Finalis-Tonstufe g. Diese »primo loco« eingeführte Oberquint-Kadenz des Soprans mag für einen 8. Modus ebenfalls befremdlich anmuten; eine ähnliche Kadenzfolge – hier: g' – d'' – findet sich aber auch in Trabacis Ricercar *Ottavo Tono sopra Ruggiero* (TraR I, 18ff.; siehe daselbst, Takt 13f. und 19f.). In Takt 9ff. unserer Toccata durchmißt der Sopran sodann noch einmal den Tonraum d' – g'' und abwärts nach e' (c'). Etwa von Takt 13 an bleibt zwar der Gesamt-Klangraum D/G – f'' erhalten, nicht jedoch mehr eine feste Stimmen-Disposition im Sinne der »Ersten Schule«. Die genannte Unter- und Obergrenze des benutzten Tonraums, im besonderen die Vermeidung von Kadenzen des Soprans auf g'', des Tenors auf g', dazu die Anbringung der Hauptzäsuren auf a', e'' und a' bewahren das Werk immerhin davor, als 7. Modus mißverstanden zu werden. Einer wiederum auf g' gebildeten »Clausula simplex« (Takt 36) folgt, bezeichnenderweise im Sopran, eine Schlußphrase in Sechzehntelbewegung, die uns jetzt unüberbietbar deutlich die Oktav-species d' – d'' – h' (g') und somit die skalare Struktur des im Titel genannten Modus zu Gehör bringt. Die Bezeichnung *Ottavo Tono* läßt sich solchermaßen im Hinblick auf Anfang und Ende des Werkes (noch) rechtfertigen. Gerechtfertigt erscheint durch Trabacis beide Toccaten *Secondo* und *Ottavo Tono* auch sein eingangs zitierter Satz, daß durch Ambitus-Erweiterung nach oben aus einem plagalen Modus kein authentischer zu werden brauche. Mit Werken solcher Art haben wir jedoch, wie schon mit Quagliatis *Toccata dell'Ottavo Tono*, die Grenzen der Verständlichkeit und Unterscheidbarkeit der altherkömmlichen Moduspaare erreicht.

DRITTER TEIL: BESONDERHEITEN DER TONARTBEHANDLUNG

Vorbemerkung

In den ersten beiden Teilen des vorliegenden Buches suchten wir darzulegen, daß, entsprechend den uns in Werktiteln so oft überlieferten Tonart-Bezeichnungen, die Unterscheidung authentischer und plagaler Modi auch für die instrumentale Musik des späten 16. und frühen 17. Jahrhunderts reale Geltung besessen hat; und der Nachweis der hierfür maßgebenden Kriterien sollte zugleich dem Leser die Befähigung vermitteln, »in casu« auch selbst ein sachgemäßes Urteil abgeben zu können.

Der vor uns liegende Dritte Teil soll nun noch einige Fragen anschneiden, die sich, nach dem von uns erreichten Kenntnisstand, weiterhin stellen. Das Verb »anschneiden« ist mit Absicht gewählt worden: unsere Darstellung kann im Folgenden noch weniger als bisher den Anspruch erheben, ihren Gegenstand erschöpfend zu behandeln; man fasse sie deshalb als eine Reihe gleichsam rhapsodisch vorgetragener Anregungen auf, deren weitere Ausführung wir, rebus sic stantibus, der Zukunft überlassen.

1. Kapitel: Tonartwechsel und modal uneinheitlicher Werkablauf

Nicht nur die uns vertraute neuere Musik, auch die Vokalpolyphonie des 16. Jahrhunderts kennt das Kunstmittel des Tonartwechsels; und die die Möglichkeiten eines solchen Wechsels definierenden Begriffe sind bereits in der Chorallehre des späten Mittelalters – speziell in deren auf Marchetus von Padua fußenden italienischen Tradition – entwickelt worden.[1]

Ohne uns auf Einzelheiten einzulassen, seien diese Begriffe hier noch einmal kurz erwähnt. Es sind

1) die *Mixtio tonorum*, d. h. der zeitweilige Übergang aus einem Modus in den ihm nächstverwandten, da auf derselben Finalis fußenden Modus: also z. B. aus dem 1. in den 2. Modus, oder umgekehrt.

2) die *Commixtio tonorum*, d. h. der zeitweilige Übergang aus einem Modus in einen ihm völlig fremden, da auf einer anderen Finalis fußenden Modus; also z. B. aus dem 1. in den 3. oder 8. Modus, aus dem »per b-molle« transponierten 2. in den (traditionellen) 5. Modus, usw.

Beide Arten des Moduswechsels spielen in der sogenannten klassischen Vokalpolyphonie als Mittel der Wortausdeutung eine große Rolle. Diese Funktion kann ein Moduswechsel – gleich ob *Mixtio* oder *Commixtio* – in der Instrumentalmusik nicht wahrnehmen; er dient hier vielmehr der Erzielung von »varietas«. Wie nun solch ein Moduswechsel eintritt und wodurch er sich zu erkennen gibt, mögen einige Beispiele sowohl aus instrumental-polyphoner wie auch aus genuin-instrumentaler Musik zeigen.

1) Wenden wir uns zunächst der *Mixtio tonorum* zu. Einen Beleg hierfür liefert uns Willaerts in der Musica Nova von 1540 enthaltenes *Ricercar Nr. XIV* (MRM I, 66ff.) Sein Exordialmotiv haben wir bereits als hergeleitet aus der skalaren Struktur des traditionellen 6. Modus kennengelernt; desgleichen die der Norm dieses Modus entsprechende Kadenzfolge innerhalb des Exordiums (siehe oben, S. 57). Überblicken wir nun dieses Ricercar im Ganzen, so gewahren wir bis zu der in Takt 70f. vom Sopran und Tenor auf c' bzw. c gebildeten Kadenz nichts, was dem 6. Modus widerspräche. Auch der Abstieg des Tenors und des Basses innerhalb der dreistimmigen Episode (der Sopran pausiert), welche dieser Kadenz folgt, bedeutete, allein für sich genommen, noch keine Besonderheit: Ambitus-Unterschreitungen, wie sie der Tenor und der Bassus hier vollziehen, sind auch früher innerhalb des Werkes schon begegnet (man sehe z. B. die Takte 58–65,$_1$ der beiden Unterstimmen). In Takt 71f. gibt sich das Schweigen des Soprans sowie die Ambitus-Unterschreitung des Tenors und Bassus – die von Joachim Burmeister später so genannte »Hypobole« – indessen sehr bald zu erkennen als die »dunkle Folie« der sogleich eingeführten gegensätzlichen Figur, der »Hyperbole«. Im Anschluß an eine – allerdings sehr rasch vorübergehende – Kadenz auf f (Takt 74f.) überschreiten nämlich alle vier Stimmen die durch die bisher maßgebende Tonart ihnen gesetzten Grenzen: der Sopran steigt empor in den Tonraum c'' – a' – f'' – a', der Tenor in den Tonraum d' – a – f' – f und nochmals bis f' (Takt 81) und der Baß in den jetzt fünf Takte lang streng eingehaltenen Tonraum c – b. Auch der Alt beteiligt sich an diesem allgemeinen Aufstieg: er bewegt sich in den Takten 75–80 stets im obersten Bereich seines Ambitus und benutzt auch eifrig die »Lizenz« eines Dezimen-Aufstiegs über seiner Finalis f. Dies alles aber sind Tonräume, welche dem »a voce piena« disponierten *5. Modus* zugehören. In den Takten 74–81 seines Ricercars führt Willaert also eine *Mixtio Quinti Toni* ein, und dies, wie wir oben sahen, mit besonders starker Kontrast-Wirkung. Die Mixtio bleibt indessen bloße Episode; schon in Takt 83 ist die »Haupttonart«, der *plagale* Modus der Finalis f, wieder in Kraft getreten und bleibt es bis zum Schluß des Werkes. (Die weiteren Kunstgriffe, deren Willaert sich bedient, um seinem 169 Takte umfassenden Ricercar die nötige »varietas« zu verleihen, gehören nicht ins Gebiet der Tonart.)

Willaerts soeben besprochenes *Ricercar Nr. XIV* ist, wie der Titel seiner Quelle besagt, sowohl zur Ausführung durch ein Instrumenten-Ensemble wie auch durch die Orgel bestimmt. Beispiele der Mixtio tonorum finden sich selbstverständlich aber auch im Bereiche »reiner« Klaviermusik. Verweisen wir hier auf drei Kompositionen Christian Erbachs; zunächst auf seinen *Introitus Secundi Toni, Nr. 3* (ErCKC V, 14ff.). In diesem auf g–*re* fundierten Werk führt Erbach im »fugierten« Mittelteil, eingeleitet durch eine Kadenz auf g'', ein Thema durch, das offenkundig aus dem Melodiemodell »*re–la* + *re–fa* darüber« – also aus dem bekanntesten Initialmodell des 1. Modus – hergeleitet ist; dabei bewegen sich alle vier Stimmen in den durch die Disposition »a voce piena« für den auf g transponierten 1. Modus vorgeschriebenen Tonräumen. Nach dem Ende der »Fuge« – etwa von Takt 36 an – tritt sodann die »Haupttonart« wieder in ihr Recht, allerdings nicht, ohne daß der »Sopran« mit seinem Laufwerk gelegentlich bis g'' und a'' ausgriffe.

Eine Mixtio tonorum, die nun aber nicht gleichzeitig in allen Stimmen eintritt, zeigt Erbachs *Canzona Secundi Toni, Nr. 6* (ErCKC III, 58ff.). Die Art, wie Erbach den im Titel des Werkes genannten, wiederum auf g–*re* fußenden »Haupt-Modus« darlegt, wurde oben, S. 49, schon besprochen. Betrachten wir nun die Abweichungen der einzelnen Stimmen von ihrem Normal-Ambitus, so gewahren wir als erste Ambitus-Überschreitung einen Aufstieg des Bassus über seine bis b reichende »licentia« hinaus, nach d' und es', wodurch auch der Tenor zu einem Aufstieg nach g' genötigt wird (siehe Takt 33). Doch bleibt diese Abweichung zu sehr eine bloße Episode, als daß man hier schon von einer förmlichen Mixtio sprechen könnte. »Ernster« liegt der Fall jedoch in den Takten 40–51/56 des Tenors: hier begnügt sich diese Stimme nicht mehr, wie zuvor, mit dem bloßen Quint-Tonraum g – d', sondern bewegt sich nun offenkundig in einem Ambitus, dem die Oktavgattung g – g' zugrunde liegt. Auch der Baß bewegt sich während der kurzen Zeit, in welcher er hier tätig ist (Takt 42–44), in einem Tonraum, der der Disposition des »per b-molle« transponierten 1. Modus entspricht. Von Takt 45 an nimmt endlich auch der Sopran die »Lizenz« eines Melodieaufstiegs bis zur Oberseptime seiner Finalis (d. i. bis f'') so oft und nachdrücklich in Anspruch, daß der plagale Charakter des Modus allein hierdurch schon fast verloren geht. Während der Takte 50–68 vollends bewegt sich der Sopran, zumeist »motivisch« gebunden, offenkundig innerhalb des Tonraums d'' – g'' – g'. Ein entsprechender Melodieaufstieg findet sich auch im Altus; Tenor und Baß hingegen verlaufen während dieser Mixtio der beiden Oberstimmen wieder in den durch die Disposition des (transponierten) 2. Modus ihnen zugewiesenen Tonräumen (siehe besonders Bassus, Takt 56–59, und Tenor, Takt 58–62).[2] Die in Takt 71f. auf d', der Unterquarte der Sopran-Finalis, eingeführte Kadenz legt die »Haupttonart« des Werkes wiederum endgültig fest.

Eine ähnliche Art der Mixtio finden wir auch in Erbachs *Introitus Octavi Toni, Nr. 11* (ErCKC V, 50ff.): von Takt 25 an steigt in diesem Werk die Oberstimme hinauf in den Ambitus d'' – g'', und mit einer »Clausula simplex« auf g'' beendet sie sogar den polyphonen Mittelteil des Werkes. »Begleitet« wird sie bei dieser episodischen Einführung des 7. Modus allerdings auch hier nur durch den Alt, während die beiden Unterstimmen in dem durch die Disposition des 8. Modus vorgegebenen Tonraum verharren.[3] Doch bewegt sich in dem virtuosen Schlußteil der »Sopran« auch hier, wie in dem oben erwähnten *Introitus Secundi Toni, Nr. 3*, mit seinem Laufwerk bis g'' und a'', ehe sodann die Schlußkadenz und das ihr angehängte »Supplementum« wieder den »normalen« Ambitus herstellen.

2) Lassen wir es mit diesen Beispielen der Mixtio tonorum genug sein; und fragen wir uns jetzt: Wie geht die *Commixtio tonorum* in instrumentaler Musik der späten Renaissance vor sich? Woran erkennen wir ihren Eintritt, und wie wird sie jeweils rückgängig gemacht? Versuchen wir, auch hier vom Einfachen zum Kunstvolleren fortzuschreiten; und betrachten wir deshalb zunächst einige Beispiele jener Commixtionen, welche bloße Episoden innerhalb von sonst tonartlich regulären Werken darstellen.

Richten wir unseren Blick zunächst noch einmal auf Merulos *Toccata Prima del Primo Tono* (MeruT I, 1ff.), jetzt aber auf einen Abschnitt aus der »Mitte«

dieses Werkes. Hier erscheint, nach einer modal »drittrangigen« Kadenz auf f' (Takt 32) alsbald eine dem 1. Modus – wenigstens im späten 16. Jahrhundert – fremde Kadenzbildung auf g (Takt 34); und diese »Clausula peregrina« bleibt nicht folgenlos; sie zieht vielmehr, wiederum schon nach zwei Takten, eine weitere modusfremde Kadenzierung – jetzt auf c" – nach sich. Überdies erscheint auch die Melodik, welche, getragen von der Baßtonfolge G – A – H – c (mit G und c als am längsten mensurierten Tönen), im »Sopran« die beiden letztgenannten Kadenzen verbindet, nicht mehr dem 1. Modus zugehörig. Kadenzen auf g und c", dazu solch eine sich im Tonraum (d' –) g' – h' – e' – a' – g' – c" bewegende Melodik, erweisen sich vielmehr als charakteristisch für den 8. Modus, im besonderen für seine Repercussio *ut–fa*. Doch bleibt dieser Tonartwechsel nicht von Bestand: schon in Takt 39f. ruft eine »Clausula primaria« des 1. Modus den aus den Bahnen seiner »Haupttonart« geratenen Verlauf unserer Toccata – um mit Calvisius zu sprechen –»wiederum zur Ordnung«.[4]

Selbst an einem so wichtigen Punkt des Werkablaufes wie dem Beginn des »fugierten« Mittelteils erlaubt sich Merulo den Kunstgriff, eine Commixtio tonorum einzuführen. In seiner *Toccata Seconda del Primo Tono* (MeruT I, 6ff.) bildet wiederum eine »Clausula peregrina«, nun auf c" (Takt 36f.), den Angelpunkt zur Einführung des »fremden« Modus. Welcher Art dieser Modus ist, zeigen uns die Einsatztöne g', c' und c" (Alt, Tenor und Sopran), ferner die Exposition der Quinten-species g' – c' (=*sol–ut*) durch den Alt und das Durchmessen des Tonraumes c" – g' – c' bzw. c" – g' – e' durch den Sopran: alles Eigenarten einer auf c fußenden authentischen Tonart, d. h. des um eine Quarte abwärts transponierten 5. Modus traditioneller Zählung. Diese Tonart bleibt, wie die folgenden Themen-Durchführungen zeigen, einstweilen auch weiterhin in Geltung und wird durch Kadenzbildungen auf e (fg.) und g (Takt 44–46) noch bekräftigt. Die letzte Durchführung dieses modusfremden »Fugenthemas« (Alt, Takt 46f.) führt jedoch zu einer stark hervorgehobenen Kadenzbildung auf a' und hiermit wiederum zurück zur »Haupttonart«.

Weitere kunstvolle Beispiele episodischer Commixtionen bieten uns zwei Werke von Antonio Cifra: die Canzonen Nr. 11 und Nr. 16 aus dem Ersten Buch seiner vierstimmigen Ricercare.

Das Initialmotiv der *Canzone Prima, Nr. 11* (CifR, 62ff.) haben wir bereits als Ausformung einer der bekanntesten Exordialformeln des – hier auf g transponierten – 1. Modus kennengelernt (siehe oben, S. 43). Bereits der erste Abschnitt des Werkes (Takt 1–15, Mitte) zeigt, was seine Kadenzordnung betrifft, einige Besonderheiten: es fehlt zunächst, trotz deutlicher Exposition des Modus, dessen »Clausula secundaria« auf d" (Sopran) bzw. d' (Tenor), und es findet sich statt ihrer – hier bereits »secundo loco« – eine »Clausula peregrina« auf der Tonstufe f (Takt 4f.). Beendet aber wird der Abschnitt durch eine satztechnisch sehr stark ausgeprägte Kadenz auf b, also durch eine Kadenz modal dritten Ranges. Den von Takt 15, Mitte – $20,_1$ reichenden Tripeltakt-Abschnitt bestimmt allerdings auch weiterhin der transponierte 1. Modus, den vor allem die abschließende Kadenz auf der Finalis g–*re* nochmals nachdrücklich bekräftigt. An diese Kadenz schließt sich nun aber die Durchführung eines cantus-firmus-artig langmensurierten, dem auf g versetzten 1. Modus nicht mehr eigenen Motives. Es erscheint zunächst im Sopran als Quint-Skala g'' – c'', real imitiert vom Altus als c'' – f', dann wieder im Sopran, jetzt auch hier als c'' – f', endlich im Tenor als g' – c'. Das heißt: viermal nacheinander wird uns hier die Quinten-species *sol–ut* zu Gehör gebracht; und nicht nur diese der »Haupttonart« fremde Intervallgattung, sondern auch die Kadenzen zeigen uns, daß wir die Bahn des »per b-molle« transponierten 1. Modus verlassen haben: schon zu Ende der Altus–Durchführung des Quint-Motivs *sol–ut* finden wir eine – freilich nur als »fuggita« angedeutete – »Clausula simplex« auf f (Takt 22), der nun wenig später (Takt 24) eine zweite, satztechnisch schon stärker ausgebildete Kadenz auf derselben Tonstufe folgt, und zum Ende der letzten Durchführung unseres Skalenmotivs bildet Cifra eine dritte, nun von allen Stimmen ausgeführte und durch den anschließenden Mensurwechsel besonders hervorgehobene Kadenz auf f (Takt 25f.). Die skalare Beschaffenheit des Imitationsmotivs, die Kadenzbildung auf f und die Lage des Motivs in den einzelnen Stimmen, bezogen auf die episodische »Finalis« f – dies alles läßt erkennen, daß wir uns jetzt im 5. Modus (traditioneller Art) befinden. Die Rückführung zur »Haupttonart« geht sehr einfach vor sich: die nicht mehr auf unserem Skalenmotiv fußende Tripla-Episode, Takt 26f., endet mit einer Kadenz auf d'', der – jetzt endlich erscheinenden – »Clausula secundaria« des auf g transponierten 1. Modus; und es folgt ein Schlußteil, dessen Melodik nun wieder ganz dem Habitus dieser Tonart entspricht; nicht zuletzt dadurch, daß er, wie bei Instrumental-Canzonen üblich, das Initialmotiv wieder aufgreift.

Eine Abweichung von der »Haupttonart«, wiederum dem auf g transponierten 1. Modus, findet sich in Cifras *Canzone Sesta, Nr. 16* (CifR, 78ff.) erstmals in Takt 20f.: hier bildet Cifra eine durch den Mensurwechsel noch besonders deutlich markierte »Clausula peregrina« auf der Tonstufe f. Diese Kadenz bildet – wie bei Merulo – den Angelpunkt, der es ermöglicht, jetzt Motive einzuführen, die auf f als episodische »Finalis« zu beziehen sind: wir gewahren ein die Quarten-species *fa–ut* durchmessendes »Hauptmotiv«, dargeboten als f'' – c'' vom Sopran, vom Baß als f – c und als f' – c' vom Tenor, dazu ein gegenläufiges Begleitmotiv, das bis zum Ende von Takt 26 nacheinander ex f', a, f', f', c' und c durchgeführt erscheint. Dies alles zeigt uns, daß wir, wie in der zuvor besprochenen Canzone Cifras, auch hier in den 5. Modus (traditioneller Art) übergegangen sind. Schon in Takt 25 setzt indes die Rückleitung zum (transponierten) 1. Modus ein: bereits die beiden letztgenannten Durchführungen des Begleitmotivs sind nicht mehr verbunden mit der Grundgestalt des Quart-Skalenmotives; dieses wird jetzt vielmehr zweimal als c'' – g', d. h. als *sol–re*, vom Sopran vorgetragen und als g' – d' vom Alt übernommen (Takt 27f.). Hieran schließt sich sogleich eine Kadenz auf g, d. h. eine »Clausula primaria« der jetzt wieder in ihr Recht gesetzten »Haupttonart«. Und mag Cifra bis zur nächstfolgenden Kadenz – einer »Clausula secundaria« auf d'', Takt 39f. – das Quart-Skalenmotiv auch weiterhin noch beibehalten, so ist er jetzt doch sorgfältig darauf bedacht, es in Quart-Tonräumen durchzuführen, die dem (transponierten) 1. Modus eigen sind.

Begnügen wir uns mit den hier gezeigten Beispielen; sie ließen sich bei der Durchsicht eines größeren Repertoires noch um viele andere vermehren.[5] Wenden wir uns statt dessen noch zwei Werken zu, in welchen die *Commixtio tonorum* sozusagen als *wesentliches Kennzeichen des Gesamt-Ablaufs* erscheint.

Als erstes Beispiel dieser Art erwähnt sei Hans Leo Haßlers *Ricercar Sexti Toni, Nr. 5* (DTB IV/2, 71f.). In den ersten zwanzig Takten bewahrt das Werk den in seinem Titel genannten Modus. Dann aber – von der Mitte des 21. Taktes an – steigt der Sopran aufwärts in denTonraum g'' – c'' – g''; und zugleich wird im Tenor der »leitereigene« Ton b stets durch h ersetzt. Was im Folgenden geschieht – Themen-Durchführungen des Altus und Tenors ex g' bzw. d', Kadenzbildung auf g', Einsatz des Bassus ex g, dazu – jetzt auch in den beiden Oberstimmen – ständiger Gebrauch der Tonstufe h und eine Melodik, die sich im Tenor innerhalb der Quinten-species d' – g – d', im Sopran innerhalb derselben, nur eine Oktave höheren Intervallgattung und endlich sogar innerhalb der Quarten-species d'' – g'' bewegt: dies alles zeigt uns, daß wir jetzt die Tonstufe g–*ut* als »Finalis« anzusehen haben, und zwar als Finalis des auf ihr fußenden authentischen, d. h. des 7. Modus (wenn dieser auch, infolge der oftmaligen Vorzeichnung von fis, nicht besonders »rein« dargestellt erscheint). Eine kadenzartige Bildung in Takt 30 und eine aus ihrer Ultima c'' herauswachsende, nun wieder im Ambitus c'' – f' – c'' sich bewegende Motiv-Durchführung des Soprans macht – verbunden mit einem im Ambitus c' – f' – c' verlaufenden Begleitmotiv des Tenors – die Abweichung vom »Haupt-Modus« rückgängig. Aber noch zweimal im weiteren Verlauf des Werkes – in den Takten 46–54 und 71–76/77 – wird g–*ut* wieder zur »Finalis«. Was in den Takten 46–54 an die Stelle der »Haupttonart« tritt, ist zunächst ein auf g–*ut* fußender plagaler, später (in Takt 52ff.) der auf demselben Hauptton fundierte authentische Modus, in den Takten 71ff. sodann nochmals die genannte plagale Tonart. Nur in den Takten 52ff. ist jedoch ein *regulär* auf g fundierter Modus – hier: der 7. – zu erkennen; an allen übrigen Stellen wird die den auf g fußenden Tonarten eigene Tonstufe f so oft – um nicht zu sagen: so konstant – zu fis erhöht, daß wir viel eher einen der »in *fa*« fundierten Modi, nur versetzt auf eine im Normalfall ihnen fremde »Haupttonstufe«, zu vernehmen glauben. Endlich aber tritt außer allen diesen Commixtionen in den Takten 57f., markiert durch Aufstieg des Tenors und des Soprans nach f' bzw. f'', noch eine Mixtio des 5. Modus ein, ehe das Stück dann endgültig zu seiner »Haupttonart«, dem traditionellen 6. Modus, zurückkehrt.

Noch kunstvoller angelegt ist unser zweites Beispiel: Cabezóns *Tiento del 1. Tono, Nr. 24* (CaCW II, 65f.). Dieses Werk gehört zwar, wie sein Titel uns verrät, *einem* Modus zu; sein tatsächlicher Verlauf erweckt jedoch immer wieder den Eindruck modaler »Doppelgesichtigkeit«, d. h. des Schwankens zwischen zwei auf verschiedenen Finales fußenden Tonarten. Betrachten wir deshalb, von Takt zu Takt fortschreitend, das jeweilige Geschehen. Unser Tiento beginnt mit einem imitatorisch gehaltenen Duo von Sopran und Alt. Der Anfangston des als erste Stimme einsetzenden Soprans ist a', also eine der für den 1. Modus regulären Einsatz-Tonstufen. Der sogleich folgende Alt-Einsatz ex e' brauchte, nur für sich genommen, bei einem um 1500 geborenen Komponisten noch nichts Fremdes zu bedeuten. Betrachten wir aber den Verlauf des vom Sopran in den Takten 1–5 vorgetragenen, vom Alt in den Takten 2–6 real im Unterquartabstand beantworteten Motives, so bemerken wir, daß dieses Motiv jeweils die Quartenspecies *la–mi* durchmißt: im Sopran als a' – e', im Alt als e' – h. Diese Quartenspecies aber ist die Repercussio des *4. Modus.* Die Einsätze der beiden Unterstimmen sind, obwohl zeitlich weiter auseinanderliegend, von derselben Gestalt: die Melodik von Tenor und Baß fußt also gleichfalls auf der Intervallgattung *la–mi.* Auch die nunmehr frei weitergeführten Oberstimmen entsprechen in ihrem Verlauf der Eigenart des Initialmotivs; im besonderen zeigt der Sopran – er bewegt sich weiterhin im Ambitus e' – a' – eine für den 4. Modus bezeichnende Melodik. Nachdem aber der Tenor in Takt 10ff. das Initialmotiv nochmals aufgenommen und zunächst wiederum als *la–mi* vorgetragen hat, fügt er dem Ende des Motivs nun den Sekundschritt e – d an; und dieser Sekundschritt fungiert jetzt als Clausula tenorizans einer Kadenz auf d, mit Clausula cantizans d' – cis' – d' im Sopran. Zugleich fügt auch der Baß seinem Imitationsmotiv (e – d – c – H) noch den Ton A hinzu: einen Ton, der angesichts der Stimmführung von Tenor und Sopran nun die Penultima einer – durch das Aussetzen des erwarteten Zieltons abgeschwächten – Baß-Klausel A – d darstellt. Diese auf d gebildete Kadenz (Takt 14f.) macht unsere bisherige Vermutung, daß ein 4. Modus vorliege, zunichte; der modalen Zugehörigkeit dieser Kadenz zum 1. Modus – als dessen »Clausula primaria« – entspricht andererseits, daß das nunmehr eingeführte zweite Imitationsmotiv ex d, a und a' (Baß, Tenor und Sopran) einsetzt. Die Melodik der Oberstimme aber – und in etwas geringerem Ausmaß auch die Melodik des Tenors und auch des Bassus – entspricht im weiteren Verlauf wiederum nicht der Norm des 1. Modus: in der Zentrierung des Soprans auf den Tonraum a' – g' – a' – c'' – g' – a', des Tenors auf den Tonraum a – g – a – c' – a – e' – c' – h – a und im nochmaligen Vortrag des Imitationsmotivs durch den jetzt in die Tenorlage aufsteigenden Baß (mit den Gerüsttönen a – g – a – c' – g – e – a) – in alledem vernehmen wir wiederum Melodiewendungen, welche eher einem »in *mi*« fundierten Modus zugehören. Demgemäß fassen wir auch die Kadenz auf a, mit der der Abschnitt endet, eher als »Clausula secundaria« des 4. Modus auf denn als modal gleichrangige Kadenz des 1. Modus. (Auch die in Takt 22f. angedeutete Kadenz auf e' der beiden Mittelstimmen legt uns diese Deutung nahe.) Wiederum eindeutig fundiert »in *mi*« ist sodann das vom Sopran und Tenor als e' – g' – a' – c'' bzw. e – g – a – c' (im Sopran leicht koloriert) vorgetragene dritte Imitationsmotiv; die Bildung einer Kadenz auf c'' (Takt 29f., mit Clausula cantizans im Sopran, Clausula tenorizans im Alt) vollbringt ein Übriges, diesen Eindruck zu bestätigen. Den auf diese Kadenz folgenden Baß-Einsatz des Motivkopfes als A – c – d »begleitet« jedoch in den Oberstimmen eine vom Sopran und Tenor auf f' bzw. f gebildete Kadenz. Mit ihr haben wir den Modus, welchen die Melodik der vorausgegangenen Motiv-Durchführungen und die Kadenz auf c'' uns suggerierten, wiederum verlassen und im Anschluß an die – sozusagen nun »a parte post« derart zu deutende – »Clausula secundaria« des 1. Modus (Kadenz auf a, Takt 25f.) nun auch dessen »Clausula tertia« vernommen. Das anschließende Imitationsmotiv der Oberstimme – a' – c'' – d'' – c'', sein Schluß »begleitet« von einer Kadenz des Altus und Bassus auf der Tonstufe a – ist in seiner Melodik zu wenig profiliert, als daß wir es sogleich einem der beiden bisher im Verlauf des Werkes vernommenen Modi zuzuweisen imstande wären. Die Übernahme des Motives durch den Baß – jetzt als e – g – a...g – f – e – und die Kadenzfolge c" – a' im Sopran (Takt 38f. und 42f.) weisen jedoch erneut auf einen Modus der Finalis e. Im Anschluß an die letztgenannte, deutlich ausgeprägte Kadenz nimmt Cabezón das Initialmotiv des Werkes wieder auf. Nun aber verändert er die Reihenfolge der Einsätze und die Folge der Einsatztöne in bezeichnender Weise: das Motiv erscheint zunächst zwar noch einmal, vorgetragen jetzt vom Baß, als Darstellung der Quarten-species a – e (d. h. *la–mi*); dann aber wird es vom Tenor ex d' beantwortet, und der Tonraum, den es in dieser Stimme jetzt durchläuft, ist die Quarten-species *sol–re*, also eine dem 1. Modus eigene Intervallgattung. Die Einsatztonfolge a, d', a' (Baß, Tenor, Sopran) und die Andeutung einer Kadenz auf d', gefolgt von einer »förmlichen« Kadenz auf a' (Takt 47f.), scheint das musikalische Geschehen nun endlich in die modal »richtige« Bahn zu leiten. Ins Zwielicht gerät allerdings auch diese Entwicklung alsbald dadurch, daß gerade die beiden Außenstimmen ihr Imitationsmotiv wiederum, wie zu Beginn, als *la–mi* vortragen und der Sopran diese Eigenart seines Motivs durch einen lang ausgehaltenen Schlußton – mit Pause danach – besonders offen kundgibt. Durch diese Melodik von Baß und Sopran erhält auch die nochmalige Kadenzbildung auf a (Takt 50f.) den Charakter einer dem *4. Modus* zugehörigen »Clausula secundaria«. Erst der auf diese Kadenz folgende Schlußabschnitt des Werkes festigt endgültig dessen »Haupttonart«: das Initialmotiv erscheint (Takt 54ff.) nochmals im Baß, jetzt aber als d – c – d...A (d. h. als *sol–re*), und die frei erfundene Melodik des Soprans exponiert nun eindeutig die Quinten-species *la–re* (= a' – d') des 1. Modus.

Zusammenfassend können wir also sagen: in seinem dem 1. Modus zugeschriebenen Tiento Nr. 24 vollbringt Cabezón das »Kunststück«, ein Werk zu komponieren, das, obgleich fast ohne jegliche für die »Haupttonart« typische Melodik, dennoch modal nie ganz »aus den Fugen geht«, da die Folge seiner Hauptkadenzen immer wieder den »Haupt-Modus« wahrt, während der »andere« Modus, mag er auch in der Melodik noch so stark zutage treten, doch niemals durch seine »Clausula primaria« (hier: die Kadenz auf e) in aller Form bekräftigt wird. Ein Vorbild dieser eigentümlichen Verfahrensweise können wir wohl in Juan Bermudos Instrumentalstück *Primero Tono con resabios del quarto* (»Erster Modus mit Beigeschmack des vierten«) vermuten.[6] (Ein modal noch »vielgesichtigeres« Werk stellt im Bereich der Vokalpolyphonie Lassos Motette *Illumina oculos meos* dar.[7])

3) Als *Werke mit modal uneinheitlichem Verlauf* bezeichnet seien jene Kompositionen, die, entgegen dem normalen Usus, sozusagen »irgendwo« beginnen und erst nach kürzerer oder längerer Zeit dem Hörer zu erkennen geben, wohin – bildlich gesprochen – die Reise gehen soll. Werke dieser Art zeigen also, gleich manchen nicht-polyphonen Ricercaren, ein »Aufsuchen« jener Tonart, die die eigentlich gemeinte ist.

Ein erstes, noch sehr einfaches Beispiel dieses »Aufsuchens« bietet Annibale Padovanos *Toccata del Sesto Tono, Nr. 2* (CEKM 34, 10ff.): ihre Außenstimmen beginnen – in nota-contra notam-artiger Satzweise – mit denTönen f" bzw. f und halten diese Töne zweieinhalb Takte lang fest, so daß beim Hörer die Meinung entstehen muß, es liege ein »in *fa*« fundierter *authentischer* Modus vor. Das von der Initial-Tonfolge f'' – e'' – d'' rasch bis c' abwärts führende Laufwerk des »Soprans«, dazu das Ausgreifen der drei Unterstimmen zum terzlosen Dreiklang über F lassen die anfänglich gefaßte Meinung jedoch bald ins Schwanken geraten; und die Tatsache, daß während des ganzen Laufwerk-Anfangsteils keinerlei Kadenz auf c'' eintritt – die einzige Binnenkadenz dieses Teils (Takt 10f.) liegt auf g' –, verstärkt immer mehr den Eindruck, daß der Modus als plagal anzusehen sei. Endgültig bekräftigt findet sich diese Annahme durch die Melodiebildung und Kadenzfolge des »fugierten« Mittelteils, dem auch der wieder virtuos gehaltene Schluß, trotz gelegentlicher Laufwerk-Aufstiege der Oberstimme bis nach f'', nichts Gegenteiliges mehr zufügt.

Gleichartig beschaffen ist, was das »Aufsuchen« der Tonart betrifft, Giovanni Gabrielis *Fantasia del Sesto Tono, Nr. 14* (Gabr[G] CO I, 49ff.). In diesem Werk überträgt der Meister die doppelchörige Satzweise auf das Tasteninstrument: als ständig alternierend finden wir eine hohe und eine tiefe Stimmengruppe, erstere mit einer Oberstimme in Sopranlage, letztere mit einem im Vergleich zu diesem Sopran oktav-identischen Tenor I als höchster Stimme. Was wir zu Beginn des Werkes, vorgetragen zuerst vom Sopran, wiederholt sodann vom Tenor I und nochmals vom Sopran, vernehmen, läßt uns allerdings noch nicht den im Titel des Werkes genannten (traditionellen) 6. Modus erkennen. Wir hören vielmehr als Grundlage der jeweiligen Oberstimmen-Melodie einen durch die Intervall-species c'' – f'' – f' bzw. c' – f' – f bestimmten Verlauf: einen Melodieverlauf also, der durch die Quinten-species *ut–sol* + Quarten-species *ut–fa darüber* konstituiert und somit dem (traditionellen) 5. Modus zugehörig ist. Den Schluß aller Durchführungen dieses Initialmotivs bildet eine Kadenz auf der Finalis f' bzw. f. Schon im zweiten Abschnitt unserer *Fantasia* (Takt $10,_4$–$15,_1$) ändert sich jedoch das Bild: die jeweilige Oberstimme bewegt sich jetzt nicht mehr in einem dem 5. Modus allein zugehörigen Tonraum, sondern – mit dem Skalen-Abstieg d'' – c'' – b' – a' bzw. d' – c' – b – a – in einem Bereich, der sowohl dem 5. wie dem 6. Modus eigen ist. Der Umstand, daß auch weiterhin nur auf der Finalis-Tonstufe – hier mit zwei »Clausulae simplices« – kadenziert wird, verschiebt sogar das Gewicht schon merklich zu Gunsten des plagalen Modus; in dieselbe Richtung weist die Tatsache, daß der Baß jetzt oft bis G und F hinabsteigt (was er bis zur Mitte von Takt 10 stets vermieden hat). Dieselben Eigenschaften zeigt der bis Takt $19,_1$ reichende dritte Abschnitt des Werkes; und noch deutlicher läßt der Verlauf der Takte 19–$45,_1$ erkennen, daß im Grunde schon vom elften Takt an der *plagale* Modus der Finalis f als »Haupttonart« gemeint ist. Nicht nur verharren die Oberstimmen beider »Chöre« auch jetzt ostentativ im Tonraum der dem 5. und 6. Modus gemeinsamen Quinten-species, und nicht nur bilden sie dazu auch weiterhin ausschließlich Kadenzen auf der Finalis-Tonstufe f (Takt 23f. und 28f.); in den Takten 35–37 und 43–$45,_1$ fügen die genannten Oberstimmen ihrem Melodieverlauf nun auch die Quarten-species f' – c' bzw. f – c hinzu, und dementsprechend führen beide Stimmen jetzt – als erste außerhalb der Finalis liegende Zäsur – die Kadenz auf dem *Unterquartton* der Finalis ein. Dieses ganze den plagalen f-Modus kennzeichnende Geschehen kann im weiteren Verlauf, gleich wie zuvor bei Padovano, durch Ambitus-Überschreitungen nach der Höhe hin nicht mehr rückgängig gemacht werden; um so weniger, als der Kadenz auf c" bzw. c' (Takt 60f.) – einer Kadenz, die im 5. Modus schon längst hätte eingeführt erscheinen müssen – noch die zweimalige Kadenzierung auf der Finalis-nahen Tonstufe g vorausgeht.[8] Wir erkennen also: der im Titel genannte 6. Modus wird dem Hörer zwar auch hier nicht sogleich kundgegeben, setzt sich aber als »Haupttonart« sehr bald schon durch; und die Bezeichnung des Werkes nach eben diesem Modus läßt sich auch hier als zu Recht bestehend wahrnehmen.

Für längere Zeit im Ungewissen bleibt hingegen die »Zieltonart« in Annibale Padovanos *Toccata del Primo Tono, Nr. 1* (CEKM 34, 1ff.). Ein Hörer, dem man nur diesen Titel verriete, würde sich darauf gefaßt machen, daß das Werk mit dem »Hauptdreiklang« seiner Tonart, dem Dreiklang über der Finalis-Tonstufe *re*, begänne. Was der Hörer von Annibales Toccata jedoch wider alles Erwarten vernimmt, ist ein über der Tonstufe *fa* – hier über b – errichteter Anfangsdreiklang, dem sofort eine Bekräftigung dieses *fa* durch eine volle Kadenzierung folgt. Faßt der Hörer nun dieses *fa* (= b) als Finalis-Tonstufe auf (wozu der Komponist ihn förmlich nötigt), dann erscheint – oder: erschiene – der Modus des Werkes, gemäß der Tonfolge d" – c" – d" – c" – d" (4 mal) – e" – f" – e" – d" der Oberstimme in den Takten $1–9_{,1}$ – zunächst als ein »per b-molle« um eine Quarte aufwärts transponierter Glareanischer Hypolydius. Diese Vermutung wird indessen bald zunichte: vielleicht schon durch den lang ausgehaltenen Baßton G (Takt 3–5), gewiß aber durch die zweite im Verlauf des Werkes eintretende Kadenz (Takt 10f.): sie liegt auf g–*re* und somit auf einer dem transponierten Hypolydius als »Clavis clausularum« fremden Tonstufe. Welcher der beiden »in *re*« fundierten Modi ist nun aber eingetreten? Das Laufwerk des »Soprans« in den Takten 11–24 scheint durch seinen Bewegungsraum – oft abwärts bis nach g und f (einmal sogar nach d), aufwärts aber nur bis zur Obersexte der »Sopran«-Finalis g' (dazu einmal bis f") – die Vermutung nahezulegen, daß es sich um den plagalen Modus der Finalis *re*, also den 2. Modus, handle. Die Wiederholung der Kadenz auf g' (Takt 24f.) verstärkt noch diesen Eindruck. Dasselbe gilt von der Fortsetzung des ersten, quasi-improvisatorischen Hauptteils: gleich ob in Laufwerk oder mit langen Haltetönen, immer bewegt sich die Oberstimme im Ambitus des auf g transponierten 2. Modus. Diesem Modus entspricht nach wie vor die Folge der Kadenzen: den beiden schon vernommenen Kadenzen auf g–*re* folgen jetzt – in den Takten 36f. und 44f. – Kadenzen auf der Tonstufe d, durch die Lage ihrer Melodieklauseln ausgewiesen als Kadenzen auf der *Unterquarte* der »Sopran«-Finalis g'. Mit der zweiten dieser d-Kadenzen endet der frei geformte Einleitungsteil unserer Toccata, und es beginnt nun ihr – bis zum Schluß reichender – »fugierter« Teil. Die erste Durchführung des diesen Teil zunächst beherrschenden Imitationsmotives läßt uns noch im Glauben, daß auch weiterhin ein 2. Modus vorliege: wir fassen, gemäß alledem, was wir bislang vernommen haben, die genannte, von d' aus einsetzende Motiv-Durchführung als vom »Sopran« vollzogen auf, und die in Takt 48 einsetzende zweite Durchführung des Motivs (ex a) als Durchführung in Tenorlage. Bereits im nächsten Takt erweist sich aber auch diese unsere Vermutung als irrig: eine ex d'' beginnende, im Tonraum d'' – c'' – f'' – d'' sich bewegende Motiv-Durchführung zeigt uns, daß erst jetzt der *wirkliche* Sopran einsetzt und daß die Stimmen, die wir innerhalb der »Fuge« bis dahin vernommen haben, der Altus, Baß und Tenor sind, wobei der Alt und Baß das »Thema« vorgetragen haben. Zwei auf die erste Motiv-Durchführung des – wirklichen – Soprans unmittelbar, in derselben Stimme und derselben Lage folgende »Themen«-Durchführungen zeigen uns dann vollends, daß wir nun aus dem (transponierten) 2. in den (gleichfalls transponierten) 1. Modus übergegangen sind. Gemäß der diesem Modus eigenen Disposition »a voce piena« bewegen sich fortan alle Stimmen, am leichtesten zu erkennen im Sopran, der jetzt sehr oft bis f'' aufsteigt, und andererseits im Baß, der, abgesehen von der Schluß-Longa, niemals mehr unter c und B hinabreicht. Das mit alledem Ausgesagte gilt jedoch nicht nur für die Durchführungen jenes Imitationsmotivs, von dem bisher die Rede war; auch das zu Ende von Takt 75 – erstmals vom Sopran – eingeführte zweite Motiv des »fugierten« Teils unserer Toccata steigt sofort auf zum Oberquint- und Obersextton der Sopran-Finalis g' und in späteren Sopran-Durchführungen immer wieder aufwärts bis f'' (so z. B. in Takt 88ff. und 107f.). Auch die Folge der Kadenzen läßt die Eigenart des (transponierten) 1. Modus immer deutlicher zutage treten: waren innerhalb des von dem ersten Imitationsmotiv beherrschten »Fugen«-Teiles den Kadenzen auf g–*re*, der Finalis-Tonstufe, nur Kadenzen auf b, d–*mi* (U-IV) und c zur Seite getreten[9], so stellen sich zu den Durchführungen des zweiten Imitationsmotivs, außer den weiterhin auf b und c gebildeten Kadenzen, sehr bald auch Kadenzen auf d'', dem Oberquintton der Sopran-Finalis, ein[10]; und mit der Kadenzfolge d'', b und g–*re* (Takt 113f., 118 und 119–121), d. h. mit der Folge von »Clausula secundaria«, »tertia« und »primaria« des »per b-molle« transponierten 1. Modus, endet unsere Toccata. Sie trägt also, wie wir jetzt sehen, ihre Modus-Bezeichnung auf Grund des »fugierten« zweiten Teils, der hier – wie später etwa in der Zweier-Form »Praeludium und Fuge« – sozusagen als das »Hauptstück« aufgefaßt erscheint.

Als weitere Beispiele modal uneinheitlichen Verlaufs genannt seien noch die *Toccata prima, Nr. 11* des Sperindio Bertoldo (CEKM 34, 50ff.), ferner das in seiner Quelle – Luis Venegas de Henestrosas Tabulatur (Brown 1557_2, Nr. 39) – als *Otro Tiento. Primero Tono* bezeichnete Werk des spanischen Kleinmeisters Pedro Alberch Vila (MME II, 45f., Nr. 39, Tiento XIII) und Christian Erbachs *Introitus Secundi Toni, Nr. 4* (ErCKC V, 21ff.). – Das erste dieser Werke – Bertoldos *Toccata* – führt von einem zunächst vorgespiegelten 9. Modus (transponiert auf d) über eine kurze, scheinbar »in *fa*« fundierte Episode (Takt 4–7) schließlich zum transponierten 2. Modus als der »Haupttonart«. – Das Werk des Spaniers erweckt zunächst den Anschein eines 4. Modus: die Einleitungsimitation könnte uns dessen Repercussio *mi–la* (bzw. hier: *la–mi*) nicht deutlicher darlegen. Dann aber tritt, anschließend an eine sehr stark gliedernde Kadenz auf d (Takt 21f.), der im Titel genannte 1. Modus, kundgegeben jetzt durch eine aus dessen Initialmodell d' – a' – c'' – a' (bzw. d – a – c' – a) hergeleitete Melodik der tonartlich »herrschenden« zwei Stimmen, als der »eigentliche« Modus in sein Recht. – Erbachs *Introitus* erweckt sowohl in seinem virtuosen Anfangsteil als auch in seiner nur von Sopran, Alt und Tenor ausgeführten »Fuge« den Eindruck eines (auf g transponierten) 1. Modus. (Der Abstieg des Bassus nach G in Takt 3 und 16f. übt auf die Melodik der Oberstimmen keinen Einfluß aus.) Erst nach dem Ende der »Fuge« (Takt 30ff.) verschiebt sich der ganze Klangraum des Werkes nach der Tiefe: besonders deutlich zu erkennen an den beiden Außenstimmen, von denen sich jetzt der Baß in einem, bezogen auf seinen Schlußton G, authentischen Ambitus bewegt, der Sopran aber, bezogen auf seine Finalis g', nun einen plagalen Tonraum durchmißt.

Komplizierter, aber in den Einzelheiten ihres Ablaufs dennoch stets durchschaubar, ist endlich die im Fitzwilliam Virginal Book überlieferte *Fantasia* von Thomas Morley (FitzVB II, 57ff.). Das Werk beginnt als Glareanischer 10. Modus; die Kadenzfolge a', d', a' (Takt 18–22), verbunden mit einer den Tonraum d' – a' – c'' – a' durchmessenden »Sopran«-Melodik (Takt 20–22), zeigt jedoch einen Moduswechsel an: wir befinden uns mit alledem im 1. Modus. Doch hat diese Tonart, kaum wahrgenommen, keinen Bestand: eine in Takt 23f. gebildete Kadenz auf g' bringt sie alsbald ins Schwanken, und das melodische Geschehen der Takte 24–37,$_1$ zeigt uns, verbunden mit weiteren Kadenzierungen auf g und c'', daß wir uns nunmehr im 8. Modus befinden. (Man beachte im besonderen die Melodik der mit Takt 33 beginnenden »fugierten« Episode.) Als fundiert »in *sol*« erweist sich auch der bis Takt 50,$_1$ reichende, wiederum spielfreudig gehaltene Abschnitt. Seine auf d'' gebildete Schlußkadenz gehört zwar noch dem auf *sol* fundierten Moduspaare an; doch fungiert sie hier als Bindeglied zu einem abermaligen Wechsel der Tonart; genauer: zur Wiedereinführung des durch die Kadenzfolge a', d', a', d', a', d' (Takt 52–63) exponierten 1. Modus. Diese Tonart wird nun zwar grundsätzlich bis zum Schluß des Werkes bewahrt; zweimalige Kadenzbildung auf der Tonstufe c (Takt 73f. und 84f.) sowie der *mi*-Charakter der letzten zwei auf a gebildeten Kadenzen (Takt 90f. und 94f.) mischen der an sich festgehaltenen »Haupttonart« aber auch jetzt noch »Fremdes« bei.

Schlechthin unsinnig sind endlich der Verlauf und die Tonart-Bezeichnung von Erbachs *Canzona Quinti Toni, Nr. 17b* (ErCKC III, 104ff.). Das Gros dieses Werkes stellt nur eine Variante der vorausgehenden, zu Recht als *Octavi Toni* bezeichneten *Canzona Nr. 17a* dar. Der im Sinne des Verlaufs der Takte 1–58 regulären Schlußkadenz auf g wird in der *Canzona Nr. 17b* aber – wohl von einem »Bearbeiter« – ein siebentaktiger Anhang beigefügt, der zunächst auf c'', sodann auf f' kadenziert und auf dem Dreiklang der Tonstufe c sein Ende findet. Allein dieses Schlußakkordes wegen wird nun auch das ganze Werk als auf c fundiert und somit dem (transponierten) 5. Modus – traditioneller Art – zugehörig angesehen. (Auch die Annahme eines nur »halbschlüssigen« Endes und der Tonstufe f als »Finalis« besserte nichts an der Sache.) Der Satz »In fine videbitur cuius toni« oder »A fine denominatur res« wird jedenfalls in einer Weise strapaziert, die zu Recht schon den Tadel eines Marchetus von Padua gefunden hat.[11]

Beschließen wir hiermit unsere Übersicht modal uneinheitlicher Werkabläufe. Wir beschränkten uns auf die Besprechung solcher Beispiele, bei denen die modale »ratio« trotz allen Wechsels stets einsichtig blieb. Verzichtet wurde deshalb auf eine Besprechung von Werken wie Hans Leo Haßlers *Ricercar Septimi Toni, Nr. 6* (DTB IV/2, 73f.) und der im Fitzwilliam Virginal Book (FitzVB I, 373 ff.) überlieferten *Toccata* des venezianischen Organisten Giovanni Pichi: Kompositionen, deren tonartliche »ratio« nur durch eine von Takt zu Takt fortschreitende Analyse – soweit überhaupt möglich – aufzuweisen wäre.

Stellen wir uns nun noch die Frage: Welchem Zweck dienten Instrumentalwerke von modal uneinheitlichem Verlauf ? Als Antwort bieten sich folgende Möglichkeiten an. Die erste wäre: Es handelt sich bei diesen Kompositionen um Nachfahren jener Art nicht-polyphoner Ricercare, die, gemäß einer schon bei Aristoteles für das musikalische Prooemium belegten Praxis, mit dem folgenden »Hauptstück« nur lose verbunden waren und dessen Modus folglich nicht bereits zu Anfang kundzugeben brauchten.[12] Die zweite Möglichkeit wäre, daß Werke dieser Art als Interludien fungieren konnten, welche Vokal- oder polyphone Instrumentalwerke verschiedener Modi miteinander verbanden. (Sollte vielleicht ein Stück von so kompliziertem tonartlichem Ablauf wie Antonio Valentes *Fantasia, Nr. 1* [VallInt, 15ff.] dazu bestimmt gewesen sein, die Verbindung zwischen einem Werk »Primi Toni transpositi per b-molle« und einem anschließenden, im nicht-transponierten 1. Modus stehenden Werk herzustellen? Oder sollte Valentes Komposition – wenn wir ihr Ende als »halbschlüssig« auffassen – auch als Verbindung zu einem im transponierten 2. Modus stehenden Werk dienen können?) In Betracht zu ziehen wäre endlich die Möglichkeit, daß man Interludien je nach Bedarf auf einer ihrer Binnenkadenzen abbrach, wovon uns Werktitel und Spielanweisungen Zeugnis geben.[13]

2. Kapitel: Auf Moduspaaren fundierte Werke und modale Fehlzuschreibungen

Auf Moduspaaren fundierte Werke

Im letzten Kapitel haben wir die *Mixtio* und *Commixtio tonorum* als Möglichkeiten des Tonartwechsels kennengelernt. Wie die Beispiele zeigten, handelt es sich hierbei stets um episodische Erscheinungen. Nun begegnen wir aber in der Vokalmusik des späten 16. Jahrhunderts auch Werken, die als einem Modus*paar* (gleicher Finalis) zugehörig bezeichnet sind. Über Werke dieser Art äußern sich eine Reihe deutscher Musiktheoretiker des frühen 17. Jahrhunderts.[1] Geben wir die einschlägige Aussage des frühesten von ihnen, Seth Calvisius, hier kurz wieder. Es handle sich bei den nach Moduspaaren benannten Werken – so Calvisius – um Kompositionen, deren Gesamt-Tonraum, vom tiefsten Ton des Bassus bis zum höchsten des Soprans, die Grenzen der normalen Stimmen-Disposition, d. h. den Raum von etwa 2 1/2 Oktaven, überschreite. Derartig disponierte Werke könnten nicht mehr »ad unam Modi alicuius formam« bezogen werden; sie gehörten also nicht mehr einem einzigen, sei es authentischen, sei es plagalen

Modus an. Man müsse sie vielmehr »ad ambas formas alicuius Modi« oder, mit anderen Worten ausgedrückt, »ad connexum aliquem Modum« beziehen und sie deshalb als »im 1. *und* 2.«, »im 3. *und* 4. Modus« usw. komponiert bezeichnen.[2]

Modus-Benennungen dieser Art finden wir – fast wäre man versucht zu sagen: selbstverständlich – auch in der Instrumentalmusik des 16. und frühen 17. Jahrhunderts. Wie nun sind diese Bezeichnungen jeweils zu verstehen? Versuchen wir, diese Frage an Hand einiger instruktiver Beispiele wenigstens andeutend zu beantworten.

Wählen wir als Ausgangspunkt ein zugleich einfaches wie auch kunstvolles Beispiel: Giovanni Gabrielis vierstimmiges, monothematisch angelegtes Orgel-*Ricercare del Settimo e Ottavo Tono* (Gabr[G] CO I, 41ff.). Sein Thema, vorgetragen zuerst vom Sopran, erweist sich als gewonnen aus den Intervall-species g' – d" + d' – d" – (g'), also aus dem skalaren Bewegungsraum des 8. Modus. Der Norm dieser Tonart entsprechen auch die Einsätze und ersten Themen-Durchführungen der drei Unterstimmen. Das heißt: die Themen-Durchführung des Altus bewegt sich im Tonraum d' – g' + g – g' – d', also, nur für sich gesehen, in einem authentischen Ambitus. Streng oktav-identisch mit den Tonräumen der beiden Oberstimmen verlaufen die ersten Themen-Durchführungen des Tenors und Bassus. Nur betrachtet unter dem Gesichtspunkt der genannten ersten Themen-Durchführungen der vier Stimmen, müßten wir das Werk somit als dem 8. Modus zugehörig ansehen. Wenden wir unsere Aufmerksamkeit nun aber auch der freien »Begleitung« zu, welche schon die Themen-Durchführung des Altus durch die Sopranstimme erfährt, dann bemerken wir, daß der Sopran sich alsbald über den Tonraum seines Themas hinaus aufwärts bewegt: bereits in den Takten 8–10 durchmißt er den Tonraum h' – a" – d", und auch weiterhin bis zur ersten, mit dem Baß-Einsatz des Themas zusammenfallenden Kadenz (Takt 16f.) verbleibt er stets in diesem Ambitus, d. h. im Ambitus des 7. Modus. Gleichartiges gilt für den Bewegungsraum des Altus: sobald diese Stimme das Thema an den Tenor abgegeben hat, erhebt auch sie sich über den von der Disposition des 8. Modus ihr gewährten, im Thema selbst noch beachteten Tonraum g – g' hinaus; sie bewegt sich jetzt aufwärts bis c" und d", d. h. bis zu der Obergrenze, die dem Altus innerhalb der Disposition des 7. Modus zugestanden wird. Dasselbe wie für den Sopran gilt – mutatis mutandis – für den Tenor: auch er begleitet den Skalen-Aufstieg des Bassus (G…a – g) mit dem in Tenorlage nur dem 7. Modus eigenen Ascensus h…a' – d'. In den Takten $21–31_1$ finden wir das Thema nochmals vom Sopran und Alt in den uns schon bekannten Tonräumen des 8. Modus – Sopran: plagal, Altus: authentisch – durchgeführt. Die begleitenden Unterstimmen wahren zunächst (d. h. bis zum Ende von Takt 28) den durch die Disposition des plagalen g-Modus ihnen zugewiesenen Tonraum. In der Kadenzbildung tritt nun aber der Ton d", die Oberquinte der Sopran-Finalis, als starke Zäsur zutage. In der anschließenden Duo-Episode der zwei »dienenden« Stimmen (der Tenor pausiert von Takt 29–36) erhebt sich erstmals auch der Baß bis d' und e', also in eine nur innerhalb der Disposition des 7. Modus ihm zukommende hohe Lage. – Eine durchgreifende Änderung der tonartlichen Verhältnisse tritt mit Takt 31 ein und bleibt bis zum Schluß des Werkes bestehen: jetzt sind es nicht mehr die das

Thema nur »begleitenden« freien Weiterführungen, die sich in den Tonräumen des 7. Modus bewegen, sondern die Themen-Durchführungen selbst: zuerst der Sopran im Tonraum d" – g" – g' – g", dann der Tenor – eine Oktave tiefer –, ihm folgend der Baß im Tonraum g – d' – d – d' und endlich nochmals der Sopran in dem bereits erwähnten Tonraum. Gegenüber dem Anfangsteil setzt sich nun also der 7. Modus gänzlich durch: auch das Thema wird jetzt, durch Veränderung seiner Lage, der Norm des *authentischen* »in *sol*« fundierten Modus unterworfen. Von einer bloßen *Mixtio tonorum* kann unter allen diesen Umständen nicht die Rede sein. Es liegt somit der Fall vor, daß – nach der Aussage von Erasmus Sartorius – »die Quarte die Quinte von beiden Seiten umgibt«.[3] Jede Stimme weist also einen *grundsätzlich* übermäßigen, durch das melodische Material *beider* zur Finalis *sol* gehöriger Modi ausgefüllten Ambitus auf.[4]

Besonders stark verbreitet ist – auch dies wie in Vokalmusik der späten Renaissance – die Fundierung auf einem Modus*paar* bei mehrchörig komponierten Werken: dann nämlich, wenn deren Chöre verschiedenartig disponiert sind. Zwei gleichfalls leicht verständliche Beispiele hierfür bieten uns Pietro Lappis *Canzon à 8 »La Negrona«* (KuN, 53ff.) und Tiburtio Massainos *Canzon per quattro viole e quattro Chitaroni ò Leuti* (KuN, 70ff.).

Betrachten wir zunächst die Canzone Lappis. Schon ein Blick auf die Schlüsselung zeigt den modalen Unterschied ihrer beiden Chöre: dem im transponierten 1. Modus konzipierten ersten Chor steht ein zweiter gegenüber, der nach der Norm des – gleichfalls transponierten – 2. Modus komponiert ist. Der modale Unterschied beider Chöre wird noch verstärkt dadurch, daß sich die drei Oberstimmen des ersten Chors in ostentativ hohen Lagen bewegen: der Sopran dieses Chors berührt nur ein einziges Mal (Takt 26) seine Finalis g', oft aber deren Oberoktav, dazu gelegentlich die Obernone und -dezime; der Alt bewegt sich (abgesehen von einmaligem Berühren des Tones f') ausschließlich im Ambitus g' – d"/es", stellt also, streng genommen, einen zweiten Sopran dar, und der Tenor verläuft durchweg so hoch, daß er, bezogen auf die normale Stimmen-Disposition des auf g transponierten 1. Modus, als Alt bezeichnet werden muß. Nur der Baß wahrt die Grenzen, welche die normale Disposition des »per b-molle« transponierten 1. Modus ihm vorschreibt: er bewegt sich – mit geringfügigen Ausweitungen – grundsätzlich im Ambitus c – d'. Der zweite Chor seinerseits beachtet zwar in den drei Oberstimmen die normalen Tonräume gemäß der Disposition des auf g transponierten 2. Modus; der Baß aber erweitert seinen regulären Tonumfang (G – g) durch mehrmaligen Abstieg bis nach D. Durch diese im ersten Chor ostentativ »nach oben«, im zweiten Chor gleich deutlich »nach unten« weisenden Modifikationen des normalen Dispositions-Schemas ergibt sich gleichsam von allein ein besonders starker Gegensatz von »heller« und »dunkler« Klangfarbe; und diesem Gegensatz entsprechen auch Melodik und Kadenzfolge bereits im Anfangsabschnitt beider Chöre: die Oberstimmen-Melodik des Chores I bewegt sich ständig im Ambitus g" – d", und auf d" liegen die ersten beiden »förmlichen« Kadenzen dieses Chores (Takt 5f. und 11); die Sopran-Melodik des zweiten Chores kontrastiert hierzu durch engschrittige, sehr spät erst zum Oberquintton der Finalis g' aufsteigende Melodik und durch eine der *plagalen* Repercussio *re-fa* entsprechende Kadenzfolge b' – g (Takt 16–18). Die modale Unterschiedlichkeit beider Chöre wird uns also gleich zu Beginn unübertreffbar deutlich »vor Augen geführt«. Auch im weiteren Verlauf des Werkes bleibt jedem Chor seine modale Eigenart erhalten; wir hören also, daß und wie der 1. und der 2. Modus ständig alternieren. Erst im Schlußteil unserer Canzone (Takt 72–80) finden sich beide Chöre und mit ihnen ihre beiden Tonarten zu einem von Calvisius so genannten »connexus aliquis Modus« zusammen.

Massainos achtstimmige *Canzone*, auch sie ein doppelchörig angelegtes Werk, fußt auf einer prinzipiell gleichartig kontrastierenden Stimmen-Disposition. Das heißt: auch bei Massaino steht der erste Chor im authentischen, der zweite Chor im plagalen Modus ein und derselben Finalis – hier der erste Chor im 5., der zweite Chor im 6. Modus traditioneller Zählung. Auch sind innerhalb des ersten Chores wiederum den beiden Mittelstimmen – besonders dem Tenor – ungewöhnlich hohe Lagen zugewiesen. Anders als in der Canzone Lappis erweitert jedoch bei Massaino schon der Baß des ersten Chores seinen Tonumfang – er reichte normalerweise etwa von B/c bis c'/d' – oft durch Abstieg nach F; die Bässe beider Chöre werden hierdurch nahezu lagengleich. Der zweite Chor seinerseits wahrt in allen Stimmen die dem (traditionellen) 6. Modus eigenen Bewegungsräume. (Der Aufstieg des Tenors nach f', Takt 25, bleibt vereinzelt.) Trotz dieser Verschiedenheit der Stimmen-Disposition beider Chöre erscheint in Massainos Canzone der Kontrast der beiden Modi nicht so ausgeprägt wie bei Lappi. Auch bei Massaino eröffnet der erste Chor den Ablauf des Werkes. Seine Oberstimme bewegt sich aber zunächst nur im Ambitus a' – d" – c" – a' – d" – c", also in einem Tonraum, der auch dem plagalen f-Modus zugänglich ist; und beendet wird dieser Einleitungsabschnitt durch eine Kadenz auf der Finalis f, also gleichfalls in einer auch dem 6. Modus eigenen Weise. Der Sopran des hiernach (in Takt 6) einsetzenden zweiten Chores zeigt allerdings eine Melodik von deutlich tieferer Lage, offenkundig hergeleitet aus der Repercussio *fa-la* (= f' – a') und wiederum beendet durch eine Kadenz auf der Finalis f. Sobald nun aber beide Chöre rascher alternieren und der Sopran des ersten Chores in eine jetzt nur mehr dem 5. Modus zukommende Höhenregion aufsteigt, ist es gerade der Sopran des zweiten Chores, dem Massaino die erste außerhalb der Finalis eingeführte Zäsur zuweist: eine »Clausula simplex« auf c", die der erste Chor sogleich – und jetzt als »förmliche« Kadenz – wiederholt (siehe Takt 11–13; in den Takten 14–16 nochmals die Kadenzfolge f' – c"). Auch der Schlußabschnitt, in welchem beide Chöre in nur mehr sehr kurzen Zeitabschnitten alternieren und endlich zusammenwirken, ist bei Massaino länger als in der Canzone Lappis (er umfaßt etwa die Takte 40/41–57 des Werkes). Massainos Canzone läßt sich somit als »Quinti et Sexti Toni« erkennen und bestimmen. Doch erscheint, wie auch in vielen normal disponierten Vokal- und Instrumentalwerken des späten 16. und frühen 17. Jahrhunderts, der Unterschied dieser beiden Modi schon beträchtlich abgeschwächt: gemindert im besonderen dadurch, daß auch Massaino die Kadenz auf a – d. h. die dem 6. Modus als »Clausula secundaria« an sich eigene Kadenz auf dem Repercussionston – konsequent vermeidet.

Schwieriger zu erkennen ist die »ratio« der modalen Doppelbezeichnung bei einem der vielstimmigen Ensemble-Instrumentalwerke Giovanni Gabrielis: seiner zwölfstimmigen, dreichörigen *Canzon Septimi et Octavi Toni, Nr. XIII* (IMAMI II, 230ff.). Die Benennung dieses Werkes nach *beiden* Modi der Finalis *sol* überrascht zunächst sehr, wenn wir die hohe Lage der Sopran-, Alt- und Tenorstimmen aller drei Chöre betrachten: sie entspricht jeweils der Stimmen-Disposition des 7. Modus.[5] Unterschiedlich disponiert sind jedoch die Bässe: der Baß des ersten Chors bewegt sich – mit nur seltenen Ambitus-Unterschreitungen (nach H, A und G) – im Ambitus c – c', also in einem innerhalb des 7. Modus für den Baß regulären Tonraum. Die Baßstimmen des zweiten und dritten Chores sind hingegen, kenntlich bereits an der Schlüsselung, andersartig angelegt: sie bewegen sich ständig – mit gelegentlicher Unterschreitung bis F und Überschreitung bis a (dazu einmal, Takt 29f., auch bis c') – innerhalb der Oktavgattung G – g, d. h. innerhalb eines durch die Disposition des *8. Modus* dem Baß zugewiesenen Tonraumes. Diese durch die Baßstimmen des zweiten und dritten Chors vollzogene Erweiterung des gesamten Klangraumes nach der Tiefe hin – auf etwa drei Oktaven – bildet offenbar den Grund dafür, daß unsere Canzone *beiden* auf *sol* fußenden Tonarten zugewiesen wird.

Hier könnte sich vielleicht die Frage aufdrängen, warum die Erweiterung des Klangraumes in der soeben erwähnten Canzone zur Tonart-Benennung nach einem Modus*paar* den Anlaß gibt, während in Giovanni Gabrielis oben, S. 66, besprochener *Sonata Octavi Toni* eine gleichartige Erweiterung ohne Einfluß auf die tonartliche Zuweisung des Werkes bleibt. Die Antwort dürfte lauten: In der genannten *Sonata* wirkt die Klang-Ausweitung nach der Tiefe sozusagen gleichsinnig mit dem relativ »dunklen«, »gedrückten« Melodie- und Klangcharakter des plagalen Soprans und der plagalen beiden Tenorstimmen; in unserer *Canzone* hingegen steht die Ausweitung des Klangraumes in Regionen unterhalb der Stimmen-Disposition des 7. Modus im *Gegensatz* zum hohen, »hellen« Klang der Melodik aller drei Soprane – und überdies auch zum Klangcharakter aller Mittelstimmen, denen wir, grosso modo wenigstens, sogar den Baß des ersten Chors zuzählen können.

Bei Werken präludierenden Charakters scheint die Benennung mit dem Namen eines Modus*paares* speziell darauf hinzuweisen, daß das Werk als Einleitung von »Hauptstücken« sowohl im authentischen als auch im plagalen Modus der betreffenden Finalis dienen kann. Übergehen wir hier – des geringen Unterschiedes der »in *mi*« fundierten beiden Modi wegen – Giovanni Gabrielis schon oben, S. 135, erwähnte Intonation *Terzo e Quarto Tono* sowie Erbachs *Introitus Tertii et Quarti Toni* (ErCKC V, 23 ff.). Wenden wir uns vielmehr Girolamo Dirutas *Toccata dell' Undecimo et Duodecimo Tono* (KrebsD, 386f.) zu; und fragen wir: Was steht hier hinter der »doppelten« Modus-Bezeichnung?

Eine in allen Punkten überzeugende Antwort ist hier schwer zu geben. Betrachten wir nämlich den Anfang dieses Werkes (Takt 1–$7_{,1}$), dann gewinnen wir, vom Verlauf des »Soprans« her gesehen, den Eindruck, daß wir es mit einer im 12. Modus stehenden Komposition zu tun haben: sowohl die Melodik der Oberstimme – eine »Auskomposition« des Terz-Intervalls c'' – e'' – c'' – als auch die zweimalige Kadenzbildung auf c'' führen uns zu diesem Urteil. Doch wird der

Ambitus, welchen der 12. Modus dem Baß zugesteht – die Oktave c – c' – bereits unter- wie auch überschritten; und dies nicht mit bloßem Laufwerk, sondern mit einer quasi-motivischen Figur. Unterschreitungen des im 12. Modus regulären Sopran-Ambitus (g' – g") durch Sechzehntel-Laufwerk, wie z. B. in den Takten 7–9, dürfen wir wohl als bloße »Lizenzen« ansehen. Bedeutsam aber ist, daß das »trompetenartig« klingende Dreiklangsmotiv, welches der Baß (Takt 14ff.) zuerst ex F – also aus einem für die Disposition des 12. Modus zu tiefen Tonbereich – anstimmt und sodann ex c und f wiederholt, sogleich auch vom Sopran aufgenommen und nicht nur im Ambitus f' – f" vorgetragen wird, sondern auch im Ambitus c" – c"' – und hiermit in einer selbst für die Instrumentalmusik jener Zeit extrem hohen Lage. Auch kurz vor dem Schluß des Werkes schlägt der »Sopran« den Ton c"', obgleich jetzt nur mehr als den Spitzenton einer vom Baß bis zu diesem höchsten Diskantton aufwärts führenden Passage, nochmals an. Der dem 12. Modus an sich eigene Gesamt-Tonraum (c – g") wird in Dirutas Toccata also nach beiden Seiten hin erweitert, und zwar auf den auch im späten 16. Jahrhundert ungewöhnlich großen Tonumfang von etwa dreieinhalb Oktaven. Angesichts dieses so gewaltig ausgedehnten Tonraums dürfte die Bezeichnung unserer Toccata als *dell' Undecimo et Duodecimo Tono* wohl am ehesten zu verstehen sein; und auch als Vorspiel könnte sie sowohl zum einen wie zum anderen der auf c fundierten Modi passen: zum 12. Modus im besonderen durch die Exordialmelodik ihrer Oberstimme und die ihr entsprechende Kadenzfolge; zum 11. Modus wohl allgemein durch die hohe Lage, im besonderen jedoch durch die extreme Melodie-Ausweitung nach der Höhe.[6]

In das frühe »Generalbaßzeitalter« führen uns endlich zwei Werke Adriano Banchieris: seine *Fantasia del Settimo et Ottavo Tono* (BaOS3, 137f.) und die ihr folgende *Fantasia del Duodecimo et Undecimo Modo* (139f.). Sehen wir uns das erste dieser Stücke als Beispiel für das Prinzip der in beiden Werken geübten Kompositionsweise etwas genauer an.

Schon das notierte »Gerüst« unserer Fantasia – ein zweistimmiger Satz, bestehend aus der jeweils real höchsten und tiefsten Stimme – läßt erkennen, daß wir eine vierstimmige, monothematisch angelegte Komposition vor uns haben. Ferner zeigt schon die Aufstellung des Themas durch den Sopran und die reale Unterquint-Beantwortung durch den Alt, daß ein »in *sol*« fundierter Modus vorliegt. Die Beschränkung des Themas auf den bloßen Quint-Tonraum *sol-ut* scheint zunächst eher auf den plagalen Modus der Finalis *sol* zu weisen als auf dessen authentischen Gefährten. Ungewöhnlich ist allerdings, daß der Baß, nachdem er das Thema erstmals durchgeführt hat, nicht in den von der Disposition des 8. Modus ihm zugewiesenen Tonraum – d. h. bis nach G – hinabsteigt, sondern sich, als wäre er die Baßstimme eines im 7. Modus komponierten Werkes, bis c' hinauf bewegt. Problematisch erscheint auch die in Takt 19 einsetzende Themen-Durchführung der real höchsten Stimme: Gehört sie – nach Analogie der Durchführung von Takt 3ff. – dem Altus an, oder dem Sopran? Im erstgenannten Fall würde nun auch der Altus sich, indem er mit seiner gesamten Melodiephrase (Thema + freie Weiterführung) den Tonraum g' – c' – g' – d" – g' durchmißt, nach Art der Disposition eines im 7. Modus stehenden Werkes bewegen. Gehört die Themen-Durchführung Takt 19ff. aber dem Sopran zu, so zeigte dieser jetzt eindeutig, daß wir den plagalen Modus der Finalis *sol* vernehmen. Wie dem aber auch sein mag: eindeutig dem 7. Modus zugehörig sind die Melodik des Tenors in den Takten 22–28 und der Verlauf des Soprans in den Takten 25–36: der Tenor bewegt sich hier stets im Ambitus g – f' (einmal sogar bis g'), und der Sopran führt das Thema sogar zweimal ex g'' durch. Gerade während dieser Abschnitte aber – oder genauer gesagt: in den Takten 16/17–22 und 28–35,$_1$ – bewegt sich der Baß stets im Ambitus G – g und hiermit in einem Tonraum, den ihm nur die Disposition des 8. Modus zugesteht. Durch das Zusammenwirken von Sopran und Baß in den Takten 28–35 wird also der gesamte Klangraum auf drei Oktaven erweitert und das auf *sol* fundierte Moduspaar – der Sopran gemäß der Disposition des 7., der Baß gemäß der Disposition des 8. Modus – miteinander verbunden. Erst der noch tiefere Abstieg des Bassus in den Takten 35ff. – eine Themen-Durchführung im Ambitus G – C – und die letzte Oberstimmen-Durchführung des Themas (die wir hier notwendigerweise als Sopran-Durchführung zu betrachten haben) setzen den plagalen *sol*-Modus – repräsentiert durch die aus Giovanni Gabrielis *Sonata dell' Ottavo Tono* uns bekannte Art der Außenstimmen-Disposition – eindeutig in Geltung.

Fassen wir kurz zusammen, was die Betrachtung der Beispiele dieses Kapitels uns gelehrt hat. Wir sahen, auf wie mannigfaltige Weise die Verbindung *zweier* derselben Finalis zugehöriger Modi entstehen kann: vom übermäßigen Umfang aller Einzelstimmen, über die Kombination verschieden disponierter Chöre, bis hin zu extremer Erweiterung des Klangraums überhaupt. In jedem Fall aber stellt die Fundierung auf einem authentischen *plus* plagalen Modus nicht die Regel, sondern die Ausnahme dar. Und endlich zeigen Banchieris Fantasien: auch die um 1600 aufkommende generalbaßmäßige Notierung hat das überlieferte System der Modi – gleich wie in der Vokalmusik – nicht sozusagen mit einem Federstrich beseitigt.

Modale Fehlzuschreibungen

Ehe wir die Behandlung der Modi im Hinblick auf ihre musikalische Struktur – Finalis, Ambitus, Repercussio usw. – abschließen, muß noch ein kurzes Wort über modale Fehlzuschreibungen gesagt werden: einen Gegenstand, den wir bisweilen schon gestreift haben (siehe z. B. S. 48 und 54).

Solchen Fehlzuschreibungen begegnen wir etwa bei drei Stücken des in CEKM 34 veröffentlichten Repertoires: der *Toccata del Primo Tono, Nr. 6* eines Unbekannten (28ff.), der gleichfalls anonym überlieferten *Toccata del Primo et Secondo Tono, Nr. 7* (33ff.) und Sperindio Bertoldos *Ricercar del Sesto Tono, Nr. 13* (55ff.).

Betrachten wir zunächst die *Toccata Nr. 6*, so erweist sich die Modus-Bezeichnung »del Primo Tono« als offenkundiges Erratum; der – wie üblich auf g transponierte – 2. *Modus* könnte nicht deutlicher zu Gehör gebracht erscheinen: Exordium, Binnenkadenzen (Takt 19: g; Takt 21f.: d, U–IV) und selbst das Laufwerk des »Soprans«, das nur an drei Stellen die auch schon in der Vokalmusik gewährte Aufstiegs-»Lizenz« überschreitet, nach der Tiefe hin aber den »Normal-Ambitus« viel stärker und öfter ausweitet – alles weist eindeutig auf den *plagalen* Modus der Finalis *re.* – Umgekehrt verhält es sich mit der *Toccata Nr. 7*: hier gehören Initialmotiv und Kadenzfolge (a', a', f', d''; also keine Unterquart-Kadenz, wohl aber eine Kadenz auf der Oberoktave der Finalis), ebenso die Untergrenze des vom Baß durchmessenen Tonraumes so deutlich dem – nicht-transponierten – 1. Modus an, daß die Bezeichnung »del Primo et Secondo Tono« sich allenfalls auf den gelegentlichen Abstieg des »Sopran«-Laufwerkes bis a und g beziehen könnte; bei der äußerst raschen Mensurierung dieses Laufwerkes – Zweiunddreißigstel – ein zu schwaches Argument für eine solche Zuschreibung. – Bertoldos *Ricercar* endlich zeigt in seiner Melodik jenes Melodiemodell, das wir etwa aus Antegnatis *Ricercar del Undecimo Tono* als für den (traditionellen) 5. Modus typisch kennen (siehe oben, S. 54). Auch die gesamte Stimmen-Disposition entspricht der Norm des 5. Modus. Doch weist Bertoldos Komposition in ihrer Kadenzfolge einige Besonderheiten auf: den ersten zwei auf f'' und f' gebildeten Kadenzen folgt keinerlei Kadenz auf c'', dem Oberquintton der Finalis, sondern eine Kadenz – wenn auch als »fuggita« – auf b (Takt 8f.); die einzige, sehr spät gebildete Kadenz auf der Tonstufe c (Takt 25f.) liegt auf dem Unterquartton der Sopran-Finalis f'. Ob dieses »Aussparen« der dem 5. Modus eigenen »Clausula secundaria« c'' aber schon einen hinreichenden Grund zur Zuweisung allein an den plagalen f-Modus bedeutet, mag wohl mit Recht bezweifelt werden.

Tiefere Einblicke gewähren uns vielleicht die modalen Fehlzuschreibungen von Werken Erbachs; sie begegnen sämtlich in nicht-autographen Handschriften des 17. Jahrhunderts. Beginnen wir mit den »in *fa*« fundierten Werken. Das in der Handschrift L1 als *Duodecimi Toni* bezeichnete, in der Handschrift B2 als *Quinti vel Sexti Toni* benannte Ricercar haben wir, seines offenkundig aus der Oktavgattung c'' – f' – f'' – f' (Sopran) hergeleiteten Initialmotives wegen, bereits oben, S. 54, als Beispiel des 5. Modus (traditioneller Zählung) erwähnt. Auch der weitere Verlauf des Werkes entspricht diesem Initialmotiv. – Die Bezeichnung von Erbachs *Introitus, Nr. 8* als *Quinti Toni* (ErCKC V, 38ff.) in der Handschrift B2 mag, trotz des »Sopran«-Abstiegs nach c' im dritten Takt und der im Ambitus c'' – c' – d' – e' – f'... sich vollziehenden zweiten Themen-Durchführung des Soprans im »fugierten« Mittelteil (Takt 23f.) noch gebilligt werden, obwohl bei diesem Werk die Bezeichnung *Quinti et Sexti Toni* dem tatsächlichen Verlauf besser entspräche. – Problematischer erscheint die Bezeichnung *Sexti Toni* jedoch bei der *Toccata Sexti Toni, dopo il Magnificat, Nr. 23* (ErCKC IV, 91ff.) in der Handschrift G5; dieses Werk würden wir, seiner »Sopran«-Melodik und seiner Kadenzordnung wegen (erste Kadenz, Takt 13f., auf c''), ebenso wegen seines offenkundig aus der Oktav-species des (traditionellen) *5. Modus* hergeleiteten »Fugenthemas« (Takt 46ff.), dem *authentischen fa*-Modus zuweisen.

Für uns befremdliche Modus-Zuschreibungen finden sich ferner bei einigen »in *re*« fundierten Werken Erbachs (wiederum, wie nochmals betont sei, nicht in seiner autographen Handschrift Wolfenbüttel): so bei seinen Canzonen Nr. 1, 2a, 2b und 3 (ErCKC III, 41ff., 46ff., 50ff. und 52ff.); sie erscheinen alle bezeichnet als *Secundi Toni,* obgleich ihre Initialmotive und ihr weiterer Verlauf den Regeln des auf g transponierten *1. Modus* entsprechen.

Soweit die bloßen Fakten. Nach dem »Warum« zu fragen, mag vielleicht verfrüht sein, und die Annahme, daß hinter diesen sonderbaren Zuweisungen sich nur bare Ignoranz verstecke, allzu simpel. So sei denn wenigstens als Vermutung ausgesprochen, daß gerade diese »Fehlzuschreibungen« uns eventuell Hinweise geben auf eine bei einer »mittelmäßig« gebildeten Schicht von Musikern des 17. Jahrhunderts um sich greifende »Vulgär-Nomenklatur« der Tonarten: derart, daß sich die Modusnamen nun mit bloßen Ton*buchstaben* – nicht mehr, wie korrekterweise, mit Ton*qualitäten* ihrer Haupttöne verknüpfen, so daß jetzt als »1. Modus« jedes auf d (ohne Vorzeichnung) fundierte Werk, als »2. Modus« jede auf dem Tonbuchstaben g – mit b-Vorzeichnung – fußende Komposition angesehen wird; desgleichen auch als »6. Modus« jedes Werk mit Hauptton f und b-Vorzeichnung, während ein auf c (mit h) fundiertes Werk, gleich wie es im Detail verlaufen mag, als »5. Modus« gilt. Darstellungen der im späteren 17. Jahrhundert gebräuchlichen Tonarten, wie wir sie z. B. in Bononcinis und Nivers' Traktaten finden, mögen solche Vermutungen nahelegen. Weitere Forschungen zum Gebrauch und Verfall der Modi im 17. Jahrhundert können hier Klarheit bringen.

Das nun folgende letzte Kapitel soll sich nicht mehr mit den Modi als den Trägern einer sozusagen rein formalen musikalischen »ratio« befassen; wir wollen vielmehr nun auch für die Instrumentalmusik der späten Renaissance danach fragen, was diese Musik »besagt«.

3. Kapitel: Das Problem des Ausdrucks

Hatten uns bei allen bisherigen Darlegungen die Tonart-Normen der Vokalpolyphonie einen sicheren Ausgangspunkt und eine, wie sich zeigte, selbst im nichtpolyphonen Satz zuverlässige Richtschnur geboten, so betreten wir mit der Frage, *was* an Expressivität die Instrumentalmusik des späten 16. und frühen 17. Jahrhunderts enthalte und *wie* sie gegebenenfalls fähig gewesen sei, diese Qualitäten ihrem Hörer zu vermitteln, ein Terrain von besonderer Schwierigkeit: ist doch die Musikästhetik der genannten Zeit so gut wie ausschließlich eine Ästhetik der Vokalmusik. Wir werden also das, was wir zu unserem Problem an Zeugnissen antreffen, desto höher einzuschätzen haben und versuchen müssen, ob sich das uns solchermaßen Überlieferte als Norm erweisen läßt, die man tatsächlich eingehalten hat. Auf Vollständigkeit sei selbstverständlich auch hier kein Anspruch erhoben.

Beginnen wir mit einer Aussage, die eigentlich auf die Komposition von Vokalwerken zielt, in ihrer Besonderheit aber geeignet ist, gleichsam die Brücke zum Bereich unseres Problems zu schlagen. Es handelt sich um einen Satz aus Seth Calvisius' handschriftlichem Entwurf zu seiner *Melopoiia*: einen Satz, der sodann – leider, wären wir geneigt hinzuzufügen – nicht in den gedruckten Text des Werkes übernommen worden ist. Calvisius verlangt in diesem Satz vom

Komponisten, seine Vertonung eines Textes müsse den im Text enthaltenen Affekten sich so sorgfältig anpassen, daß der Hörer des Werkes, auch wenn er dessen Text nicht verstehe oder wenn das Werk instrumental ausgeführt werde, doch »irgendwie« aus der Musik allein müsse erkennen können, »was sie [sc. die textlos ausgeführte Musik] ausdrücken wolle und zum Ausdruck welchen Affektes jene Musik vor allem neige«.[1]

Gilt nun dieser Satz auch für genuin-instrumentale Musik, oder haben wir in dieser eine, wie gelegentlich behauptet worden ist, sozusagen »abstrakte« Musik vor uns?[2]

Ausdrückliche musiktheoretische Zeugnisse zu dieser Frage können wir, bis heute wenigstens, in keiner Anzahl vorbringen, die an entsprechende Aussagen zur Vokalmusik auch nur von weitem heranreichte. Dennoch scheint es – obschon mit gewissem Vorbehalt – nicht allzu kühn, wenn wir behaupten: gleich wie das System der vokalen Modi hat sich die Instrumentalmusik des späten 16. und frühen 17. Jahrhunderts – in gewissen Grenzen – auch die Ausdrucksmittel der Vokalmusik angeeignet, und zwar im Werk als solchem wie auch in der Art von dessen Ausführung. Versuchen wir, zu beidem einige Hinweise zu geben.

1) Als Ausdrucksmittel, die bereits im Werk als solchem – also in der durch die Notenschrift fixierten Werkgestalt – enthalten sind, erscheinen als Erstes die *Modi*. Bekanntlich stellen diese nicht nur Regeln eines formal »logischen« Ablaufs von Musikwerken dar, sondern sind zugleich auch Träger eines ihnen jeweils eigenen Affektcharakters. Diese ihre Funktion läßt sich z. B. noch bei Cyprian de Rore und Leonhard Lechner nachweisen[3]; nicht mehr hingegen bei Orlando di Lasso, da bei ihm jedes musikalisch ausdeutbare Einzelwort auch die ihm zukommende Einzel-Ausdeutung erhält. Für Instrumentalmusik existiert diese der Verkörperung bestimmter Affekte durch bestimmte Modi hinderliche Praxis nicht. Allerdings ist es, wie wir später noch sehen werden, auch bei Instrumentalmusik nicht immer der Modus *allein*, der den Affektcharakter eines Werkes »macht«. Und viel bedeutsamer noch: nicht immer steht die Wahl des Modus für die Abfassung instrumentaler Werke einzig im Belieben des Komponisten; auch die Gattung, der sein Werk angehört, wirkt sich in vielen Fällen auf die Wahl des Modus aus. Betrachten wir dies kurz am Beispiel der *Instrumentalcanzone*.

Im Hinblick auf diese Gattung begegnen wir zunächst mehrfach der Aussage, daß es sich bei ihr um eine Musik heiteren Charakters handle. Andrea Gabrieli etwa bezeichnet eine seiner Canzonen als *Fantasia allegra*; Claudio Merulo spricht von der »allegria« seiner Orgelcanzonen; die Instrumentalcanzonen eines Florentio Maschera finden wir bezeichnet als »composizioni leggiadrissime«, und bei Michael Praetorius endlich lesen wir, »daß die Sonaten gar gravitetisch und prächtig uff Motetten Art gesetzt seynd; die Canzonen aber mit vielen schwartzen Notten frisch frölich unnd geschwinde hindurch passiren«.[4]

Wirkt sich, so wäre nun zu fragen, der solcherart beschriebene Charakter der Instrumentalcanzone auch in der Bevorzugung gewisser Modi aus? Richten wir unseren Blick zunächst auf die vierzehn mehrchörigen Instrumentalcanzonen Giovanni Gabrielis (alle in IMAMI II), so finden wir sechs von ihnen mit den

Namen authentischer Modi bezeichnet: je zwei als *Primi*, *Septimi* und *Noni Toni*. Sieben andere Canzonen tragen den Namen plagaler Modi; bei diesen Canzonen aber handelt es sich, abgesehen von der *einen* für die Gattung atypischen *Canzon Quarti Toni*, stets um Werke im 12. Modus – und somit um Werke in einer zwar plagalen, ob ihrer extrem hohen Lage (Sopran: g' – *c*'' – g'', Tenor eine Oktave tiefer) jedoch nicht »traurig« klingenden Tonart (und, woran hier nochmals erinnert sei, um Werke in einer Tonart, welche von der italienischen Musiklehre bisweilen als Nebenform des 7. Modus angesehen worden ist).[5] – Giovanni Gabrielis vierstimmige Instrumentalcanzonen (Gabr[G]C) zeigen eine noch stärkere Bevorzugung des 12. Modus: ihm gehören nicht weniger als drei der insgesamt vier Werke an; das vierte, die *Canzon prima »La Spiritata«* steht, wie wir bereits gesehen haben (siehe oben, S. 44), im »per b-molle« transponierten 1. Modus, also in einer gleichfalls nicht als »traurig« angesehenen Tonart.

Diese für Giovanni Gabrieli konstatierten Verhältnisse sind keineswegs singulär; wir begegnen einer gleichen oder ähnlichen Verteilung der Modi vielmehr auch im Canzonenschaffen vieler anderer Meister jener Zeit. Geben wir hierfür einige Beispiele.

Maschera, F. (Noten-Incipits in IMAMI II, S. LVI)
21 Canzonen; davon im

1. Modus (transponiert auf g)	7 Werke
2. Modus (transponiert auf g)	1 Werk
2. Modus (transponiert auf d' bzw. d'')	1 Werk
5. Modus (traditioneller Art)	2 Werke
7. Modus	3 Werke
9. Modus	3 Werke
12. Modus	3 Werke
Nach dem bloßen Incipit nicht sicher zu bestimmen (3. Modus?)	1 Werk (Nr. 20)

Trabaci, G. M. (TraR I, 1603)
Sieben Canzonen; davon im

1. Modus	2 Werke
1. Modus (transponiert auf g)	3 Werke
9. Modus	1 Werk
»chromatisch«	1 Werk

Cima, G. P. (CimPR, 1609, S. 26–61)
Fünfzehn Canzonen, dazu 1 Fantasia und 1 Capriccio; davon im

1. Modus (transponiert auf g)	6 Werke
5. Modus (traditioneller Art)	3 Werke
7. Modus	2 Werke
9. Modus	1 Werk
12. Modus	5 Werke

Merulo, C. (MeruC, 1606)
Elf Canzonen; davon im

1. Modus (transponiert auf g)	6 Werke
2. Modus (transponiert auf g)	1 Werk
7. Modus	1 Werk
8. Modus	1 Werk
12. Modus	2 Werke

Mayone, A. (MaySL, 1609)
Vier Canzonen; davon im

7. Modus	1 Werk
9. Modus	3 Werke

Banchieri, A. (BaOS2, 1611)
Vier Canzonen; davon im

1. Modus	1 Werk
5. Modus (traditioneller Art)	1 Werk
9. Modus	2 Werke

Lucino, F. (Herausgeber; LuSA, 1617)
Elf Canzonen; davon im

1. Modus (transponiert auf g)	3 Werke
2. Modus (transponiert auf d' bzw. d")	1 Werk
7. Modus	2 Werke
9. Modus	2 Werke
10. Modus	1 Werk
12. Modus	2 Werke

Frescobaldi, G. (FreC; entnommen den Drucken Sartori 1628 1 [= 1624b], 1635a, 1637g [= 1627b] und 1645a): 25 Canzonen; davon im

1. Modus (transponiert auf g)	7 Werke
2. Modus (transponiert auf g)	1 Werk
5. Modus (traditioneller Art)	5 Werke
Glareanischen Lydius	1 Werk
Glareanischen Hypolydius	1 Werk
7. Modus	1 Werk
8. Modus	1 Werk
9. Modus	2 Werke
12. Modus	5 Werke

Eine Sonderstellung nimmt die *Canzone Nr.12* ein: ihr Verlauf gleicht, wenn wir das Werk hören, genau dem Verlauf von Merulos Toccaten *del Terzo Tono* (MeruT I, 6 und 7; hierzu siehe oben, S. 133). Das Stück ist aber offenbar identisch mit der in ihrer Quelle (Sartori 1635a, 66 ff.) als *Canzon quarti Toni dopo il post Comune* bezeichneten Komposition.

Selbst in modernen Anthologien, bei deren Werkauswahl subjektive Vorliebe der Editoren mitgespielt haben mag, beobachten wir, in bezug auf die Häufigkeit der Modi von Canzonen, gleichartige Verhältnisse. Hierfür folgende Beispiele:

ANT 120:
Neun Canzonen (Luzzaschi, Guami, Maschera, Grillo, Frescobaldi);
hiervon im

1. Modus (transponiert auf g)	6 Werke
5. Modus (traditioneller Art)	1 Werk
7. Modus	2 Werke

KuN:
Acht Canzonen (Bonelli, Canali, Chilese, G. Gabrieli, Guami);
hiervon im

1. Modus (transponiert auf g)	1 Werk
2. Modus (transponiert auf g)	1 Werk
7. Modus	1 Werk
8. Modus	1 Werk
9. Modus	2 Werke
12. Modus	2 Werke[6]

In zahlreichen Quellen und selbst in modernen Anthologien beobachten wir also, daß bei Instrumentalcanzonen die authentischen Modi deutlich überwiegen. Das heißt: wir finden bei Instrumentalcanzonen vornehmlich jene Modi verwendet, deren traditioneller Affektcharakter von einer »mittleren« Affektlage (1. Modus) bis zur Ausgelassenheit (7. Modus) reicht. Diesem Bereich »positiver« Affekte fügt sich auch der 9. Modus ein; er trägt keinerlei »Moll-Charakter«. Die plagalen Modi aber sind, sofern sie überhaupt erscheinen, durch hohe Lage (12. und auf d' bzw. d'' versetzter 2. Modus) oder auch durch ihre der Gattung »Canzone« eigene Melodik – wovon später noch zu reden sein wird – aller »Traurigkeit« enthoben.

Einen gleichartigen Befund zeigen die in TraR I und TraR II enthaltenen *Gagliarden.* TraR I enthält acht Werke dieser Art; im 1. Modus (transponiert auf g): 1 Werk; im 2. Modus (transponiert auf g): 1 Werk; im 5. Modus (traditioneller Art): 2 Werke; im 7. Modus: 4 Werke. – TraR II zeigt innerhalb seiner Gagliarden folgende Verteilung der Modi: 1. Modus (transponiert auf g): 4 Werke; 2. Modus (transponiert auf d' bzw. d''): 2 Werke; 7. Modus: 1 Werk; 9. Modus: 1 Werk; »chromatisch«: 1 Werk.

Indessen finden sich auch Repertoires von Canzonen mit einer breiteren »Streuung« der Modi. Genannt seien als Beispiele hierfür die Canzonen folgender drei Drucke:

Banchieri, A. (BaC, 1596)
Elf Canzonen; davon im

1. Modus (transponiert auf g)	2 Werke
2. Modus (transponiert auf g)	4 Werke
2. Modus (transponiert auf d' bzw. d'')	1 Werk

6. Modus (traditioneller Art)	1 Werk
8. Modus (reguläre Lage)	1 Werk
8. Modus (transponiert auf c' bzw. c")	1 Werk
9. Modus	1 Werk

Bonelli, A. (BoR, 1602, Nr. 9–16)
Acht Canzonen; davon im

1. Modus (transponiert auf g)	1 Werk
1. + 2. Modus (transponiert auf g)	1 Werk
3. Modus	1 Werk
Glareanischen Lydius	1 Werk
6. Modus (traditioneller Art)	1 Werk
8. Modus (reguläre Lage)	1 Werk
8. Modus (transponiert auf c' bzw. c")	1 Werk
9. Modus	1 Werk

Cifra, A. (Lib. I, 1619; CifR, 62–81)[7]
Sechs Canzonen; davon im

1. Modus (transponiert auf g)	3 Werke
2. Modus (transponiert auf g)	1 Werk
6. Modus (traditioneller Art)	1 Werk
9. Modus[8]	1 Werk

Auch die Canzonen Erbachs (alle in ErCKC III) wären hier – der im vorausgegangenen Kapitel namhaft gemachten Fehlzuschreibungen wegen nur summarisch – zu erwähnen.

Unsere für die Gattung Instrumentalcanzone vorgenommenen Tonart-Stichproben zeigen also: in den meisten von uns untersuchten Fällen wiegen die »heiteren« Modi eindeutig vor. Andererseits aber führt uns das zuletzt beobachtete Phänomen einer »breiteren Streuung« der Modi zur Erkenntnis, daß die Modi, was ihren Affektcharakter angeht, nicht etwas Starres, ein für allemal Festgelegtes sind. Hierauf weist schon Johannes Tinctoris als auf etwas Allbekanntes hin, und dies gerade auch mit Bezug auf die Instrumentalmusik: innerhalb ein und desselben Modus könne ein Werk sowohl »klagend« als auch »mild«, »hart« oder »mittel« sein, und dies »sowohl vonseiten der Komponisten und Sänger als auch vonseiten der Instrumente und Spieler«.[9] Sowohl das Werk als solches wie auch dessen Ausführung bestimmen demnach den jeweiligen Affektcharakter.

Fragen wir uns jetzt: Welche dem Werk als solchem innewohnenden Eigenschaften sind dazu fähig, den gleichsam »von Natur gegebenen« Affektcharakter seines Modus zu verändern, und in welcher Richtung? Antworten wir auch auf diese Frage allererst mit einem Beispiel: der schon mehrmals erwähnten *Canzon prima »La Spiritata«* von Giovanni Gabrieli (Gabr[G]C, 4ff., und Gabr[G] CO I, 27ff.). Das Werk steht – wir erinnern nur nochmals daran – im 1. Modus, »per b-molle« transponiert auf g. Schon diese Aufwärts-Transposition, vor allem aber die rasche Bewegung des Initialmotivs verleihen dem Werk sogleich einen heiteren Affektcharakter. Der in Takt 15 beginnende zweite Abschnitt steigert diesen Charakter noch weiter durch den zeitweiligen Übergang in eine quasi-tänzerische dreizeitige Mensur: ein Mittel, das wir auch in der Vokalmusik des 16. Jahrhunderts oft genug zur Darstellung von »Freude« oder Ähnlichem verwendet finden. Besondere Aufmerksamkeit verdienen im weiteren Verlauf des Werkes die Takte 32ff. Die in Takt 31f. gebildete Kadenz auf b ist zwar dem (transponierten) 1. Modus eigen: sie bildet dessen »Clausula tertia«. Hier aber vermittelt diese Kadenz den Übergang zu einer Episode, die wir in Vokalmusik als »imitatio tubarum« bezeichnen würden: kenntlich an ungewöhnlich vielen Tonwiederholungen in allen Stimmen und an ostentativ »Dur«-artigem Zusammenklang. Dem Hörer des 16. Jahrhunderts war die Bedeutung einer vokalen »imitatio tubarum« sogleich offenkundig: er kannte sie als eine immer wieder – so z. B. schon im Credo von Josquins *Missa Pange lingua* – gebrauchte Ausdeutung von Begriffen wie »gloria«, »regnum« und dergleichen. Infolgedessen konnte er auch über den Affekt der in Rede stehenden Episode unserer Canzone – gleich ob diese durch Bläser, Streicher oder Orgel ausgeführt wurde – nicht im Zweifel sein. Kaum aber haben wir diese feierlich-majestätischen »B-Dur-Klänge« vernommen, da finden wir uns mit dem in den Takten 34ff. vom Sopran und Tenor durchgeführten Motiv d" – a' – b' – fis' (bzw. d" – a' – b' – fis' – g' – a'...) in einen sozusagen diametral gegensätzlichen Affektbereich versetzt: es ist die Welt des späten italienischen Madrigals mit ihrer »süßen Bitternis«, die aus diesem Motiv zu uns spricht. Und kaum haben wir diese sehnsuchtsvoll-traurigen Melodiewendungen in uns aufgenommen, da versetzt uns Giovanni Gabrieli mit der jetzt, in Takt 36, beginnenden »Stretta« – einem Abschnitt, gekennzeichnet durch besonders rasche, bis zur Bildung von »Cadenze minime« führende Bewegung[10] und durch raschen Wechsel modus-eigener und modusfremder Kadenzierungen – gleichsam in einen alles, was bisher gewesen, übersteigenden Zustand – in einen wahren Rausch von Freude.

Was wir im Lauf unserer Canzone gewahrten, sind sowohl »Aufhellungen« als auch eine episodische »Eintrübung« des dem 1. Modus an sich eigenen Affektcharakters.

Dieselben Phänomene können wir auch in anderen dem 1. Modus zugehörigen Werken beobachten.

Betont »heiter« gestaltet finden wir diesen Modus in zwei weiteren Werken Giovanni Gabrielis: seinen vielstimmigen Canzonen *Primi Toni, Nr. I* und *Nr.VII* (IMAMI II, 1ff. und 75ff.). Hier schlägt schon das rasch bewegte Initialmotiv jenen heiter-beschwingten Ton an, der im späteren Verlauf beider Werke durch tanzartige Tripeltakt-Episoden noch verstärkt erscheint. – Ebenso deutlich von heiterem Charakter sind schon durch ihr Initialmotiv Werke wie Adriano Banchieris *Canzon decima: »La Feliciana«* (BaC, 48ff.) und Erbachs *Canzonen Nr.1–3* (ErCKC III, 41–54).[11] Eine episodische Abwandlung ins Feierlich-Majestätische erfährt der – auch hier »per b-molle« transponierte – 1. Modus in Gioseffo Guamis *Canzone Nr. II* (ANT 120, 4f.): hier finden wir in den Takten 31ff. eine »imitatio tubarum«, die, als Imitation der beiden Außenstimmen (f' – b'/B – f) angelegt, zu einer orgelpunktartig vorbereiteten und in diesem Zusammenhang »Dur-artig« klingenden Kadenz auf b hinführt. Noch »handgreiflicher« ist die »Trompeten-Nachahmung« in Sperindio Bertoldos ebenfalls im transponierten

1. Modus stehender *Canzon Francese* (CEKM 34, 63ff.; siehe Takt 28–34 und 43f.).

Zu erwähnen ist in diesem Zusammenhang endlich Hans Leo Haßlers *Toccata del Primo Tono* (HasHLT, 15ff.; Tonartbeleg im Revisionsbericht). Im Einleitungsteil dieses Werkes erscheint, bald nach Bildung der ersten »förmlichen« Kadenz – einer »Clausula secundaria« auf a', dem Oberquintton der Finalis (Takt 13f.) – ein die Intervall-species *ut-mi-sol* ex d", d' und d (jeweils mit fis), g' und g durchmessendes und somit, in Kontrast zu allem, was vorhergegangen, ostentativ »trompeten«- und »Dur-artig« wirkendes Motiv. Ein Oktav-Skalenmotiv g" – g' (mit fis"), beantwortet durch c' – c und getragen von der Baßtonfolge g – G – c – ... – F, führt sodann zur Bildung einer Kadenz über letztgenannter Tonstufe (Takt 24f.). Diese Kadenz ist zwar, als »Clausula tertia« des 1. Modus, eine tonartlich reguläre Zäsurbildung, und sie tritt, nach vorhergegangener Kadenz auf a', auch »rechtzeitig« ein. Durch den Zusammenhang, in dem sie steht, erhält diese Kadenz jedoch sogleich einen mehrdeutigen Charakter: Haßler faßt sie nicht »bloß« im Sinne der »Haupttonart« auf, sondern auch – um nicht gar zu sagen: vor allem – als »Dur-Kadenz«; sie dient ihm dazu, das von uns bereits vernommene »trompetenartige« Motiv wieder aufzugreifen und es noch häufiger als vorher zu Gehör zu bringen: wir vernehmen das Motiv jetzt nacheinander ex f' bzw. f, ex c" bzw. c und endlich wieder ex g', g und G (Takt 25–29, Anfang). Die sodann vorgenommene Versetzung des Motivs in die Quinten-species *re-la* führt aus dieser »Dur«-Episode zurück zur »Haupttonart«, welche nun, zum Schluß des virtuosen Anfangsteils, durch ihre »Clausula primaria« auf d (Takt 33f.) wieder gefestigt wird. Zwei gleichartige »Dur«-Episoden finden sich überdies im Schlußteil des Werkes (Takt 152ff. und 165ff.), auch sie dann jeweils »korrigiert« durch Versetzung des Dreiklangsmotivs in modus-eigene Intervallgattungen und durch Bildung modal regulärer Kadenzen (erst einer »Clausula secundaria« auf a', dann einer »Clausula primaria« auf der Finalis d).

Selbstverständlich ist eine affektmäßige »Aufhellung«, wie wir sie bei dem – an sich »mittleren« – 1. Modus beobachten konnten, auch bei Tonarten von ausgesprochen »heiterem« Affektcharakter möglich. Erwähnen wir als Beispiele hierfür, um der auch hier gebrauchten »imitatio tubarum« willen, zunächst zwei im traditionellen 5. Modus komponierte Werke Erbachs: das *Ricercar Nr. 32* (ErCKC II, 120ff.) wegen der »trompetenartigen« Dreiklangsmelodik seines Initialmotivs, sodann die *Canzona Quinti Toni, Nr. 10* (ErCKC III, 70ff.) wegen der nota contra notam gehaltenen, auf den Tonfolgen f – b – f und f – B – f beruhenden Episode Takt 70–73$_{,1}$.[12]

Auch der 7. Modus – der an sich schon heiterste aller Modi – kann durch Mittel satztechnischer Art in seinem heiter-ausgelassenen Charakter noch gesteigert werden. Ein lehrreiches Beispiel hierfür bietet Andrea Gabrielis Orgelricercar *Settimo Tono, Nr. 6* (Gabr [A]RO I, 24ff.). Im Gegensatz zu allen anderen Orgelricercaren des Meisters, deren Initialmotive in gemessener, gleichsam motettischer Bewegungsart gehalten sind, beginnt dieses Werk mit einem Thema von canzonenhafter, für die Gattung »polyphones Ricercar« ungewöhnlich rascher Bewegung. Und es steht hiermit nicht vereinzelt da: dieselbe Bewegungsart zeigt auch Dirutas *Ricercare del Settimo Tono* (TorA III, 163f.).[13]

Von noch größerem Interesse sind für uns indessen die Verfahrensweisen, die der »Aufhellung« *plagaler* Modi dienen. Daß die Transposition des 2. Modus auf d' bzw. d'' ihm seinen »traurigen« Charakter nimmt und daß dies auch für die – freilich sehr seltene – Oberoktav-Transposition des 4. Modus gilt, ist von uns früher schon bemerkt worden; ebenso, daß der 12. Modus, seiner hohen Lage wegen, einen heiteren Affektcharakter trägt.[14] Aber auch der traditionelle 6. Modus kann den an sich ihm eigenen »traurigen« oder zumindest »ernsten« Affektcharakter ablegen. Dies geschieht z. B. in Andrea Gabrielis Ensemble-*Ricercar del Sesto Tono* (IMAMI I, 74ff.), das sich durch sein Initialmotiv wie auch durch seinen weiteren Verlauf als Canzone zu erkennen gibt und das durch »imitatio tubarum« in seinem Schlußteil auch den Affekt des Feierlich-Majestätischen mit einbezieht (siehe die Stellen Takt 51ff. und $64,_4$ff.).[15] Ebenso zeigt der 2. Modus von Erbachs *Ricercar Nr. 30* sowohl durch seine Hoch-Transposition als auch durch die canzonenartige Gestalt seines Initialmotivs (siehe oben, S. 52) »nicht das geringste Zeichen von Traurigkeit«.[16] – Als weitere Belege für die »Aufhellung« plagaler Modi genannt seien folgende Canzonen:

Bonelli, A.	*Canzone »Nisa«* (BoR, Nr. 5; Glareanischer Hypolydius)
–	*Canzone »Erina«* (ibid., Nr. 8; 8. M. tr., c' bzw. c'')[17]
Cifra, A.	*Canzone quarta, Nr. 14* (CifR, 71ff.; 2. M. tr.)
–	*Canzone quinta, Nr. 15* (ibid., 74ff.; 6. M.)
Erbach, Ch.	*Canzonen Secundi Toni, Nr. 4 und 5* (ErCKC III, 54ff. bzw. 56f.)
–	*Canzonen Quarti Toni, Nr. 8 und 9* (ibid., 63ff. bzw. 66ff.)
–	*Canzonen Sexti Toni, Nr. 11 und 12* (ibid., 76ff. bzw. 80ff.)

Weiterhin zu erwähnen sind in diesem Zusammenhang Banchieris *Canzonen Nr. 1–3* und *Nr. 11* (BaC, 19–26 und 51ff.). Besonders kennzeichnend für diese im 2. Modus – transponiert auf g – stehenden Werke ist überdies das für eine plagale Tonart äußerst rasche Durchmessen der Quinten-species *re-la* gleich zu Beginn, dazu wiederum eine im Mittelteil der Canzonen Nr. 2 und 3 (Takt 16ff. bzw. 13ff.) eingeführte »imitatio tubarum«; dies auch hier jeweils im Anschluß an eine Kadenz auf b und mit unverkennbar »Dur-artigem« Charakter.

Wir haben uns bisher mit Beispielen befaßt, welche uns Möglichkeiten affektiver »Aufhellung« der Modi zeigten. Wenden wir uns nunmehr Werken zu, die uns das Gegenteil belegen, d. h.: die uns vom Komponisten absichtlich herbeigeführte »Eintrübungen« affektiver Art »vor Augen stellen«.

Ein erstes Beispiel solcher »Eintrübung« bietet uns Giovanni Gabrielis *Canzon Quarti Toni, Nr. XVI* (IMAMI II, 290ff.). Ihr Exordium haben wir als für den 4. Modus kennzeichnend schon früher besprochen (siehe oben, S. 79). Wir können nunmehr hinzufügen: der Meister gibt sich hier nicht einfach mit der Exposition des an sich schon »traurigen« plagalen Modus der Finalis *mi* zufrieden, sondern er verzichtet überdies auf die für Instrumentalcanzonen übliche Rhythmisierung des Initialmotivs (𝅗𝅥 ♩♩ oder 𝅝 𝅗𝅥𝅗𝅥) und bedient sich statt dessen – um Praetorius' bereits erwähnte Charakterisierung zu gebrauchen – der bei »Sonaten« üblichen, »gar gravitetisch[en]« Bewegung »uff Motetten Art«. Der Affektcharakter des 4. Modus kann sich infolgedessen ungehemmt in seiner ganzen Schwere geltend machen. – Dasselbe Mittel, eine ungewöhnlich langsame Bewegung des Initialmotivs, gebraucht Erbach in seiner *Canzona Secundi Toni, Nr. 6* (ErCKC III, 58ff.); erst im weiteren Verlauf des Werkes tritt durch Übergang zu rascherer Bewegung eine stimmungsmäßige »Aufhellung« ein (siehe Takt 18ff.).

Affektive »Eintrübungen« können selbstverständlich auch bei Werken vorkommen, die in authentischen Tonarten komponiert sind; und sie können hier sowohl als dauernde wie auch als episodische Veränderungen des Affektcharakters der betreffenden Tonarten wirken.

Als Beispiele dauernder Eintrübung erwähnt seien die *Canzon Noni Toni, Nr. IV* von Giovanni Gabrieli (IMAMI II, 41ff.) und Cabezóns in Kapitel 1 dieses Teils besprochener *Tiento del 1. Tono, Nr. 24* (CaCW II, 65f.). Bei Gabrieli verleihen der auffällig stark »phrygisierende« Beginn des Werkes und die absichtlich eintönige Kadenzbildung – alle »förmlichen« Kadenzen liegen, wie schon oben, S. 87f., erwähnt, auf der Finalis a – dem Werk, trotz seines authentischen Modus, einen unverkennbaren Hauch von Traurigkeit; Cabezóns Tiento erhält durch das ständige Hereinspielen von Melodik, die an sich dem 4. oder 3. Modus zugehört, dazu durch stets gewahrte langsame Bewegung einen ungewöhnlich ernsten, wenn nicht sogar traurigen Charakter.

Von besonders starker Wirkung sind jedoch, wie schon Giovanni Gabrielis Canzone *»La Spiritata«* zeigte, die *episodischen* Eintrübungen; und dies zumal, wenn sie in Werken eingeführt erscheinen, deren Modus von betont »heiterem« Charakter ist. Belege hierfür bieten uns etwa Florentio Mascheras *Canzone »La Mazzuola«* (ANT 120, 6f.) und Giovanni Battista Grillos nicht näher bezeichnete *Canzone Nr. V* (ibid., 10f.). Beide Werke stehen im 7. Modus, der herkömmlicherweise heitersten aller Tonarten. – In der Canzone Mascheras finden wir zwischen einem jeweils lebhaft bewegten Anfangs- und Schlußteil eine von Takt 49–82,$_1$ reichende Partie, die sich durch langsamere Bewegung – man beachte u. a. die Bildung von Cantizans-Klauseln als 𝅝 𝅗𝅥 𝅝 oder 𝅗𝅥 ♫𝅗𝅥 𝅝 – und am Ende durch gehäufte Vorhaltsbildungen vom unbeschwert heiteren Anfangs- und Schlußteil abhebt. – Grillos Canzone endlich gibt uns Beispiele sowohl der »Aufhellung« als auch der »Eintrübung« des ihrem Modus eigenen Affektcharakters. Bei den Stellen erstgenannter Art – den in den Takten 8, 49 und 63 einsetzenden Tripeltakt-Episoden – brauchen wir nicht länger zu verweilen. Um so bedeutsamer ist für uns der mit Takt 39 einsetzende Abschnitt: eine feierliche »imitatio tubarum«, auch hier gekennzeichnet durch eindeutigen »Dur-Charakter«, mündet schon nach kurzer Zeit in eine dem 7. Modus fremde Zäsur auf e, und an diese schließt sich eine Episode, die mit ihrer relativ langsamen Bewegung und der dissonanzreichen Vorbereitung ihrer zwei Kadenzen wieder lebhaft an die Satzweise des späten italienischen Madrigals erinnert. Und nicht genug hiermit: in den Takten 57ff. nimmt Grillo eben diese Episode nochmals auf, wobei deren »Einrahmung« durch zwei Tripeltakt-Abschnitte den Kontrast der am ehesten als »sehr heiter« und »schmachtend« (»languido«) zu bezeichnenden Affekte noch verstärkt.[18]

Fassen wir unsere Beobachtungen zum Thema »Ausdruck im Bereich instrumentaler Musik« nun zusammen, so erkennen wir: Es ist dem geschickten Komponisten zwar jederzeit und auf mancherlei Art möglich, den einem Modus an sich innewohnenden Affektcharakter zu verändern. Doch stehen die altüberlieferten Affektcharaktere der Modi sozusagen immer »auf Abruf« bereit; und einem Hörer, der mit diesen Charakteren sowie mit den Satzweisen, die speziell der Affektdarstellung dienen, durch genaue Kenntnis der Vokalmusik von Jugend auf vertraut war: einem solchen Hörer konnte auch Instrumentalmusik des späten 16. und frühen 17. Jahrhunderts, »per analogiam«, affektive Charaktere und den zeitweiligen Wechsel von Affekten ohne Schwierigkeit vermitteln.[19] Mit Bezug auf solche Werke – auch streng polyphone – von »abstrakter« Musik zu sprechen, ist somit, wie Warren Kirkendale zu Recht betont, eher eine Redensart des 20. Jahrhunderts als eine jenen Werken, denen unsere Betrachtung gilt, tatsächlich angemessene Sichtweise.[20]

2) Der Affektcharakter von Musik des 16. und frühen 17. Jahrhunderts wird indessen nicht nur durch das Werk als solches bestimmt, sondern auch durch dessen *Vortrag*. Tinctoris' einschlägiges Zeugnis kennen wir bereits (siehe oben, S. 120). Speziell für die Vokalmusik begegnen uns Aussagen, die sich auf den Vortrag beziehen, etwa seit der Mitte des 16. Jahrhunderts, zuerst bei italienischen, dann auch bei deutschen Autoren. Und es bleibt durchaus nicht nur bei der allgemein gehaltenen Forderung, ein Werk gemäß dem Affektcharakter seiner Musik auch vorzutragen, sondern es werden sehr bald schon besondere, im Dienst des Ausdrucks stehende Vortragspraktiken erwähnt, »die man nicht schreiben könne«, wie z. B. »dir piano, et forte«, »dir presto, et tardo« und Ähnliches.[21]

Es müßte angesichts dieser Aussagen sehr verwundern, wenn solche Praktiken, wo es die Satzweise des Werkes und die Eigentümlichkeit des Instrumentes zuließen, nicht auch in der Instrumentalmusik Eingang gefunden hätten. Wir brauchen uns indessen keineswegs mit bloßen Vermutungen zu begnügen. Wir finden vielmehr schon zu Beginn des 16. Jahrhunderts in Vincenzo Capirolas Lautentabulatur einen ausdrücklichen Hinweis auf Legato- und Non-legato-Spiel sowie auf dynamische Schattierungen.[22] Von schnellem und langsamem Tempo, von »prunkvollem Spiel« (»tañer de gala«) sowie von Veränderung des Tempos (»mutacion de compas«) – langsamer bei Akkorden, schneller bei Laufwerk – hören wir bei Luis Milán.[23] Vom ausdrucksvollen Spiel des Lautenisten Francesco da Milano und von der starken Wirkung, welche dieses Spiel auf die Zuhörer ausübte, berichtet Pontus de Tyard[24]; und auf die Eigenschaft gerade der Laute, »die Affekte der Härte, der Weichheit, der Rauheit, der Sanftheit und folglich das Weinen, Klagen, Seufzen, die Ruhe und die Raserei« besser ausdrücken zu können als die Klavierinstrumente dies vermöchten, verweist im späten 16. Jahrhundert Vincenzo Galilei.[25] Ausdrücklich als Vorbild genannt findet sich die – wie wir sahen, dynamischer Schattierungen nicht nur fähige, sondern diese »in tempore et loco« auch gebrauchende – menschliche Stimme in Silvestro Ganassis Flötenschule *La Fontegara* (Venedig 1535): wie der Sänger Worte heiteren Inhalts »heiter oder lebhaft« wiedergebe, Worte traurigen Charakters aber »sanft und klagend«, so solle auch der Flötist sein Spiel derart gestalten, als hätte er

»den Ausdruck entsprechender Worte wiederzugeben«; ja das Flötenspiel solle so sehr dem Gesangsvortrag nacheifern, wie ein gutes Bild die Form des menschlichen Körpers nachzuahmen bestrebt sei.[26] Ähnliches verlangt Ganassi in seinem zweiten Traktat, der *Regola Rubertina* (Venedig 1542/43) vom Violaspieler: auch er soll seinem Spiel sowohl einen »rauhen« als auch einen »traurigen« Ausdruck zu verleihen fähig sein; ersteres durch einen Bogenstrich nahe dem Steg, letzteres durch einen Bogenstrich nahe dem Griffbrett. Überdies solle er auch das Tremolo gebrauchen, und zwar nicht allein mit der linken Hand, sondern auch vermittels der Bogenführung.[27]

Wie reich an dynamischen Kontrasten und, wo die Satzweise dies gestattet, auch an Schwankungen agogischer Art der Vortrag jener Musik sich darstellte, bei der – wie etwa bei der instrumentalen Canzone – schon das Notenbild Veränderungen des Affektcharakters anzeigt, ist nach alledem leicht zu erschließen. – Anweisungen für einen affektiv angemessenen Vortrag finden wir aber sogar mit Bezug auf die Orgel, also auf jenes Instrument, dessen Bau eine Veränderung der Tonstärke im Sinne eines An- und Abschwellens (damals) nicht zuläßt: am Ende seiner *Seconda Parte del Transilvano* (Venedig 1609) verlangt Girolamo Diruta vom Organisten, er solle seine Registrierung jeweils dem Modus des Stückes, das er spielen wolle, anpassen, so daß die Registrierung dem Affektcharakter des betreffenden Modus entspreche; und Diruta gibt hierfür sogar spezielle Vorschriften.[28] Hiermit aber sind wir wieder an den Punkt gelangt, von dem wir unseren Ausgang genommen haben: wir sehen, daß selbst noch im frühen 17. Jahrhundert die den Modi zugeschriebenen Affektcharaktere nicht bloß leerer Schall gewesen sind, an den niemand mehr glaubte.

SCHLUSSWORT

Am Ende unserer Betrachtungen angelangt, können wir deren Ergebnis in einem Satz zusammenfassen: Die Modi, unterschieden in Authenti und Plagales, sind, gleich wie in der Vokalpolyphonie, so auch in der Instrumentalmusik des späten 16. und frühen 17. Jahrhunderts, »handgreifliche« Realitäten. Um sie als solche erfassen zu können, mußten wir uns allerdings gegen manche aus dem 19. Jahrhundert überkommene Betrachtungsweisen wenden: so gegen den Primat – wenn nicht gar die Alleinherrschaft – einer nur entwicklungsgeschichtlich orientierten Sichtweise, welcher das Entstehen der Dur-Moll-Tonalität als einzig Wesentliches und geschichtlich »Zählendes« in der »Harmonik« von Musik der Renaissance gilt.[1] Entgegenzutreten war ferner der von allzu großem Vernunftstolz getragenen Meinung, der Historiker könne sich auch über Aussagen einer ganzen Epoche hinwegsetzen, wenn diese Aussagen der »Natur der Sache, nachdem wir sie richtig erkannt haben«, nicht entsprechen.[2] Gerade die Musikgeschichte unseres Jahrhunderts hat uns sattsam gelehrt, daß der Bereich des »Allgemein-Vernünftigen« in der Musik wesentlich kleiner ist als der Bereich des »Speziell-Historischen«. Zurückzuweisen war endlich die aus der Genie-Ästhetik des späten 18. und des 19. Jahrhunderts überkommene Diffamierung der Musik-Lehrenden als der Verfechter überlebter Schulweisheit.[3] Die Antithese »Stolzing contra Beckmesser« hat für die Zeit der Renaissance und des Barock keine Gültigkeit; der »Teorico« ist damals schon »per definitionem« allererst ein *Komponist.*
Kurz: nicht als *Richter* über die Vergangenheit, sondern als ihr *Schüler* suchten wir, geleitet durch die Zeugnisse des 16. und frühen 17. Jahrhunderts, das Wesen der Tonarten jener Zeit und die Normen von deren Anwendung – nun auch im Bereich der Instrumentalmusik – als ein System *eigener Art*, *eigenen Rechtes* und *eigener »Schlüssigkeit«* wieder sichtbar zu machen. Wir suchten hiermit jene Situation, in welcher das für *uns* Vergangene einst *Gegenwart* gewesen ist, soweit als möglich, zu rekonstruieren. Auf diesem Weg – und nur auf ihm, so scheint uns – kann auch die *Bedeutung*, die einer »historischen« Musik einst durch den Komponisten »eingegeben« und vom Hörer, den der Komponist »ansprach«, einstmals vernommen wurde, auch für uns wiederum vernehmbar werden. Eben in diesem »Vernehmbar-Machen« aber, durch welches ein »historisches« Kunstwerk nicht nur mehr als seltsames Ding, das wir bestaunen oder gar belächeln, existiert, sondern als ein Zeugnis menschlichen Empfindens wiederum verständlich wird, liegt der letzte Sinn all unseres Bemühens.

ANHANG

I. Zum Verständnis der Solmisation

Die Bezeichnung der einzelnen Töne setzt sich im 16. Jahrhundert, wie bereits im späten Mittelalter, jeweils zusammen aus dem Tonbuchstaben (*littera*, auch *clavis*, d. h. »Taste« genannt) und den Tonsilben (*voces* oder *syllabae*). Die Tonbuchstaben fußen auf der Einteilung des Tonsystems nach Oktaven, ausgehend von A (mit vorangesetztem »Gamma graecum«) bzw. a und aa; die Tonsilben fußen hingegen auf der Einteilung nach Hexachorden, die sich jeweils zum Teil überschneiden. Zu unterscheiden sind drei Arten von Hexachorden: das *Hexachordum naturale*, ausgehend von der Tonstufe c, das *Hexachordum durum*, ausgehend von der Tonstufe g, und das *Hexachordum molle*, ausgehend von der Tonstufe f. (Die Bezeichnungen *durum* und *molle* beziehen sich auf das Vorkommen der Tonstufe *b-durum* = h bzw. *b-molle* = b innerhalb des betreffenden Hexachords.) Ein und derselbe Ton kann, wie das untenstehende Schema zeigt, mehreren Hexachorden zugehören; die Tonsilben bezeichnen also keine Tonhöhen, sondern Ton*qualitäten*, im besonderen die Lage von Ganz- und Halbtönen, letztere stets zwischen *mi* und *fa*. Mit Hilfe der Hexachordsilben ist es also möglich, die für die Charakterisierung der Modi so wichtigen Gattungen *(species)* der Quinte und der Quarte eindeutig zu bezeichnen, ohne sich sogleich an bestimmte Ton*höhen* zu binden. (So kann z. B. die Quinten-species *re-la* gleichermaßen als d – f – a, a – c' – e' oder g – b – d' erscheinen.)

Überschreitet eine Melodie den Tonraum eines Hexachords, muß in das nächsthöhere oder nächsttiefere Hexachord übergegangen (»mutiert«) werden; in welches, entscheidet die jeweilige Vorzeichnung. Steigt z. B. eine Melodie aus dem Quint-Tonraum d – f – a weiter auf in den Quart-Tonraum a – *h* – c' – d', so muß aus der Quinten-species *re-la* des Hexachordum naturale in die Quarten-species *re-sol* des nächsthöheren Hexachordum durum übergegangen werden; folgt auf die Quintengattung d – f – a, = *re-la* des Hexachordum naturale, aber eine Melodiebewegung innerhalb des Quart-Tonraums a – *b* – c' – d', so muß vom Hexachordum naturale in das nächsthöhere Hexachordum molle, und zwar in die Quarten-species *mi-la*, mutiert werden. Aus der Verschiedenheit der Quarten-species resultiert jeweils eine andere Tonart.

Hier ein Schema des in Oktaven und Hexachorde gegliederten Tonsystems:

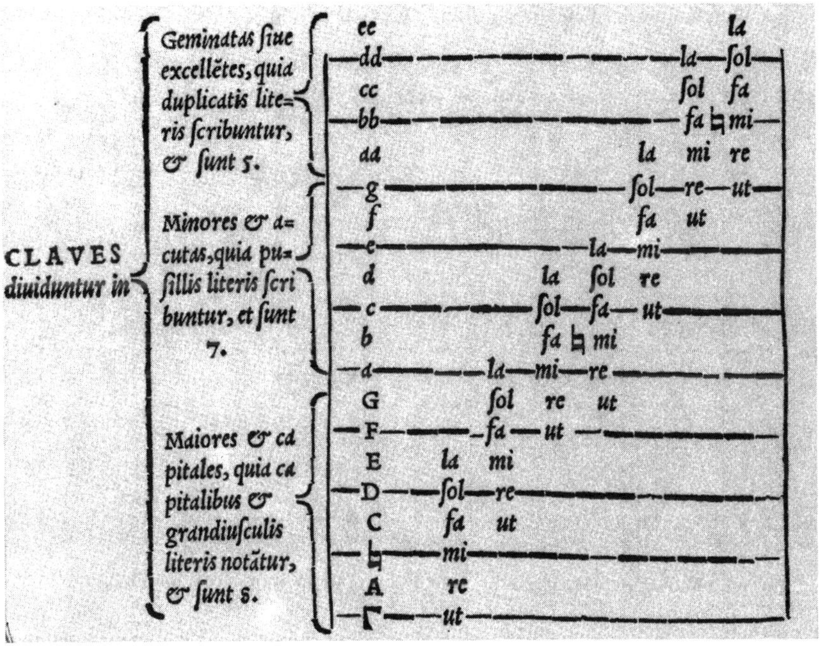

Übersetzung des dem Schema beigegebenen Textes:
Die Töne werden eingeteilt in
»Größere« (d. h. tiefere), weil sie mit großen Buchstaben notiert werden, und ihrer sind acht;
»Kleinere« und hohe, weil sie mit kleinen Buchstaben notiert werden, und ihrer sind sieben;
»Verdoppelte« oder sehr hohe, weil sie mit verdoppelten Buchstaben notiert werden, und ihrer sind fünf.

NB. Das hier notierte Tonsystem kann bei Bedarf sowohl nach der Tiefe wie auch nach der Höhe ausgeweitet werden, indem zusätzliche, mit den hier aufgezeichneten oktavidentische Hexachorde konstruiert werden (so z. B. ein Hexachordum molle ausgehend von dem Ganzton F unterhalb des Gamma, oder ein Hexachordum naturale ausgehend von cc).

II. Einige Beispiele von »cadenze fuggite«

»Abschwächung« der Kadenz durch neu einsetzende Stimmen

»Abschwächung« der Kadenz durch Veränderung von Melodieklauseln

fuggita-Form: clausula basizans

clausula cantizans

clausula tenorizans
und basizans

fuggita-Form:
clausula tenorizans

clausula basizans

III. Kadenzen der acht traditionellen Modi (Tonstufen in Tenorlage)

Tonart	Kadenzen ersten	zweiten	dritten Ranges
1. Modus	d, d'	a	f
2. Modus	d	A und f	a
3. Modus	e, e'	a, selten c'	g
4. Modus	e	a	g, c
5. Modus	f, f'	c'	a
6. Modus	f	c und a	c'
7. Modus	g, g'	d'	c'
8. Modus	g	c' und d	d'

Clausulae peregrinae: alle anderen, einschließlich von Kadenzen mit verfälschtem Toncharakter, wie z. B. a-*mi* im 1. und 2., e-*re* im 3. und 4. Modus.

Der 2. Modus erscheint in der oben notierten Gestalt, wie schon erwähnt, nur sehr selten; deshalb hier die Kadenzen seiner beiden gängigen Transpositionen (Oberquart bzw. Oberoktav):
Finalis g (mit b-molle): g, d und b, d'
Finalis d' (mit b-durum): d', a und f', a'

Der Glareanische 5. und 6. Modus, Lydius und Hypolydius (Finalis f, mit b-durum), haben dieselben Kadenztonstufen wie die traditionellen Modi 5 und 6; doch besitzt die Kadenz auf a in den genannten Modi Glareans die Tonqualität *re*.

Die Glareanischen Modi 11 und 12 entsprechen bekanntlich den traditionellen Modi 5 und 6.

Zu den »in *la*« fundierten Glareanischen Modi 9 und 10 siehe die Kapitel 5 des Ersten und Zweiten Teils.

Zum Vergleich: Kadenztonstufen des Gregorianischen Chorals (nach Franchinus Gafurius, *Practica musicae*, Mailand 1496, lib. I, cap. 8–15, mit Berufung auf Guido von Arezzo):

1. Modus: c, d, f, g, a
2. Modus: A, c, d, e, f
3. Modus: e, f, g, c'
4. Modus: c, d, e, f, g, a
5. Modus: f, g, a, c'
6. Modus: c, d, f, a
7. Modus: g, a, h, c', d'
8. Modus: d, f, g, a, c'

IV. Modi und Schlüsselungen

Schlüsselungen | Modi (Finales in Tenorlage)*

1. (d), 3. (e), 4. (e), 8. (g)
Glareanische Modi 6. (f), 10. (a), 11. (c)

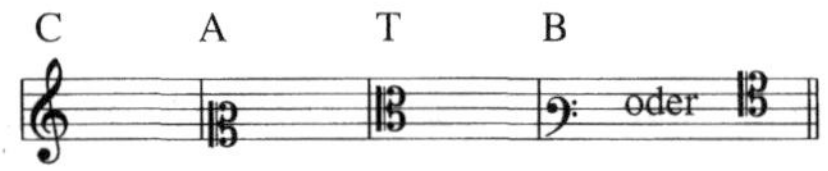

7. (g), 2. transp. (d')
Glareanische Modi 5. (f), 9. (a), 12. (c')

1. transp. (g), 5. (f), 3. transp. (a; selten), 4. transp. (a), 8. transp. (c'; selten)

2. transp. (g), 6. (f), 7. transp. (c; selten)
Glareanischer Modus 9. transp. (d)

Sehr selten folgende Schlüsselung:

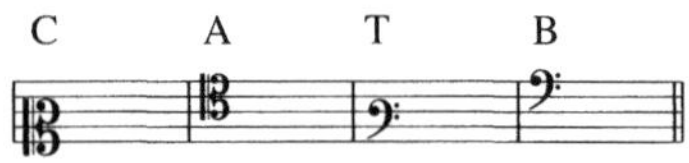

4. (e)**, 2. (d)

Nochmals mit Nachdruck verwiesen sei jedoch darauf, daß die Schlüsselungen, vom Wesen der Modi her gesehen, nur zweitrangig sind. Die Musiklehre des 16. Jahrhunderts nimmt ihren Ausgang stets von den *Modi*: sie weist, wenn sie die Schlüsselungen überhaupt erwähnt, jedem Modus bestimmte Schlüsselungen zu, nicht aber abstrakten Schlüssel-Kombinationen eine Mehrzahl von Modi.

* Unberücksichtigt bleibt, ihrer geringen praktischen Bedeutung wegen, die Moduszählung des Spät-Zarlinischen Systems.

** Beispiele: Josquin, *De profundis* (Tonartbeleg: Zarlino) und Rore, *Tu piangi* (Tonartbeleg: Angleria).

V. Tabelle der Tonartensysteme des späten 16. Jahrhunderts (alle Modi in Tenorlage)

Traditionelles System

1. 2. 3. 4.

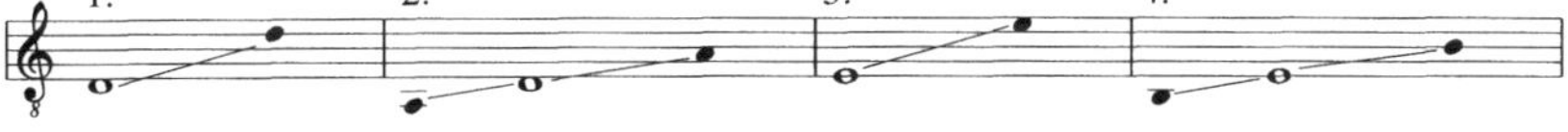

5. 6. 7. 8.

Glareanisches und Früh-Zarlinisches System (seit 1547)

1. (Dorius) 2. (Hypodorius) 3. (Phrygius) 4. (Hypophrygius)

5. (Lydius) NB. 6. (Hypolydius) NB. 7. (Mixolydius) 8. (Hypomixolydius)

9. (Aeolius) 10. (Hypoaeolius) 11. (Jonicus) 12. (Hypojonicus)

Spät-Zarlinisches System (seit 1571)

1. (Dorius) 2. (Hypodorius) 3. (Phrygius) 4. (Hypophrygius)

5. (Lydius) 6. (Hypolydius) 7. (Mixolydius) NB. 8. (Hypomixolydius) NB.

9. (Jonicus) 10. (Hypojonicus) 11. (Aeolius) 12. (Hypoaeolius)

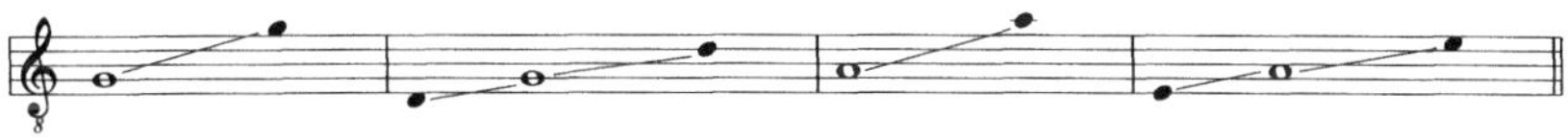

Konkordanz der numerischen Tonart-Benennungen

Ausgegangen wird von den nicht-transponierten Modi des traditionellen Systems. Die Finales sind in Tenorlage angegeben. Transponierte Modi werden nur dann angeführt, wenn sie mit nicht-transponierten Tonarten eines anderen Systems identisch sind.

Traditionell	Glarean und früher Zarlino (vor 1571)	Zarlino, seit 1571
1. (d, auth.)	1.	3.
2. (d, plag.)	2.	4.
3. (e, auth.)	3.	5.
4. (e, plag.)	4.	6.
	5. (f, auth., mit h)	7.
	6. (f, plag., mit h)	8.
5. (f, auth., mit b)	11. tr.	1. tr.
6. (f, plag., mit b)	12. tr.	2. tr.
7. (g, auth.)	7.	9.
8. (g, plag.)	8.	10.
	9. (a, auth.)	11.
	10. (a, plag.)	12.
(5. tr., c)	11. (c, auth.)	1.
(6. tr., c')	12. (c', plag.)	2. (c[!], plag.)

VI. Memorierformeln der acht Modi (nach Johannes Affligemensis, De musica cum tonario, Kap. 11)

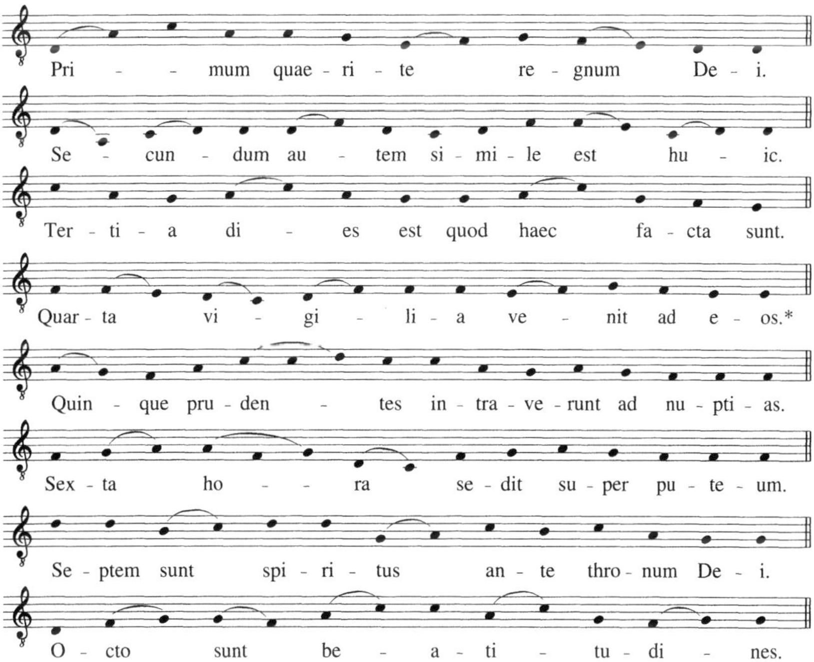

* Der 4. Modus hat hier noch seine ältere Terz-Repercussio mi-sol (anstatt des späteren mi-la).

VII. Giovanni Maria Trabaci: *Toccaten Secondo Tono* und *Ottavo Tono*

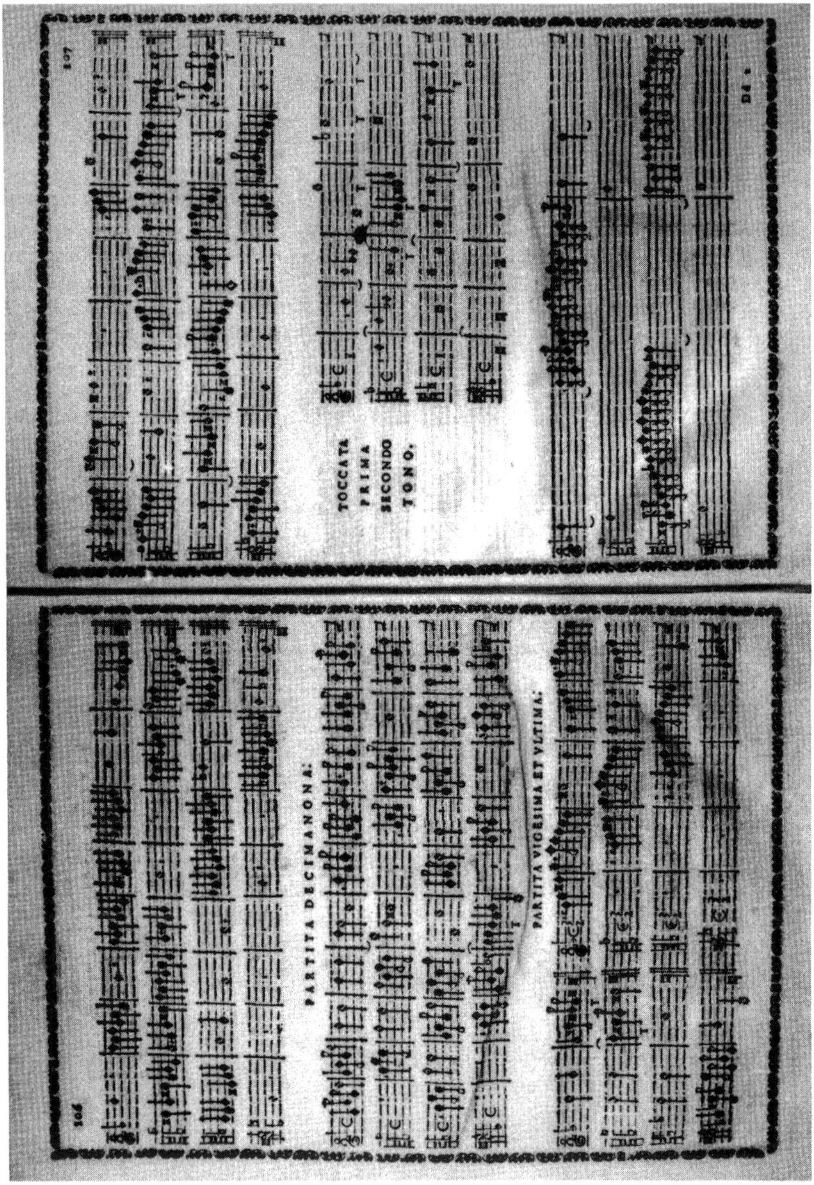

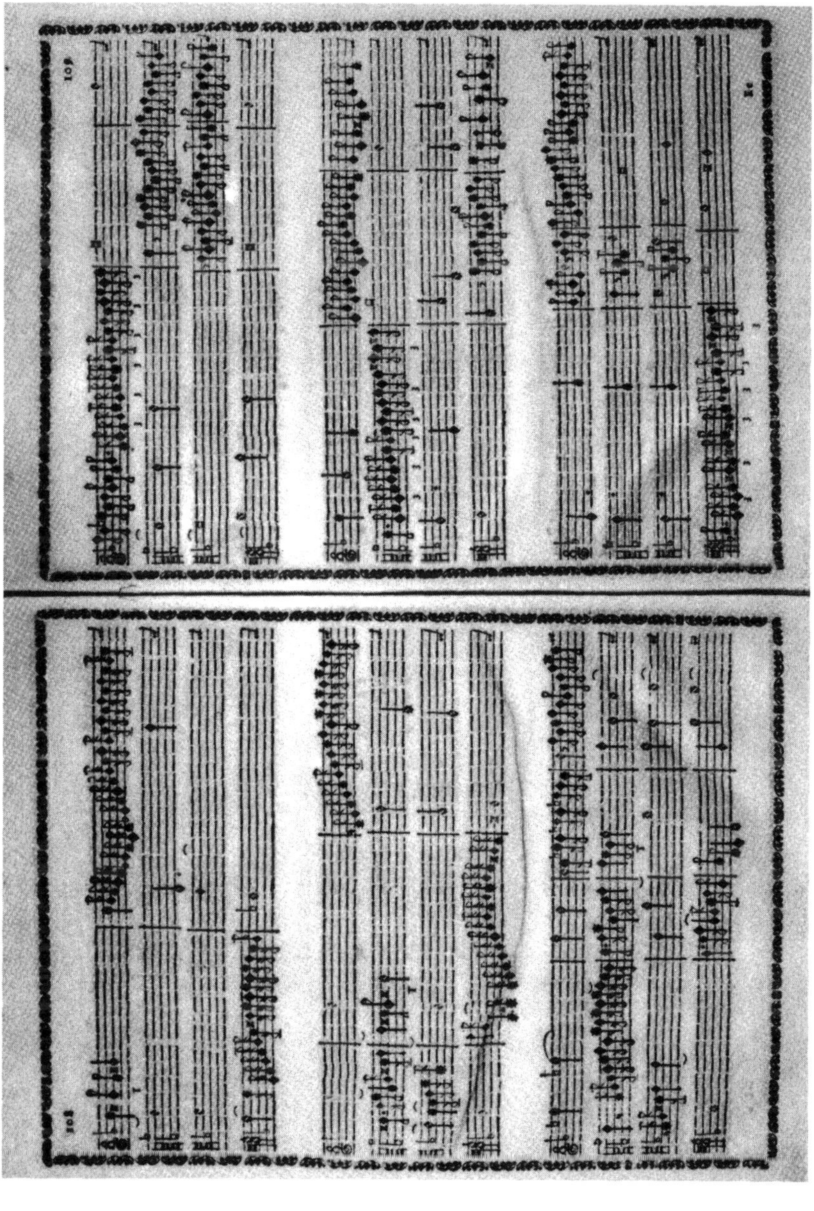

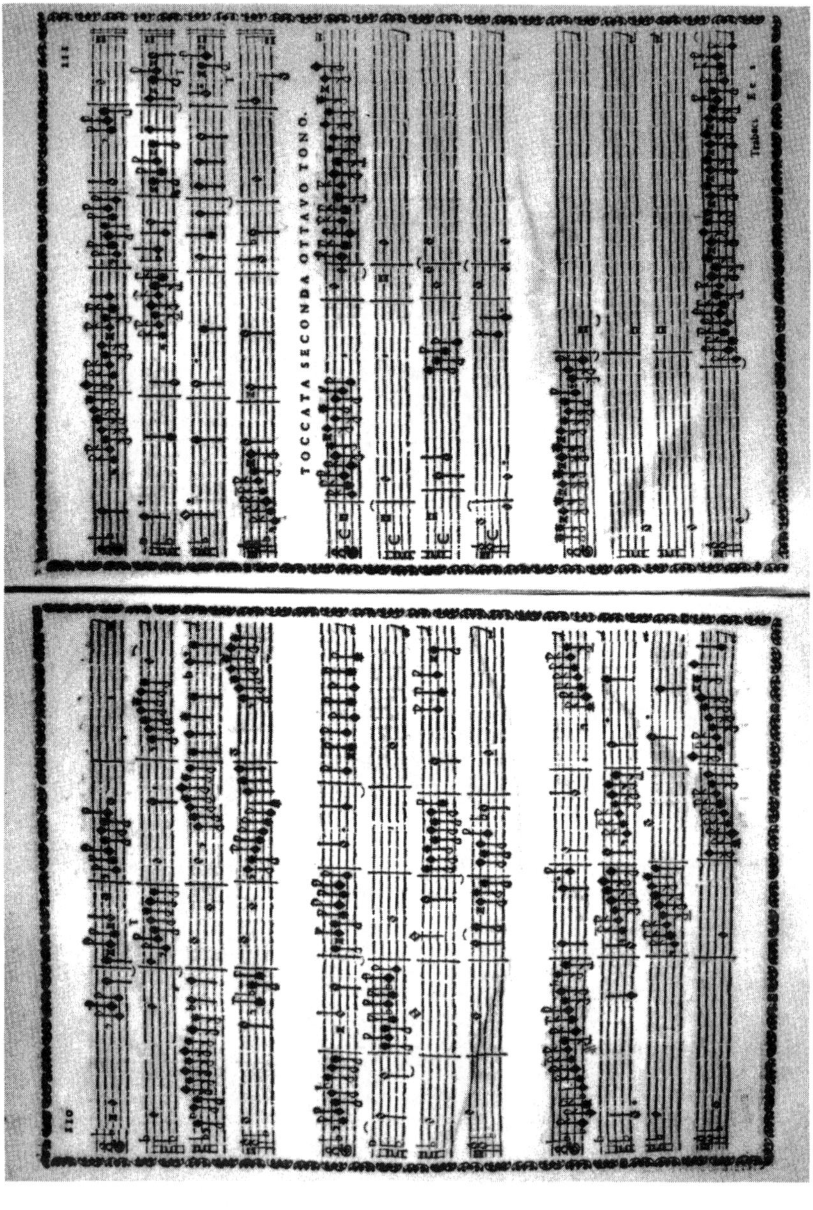
TOCCATA SECONDA OTTAVO TONO.

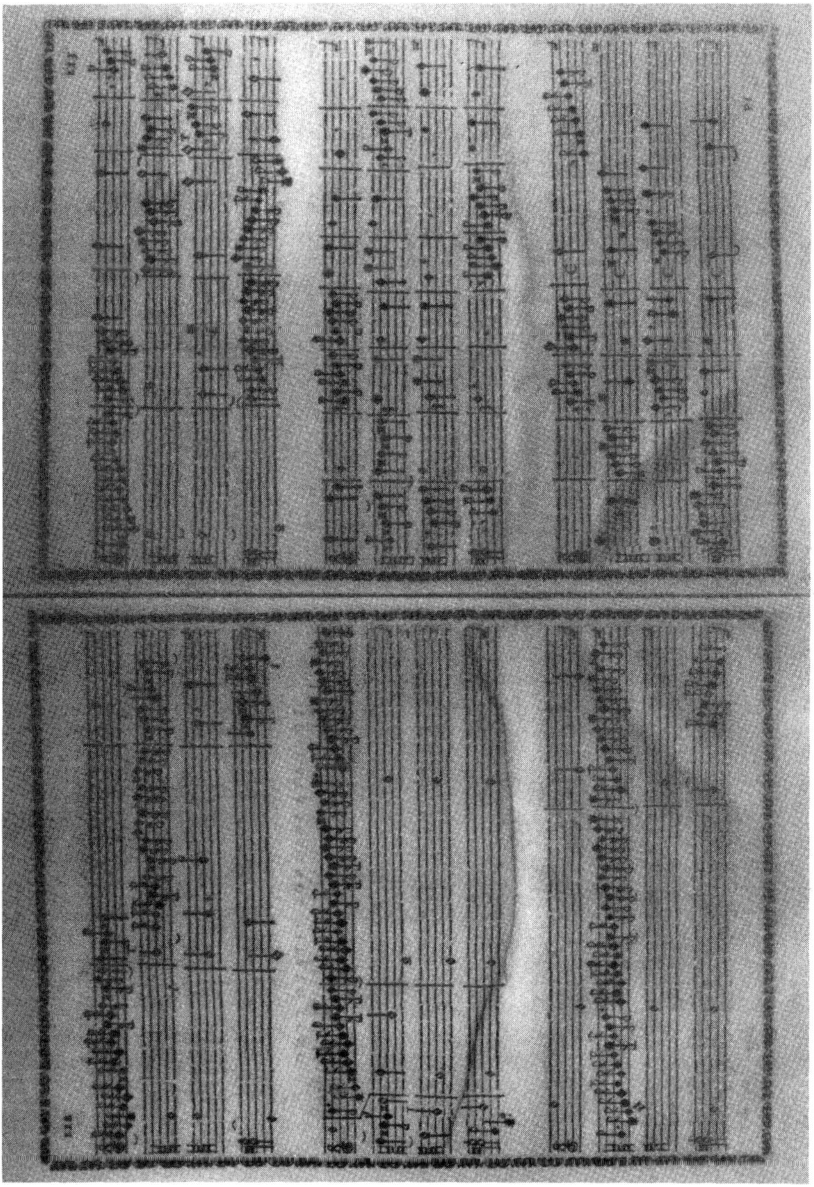

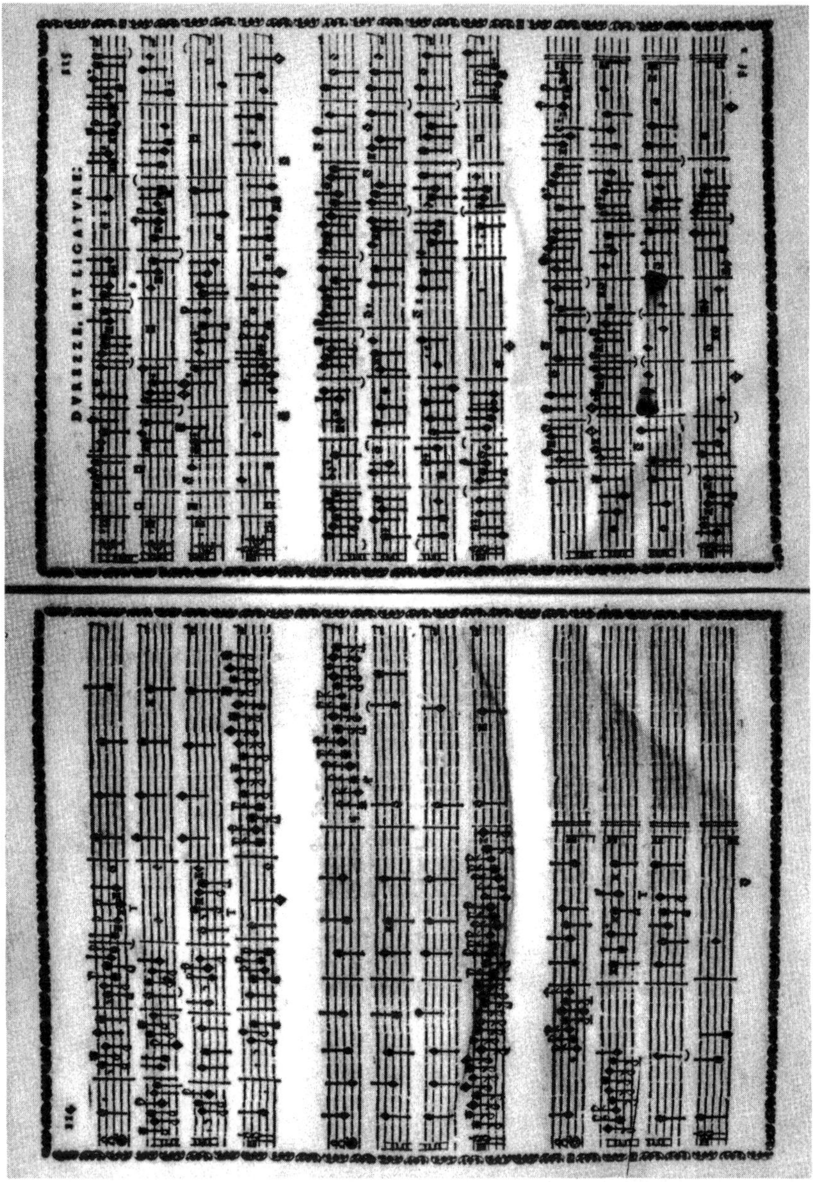
DVREZZE, ET LIGATVRE.

ANMERKUNGEN

Grundlagen

1 L. Milán, Libro de música ... Intitulado el maestro..., Valencia 1536 (= Brown 1536_5). Moderne Ausgabe: PÄM II, hrsg. von L. Schrade, Neudruck: Hildesheim und Wiesbaden 1976, S. 378ff.: »Intelligencia y declaracion delos tonos que en la musica de canto figurado se usan«. (Ein Hinweis auf diese »declaración« findet sich schon vor der ersten Fantasía.) – Auch der 1526 verstorbene Thomas Stoltzer hat bereits textlose Werke in den acht Kirchentönen komponiert: Stücke, die uns in einer von 1556 datierenden Handschrift als Zyklus unter dem Titel *Octo Tonorum Melodiae* überliefert sind. Vgl. StAW I, 69–86 (Nr. 14–21) sowie S. VI und XIII. Hierzu G. Dietel, Thomas Stoltzers *Octo tonorum melodiae* – ein frühes Beispiel absoluter Musik? in: Von Isaac bis Bach. Festschrift Martin Just zum 60. Geburtstag, Kassel 1991, 105–114, und B. Meier, Thomae Stoltzeri *Octo Tonorum Melodiae* re-examinatae, ebenda, 97–104.

2 So bezeichnet etwa Antonio Cifra die Ricercare seines Zweiten Buches (CifR, 85–127) und die über diese Ricercare komponierten Canzonen (CifR, 128–157) nur als *Ricercar Primo, Ricercar Secondo* ... bis *Ricercar Ottavo* (bzw. als *Canzon, sopra il Primo Ricercare* etc.), ohne darauf hinzuweisen, daß hier jeweils ein Zyklus der acht traditionellen Modi vorliegt. (Die Ricercare seines Ersten Buches [CifR, 3–61] werden in der Dedikation dieses Druckes bezeichnet als komponiert »sopra tutti li otto Toni«. In Wirklichkeit bilden aber diese Ricercare einen Zyklus der Glareanischen Modi 1–10. Die noch folgenden sechs Canzonen weisen keine modal-zyklische Anordnung auf.)

3 So W. Apel, Geschichte der Orgel- und Klaviermusik bis 1700, Kassel 1967, S. 379.

4 S. Kunze, Die Instrumentalmusik Giovanni Gabrielis, Tutzing 1963, S. 85, Anm. 34: »Von einer Untersuchung der Tonarten in der Instrumentalmusik Gabrielis muß im Rahmen dieser Studie abgesehen werden, da hierzu auch die sprachgebundene Musik einzubeziehen wäre. Die Untersuchung müßte auf breiterer Basis erfolgen, als es hier geschehen kann.« D. h., aufgrund dieser Einsicht hätte das Buch völlig neu geschrieben werden müssen; denn ohne Untersuchung der tonartlichen Grundlagen dürfte sich über Musik der späten Renaissance (und nicht nur über sie) schwerlich etwas Gültiges aussagen lassen. So lohnt es auch nicht die Mühe, auf alle Einzel-Irrtümer einzugehen, die sich aus Kunzes Haltung gegenüber dem Problem der Modi ergeben.

5 Siehe W. Müller-Blattau, Tonsatz und Klanggestaltung bei Giovanni Gabrieli, Kassel 1975, S. 11–16. Für die Vokalmusik: Geringe Beachtung der naturgegebenen Akkordverwandtschaften in der Musik des 16. Jahrhunderts als Folge des schulmäßig unfreien »Haften[s] an den alten (conventionellen) Tonarten«: R. G. Kiesewetter, Geschichte der europäisch-abendländischen Musik, Leipzig 1834, S. 71f.; Unterscheidung von Authenti und Plagales zur Zeit Palestrinas bloßes Zeugnis einer (wenn auch »imposanten«) »gedanklichen Trägheit«: K. Jeppesen, Marcellus-Probleme, in: AMl 16/17 (1944/45), S. 13; »Vertuschen« der »tatsächlich reiche[n] Harmonik« eines Werkes durch den Komponisten, »um der Einhaltung des g-dorischen Modus willen« (also unter dem Zwang einer Konvention): H. Leuchtmann, Einleitung zu DTB, Neue Folge, Bd. 7, Wiesbaden 1989, S. XXV.

6 Siehe E. Kenton, Life and Works of Giovanni Gabrieli, o. O., 1967, S. 457–522.

7 Siehe S. Hermelink, Dispositiones Modorum, Tutzing 1960. Zu Powers siehe unten, Anm. 11.

8 Hermelink, a. a. O., S. 13.

9 Hermelink, a. a. O., S. 13 und S. 14 (Hervorhebungen nicht original).

10 Siehe z. B. folgenden Satz Hegels über die »innere« Eigenart der Beziehungen der welthistorischen Völker (Werke, Bd. IX, Berlin 1837, S. 74): »Wir begreifen sie, aber den handelnden

Völkern war sie unbekannt, und die Berührung mit dem folgenden Volke stellt erst den Geist des vorangegangenen ins gehörige Licht.« – Zur Herkunft dieser Theoreme und ihrer Verbreitung im frühen 19. Jahrhundert siehe B. Meier, Carl von Winterfeld und die Tonarten des 16. Jahrhunderts, in: KmJb 50 (1966), S. 131–163, bes. S. 140–143.

11 Grundlegend: Tonal Types and Modal Categories in Renaissance Polyphony, in: JAMS 34 (1981), S. 428–470, und: Artikel »Mode«, in: The New Grove Dictionary of Music and Musicians, Bd. 12, London 1980, S. 376–450 (besonders S. 392–418). – An Instrumentalmusik erwähnt wird von Powers nur Andrea Gabrielis Zyklus polyphoner Ricercare (1595; siehe Grove 12, S. 413); die nicht-polyphone Instrumentalmusik bleibt außer Betracht.

12 H. S. Powers, Monteverdi's model for a multimodal madrigal, in: In Cantu et in Sermone. For Nino Pirrotta on his 80th Birthday, Florenz 1988, S. 185–219, und: Is Mode real? Pietro Aron, the octenary system and polyphony (Vortrag, gehalten im Rahmen des Symposiums »Modus und Tonalität«, Basel, März 1991; erscheint in: Basler Jahrbuch für historische Musikpraxis, Jg. XV, 1991).

13 »... even though a particular mode may be ascribed to a piece of 16th-century polyphony by a theorist or editor ... modality itself ... is not a necessary and inherent property of 16th-century polyphony«, vielmehr »ascribed rather than inherent«. (Siehe: In Cantu et in Sermone, S. 219, auch zitiert in: Music and Letters 72, 1990, S. 233.)

14 Zacconi, Prattica di musica, [2]Venedig 1596, lib. I, cap. 3: »Teorico« werde jetzt, im Unterschied zur Antike, verstanden als »quel compositore, che discorre sopra le regole musicali«, bzw. als »colui che ha la scienza del comporre«.

15 Oridryus, Practicae musicae utriusque praecepta brevia, Düsseldorf 1557, Kap. 5 (hrsg. von R. Federhofer-Königs, in: Johannes Oridryus und sein Musiktraktat, Köln 1957, 69): »Poetica [sc. musica] ... ea est, quae ... aliquid post laborem relinquit operis, nempe cum *praecepta artis* aut cantio aliqua a quopiam conscribitur...« .

16 Nur wenige Autoren haben bisher versucht, für einzelne Meister oder Gattungen von Instrumentalmusik die Zeugnisse der Musiktheorie fruchtbar zu machen; so z. B. R. Jackson, The Keyboard Music of Giovanni Maria Trabaci, Phil. Diss., University of California at Berkeley, 1964, und L. Jambou, Les Origines du Tiento, Paris 1982. Nachteilig geltend macht sich in letztgenanntem Werk allerdings die nicht genügende Kenntnis der für die Vokalmusik maßgebenden Verhältnisse.

17 Eine ausführliche Darstellung dieser Modi gibt B. Meier, Die Tonarten der klassischen Vokalpolyphonie, Utrecht 1974, besonders Teil I, Kap. 2–6; neuerdings auch in Einzelheiten revidierte englische Übersetzung. The Modes of Classical Vocal Polyphony, translated by Ellen S. Beebe,New York 1988.

18 Näheres hierzu bei B. Meier, Die Tonarten, S. 40, und The Modes, S. 52.

19 Hierzu B. Meier, Die Tonarten, S. 21–23, und The Modes, S. 27–31.

20 Vgl. z. B. Gallus Dreßler, Practica Modorum explicatio, Jena 1561, Kap. 5: »Quid est Tonus seu Modus? Est certa regula, iuxta quam cursus et melodia cantus in principio, medio et fine formatur...« Ähnlich Eucharius Hofmann, Doctrina de Tonis, Greifswald 1582, Kap. 1: »Toni sunt regulae, secundum quas omnes cantus suos cursus in principio, medio et fine dirigunt«. – Zu den Begriffen »cursus« und »melodia« s. unsere weiteren Ausführungen.

21 Zur Herkunft von Acht-Tonarten-Systemen aus dem alten Orient s. E. Werner, The Sacred Bridge, London und New York 1959, S. 373ff. Diese Ursprünge sind, wie kaum anders zu erwarten, bereits im europäischen Mittelalter vergessen; statt dessen wird die Achtzahl der Modi oft »begründet« durch die Analogie zu den acht Wortarten des Lateinischen (nomen, pronomen, verbum, adverbium, participium, praepositio, coniunctio, interiectio).

22 Einen terminologischen Mißbrauch bedeutet es, wenn der Begriff »Ambitus« für diesen Gesamt-Klangraum eines mehrstimmigen Werkes verwendet wird; auch in mehrstimmiger Musik bezieht sich »ambitus« nur auf den Melodieverlauf einzelner Stimmen.

23 So Dreßler, Practica Modorum … , Kap. 7: Repercussio = »proprium cuiusque toni intervallum, quod saepissime repetitur«. Weitere Belege bei B. Meier, Die Tonarten, S. 29f. und S. 413f., Anm. 17 (= The Modes, S. 39f.). – Gleichbedeutend mit »repercussio« werden bisweilen auch die Begriffe »melodia« und »inflexio« gebraucht.

24 Am leichtesten zu erreichen sind die Memorierformeln aller acht Modi bei Johannes Affligemensis, De musica cum tonario (= CSM 1, Rom 1950), Kap. 11. Sie sind im Anhang VI dieses Buches wiedergegeben. Weitere Belege bei B. Meier, Die Tonarten, S. 413, Anm. 11 (= The Modes, S. 38, Anm. 12).

25 Ausführliches hierzu bei B. Meier, Heinrich Loriti Glareanus als Musiktheoretiker, in: Beiträge zur Freiburger Wissenschafts- und Universitätsgeschichte, 22. Heft, Freiburg i. Br. 1960, S. 65–112, besonders S. 82–92. Wie wichtig zum Verständnis von Glareans Tonartentheorie gerade die meist so geringgeschätzte *Absicht* ihres Autors ist, zeigt ein Vergleich von Glareans Tonartenlehre mit derjenigen des Johannes Gallicus. Schon dieser bemerkt, wie später auch Glarean, daß bei folgerichtiger Durchführung der skalaren Modus-Interpretation vierzehn Modi (= die späteren zwölf Modi Glareans und die beiden auf h fußenden »Modi rejecti«) entstehen müßten. Im Unterschied zu Glarean hält jedoch Johannes Gallicus die antiken Modi und die gegenwärtigen nicht für identisch, und infolgedessen zieht er aus seiner Beobachtung eben *nicht* die Konsequenz, die sich für Glarean aus dem Glauben an diese Identität ergibt und das eigentliche Motiv seines Wirkens als Musiktheoretiker bildet: die Forderung, die – seiner Meinung nach – *echte*, ungetrübte Tradition der Moduslehre »wiederherzustellen«.

26 So O. J. Gombosi, Studien zur Tonartenlehre des frühen Mittelalters, in: AMl 10 (1938), S. 154.

27 Dies im Gegensatz zu »lydischen« Kompositionen des 19. Jahrhunderts. Auch innerhalb der anderen »Kirchentonarten« hat das 19. Jahrhundert die Setzung von Akzidentien immer als Abweichung von der Norm des betreffenden Modus verstanden.

28 Dieser Meinung sind z. B. J. Mattheson, R. G. Kiesewetter und K. Jeppesen; Nachweise bei B. Meier, Carl von Winterfeld und die Tonarten des 16. Jahrhunderts, in: KmJb 50 (1966), S. 157, und B. Meier, Die Tonarten, S. 407, Anm. 2, bzw. The Modes, S. 15, Anm. 2.

29 Hierzu C. Dahlhaus, Der Dreiklang als Symbol, in: Musik und Kirche 25 (1955), S. 251f.

30 C. Schneegaß, Isagoges musicae libri duo, Erfurt 1591, Lib. II, Kap. 8 (Hervorhebung nicht original).

31 Für den Hinweis auf diese Quelle dankt der Verfasser Herrn Professor Dr. Siegfried Schmalzriedt, Karlsruhe (siehe auch: The Modes, S. 69, Anm. 44)

32 S. Gissel, Zur Modusbestimmung deutscher Autoren in der Zeit von 1550–1650. Eine Quellenstudie, in: Mf 39 (1986), S. 201–217.

33 Lechners Brief ist veröffentlicht von G. Reichert als Anhang zu dem Aufsatz: Martin Crusius und die Musik in Tübingen um 1590, in: AfMw 10 (1953), S. 210–212. Der Brief ist in der einschlägigen Literatur seitdem oft zitiert worden. Daß auch Crusius, einer der bedeutendsten Gräzisten seiner Zeit, sich der Bezeichnungen authentischer und plagaler Modi nach herkömmlicher Art – also mit Ordnungszahlen, nicht mit den pseudo-antiken Modusnamen Glareans – bedient, sei nur eben erwähnt.

34 Ausführliches hierzu bei B. Meier, The Modes, Teil I, Kap. 4. (Der Text wurde gegenüber dem entsprechenden Kapitel von Die Tonarten im zweiten Abschnitt – Modaler Rang der Kadenzen – revidiert.)

35 Weitere Beispiele von »Cadenze fuggite« bei B. Meier, die Tonarten, S. 83–85, und The Modes, S. 98–101.

36 Die zuletzt noch von Siegfried Hermelink (Dispositiones Modorum, Tutzing 1960) verfochtene Theorie, daß die Notierung in sogenannter Chiavette eine Abwärts-Transposition um eine Terz bedeuten müsse, gilt heute allgemein als irrig.

37 S. z.B. Valerio Bona da Brescia, Regole del Contraponto et Compositione, Casale 1595, S. 39ff.; seine daselbst angeführten Schlüsselkombinationen wiedergegeben bei B. Meier, Die Tonarten, S. 72f., und The Modes, S. 87. – Bona da Brescias bloße »pratica« wird von Hermelink (s. Anm. 36) zu einer »scienza« erhoben, und zwar zu einer »scienza« höchsten Ranges. Betonen wir demgegenüber nochmals: Von »Tonartentypen« (Hermelink, S. 13f.; englisch: »tonal types«) ist weder bei Bona da Brescia noch bei irgendeinem anderen Autor des 16. Jahrhunderts in irgendeiner Form die Rede.

38 Bezeichnenderweise bleibt die Instrumentalmusik des 16. Jahrhunderts bei Hermelinks Tonartentypen-Theorie unberücksichtigt (genereller Verweis auf die Gemeinsamkeit der Tonarten vokaler und instrumentaler Musik bei B. Meier, Die Tonarten, S. 23, und The Modes, S. 31).

39 Die Aussage von H. S. Powers (Art. »Mode«, § III, 5.i, in: The New Grove, Bd. 12, London 1980, S. 412), daß die Zwölf-Tonarten-Systeme – und als erstes von ihnen das Glareanische System – von den Musikern und Theoretikern des späteren 16. Jahrhunderts »begeistert« (»enthusiastically«) aufgenommen worden seien, trifft nicht zu. Auf Lasso und Lechner als Anhänger des altüberlieferten Systems wurde bereits verwiesen (s. oben, S. 22). Auf dem Zyklus der altüberlieferten acht Modi sind, außer den beiden Motettenbüchern Lechners, ferner (um nur diese Beispiele zu nennen) die Vertonungen von Petrarcas *Vergine*-Canzone durch Palestrina und Francesco Portinaro, die Nummern 1–32 von Palestrinas Offertorien-Zyklus und die *Preces speciales* von Jacobus de Kerle fundiert. Auch eine Messe Palestrinas, fundiert auf f mit b-molle, wird noch in einem posthumen Druck (Palestrina, Missarum Liber Decimus, 1600) als *Missa Quinti Toni* bezeichnet (s. E. E. Lowinsky, Tonality and Atonality in Sixteenth-Century Music, Berkeley und Los Angeles 1962, S. 37). Geradezu eine Ironie der Musikgeschichte bedeutet es, daß selbst eine Dichtung Glareans – seine *Descriptio Helvetiae* – mit Rücksicht auf die Mehrzahl der Musiker in den acht herkömmlichen Tonarten komponiert worden ist (s. A. Geering, Homer Herpol und Manfred Barbarini Lupus, in: Festschrift Karl Nef, Basel 1933, S. 60). – Weitere Zeugnisse für das Fortleben der altherkömmlichen Tonartenlehre, vor allem in musiktheoretischen Schriften, s. bei B. Meier, Heinrich Loriti Glareanus, S. 100f.

40 Zu den Gründen, welche Zarlino zu dieser neuen Zählung der Modi bewogen, s. F. Högler, Bemerkungen zu Zarlinos Theorie, in: ZfMw 9 (1926/27), S. 518ff. Zu den »antiken« Namen der Spät-Zarlinischen Modi s. im besonderen Powers, Art. »Mode«, in: The New Grove, Bd. 12, S. 412f.

41 S. hierzu H. Schneider, Die französische Kompositionslehre in der ersten Hälfte des 17. Jahrhunderts, Tutzing 1972, S. 16f. (C. Le Jeune), S. 31 (A. Le Roy, 1616 und 1617), S. 43f. (S. de Caus), S. 72ff. (M. Mersenne, 1. und 3. Anordnung), S. 130f. (A. Parran: die »zwölf Modi der Modernen«) und S. 164f. (La Voye Mignot, 1656; hier Reduktion auf nur mehr sechs Modi durch Leugnung des Unterschiedes von Authenti und Plagales). – Als Anhänger der Spät-Zarlinischen Modus-Nomenklatur in Deutschland erwähnt sei der Schütz-Schüler Christoph Bernhard (s. hierzu unten Anm. 11 zum Ersten Teil, 6. Kapitel).

42 So schon in seiner Melopoiia, Erfurt 1592, Kap. 14; desgleichen in der ersten seiner Exercitationes musicae duae, Leipzig 1600.

43 Es handelt sich bei den obenerwähnten Werken um die Ricercare Nr. 4–6 (ConR, 19–35). Die schon bei Conforti herrschende Verwirrung der Begriffe wird vom Herausgeber (ConR, S. XIII) noch vergrößert, indem er dem Ricercar Nr. 4 die Modusbezeichnung »lydisch« und dem Ricercar Nr. 5 die Bezeichnung »hypolydisch (jonisch)« beilegt. Verkannt wird hiermit gerade jener Unterschied von Glareanischem Lydius und Hypolydius (f, mit b-durum) einerseits und traditionellem 5. und 6. Modus (f, mit b-molle) andererseits: ein Unterschied, den zu betonen Glarean nicht müde wurde. Derselbe terminologische Mißbrauch liegt auch vor, wenn die Tonart von Confortis Madrigalen Nr. 19–22 als »hypolydisch« bezeichnet wird (so

ConR, S. XVII): die genannten Werke stehen im traditionellen 6. Modus, d. h., um mit Glarean zu sprechen, im »per b-molle« abwärts transponierten Hypojonicus.

44 Diese Doppelbezeichnung wird vom Herausgeber zu *Quinto* bzw. *Sesto Tono* vereinfacht.

45 Dieser Aspekt der Sache kommt in H. S. Powers' Art. »Mode« (s. Anm. 39), S. 413, nicht hinreichend klar zur Geltung. Auch der schwankende Charakter der Bezeichnung *Quinto Tono* bleibt Powers verborgen: seine Argumentation beruht einzig auf Andrea Gabrielis Ricercaren-Zyklus von 1595 (= Brown 1595_3), den Powers – wie unsere Ausführungen betreffs des Lydius und Hypolydius zeigten, zu Unrecht – als »a full set of compositions in all 12 modes« betrachtet. (Nur am Rande vermerkt sei, daß der auf f mit b-molle fußende 11. Modus des Glareanischen und Früh-Zarlinischen Systems nicht eine Unterquint-, sondern eine Oberquart-Transposition darstellt.)

46 Das Ricercar *del Decimo Tono* in Andrea Gabrielis Ricercaren-Zyklus stammt zwar, wie bereits erwähnt, von Giovanni Gabrieli; eine von Andrea Gabrieli komponierte *Toccata del Decimo Tono* findet sich jedoch in Girolamo Dirutas Transilvano (= Brown 1593_3).

47 Auf die Verwirrung der Nomenklatur in Giovanni Gabrielis Orgel-Intonationen hat S. Schmalzriedt in seiner Dissertation (Heinrich Schütz und andere zeitgenössische Musiker in der Lehre Giovanni Gabrielis, Neuhausen-Stuttgart 1972, S. 43f.) bereits hingewiesen; die Bezeichnung identischer oder strukturell gleicher Modi mit verschiedenen Namen ist jedoch nicht hinreichend klar erkannt worden.

48 Ähnliche Verwirrung, jetzt aber innerhalb eines Systems von nur acht Tonarten, finden wir elf Jahre später bei Adriano Banchieri (Cartella musicale, Venedig 1614). Hier erscheint wiederum ein plagaler Modus der Finalis a als »3. Tonus« (dies wie bei Trabaci); als »7. Tonus« finden wir jedoch, aller Tradition zuwider, einen »per b-molle« auf d transponierten Glareanischen Aeolius. S. das Schema bei Powers, Art. »Mode« (s. Anm. 39), S. 414, Beisp. 22 (c).

Erster Teil

1. Kapitel

1 Zur Entstehung des imitatorischen Ricercar-Typus s. im besonderen W. Kirkendale, Ciceronians versus Aristotelians on the Ricercar as Exordium, from Bembo to Bach, in: JAMS 32 (1979), S. 1–44. – Zu den Orgel-Ricercaren Andrea Gabrielis im allgemeinen s. W. Apel, Geschichte der Orgel- und Klaviermusik bis 1700, S. 171–176. Die Existenz von Tonartennamen, ja sogar von einer modal zyklischen Anordnung wird zwar erwähnt, doch unterbleibt jegliche Kommentierung.

2 Memorierformeln aller acht Modi s. Anhang VI des vorliegenden Buches; vgl. auch B. Meier, Die Tonarten, S. 28 (mit zugehörigen Anmerkungen), bzw. The Modes, S. 38. Mehrstimmige Beispiele bei Meier, Die Tonarten, S. 192–196, und The Modes, S. 208–212.

3 Der mit dem Erreichen des Kadenz-Zieltones a' bzw. a zusammenfallende Einsatz des Basses ex d ändert nichts an dem a-Charakter der Kadenz; nur die – so kurz nach Beginn unbefriedigende – volle Schlußwirkung der Kadenz wird durch diesen Einsatz gemindert; auch dies nach dem Vorbild der gleichzeitigen Vokalmusik. Näheres über das »fuggir la cadenza« bei B. Meier, Die Tonarten, S. 84ff., und The Modes, S. 99ff.

4 Beispiele hierfür bei B. Meier, Die Tonarten, S. 199f., und The Modes, S. 213ff.

5 Die originalen Bezeichnungen der Stimmen lauten wie folgt: 1. Chor: C, A, T, VI; 2. Chor: VII, V, VIII, B.

6 Der Schluß des Werkes außerhalb der Finalis – hier: auf der Oberquint-Tonstufe d – erklärt sich, gleich den analogen Schlußbildungen der Tientos Nr. 4 und Nr. 15, aus der Funktion dieser Werke als Präludium zu einem in derselben Tonart stehenden »Hauptstück«. S. hierzu Kirkendale, Ciceronians..., S. 25–28.

7 Die beiden Stimmbücher, in denen Cavis Ricercare überliefert sind, tragen zwar die Bezeichnung »Cantus« und »Tenor«; doch bewegt sich nur der »Cantus« in seinem normalen Ton-

raum. Die »Tenor«-Stimme ist hingegen immer, ihrer Lage nach, ein Altus. Jene Gestalt der Motive, die wir aus vier- oder mehrstimmigen normal disponierten Werken als für die modal »herrschenden« Stimmen bezeichnend finden, erscheint folglich bei Cavi nur im Sopran.

8 Die erste Kadenz innerhalb des Werkes (Takt 19f.) liegt auf der Oberquinte der Finalis, ist aber nicht als a-*mi* anzusehen, sondern – analog zu Takt 30 – als Kadenz a-*re* (Clausula cantizans: a' – gis' – a'; Clausula tenorizans: h – a).

9 Leichter zugänglich in der praktischen Ausgabe PalR. Zur Echtheit s. D. Kämper, Studien zur instrumentalen Ensemblemusik des 16. Jahrhunderts in Italien, Köln und Wien 1970, S. 126. Sicher ist in jedem Fall, daß es sich um Werke des 16. oder allenfalls des frühen 17. Jahrhunderts handelt, wobei dem erstgenannten Jahrhundert, angesichts der Praxis der Motiveinsätze, der Vorrang zu geben wäre, keinesfalls aber um Werke jener späten Zeit, die – so etwa bei J. J. Fux – selbst für den »stile antico« den Unterschied authentischer und plagaler Modi glaubte als belanglos ansehen zu können.

10 Die Zitierung aller aus MME II angeführten Werke folgt den in der Einleitung zu diesem Band, S. 185ff. (= Kap. VII, Crítica de la Edición), angegebenen Werktiteln. – Bei Brown 1557_2, Nr. 40, trägt unser Tiento den Autornamen »Antonio« (= Cabezón); in CaCW II ist das Werk, übereinstimmend mit der Zuweisung in MME II, nicht enthalten. – Zur Übertragung des Werkes in MME II sei noch bemerkt, daß, gemäß der Norm des 1. Modus, die erste, auf a (Ob-V) liegende Kadenz (Takt 13f.) als Kadenz a-*re* gebildet werden muß (also mit gis' bzw. h in der Clausula cantizans bzw. tenorizans). Die dem Werk in der Ausgabe, S. 47, vorangestellte Tonartbezeichnung »7.« ist offenkundig ein Erratum.

11 Die Tonartangabe fehlt in IMAMI II; sie findet sich bei Brown 1579_3.

12 Die Quelle des Werkes datiert von 1659; das zähe Beharrungsvermögen des alten Initialmodells (samt erster Kadenz auf der Oberquinte der Finalis) tritt hier besonders eindrucksvoll zutage.

13 Die erste Kadenz (a, Takt 11) wird zwar vom Alt und Baß gebildet; doch steigt der Sopran über ihr von h' nach c'' aufwärts und wahrt hierdurch den Oberquint-Charakter auch dieser Kadenz.

14 Der Zusatz *Alla Quarta alta* fehlt in der Ausgabe.

15 Zu ergänzen ist hier das Erhöhungs-Akzidens der Clausula cantizans (Altus: cis' statt c').

16 Das Erhöhungs-Akzidens der Clausula cantizans (Sopran: cis'' statt c'') muß auch hier ergänzt werden.

17 Zu Dreßler s. B. Meier, Die Tonarten, S. 95f., bzw. The Modes, S. 113. Zur modalen Rangordnung der Kadenzen überhaupt s. The Modes, S. 101–122 (gegenüber der deutschen Fassung dieses Abschnitts revidiert).

18 Nicht besprochen sei Cabezóns *Tiento del 2. Tono, Nr. 19* (CaCW II, 48f.), da er – was zu bemerken dem Herausgeber entgangen ist – eine Bearbeitung des Gregorianischen 2. Psalmtons darstellt (Initium und Mediatio = Takt 1–76, Schlußfall = Takt 76–91).

19 Dies eines der wenigen Beispiele des nicht transponierten, d. h. auf d bzw. d' fundierten 2. Modus.

20 Aiguino, Il tesoro illuminato di tutti i tuoni di canto figurato, Venedig 1581, Lib. I, Kap. 37.

21 Themen-Aufstellung und Beantwortung verhalten sich in den Duos Nr. 3 und 4 wie oben im Haupttext ausgeführt, da hier der Tenor, ohne seinen Ambitus zu überschreiten, zu Beginn die Rolle der »dienenden« Stimme, also des Altus übernimmt und das Einleitungsmotiv des Soprans (d' – f' – a') mit g – b – d' beantwortet. In den Duos Nr. 2 und 8 hingegen bewegt sich der Tenor in seinem dieser Art von Initialbildung »eigenen« Ambitus, also innerhalb der Quinten-species d – a, so daß hier, zunächst wenigstens, einigermaßen ungewiß bleibt, ob der Einsatzton beider Stimmen die Finalis darstellt oder ob, wie sich dann im weiteren Verlauf zeigt, ein anderer Ton – hier: die Tonstufe g-*re* – als Hauptton anzusehen ist.

22 Man beachte andererseits die Funktion der Beantwortung eines im Ambitus f – a – d aufgestellten, dann aber durch B – d – G beantworteten Quintmotives *fa-la-re* als eines Mittels, um

aus dem regulären 1. in den »per b-molle« transponierten 2. Modus zu gelangen: so z. B. im Schlußabschnitt (»salvus esse non poterit«) von Lassos Motette *Quicumque vult salvus esse* (LaNR I, 32ff., besprochen bei B. Meier, Die Tonarten, S. 289ff., und The Modes, S. 305ff.).

23 Calvisius, Exercitationes musicae duae, Beispiele des (ohne b-Vorzeichnung gebildeten) »Hypodorius«; Beringer, Musicae... Erster und Anderer Theil, Nürnberg 1610, Faks.-Neudruck: Kassel und Leipzig 1974, fol. I[r], Hypodorius »In der höhern Satzung«; Praetorius, Syntagma musicum, Bd. 3, Wolfenbüttel 1619, Faks.-Neudruck: Documenta musicologica, Erste Reihe, Bd. XV, Kassel 1958, S. 36, »Hypodorius« (sc. regularis), und S. 40, »Schematismus Dorii et Hypodorii regularis«; Sweelinck, Lehrbeispiele »zum zweiten Tone b-duraliter«, 4 bzw. 1 voc., wiedergegeben bei R. Eitner, Über die acht, respektive zwölf Tonarten... im XVI. und XVII. Jahrhunderte nach Joh. Peter Sweelinck, in: Monatshefte für Musik-Geschichte III (1871), S. 139 und 151. – Die Aussage von W. Müller-Blattau, Tonsatz und Klanggestaltung bei Giovanni Gabrieli, S. 11f., Anm. 1, daß Sweelinck »die nicht-transponierten Modi ›authentisch‹ nennt und die transponierten (mit b-Vorzeichen) ›plagal‹« und daß dies »ein[en] Schritt nach vorn« bedeute, entbehrt jeglicher Begründung.

24 In praxi wird der Ton a'' vom Sopran allerdings nur selten erreicht, da er die Fähigkeit der Knabenstimme überfordern würde.

25 Wie im Exordium, so wird auch im weiteren Verlauf der Ton a'' nicht benutzt, so daß das Werk auch vocaliter (und mit Knabensopran) ausführbar bleibt.

2. Kapitel

1 Bei Stoltzer liegen die Gerüst-Clausulae der ersten Kadenz (Takt 17–19) zwar im Tenor (wo h statt b zu lesen ist) und im Baß; die extrem hohe Lage, mit welcher der Sopran diese Stimmen-Progression »begleitet« (Halbtonschritt f''-e''), verleiht dieser Kadenz jedoch Oberquint-Charakter. – Bei Julio da Modena weicht die Stimmen-Disposition vom »klassischen« Schema in sofern ab, als der Altus sich fast immer im selben Ambitus wie der Tenor, d. h. innerhalb der Oktav-species f – f' + »licentia« f' – a' bewegt. Nur in den Takten 57–61, 65f., 81f. und 87f. steigt der Alt auch bis b' und c'' hinauf. Bezeichnenderweise wird auch die Clausula tenorizans der Schlußkadenz vom Altus gebildet.

2 Beispiele dieser Initialmelodik aus Vokalmusik des 6. Modus bei B. Meier, Die Tonarten, S. 186, und The Modes, S. 201f.

3 Auch dieses Motiv ist aus der Unterquarten-species des 6. Modus und aus dessen Repercussio *fa-la* hergeleitet.

4 Die Bezeichnung dieses Werkes durch den Herausgeber als »del 5. Tono« ist irrig und wird nicht begründet. – Die in MME II, 26, gegebene Modusbezeichnung »8« kommt, wenn wir sie im Sinne der Spät-Zarlinischen Nomenklatur verstehen, der Wahrheit in sofern näher, als sie einen auf f fundierten *plagalen* Modus meint. Aber auch diese Bezeichnung ist nicht völlig korrekt: Sie meint, wenn wir sie beim Wort nehmen, den Glareanischen Hypolydius (= plagaler f-Modus, jedoch mit b-durum), nicht aber den tatsächlich vorliegenden *traditionellen* 6. Modus. Das »halbschlüssige Ende« des Werkes weist im besonderen auf dessen Funktion als Präludium zu einem sodann auf der Finalis f schließenden »Hauptstück«.

5 Die dem Werk vom Herausgeber beigefügte Modusbezeichnung »5.« ist sinnlos; korrekt hingegen die in MME II, 33, von H. Anglés gegebene Bezeichnung »6.« (hier nach traditioneller Zählung).

6 Das Werk endet zwar auf c, dem Oberquintton der Finalis. Doch läßt sowohl die Melodik – im besonderen die Gestalt des aus der plagalen Oktav-species c' – f' – c'' – f' abgeleiteten Initialmotivs – wie auch die Bildung aller gliedernden Binnenkadenzen auf dem Ton f erkennen, daß dieser Ton die *wirkliche* Finalis ist. Vgl. auch den Schluß von Anm. 4.

7 Zur Ambitus-Überschreitung in den Takten 76–81 s. unten, S. 146.

8 Der Tenor überschreitet in den Takten 10ff. und 25 den plagalen Ambitus durch Aufstieg bis

f'. Es handelt sich hierbei um Stellen, an denen sich der Alt im unteren Teil seines Ambitus (dazu in den Takten 10ff. als thematisch »führende« Stimme) bewegt, während der Tenor den Klangraum zwischen Alt und Sopran ausfüllt.

9 Einigermaßen verwunderlich ist nur der Aufstieg des Tenors nach f' – e' in Takt 7f. Doch widerspricht diese Wendung so sehr der imitatorischen Struktur wie auch den Stimmführungsregeln des zweistimmigen Satzes, daß man geneigt ist, ein Erratum anzunehmen, das nach Analogie von Tenor, Takt 21, zu f – e berichtigt werden müßte.

10 Zur Absicht Glareans s. oben, S. 18, 31 und 193, Anm. 25. Auf unsere spezielle Frage – die Frage, welchem Modus ein Werk *insgesamt* zugehöre – geben die Ausführungen von Glareans *Dodekachordon* allerdings keine Antwort. Für die Praxis in dieser Hinsicht nutzbar gemacht wurde Glareans Theorie erst durch deren Anhänger unter professionellen Musikern (so z. B. durch Homerus Herpol, Alexander Utendal und in Italien vor allem durch Zarlino), und zwar mit Hilfe der uns bekannten Lehre von den modal »herrschenden« und »dienenden« Stimmen. S. B. Meier, Glarean, S. 102–107.

11 Das Beispiel des 12. Modus bei Zarlino, Istitutioni, 1. Auflage, Lib. IV, Kap. 29, trägt dieser Tatsache Rechnung, indem es einen plagalen, auf c' fußenden Tenor mit einem gleichfalls plagalen, auf c" fundierten Sopran verbindet. Seit der 3. Auflage der Istitutioni (Lib. IV, Kap. 19) erscheint dieses – nunmehr den »2. Modus« illustrierende – Duo um eine Oktave tiefer transponiert: der »2. Modus« liegt jetzt also, wie es die Schulregel verlangt, mit seinem Ambitus um eine Quarte tiefer als der »1. Modus«. In dieser Art – mit Ambitus g – c' – g' im Sopran und G – c – g im Tenor – ist der auf c fußende plagale Modus jedoch bloße Theorie geblieben.

12 Die vom Herausgeber zugefügte Modusbezeichnung »del 6. Tono« ist irrig. Immerhin erfährt der Leser hier etwas, das zur Begründung dienen soll: Cabezóns *Tiento Nr. 3* – so der Herausgeber, S. XIV – »is in Mode VI; note especially the emphasis on a chordal sonority based on F in the measures immediately preceding the final cadence (mm. 89–91), as well as the initial entry of the Bass on F«. Die der dur-moll-tonalen Harmonielehre entstammende Bedeutung von »Plagalschluß« scheint also bei dieser an Cabezóns *Tiento Nr. 3* vorgenommenen »Tonart-Taufe« Pate gestanden zu haben. – Die Zuweisung des Werkes durch Anglés »to Mode I« (zitiert in CaCW II, S. XIV, Anm. 2) ist hingegen richtig, wenn man die Zählung des Spät-Zarlinischen Systems – 1. Modus = Authenticus der Finalis c – zugrunde legt.

13 Dem plagalen Charakter des Modus entspricht überdies auch die Lage der satztechnisch schwächeren Binnenkadenzen: sie liegen, außer auf c und e, auf den Tonstufen g (U-IV) sowie jeweils nur einmal auf a-*re*, g (Ob-V) und a-*mi*. Bezeichnenderweise finden sich diese drei letztgenannten, im modalen Rang niedrigsten Kadenzbildungen erst in der Mitte des Werkes (Abschnitt IV, Takt 91–161). Sie erscheinen also wiederum »eingerahmt« von Kadenzbildungen modal hohen Ranges.

14 In Takt 13 ist das Klausel-Akzidens cis" zu ergänzen; im Tenor II, Takt 22, ist die dritte Note als h zu lesen.

15 Die Tatsache, daß die Tonstufe f (nicht c) die Finalis darstellt, kommt durch die Einsatztonfolge c"/f' von Sopran und Alt sowie durch die analoge Einsatztonfolge von Tenor und Baß zum Ausdruck. Näheres hierzu s. unten im 6. Kapitel dieses Teils.

16 »Lydische« Kompositionen des 19. Jahrhunderts, wie z. B. Beethovens *Heiliger Dankgesang* aus dem Quartett op. 132 oder Bruckners Motette *Os justi* verkörpern also den »Lydius« (bzw. das, was man um jene Zeit dafür hielt) viel »reiner«; etwa gleich wie die Neugotik des 19. Jahrhunderts die originale Gotik an »Reinheit« und Symmetrie der Formen übertrifft.

3. Kapitel

1 Aufstieg nach f' und g' nur einmal, in den Takten 8–10, während welcher der Alt das Initialmotiv ex g vorträgt.

2 S. hierzu B. Meier, Die Tonarten, S. 92f., und The Modes, S. 109f.

3 S. die in Anm. 2 erwähnte Stelle.

4 Hierzu B. Meier, Die Tonarten, S. 339, und The Modes, S. 356. Zum Verschwinden dieser Praxis von Motiv-Aufstellung und -Beantwortung s. unten, Kap. 6.

5 Ausführlicheres zu beiden Werken, besonders zu ihrem Kadenzplan, bei B. Meier, Zu den Tonarten instrumentaler Musik des späten 16. Jahrhunderts, in: Logos Musicae. Festschrift für Albert Palm, Wiesbaden 1982, S. 165–168.

6 Die von Sartori, S. 171f., wiedergegebene Tavola der Quelle (Seconda Parte del Transilvano, Venedig 1609 = Sartori 1609–1610) verzeichnet aus Gründen der Platzersparnis die Ricercare jeweils paarweise; so z. B. *»Ricercare del primo, e secondo tuono...* [p.] *24«*. In Wirklichkeit erscheinen auf den geradzahligen (= Verso-)Seiten jeweils die Ricercare in den authentischen Tonarten, auf den ihnen folgenden ungeradzahligen (=Recto-)Seiten jeweils die in den plagalen Modi komponierten Ricercare.

7 Die zuerst einsetzende Stimme ist hier der Altus. Er greift jedoch hier – und wohlgemerkt: nur hier innerhalb des ganzen Werkes – in den Tonraum des Tenors hinab; offenbar, damit die modal »eigentliche« Gestalt des Initialmotivs, fundiert auf der Quinten-species g – d' bzw. g' – d'' (nicht aber c' – g' oder c – g), dem Hörer sogleich kenntlich werden solle.

8 Die vom Herausgeber gesetzten Kreuz-Akzidentien in den Takten 4f., 43, 60 und 78f. sind, als dem 7. Modus widersprechend, zu streichen.

9 Erhöhungs-Akzidentien der Clausula cantizans sind zu ergänzen in den Takten 5 und 9. Zu streichen ist hingegen das Erhöhungs-Akzidens in der Septima parte zu Beginn von Takt 20; das hierdurch entstehende Zusammentreffen von f (Septima parte) und fis' (Sopran) stellt, wie das Beispiel analoger und »expresse« derartig notierter Stellen in Werken William Byrds zeigt, eine für den Hörer kaum bemerkbare, da sehr rasch vorübergehende »Unreinheit« des Zusammenklanges dar.

10 Dreistimmig, mit Disposition: plagal – authentisch – plagal (C, T, B); der Tenor also in den Tonraum des Altus, der Baß in den Tonraum des Tenors hinauf versetzt.

11 Tenor und Altus gegenseitig austauschbar, jeder mit insgesamt übermäßigem, den Tonraum d – g' (mit gelegentlichen Erweiterungen) umfassendem Ambitus; dem Dispositionsschema des 8. Modus entsprechend der Ambitus von Sopran und Baß, desgleichen die Kadenzordnung.

12 Der vollständige, die Angabe der Tonart enthaltende Titel des Werkes findet sich – bezeichnenderweise – nur bei Brown, S. 299 (Druck 1579_3). – Für die Eigenart der Exordial-Imitation sei wiederum verwiesen auf die Ausführungen im 6. Kapitel dieses Teils.

13 Der Aufstieg des Tenors nach g' in den Takten 3 und 8 sowie innerhalb der Wiederholung des Anfangsteils bleibt singulär und für den Modus, selbst der Tenorstimme allein, belanglos.

14 S. hierzu H. S. Powers, Tonal Types and Modal Categories in Renaissance Polyphony, in: JAMS 34 (1981), S. 456ff.

15 Powers, Tonal Types, S. 456.

16 Erklärung der Handschriften-Siglen und Beschreibung der Handschriften mit Werken Erbachs: ErCKC I, S. X-XIII.

4. Kapitel

1 Für die Vokalmusik s. B. Meier, Die Tonarten, S. 147–151 und 211–217, und The Modes, S. 165–169 und 226–232. Speziell für die Instrumentalmusik: G. Diruta, Seconda Parte del Transilvano, Venedig 1609, zitiert bei C. Krebs, Girolamo Diruta's Transilvano, in: VfMw 8 (1892), S. 354: »Zum Schluß will ich noch von dem vierten Ton sagen, daß viele Komponisten den Namen des vierten dem dritten beilegen, und Melodien in ihm nicht verschieden von denen in seinem authentischen [d. h. dem 3. Modus] bilden«.

2 Werke, die, wie das vierte Stück von Stoltzers *Octo Tonorum Melodiae* (StAW I, Nr. 17), in

den modal »herrschenden« Stimmen – Discantus und Tenor – den »schulmäßig« regulären Ambitus des 4. Modus (h – e' – h' bzw. H – e – h) innehalten oder die in allen Stimmen eine »schulgerecht« reguläre Disposition gemäß dem »klassischen« Ambitusschema dieses Modus aufweisen – so Esteban Dazas *Fantasia por el Quarto Tono, por alamire, Nr. 16* (DaF, 30f.) –: Werke dieser Art begegnen so selten, daß wir sie lediglich als Ausnahme erwähnen können.

3 Der vom Herausgeber als »del 3. Tono« bezeichnete *Tiento Nr. 6* (CaCW II, 13ff.) trägt diese Bezeichnung zu Unrecht: er verwendet im Exordium, aufs deutlichste vernehmbar, die Psalmformel des 4. Modus. (Man sehe deren Cantus-firmus-artige Durchführung im Sopran, Takt 7–40.) Die von Anglés (MME II, 31) dem Werk beigefügte Modusbezeichnung »4.« besteht somit zu Recht.

4 Auch dieser »Cantus prius factus« ist vom Herausgeber nicht als solcher erkannt worden.

5 Vgl. das unten, S. 84ff., zu Palestrinas *Ricercar del Quarto Tono* Ausgeführte.

6 Zur Erklärung der Handschriften-Siglen s. S. 199, Anm. 16.

7 Zur Verbreitung dieses Theorems und zu seiner faktischen Bedeutung bzw. Bedeutungslosigkeit s. S. Schmalzriedt, Heinrich Schütz und andere zeitgenössische Musiker in der Lehre Giovanni Gabrielis, Neuhausen-Stuttgart 1972, S. 100, sowie B. Meier, Zur Modalität der »ad aequales« disponierten Werke klassischer Vokalpolyphonie, in: Festschrift Georg von Dadelsen zum 60. Geburtstag, Neuhausen-Stuttgart 1978, S. 237.

8 Siehe z. B. die auf vokale wie auch instrumentale Ausführbarkeit weisenden Titel der Drucke Brown 1540_3, 1545_2, 1546_{12}, 1549_5, 1549_7, $154?_6$, 1551_6, 1553_2, 1553_{10}, 1559_1, 1559_2 und 1559_3. Vgl. auch den Hinweis auf vokal-instrumental gemischte Ausführung imitatorischer Ricercare bei Kämper, Studien, S. 123.

9 S. Michael Praetorius, Syntagma Musicum, Bd. III, Wolfenbüttel 1619, S. 37. – Palestrina verwendet, wie hier noch angedeutet sei, diese Oberoktav-Transposition des 4. Modus auch in den Nummern 9–11 seines Offertoriums-Motettenzyklus. S. hierzu B. Meier, Zu den »in mi« fundierten Werken aus Palestrinas Offertoriums-Motettenzyklus, in: Mf 37 (1984), S. 215ff.

5. Kapitel

1 Näheres hierzu s. im Beitrag des Verfassers zum Thema Eastern and Western Concepts of Mode, in: Report of the Twelfth Congress Berkeley 1977, Kassel 1981, S. 513ff.

2 Auf diese Beschreibung stützt sich offenbar die Aussage von Powers, Art. »Mode«, in: The New Grove, Bd. 12, S. 413, Sp. 2, daß der Unterschied des 1. und des 9. Modus durch häufigen Gebrauch des *»fa super la«* im erstgenannten Modus »auf ein Minimum reduziert« (»minimized«) worden sei.

3 S. die von S. Hermelink, Dispositiones Modorum, Tutzing 1960, S. 139f., geschilderten, wenn auch irrtümlicherweise als »Fis-aeolisch« bezeichneten Werke.

4 Die vom Herausgeber stammende Bezeichnung der Transposition als »Alla quarta alta« ist irrig: der Sopran verläuft im regulären 9. Modus nicht von a – a', sondern von a' – a''; der Tenor ebenfalls nicht von A – a, sondern von a – a'.

5 Ausgenommen hiervon sind nur Altus, Takt 34ff. (Durchführung ex e'), und Bassus, Takt 14 ff. und 56 ff. (Durchführung jeweils ex A).

6 Kadenzen auf a sind, gemäß der skalaren Struktur des »per b-molle« transponierten 9. Modus, hier stets als Kadenzen auf a-*mi* zu verstehen.

7 Wenigstens zu fragen wäre hier, ob es sich bei der von cis' nach d'' führenden Sechzehntel-Passage des Soprans innerhalb dieser Kadenz nicht um die Auszierung einer »normalen« Clausula cantizans cis' – d' – cis' – d' handelt. Zu Beispielen solcher Diminutionen s. Silvestro Ganassi, La Fontegara, Venedig 1535, hrsg. von H. Peter, Berlin 1956, S. 36f. (Beispiele I,4 und 5; II,2 und 4) und S. 56 f. (Beispiele I,2 und 3; II,3 und VI,3).

8 Das Erhöhungs-Akzidens der – im Tenor liegenden – Clausula cantizans ist hier zu ergänzen.

9 Tonartbeleg: SweWO, S. XXVI.

10 Das der regulären Schlußkadenz von Giovanni Gabrielis Ricercar noch angefügte, zu einer Kadenz auf d führende »Supplementum« stellt einen Fall »halbschlüssiger« Beendigung des sonst ganz im 9. Modus gehaltenen Werkes dar. Man vergleiche hierzu das oben, Anm. 4 zu Kap. 2, über Cabezóns *Tiento* [del 6. Tono], *Nr. 4*, Ausgesagte.

11 Später erscheint die Tonstufe b noch in folgenden Zusammenhängen: als Vorbereitung einer Kadenz auf g-*re* (Ob-VII, also einer »Clausula peregrina«) in Takt 54f.; als Vorbereitung einer »Clausula simplex« auf g in Takt 12 f.; in zäsurartigen, nach f zielenden Wendungen (d'' – c'' der Oberstimme fundiert durch b – f des Bassus) in den Takten 11 und 14 f.; endlich innerhalb einer – nach der schon erwähnten »Clausula peregrina« g-*re* – zur »Haupttonart« zurückführenden Sequenzierung in Takt 57.

12 Zu diesem Werk s. I. Bossuyt, Alexander Utendal (ca. 1543/1545–1581), Proefschrift tot het verkrijgen van de graad van Doctor..., Leuven 1978 (mschr.), Tekstgedeelte, Bd. 1, S. 238ff. sowie S. Schulze, Die Tonarten in Lassos »Bußpsalmen«, Neuhausen – Stuttgart 1984, S. 36f. Übertragung des Werkes in moderne Notation: Bossuyt, Alexander Utendal..., Transcriptie van de volledige werken, Bd. 2, S. 302–311; neuerdings auch in: Alexander Utendal..., Bußpsalmen und Orationen, hrsg. von S. Schulze, (DTÖ 138/139), Graz 1985, S. 137–143.

13 Die Gleichheit des Initialmotivs von *»La Guamina«* und *»La Lucchesina«* stellt wohl eine Anspielung auf Lucca als die Heimatstadt Guamis dar.

14 Bei Antegnati, Tenor, Takt 19 und 28, ist das Erhöhungs-Akzidens zu ergänzen.

15 Belegstellen aus dem späteren 17. Jahrhundert (G. M. Bononcini und G. G. Nivers) s. unten, S. 205f., Anm. 1-4. – Doch braucht die Verwendung des Glareanischen 10. Modus als »Terzo Tono« für einen Komponisten – wenigstens des frühen 17. Jahrhunderts – nicht immer bindend zu sein. So kehrt z. B. Trabaci in seinem Zweiten Buch vierstimmiger Ricercare (Neapel 1615) beim *Ricercar del Terzo Tono* zur »normalen«, auf e fundierten Form dieses Modus zurück und hebt den 4. Modus in ganz »korrekter« Weise dadurch ab, daß er das *Ricercar del Quarto Tono* »per b-molle« auf a transponiert, wodurch er nicht nur die Möglichkeit zur Bildung einer besonders engschrittigen Exordialmelodik erhält, sondern auch die – bald schon benutzte – Gelegenheit, die modal »herrschenden« Stimmen bis zum Unterquintton ihrer Finalis abwärts zu führen.

16 Gallus Dreßler, Musicae Practicae Elementa, Magdeburg 1571, Secunda Pars, Kap. 5, über den Hypophrygius: »Inferiores notulas raro attingit..., videntur enim nostri Musici plaerunque ad Hypoaeolium tendere...«

17 Johannes Magirus, Artis musicae... Libri duo (1596), hrsg. von E. Nolte, in: Johannes Magirus (1558–1631) und seine Musiktraktate, Marburg 1971, S. 288 (Disputatio de Modis, Abschnitt 2). Magirus referiert die – von ihm dann verworfene – Meinung der Anhänger des traditionellen Systems der acht Modi: »At inquiunt, se Aeolium pro [Tono] peregrino, *Hypoaeolium pro Hypophrygio*, ...accipere...« (Hervorhebung nicht original).

18 Siehe Camillo Angleria, Regole del Contrapunto et della Musical Compositione, Mailand 1622, S. 80. Die ursprünglichen, auf e fundierten Formen beider Modi werden hingegen nur mehr als veraltet erwähnt (s. besonders S. 85: »Il Terzo, Et Quarto Tuono al costume Antico«, mit Darstellung ihrer vielen Kadenzen).

6. Kapitel

1 Ausführlicher zu alledem B. Meier, Zum Gebrauch der Modi bei Marenzio. Tradition und Neuerung, in: AfMw 38 (1981), S. 57–75.

2 Beispiele hierfür aus Vokalmusik des 16. Jahrhunderts bei B. Meier, Zum Gebrauch, S. 60, Anm. 6 und 7. Als Beispiele aus dem Bereich instrumentaler Musik angeführt seien etwa das Ricercar *Primo Tono, Nr. 1* von Andrea Gabrieli (Gabr[A]RO I, 3ff.; Einsatzton-

folge e', a, a', e) und Palestrinas *Ricercar del Secondo Tono* (PalW XXXII, 81ff.; Einsatztonfolge, bei Finalis d" bzw. d': d", g', d', g). Die reale Darstellung der dem 1. Modus eigenen Quinten-species *la-fa-re* hat also bei Andrea Gabrieli, die Darstellung des dem 2. Modus eigenen Initialmodells »species Diatessaron *sol-re* + Repercussio *re-fa*« bei Palestrina den Vorrang vor einem Bezug der bloßen Einsatztöne der einzelnen Motiv-Durchführungen.

3 Als Ausnahmen angeführt seien jedoch Johannes Moutons Motette *Laudate Deum* und Andrea Gabrielis Ricercar *Settimo Tono, Nr. 6* (Gabr[A]RO I, 24 ff.). Moutons Motette – ein Werk, das später von Willaert einer seiner vierstimmigen Messen zugrunde gelegt wurde (s. A. Willaert, WiOp, Bd. IX, hrsg. von Helga Meier, Neuhausen-Stuttgart 1987, S. 71ff.; zum vermutlichen Anlaß der Motette: ibid., S. IX) – beginnt mit einer »Imitatio tubarum«: das Initialmotiv umschreibt den Tonraum *sol-mi-sol-ut*, vom Sopran vorgetragen als g' – e' – f' – g' – c'. Dieses Motiv wird jedoch vom Alt »vorausimitiert«; und um auch in dieser Stimme die (»ratione verborum« dem Initialmotiv zugrundeliegende) intervallische Struktur bewahren zu können, setzt der Altus nicht ex c', sondern ex d' ein. (Ein Einsatz ex c' hätte die Quinten-species *sol-ut* zur Quinten-species *fa-fa* = c' – f, mit h, verändert und hierdurch auch den Bezug auf die Finalis-Tonstufe g verunklärt.) – Auch in A. Gabrielis Orgelricercar *Settimo Tono* trägt zuerst der Alt das »Thema« vor. Dieser Vortrag geschieht jedoch nicht in der dem Altus eigentlich zukommenden Lage, sondern in der Lage des Tenors (in die der Altus später niemals mehr hinabsteigt). Offenbar soll die dreimalige Vorführung des aus der Quinten-species *ut-sol* gebildeten Motivkopfes (Altus, Tenor, Cantus) ex g bzw. g' – dann erst durch den Baß ex c – dem Hörer jeden eventuell aufkommenden Zweifel in bezug auf die Tonstufe der Finalis – g, nicht c – von vornherein nehmen.

4 D. h.: »auf den äußersten oder den mittleren Tönen der [als Skalen vorgestellten] Modi, in welchen das Stück komponiert ist«. In den authentischen Modi sind die »äußersten Töne« die Finalis und deren Oberoktave, der »mittlere Ton« ist hier die Oberquinte der Finalis. In den plagalen Tonarten ist hingegen die Finalis der »mittlere Ton«, während die »äußersten Töne« die Unterquarte bzw. Oberquinte der Finalis sind.

5 Zur Entstehung und Vorgeschichte dieses Druckes s. die Aufsätze von Helga Meier (Zur Chronologie der Musica Nova Adrian Willaerts, in: Analecta Musicologica, Bd. 12, Köln 1973, S. 71–96) und A. Newcomb (Editions of Willaert's Musica Nova: New Evidence, New Speculations, in: JAMS 26, 1973, S. 132–145).

6 S. die von A. Newcomb, The Madrigal at Ferrara 1579–1597, Bd. II, Princeton 1980, veröffentlichten Werke.

7 Dies gemäß einer Bemerkung von Seth Calvisius, referiert bei B. Meier, Die Tonarten, S. 148, und The Modes, S. 166f.

8 S. hierzu B. Meier, Die Tonarten, S. 151, 212 und 215, und The Modes, S. 169, 226 und 229.

9 In TraR I erscheint hingegen – worauf bereits R. Jackson, The Keyboard Music of Giovanni Maria Trabaci, Phil. Diss., University of California at Berkeley 1964, S. 78 und 81, hinweist – als *»Terzo Tono«* ein im Glareanischen 10. Modus komponiertes Ricercar, und als *»Quarto Tono«* ein Werk, das, fundiert auf e, die Stimmendisposition und Melodik eines 3. Modus aufweist. Die Unterscheidung der »in *mi*« fundierten Modi ist also zwischen 1603 und 1615, dem Erscheinungsjahr des Ersten und des Zweiten Buches vierstimmiger Ricercare, bei Trabaci nicht geringer, sondern deutlicher geworden.

10 Der Abstieg des Soprans nach a in Takt 6f. des ersten Beispiels bleibt innerhalb des ganzen, 126 Takte umfassenden Werkes singulär.

11 Es bedarf also, um den Modus festzulegen, keiner Exposition einer *vollständigen* Quarten- oder Quinten-species. Im Hinblick darauf, daß allein schon das Verhältnis der Imitations-Einsatztöne den Modus eindeutig zu bestimmen vermag, kann auch die von Christoph Bernhard vorgenommene Zuweisung der beiden von C. Dahlhaus (Christoph Bernhard und die

Theorie der modalen Imitation, in: AfMw 21, 1964, S. 48) angeführten Beispiele – das erste an den »8. Modus« des Spät-Zarlinischen Systems (d. h. an den Glareanischen Hypolydius), das zweite an den »6. Modus« Spät-Zarlinischer Zählung (d. h. an den hier »per b-molle« transponierten traditionellen 4. Modus) – als durchaus zutreffend erkannt werden. Die von Dahlhaus geäußerten Zweifel an der Richtigkeit von Chr. Bernhards Aussage werden somit hinfällig.

12 Auch bei Frescobaldi – Canzonen Nr. 6, 14 und 9 (12. Modus), Nr. 3 und 19 (Glareanischer Lydius) sowie Nr. 16 und 23 (5. trad. Modus) – gestatten die Einsatztonfolgen der Initial-Imitation die Bestimmung des Modus selbst in Fällen, in denen die melodische Gestalt des Themas, nur für sich betrachtet, nicht unbedingt eindeutig ist. – Für den Glareanischen 9. Modus vergleiche man etwa das nach traditioneller Art (Themen-Einsätze ex a', d', a und d) gebildete Exordium von Hans Leo Haßlers *Ricercar Nr. 2* (DTB IV/2, 61ff.) mit dem in »moderner« Weise gehaltenen Beginn des *Ricercare del Nono Tono* von Gabriel Fatorini (TorA III, 161).

13 Die Existenz zeitlicher Überschneidungen älterer und neuerer Praxis sei hiermit keineswegs in Abrede gestellt.

Zweiter Teil

Einleitung

1 Siehe O. Kinkeldey, Orgel und Klavier in der Musik des 16. Jahrhunderts, Leipzig 1910; reprografischer Nachdruck: Hildesheim 1968, S. 122.

1. Kapitel

1 Durchgeführt werden zwei Motive: Alt und Sopran zeigen ein Initialmotiv, welches dem oben, S. 44, unter der Ziffer 1c beschriebenen Typus entspricht; Tenor und Baß weisen, ex d bzw. A real imitierend, ein Initialmotiv des oben, S. 42, als 1a bezeichneten Typus auf.

2 In der *Toccata Terza del Secondo Tono* findet sich eine Kadenzbildung auf d'', hier als d-*mi* (sp.), erst in der Mitte des Werkes (Takt 25); in der *Toccata Quarta* derselben Tonart erscheint eine Kadenz auf d'' in Takt 26, bei insgesamt 38 Takten Länge.

3 Ihr folgt schon in Takt 36f. die Schlußkadenz auf der Finalis-Tonstufe d; Erbach bringt uns also, vor dem ausgedehnten »Supplementum« letztgenannter Kadenz, auch noch die Repercussio des 1. Modus deutlich zu Gehör.

4 Näheres zu diesem Werk und der ihm in der Quelle (DirT) unmittelbar folgenden *Toccata di Salto buono del Secondo Tono* s. bei B. Meier, Zu den Tonarten instrumentaler Musik des späten 16. Jahrhunderts, in: Festschrift für Albert Palm, Wiesbaden 1982, S. 170f.

5 Tonartbeleg: SweWO, S. LV bzw. LXIII.

6 Selbst der wirkliche, d. h. nicht dekolorierte Verlauf dieser Melodiephrase zeigt ein unverkennbar plagales Gepräge: reichliche Benutzung des unterhalb der Finalis g' liegenden Tonraumes (sogar mit »Lizenz« eines Abstiegs bis g), hingegen nur einmaliges Berühren des Oberquart- und Oberquinttons der Finalis.

7 Die neueste (sic) Ausgabe dieser Toccata (HasHLT, 25ff.) verweist die in DTB IV/2 korrekt wiedergegebene Tonartbezeichnung in den Revisionsbericht.

8 Im frühen 16. Jahrhundert zählt die Kadenz auf g (Ob-IV) noch zu den regulären Kadenzen des 1. Modus. S. hierzu Pietro Aron, Trattato della natura et cognitione di tutti gli tuoni di canto figurato, Venedig 1525, Kap. 9. – Auch begegnet die für Erbach geschilderte Sonderform des 1. Modus, sogar mit eindeutiger Vorrangstellung der Kadenz auf g vor der Kadenz auf a, z. B. in den *Fantasías Nr. 1 und 2* von Luis Milán, beide bezeichnet als *»del Primero Tono«* (s. PÄM II, S. 2–11).

9 Irrig ist es jedoch, vom Vorhandensein der Modus-Bezeichnungen bei Toccaten darauf zu schließen, daß diesen Kompositionen *bestimmte* Gregorianische Melodien als mindestens

»ideelle Cantus firmi« zugrunde lägen (so M. C. Bradshaw, The Origin of the Toccata, Rom 1972, und The Toccatas of Jan Pieterszoon Sweelinck, in: TVer 25, 1975, S. 38ff.). – Zu Bradshaws Theorem geäußert habe ich mich bereits in: AfMw 34 (1977), S. 196, Anm. 24. Hingewiesen sei überdies noch auf folgende zwei Fakten: 1. Für Sweelinck ist eine Verwendung Gregorianischer Melodien, einschließlich der zugehörigen Psalmtöne, schon aus konfessionellen Gründen ausgeschlossen; in der Gottesdienstordnung von Sweelincks Konfession – der calvinischen – war aller Gregorianische Gesang von Anfang an beseitigt worden. 2. Die Bedeutung von »Toccata« als »Praeludium« ist uns expressis verbis belegt durch ein aus Italien selbst stammendes Zeugnis des frühen 17. Jahrhunderts: in der dritten Auflage seines *Organo Suonarino* (Venedig 1622 = Sartori 1622c) bezeichnet Adriano Banchieri das Prooemium eines jeden der fünf Bücher (»Registri«) seines Werkes als »Toccata«. Banchieris Sprachgebrauch ist somit derselbe wie der Sprachgebrauch jener deutschen Zeitgenossen (Praetorius, Demantius, aus dem 18. Jahrhundert sodann Mattheson), deren Aussage Bradshaw – offenbar unter der Voraussetzung, nicht in Italien gewesen zu sein, bedeute »per se« auch, nichts von italienischer Musik zu verstehen – so kurzerhand als belanglos abtut.

2. Kapitel

1 S. oben, S. 54; und B. Meier, Die Tonarten, S. 182f., bzw. The Modes, S. 198f.

2 Die Sechzehntel-Figuration in Takt 9 ist nur eine Auszierung der Tonfolge c – d – B, kurz vor dem Eintritt der das Exordium beschließenden Kadenz.

3 Zur Unechtheit dieser *Fantasia* s. W. Breig, Die Claviermusik Sweelincks und seiner Schüler im Lichte neuerer Forschungen und Editionen, in: Mf 30 (1977), S. 484.

4 Beispiele solcher Reservierung der im 6. Modus an sich regulären Kadenz auf a-*mi* für Stellen von betont traurigem Affektcharakter: B. Meier, Die Tonarten, S. 399f., und The Modes, S. 417f.

5 Die Bezeichnung des Werkes als »tone VIII« – so Bradshaw, The Origin, S. 57 – ist in der Quelle nicht enthalten und überdies unrichtig. Sollte nämlich, wie Bradshaw meint, das Werk über den 8. Psalmton – oder genauer: über dessen Mediatio und Schlußfall – komponiert sein, würde hier das Ende des – angeblichen – Cantus firmus, der Ton g', durch dessen Unterquint-Dreiklang »harmonisiert«. Solch ein Verfahren ist aber im 16. Jahrhundert, abgesehen von manchen Kadenzen »in *mi*«, nicht mehr üblich. Im Gegenteil: sogar für den *Anfang* einer vollstimmig beginnenden Cantus-firmus-Bearbeitung ist es verboten. Man sehe etwa die Anweisungen, die Seth Calvisius (Melopoiia, Erfurt 1592, Kap. 17) dem angehenden Komponisten für diesen Fall gibt: der Komponist solle – so Calvisius –, wenn der mehrstimmig zu bearbeitende Cantus firmus mit der Finalis seines Modus beginne, den Baß entweder im Einklang mit dieser Finalis oder mit deren Unteroktavton einsetzen lassen, nicht aber auf irgendeiner anderen Tonstufe; tue er nämlich das, dann scheine er »einen anderen Modus beizumischen«. Gerade dieser von Calvisius gerügte Fehler entstände aber, wollten wir Bradshaws Deutung Glauben schenken, nicht einmal am Anfang, sondern am *Ende* unseres Präludiums.

6 Hierzu s. F. Högler, Bemerkungen zu Zarlinos Theorie, in: ZfMw 9 (1926/27), S. 520. – Die Bemerkung der Herausgeber in FitzVB II, S. VIII, bezüglich auf das *Praeludium Dor.*, daß diese Modus-Angabe »cannot refer to the Dorian Mode«, trifft demnach nicht zu; es existierte im späten 16. und frühen 17. Jahrhundert nicht nur die *eine*, vor allem durch Glarean und seine Anhänger popularisierte Konzeption des »Modus Dorius«.

7 Zustande kommt diese eigentümliche Modus-Bezeichnung dadurch, daß die Herausgeber des FitzVB zwischen die Modi 10 und 11 des Glareanischen Systems die beiden auf h fußenden und deshalb für mehrstimmige Musik unbrauchbaren »Modi rejecti« (Glarean) als »XI.« und »XII.« Modus eingeschoben haben (s. FitzVB I, S. XIIf.).

8 Die Bezeichnung »utraque [recte: utriusque] scalae« ist hier nicht im Sinne des von H. S.

Powers (Art. »Mode«, in: The New Grove, Bd. 12, S. 413) so genannten *»cantus durus* and *cantus mollis* systems« gemeint, sondern im Sinne der von Maternus Beringer, Musicae... Erster und Anderer Theil, Nürnberg 1610, fol. H4^{v} – I1^{r}, erwähnten und demonstrierten »nidern« und »höhern Satzung«. Hierbei bezeichnet Mareschal die »höhere Satzung«, wie sie auch beschaffen sein mag, stets als transponierte Lage eines Modus; die »nidere Satzung« stellt demgemäß für ihn stets die »natürliche« Lage aller Modi dar. Gegenüber dem »cantus-durus« - und »cantus-mollis«-System ergeben sich hierdurch folgende Abweichungen: Innerhalb der authentischen Tonarten erscheint der Modus *Lydius* in seiner »natürlichen« Lage als fundiert auf der Sopran-Finalis b (mit e'), in seiner transponierten Lage als fundiert auf f' (mit h'), nicht umgekehrt. Analoges gilt für den *»Mixoaeolius«* (= 7. Modus) und *Aeolius* (= 9. Modus): ihre »natürliche« Lage erscheint als fundiert auf c' bzw. d', jeweils mit b-Vorzeichnung. Von den plagalen Tonarten erscheint der *Hypoionicus* in seiner »natürlichen« Lage als fundiert auf f' (mit b'), in transponierter Lage als fundiert auf c'' (mit h'), nicht umgekehrt. Daß endlich für den *Hypodorius* dessen auf g' (mit b') fundierte Lage als »natürlich« angesehen und seine auf d'' (mit h') fundierte Lage als Transposition verstanden wird, entspricht nur dem für mehrstimmige Musik allgemeinen Usus.

9 Der Notentext der Quelle ist, wie eine Prüfung derselben ergab, in Takt 3 des »Soprans« verderbt. Zu emendieren wäre er am besten dadurch, daß die vorausgehende Halbe d' der Oberstimme um die Dauer einer Viertelnote verlängert, die Note e' hingegen zu einer Viertelnote – und somit zu einer regulären Durchgangsdissonanz – verkürzt würde.

3. Kapitel

1 S. hierzu oben, Erster Teil, 3. Kapitel, Anm. 14.

2 Die Tonartbezeichnung fehlt in der Ausgabe; sie findet sich jedoch in der Quelle (DirT, Nr. 8).

4. Kapitel

1 Siehe G. M. Bononcini, Musico Prattico, Bologna 1673; reprografischer Nachdruck: Hildesheim 1969, S. 137f. Bononcini hat zuvor die zwölf Modi nach Früh-Zarlinischer (= Glareanischer) Reihenfolge dargestellt und fährt nun, unter dem Titel »Quali de sopradetti Tuoni vengano ordinariamente pratticati da Compositori«, fort wie folgt: »I Tuoni ordinariamente pratticati da Compositori sono sette, cioè il primo nelle sue proprie corde naturali [= mit Finalis d, ohne Vorzeichnung], il secondo alla quarta sopra [= mit Finalis g-*re*], il nono alla quinta sotto [= mit Finalis d und Vorzeichnung von b], il decimo nelle sue proprie corde naturali [= mit Finalis a, ohne Vorzeichnung], l'undecimo all'ottavo sotto [= mit Finalis c, ohne Vorzeichnung], il duodecimo alla quinta sotto [= mit Finalis f und b-Vorzeichnung], e l'ottavo nelle sue Proprie corde naturali [= mit Finalis g, ohne Vorzeichnung]. Il nono Tuono serve in luogo del settimo: *il decimo in luogo del terzo, e del quarto*, eccetuato qualche volta la cadenza finale, che si serve di quella del quarto: l'undecimo serve in luogo del quinto [d. h. des Glareanischen Lydius], et il duodecimo in luogo del sesto [d. h. anstatt des Glareanischen Hypolydius]« (Hervorhebung nicht original). – Die Stelle findet sich auch zitiert bei K. H. Holler, Giovanni Maria Bononcini's Musico Prattico in seiner Bedeutung für die musikalische Satzlehre des 17. Jahrhunderts, Straßburg und Baden-Baden 1963, S. 31.

2 Siehe G. G. Nivers, Treatise on the Composition of Music, Translated and Edited by Albert Cohen, Brooklyn 1961, S. 19. Die hier vorgeführten Skalen-Schemata der acht Modi zeigen jeweils deren Tenor-Ambitus (gegliedert in Quinten- + Quarten-species bei den Authenti, in Quarten- + Quinten-species bei den Plagales, dazu die Terz als »Mediatio« der Quinten-species) und fügen dieser Darstellung des Tenor-Ambitus sodann die – nach dem Dispositions-Schema »a voce piena« reguläre – Baß-Klausel hinzu (d. h. bei den authentischen Modi einen Quartsprung aufwärts, bei den plagalen einen Quintsprung abwärts). Nur der 1. und 2., 5., 6. und 8. Modus entsprechen aber der traditionellen Darstellung. Der »3. Modus« hinge-

gen ist gleich dem Glareanischen 10. Modus, der »4. Modus« gleich dem von Nivers so genannten »3.« Modus, nur mit vorausgestelltem Anfangston e und mit angehängter Baßklausel e – A – e (nicht, wie beim »3. Modus«, e – A); der »7. Modus« endlich stellt nur eine Transposition des 5. Modus (Finalis c, ohne Vorzeichnung) auf die Finalis d – mit Vorzeichnung von fis und cis – dar. Es handelt sich also, wie bereits H. Schneider, Die französische Kompositionslehre in der ersten Hälfte des 17. Jahrhunderts, Tutzing 1972, S. 263, richtig bemerkt, um eine »sehr weit fortgeschrittene Transformation der acht Kirchentöne« in Richtung auf das moderne dur-moll-tonale System.

3 S. die beiden Duos bei Bononcini, Musico Prattico, S. 140f.: das erste, ein »Decimo Tuono... che serve in luogo del terzo«, endet mit der dem 10. Modus eigenen Hauptkadenz auf a; das zweite, ein »Decimo Tuono... che serve in luogo del quarto«, ist identisch mit dem ersten Duo, fügt aber am Ende noch drei Takte hinzu, die zu einer »förmlichen« Kadenz auf e hinführen.

4 S. die schon bei Holler, G. M. Bononcini's Musico Prattico, S. 31, zitierte Beispiel-Liste Bononcinis, die nur Autoren des 15., 16. und frühen 17. Jahrhunderts enthält: für den 3. Modus das Madrigal *Tutto'l dí piango* von Cyprian de Rore (RoOp IV, 4ff.), für den 4. Modus das Madrigal *Rompi de l'empio cor* von Adrian Willaert (WiOp XIV, 136ff.; als Beispiel des genannten Modus schon zitiert von Zarlino).

5 Die Bemerkung, daß man Werke, die auf a-*mi* enden, »eher dem Hypophrygius« zuweisen solle als dem Phrygius, findet sich in Calvisius' Exercitationes Musicae duae, Leipzig 1600, S. 24 und 51. S. hierzu B. Meier, Die Tonarten, S. 148, und The Modes, S. 166.

6 Einen Präzedenzfall hierzu bildete die Fehlzuschreibung von Andrea Gabrielis *Toccata del Quinto Tono* (Gabr[A]Int, 11ff.); das Werk erscheint in seiner Quelle (Brown 1593_4) – wie schon der Herausgeber der Toccata, Pierre Pidoux, bemerkt – irrtümlicherweise als »Del Primo Tono«. (Die einzige Voraussetzung, unter der diese Bezeichnung korrekt sein könnte, der Gebrauch der Spät-Zarlinischen Nomenklatur der Modi, trifft weder für Andrea noch für Giovanni Gabrieli zu.)

7 Die Konstruktion »ideeller Cantus firmi« (alias: Psalmton-Melodien) durch Bradshaw (The Origin of the Toccata, S. 100–102) widerspricht allem im Verlauf der beiden Intonationen wirklich Hörbaren. Im besonderen bleibt die Verschiedenheit der Mediations-Zäsuren von 3. und 4. Psalmton (3. Psalmton: c', 4. Psalmton: a) völlig unberücksichtigt. Ja, man könnte, wollte man sich einmal der Methode Bradshaws bedienen, der Intonation *del Terzo Tono* weitaus leichter die Psalmformel des 4. Modus »zugrunde legen«. Der Gebrauch des älteren monastischen Initiums des 4. Psalmtons, e – g – a, befreite einen überdies von der peinlichen Notwendigkeit, die – vollstimmigen – Anfangstakte der beiden Intonationen *del Terzo* und *del Quarto Tono* mit einer Pause des »Cantus firmus« begleiten zu müssen.

5. Kapitel

1 S. im besonderen oben, S. 94f., samt den zugehörigen Anmerkungen.

2 Zur Tonartbezeichnung des Werkes in der Handschrift Lo1 s. Anm. 7 zu diesem Kapitel.

3 Die Verbindung eines völlig »schulgerechten« Tonmaterials mit einer der »phrygisierenden« Spielart des 9. Modus entstammenden Kadenzfolge (erste Binnenkadenz auf der Oberquarte der Finalis) finden wir in Samuel Mareschals Intonation *Noni Toni* (Aeolius; MarSW, 6).

4 Tonartbeleg: SweWO, S. LV.

5 Vgl. hierzu die unten, S. 140f., wiedergegebenen Äußerungen G. M. Trabacis zum Ambitus plagaler Modi.

6 Diese Benennungsweise entspricht der Darstellung, die Camillo Angleria in seinen Regole del Contrapunto..., Mailand 1622, vom 3. und 4. Modus »secondo l'uso moderno« gibt (s. Kap. 22, S. 80); 3. Modus: Finalis a, Diapente a – e', Diatessaron e' – a'; 4. Modus: Finalis a, Diapente a – e', Diatessaron a – e.

7 Beschreibung der Quelle: SweWO, S. XIVf.; Tonartbeleg: ibid., S. LVI.

6. Kapitel

1 S. hierzu W. Apel, Geschichte der Orgel- und Klaviermusik, S. 430.

2 Die einschlägige Stelle findet sich – in englischer Übersetzung – wiedergegeben bei R. Jackson, The Keyboard Music of Giovanni Maria Trabaci, Phil. Diss., University of California at Berkeley, 1964, S. 80.

Dritter Teil

1. Kapitel

1 S. hierzu K. W. Niemöller, Zur Tonus-Lehre der italienischen Musiktheorie des ausgehenden Mittelalters, in : KmJb 40 (1956), S. 23–32.

2 Tenor, Takt $63,_1$ ist als f zu lesen.

3 Bassus, Takt $27,_1$ ist als d zu lesen; Tenor, $19,_4$ als h.

4 Siehe Seth Calvisius, Melopoiia, Erfurt 1592, Kap. 14 (Ubi formandae sint Clausulae): »...tum etiam, quando per assumtas alias Clausulas, Cantilena ad alium modum inclinare, et traduci videtur, per hanc enim propriam Clausulam revocatur, et in ordinem redigitur«. »...auch wird ein Musikstück, wenn es durch hinzugenommene andere Kadenzen zu einem anderen Modus hinzuneigen und zu ihm hinübergeführt zu werden scheint, durch diese »Clausula propria« [d. h. durch die Kadenz auf der Finalis seines Modus] zurückgerufen und wieder in Ordnung gebracht«.

5 Nur kurz erwähnt seien noch folgende Werke: Anonymus, *Tercera Fantesia... del Quinto Tono* (MME II, Nr. 66, 94f., Fantasia XII de Vihuela; in Takt 43ff. Commixtio des – nicht transponierten – 1. Modus); G. P. Cima, *Sonata a tre per Violino, Cornetto e Violone* (CimCE = Sartori 1610d, S. 54ff.; 9. Modus; in Takt 31ff., ausgehend von einer Kadenz auf c'', Commixtio des 12. Modus Glareanischer Zählung); G. Guami, *Canzon a 4 Voci, Nr. 24* (GuC, 112ff.; transponierter 1. Modus; in Takt 17ff. Commixtio des 5. Modus traditioneller Art).

6 Siehe J. Bermudo, Declaración de Instrumentos musicales, Ossuna 1555; Faks.-Neudruck: Documenta musicologica, Erste Reihe, Bd. XI, Kassel 1957, fol. P II^v-P III^r.

7 LaSW I, 107ff. Näheres zu Lassos Motette bei B. Meier, Die Tonarten, S. 366ff., und The Modes, S. 382ff.

8 Die in Sechzehntelbewegung von fis' nach g'' führende Kadenzformel des Soprans in Takt 50–52 ist auch hier wohl als Diminution einer nach g' führenden Clausula cantizans (fis' –)g' – fis' – g' anzusehen (vgl. oben, S. 200, Anm. 7).

9 Innerhalb der Kadenz auf g, Takt 51f., ist das Erhöhungs-Akzidens der Clausula cantizans zu ergänzen.

10 Auch innerhalb dieser Kadenzen, Takt 79f. und 86, muß das Erhöhungs-Akzidens der Clausula cantizans ergänzt werden.

11 Marchetus, Lucidarium in arte musicae planae (GS III, 103b), referiert bei B. Meier, Die Tonarten, S. 442, Anm. 5a, und The Modes, S. 336, Anm. 7. – Viel sinnvoller ist das von einem spanischen Anonymus geübte Verfahren, einen Tiento, der, abgesehen von dem ohne Kadenz eingeführten Schluß auf dem Dreiklang über c, alle Kennzeichen des 3. Modus aufweist, diesem Verlauf gemäß auch als *Tercero Tono* zu bezeichnen (s. *Tiento. Tercero Tono*, MME II, Nr. 42, 50f., Tiento XVI).

12 S. hierzu W. Kirkendale, Ciceronians versus Aristotelians, in: JAMS 32, S. 1ff. – Zu den Ricercaren, welche der gegenteiligen, durch Cicero für das Exordium der Rede erhobenen Forderung nach Zusammenhang entsprechen, s. ibid., S. 24ff.

13 Belege hierfür bei Kirkendale, Ciceronians..., S. 10.

2. Kapitel

1 So z. B. Seth Calvisius, Bartholomaeus Gesius, Daniel Friderici, Erasmus Sartorius und Conrad Matthaei. Siehe hierzu S. Gissel, Zur Modusbestimmung deutscher Autoren in der Zeit von 1550–1650, in: Mf 39 (1986), S. 201–217, und Tonartenbestimmung vielstimmiger Kompositionen um 1600, in: KmJb 71 (1987), S. 1–11.

2 So Calvisius, zitiert bei Gissel, Zur Modusbestimmung, S. 214.

3 Zitiert bei Gissel, Zur Modusbestimmung, S. 215.

4 Von derselben Art, wenn auch nicht so »durchsichtig« gearbeitet, ist auch das *Ricercar Octavi Toni, Nr. 7* von Hans Leo Haßler (DTB IV/2, 75f.). Warum das Werk, entgegen dem allein schon am Verlauf seiner Außenstimmen ablesbaren Befund, nur als *»Octavi Toni«* bezeichnet ist, kann nicht mit Sicherheit entschieden werden.

5 Zu bemerken ist hierbei, daß der Tenor des ersten Chors sehr ausgiebig die hohen Lagen der Oktav-species g – g' (+ darüber liegende »Lizenzen«) benutzt, die Finalis g aber nur selten berührt. Die Tenorstimmen der beiden anderen Chöre zeigen hingegen das normale Aussehen eines 7. Modus.

6 Es sei nochmals daran erinnert, daß Diruta in seinen beiden Toccaten *del Primo* und *del Secondo Tono* die Ober- wie auch Untergrenze des der Disposition »a voce piena« jeweils zur Verfügung stehenden Klangraums innehält.

3. Kapitel

1 Siehe C. Dahlhaus, Musiktheoretisches aus dem Nachlaß des Sethus Calvisius, in: Mf 9 (1956), S. 131.

2 Hierzu W. Kirkendale, Ciceronians versus Aristotelians, in: JAMS 32, S. 2.

3 Zu Lechner s. H. Weber, Die Beziehungen zwischen Musik und Text in den lateinischen Motetten Leonhard Lechners, Phil. Diss. Hamburg 1961, S. 143–148. Zu Rore: B. Meier, Die Tonarten, S. 375–379, und The Modes, S. 392–396. Ergänzend hierzu B. Meier, Rhetorical Aspects of the Renaissance Modes, in: Journal of the Royal Musical Association 115/2 (1990), S. 182–190.

4 Belege zu alledem bei Kämper, Studien, S. 228ff.

5 Hierzu s. oben, S. 71.

6 Von den Canzonen KuN, Nr. 8 und 11, ist bereits im vorausgegangenen Kapitel die Rede gewesen.

7 Die Canzonen aus Cifras Zweitem Buch (CifR, 128–157) kommen für uns hier nicht in Betracht, da sie jeweils über das numerisch entsprechende Stück der vorausgegangenen Ricercare – eines die traditionellen Modi 1–8 umfassenden Zyklus – komponiert sind.

8 Der Sopran dieses Werkes (der *Canzone Terza, Nr. 13*; CifR, 69f.) – nicht aber der Tenor – bewegt sich an einigen Stellen (Takt 3, Ende-5 und Takt 9) in den Tonraum des plagalen Modus hinab.

9 Tinctoris, Liber de natura et proprietate tonorum, Kap. 1, zitiert bei B. Meier, Die Tonarten, S. 371 und 448, Anm. 7, bzw. The Modes, S. 387.

10 Die Unterscheidung von »Cadenze maggiori«, »Cadenze minori« und »Cadenze minime« findet sich bei Nicola Vicentino und Orazio Tigrini; Beispiele aller drei Kadenzarten bei B. Meier, Die Tonarten, S. 78, und The Modes, S. 92.

11 Zur modalen Fehldeutung dieser Canzonen Erbachs s. oben, S. 164f.

12 In Takt $70,_4$ ist die real tiefste Stimme (Tenor) als b zu lesen.

13 Mit ähnlich rascher Bewegung setzt unter den übrigen elf Ricercaren des in Dirutas *Transilvano* enthaltenen Tonartenzyklus nur noch das *Ricercar dell' Ottavo Tono* ein; doch fehlt ihm die canzonenhafte Initialwendung 𝅗𝅥 ♩ ♩

14 S. oben, S. 167; zur selben Wirkung beim 2. und 4. Modus s. Meier, The Modus, S. 388f.

15 Hierzu Kämper, Studien, S. 154. Daß die von uns als »imitatio tubarum« erwähnten Stellen

»an die Bläserbattaglien Annibale Padovanos und Andrea Gabrielis erinnern« und deshalb die Ausführung des Werkes durch Blasinstrumente die angemessenste Art der klanglichen Realisierung darstelle, bemerkt zu Recht schon Kämper. Doch bleibt auch bei einer Ausführung durch andere Instrumente die »imitatio tubarum« als solche stets verständlich.

16 So Orazio Vecchi, zitiert bei B. Meier, Die Tonarten, S. 448f., Anm. 11, und The Modes, S. 389.

17 »Aufgehellt« wird in der *Canzone »Urania«* (Nr. 3) auch der in Werken dieser Gattung, wie es scheint, nur selten verwendete 3. Modus. – Andererseits bleibt in den *Canzonen »Irene«* und *»Artemisia«* (Nr. 6 und 7) dank langsamerer Bewegungsart – Semibrevis und Minima, nicht Minima und Semiminima als vorherrschende Notenwerte – der zumindest ernste Affekt des traditionellen 6. bzw. 8. Modus erhalten.

18 Man beachte vor allem zu Beginn der ersten »languido«-Episode (Takt 43ff.) auch deren, verglichen mit der soeben vernommenen »imitatio tubarum«, »moll-artigen« Charakter. (Die vom Herausgeber gesetzten Erhöhungs-Akzidentien im Tenor, Takt 43, und im Baß, Takt 60, sind als moduswidrig zu streichen.)

19 Daß diese Aussage nur für die Instrumentalmusik der von uns betrachteten Epoche gelte, soll hiermit nicht behauptet werden; noch für die Musik der Wiener Klassik dürften solche Vermittlungen »per analogiam« eine größere Rolle spielen, als man vielfach annimmt.

20 S. hierzu Kirkendale, Ciceronians versus Aristotelians, S. 2, Anm. 4.

21 Die oben erwähnten Vortragsanweisungen – »un certo ordine di procedere, nelle compositioni, che non si può scrivere« – finden sich bei Vicentino. S. hierzu die überaus inhaltsreiche Rezension von W. Dürr, Nicola Vicentino, L'antica musica, in: Mf 14 (1961), S. 448. Weitere Zeugnisse dieser Art (G. M. Lanfranco, Luigi Dentice, Zarlino, Zacconi, Cyriacus Schneegaß) in: RoOp II, S. VII, und in: MaOp IV, S. IX. Alledem noch hinzuzufügen: Christoph Praetorius, zitiert bei R. Molitor, Die Nach-Tridentinische Choralreform, Bd. I, Leipzig 1901, S. 173, Anm. 1.

22 Hierzu G. Reese, Music in the Renaissance, New York ²1959, S. 521.

23 S. PÄM II, z. B. S. 48, 72 und 90.

24 Tyard, Solitaire Second, Lyon 1555, zitiert bei D. P. Walker, Der musikalische Humanismus im 16. und frühen 17. Jahrhundert, Kassel 1949, S. 19f.

25 Hierzu KinO, S. 138f.

26 La Fontegara, hrsg. von H. Peter, S. 9, 87 und 89.

27 Reese, Music in the Renaissance, S. 548f.

28 Diruta, Seconda Parte del Transilvano (am Ende): Discorso sopra il concertare li Registri dell' Organo. – Vorausgedeutet wird auf diese Ausführungen bereits im Dritten Buch des Werkes (Discorso sopra le Modulationi delli Tuoni). Für den Hinweis auf diese Stellen dankt der Verfasser Frau Dr. Susanne Diederich, vormals Tübingen.

Schlußwort

1 Von der Verbreitung dieser Sichtweise zeugen z. B. die Diskussionsbeiträge zum Thema »Awareness of Tonality in the Sixteenth Century«, in: Report of the Eighth Congress, New York 1961, Bd. II, Kassel 1962, S. 58–63. Nur einer der Diskussionsteilnehmer, Carl Dahlhaus, stellte allen Ernstes die Frage nach dem Tonart-Empfinden des 16. Jahrhunderts selbst (S. 62). Seine Ausführungen betreffs der Modi (Bestimmtheit derselben durch melodische Eigenarten, unabhängig von einem »chord system in the modern sense«) stimmen überein mit denjenigen des Verfassers dieser Zeilen, in: Mf 7 (1954), S. 269, und AfMw 14 (1957), S. 83–101.

2 So Johann Nikolaus Forkel, und keineswegs er allein. S. hierzu B. Meier, Carl von Winterfeld, in: KmJb 50, S. 141ff. Auch die Analyse von Musik der Renaissance nach einer für *alle*

Musik, unabhängig von deren historischem Kontext, gültig sein-wollenden Theorie, wie derjenigen von Heinrich Schenker, führt in die Irre. Siehe hierzu die Ausführungen von N. Cook, zu: Round Table V: Musical Analysis: Systematic versus Historical Models, in: AMl 63 (1991), S. 21f.

3 Auch hierfür sei, als auf ein Beispiel unter vielen, auf Winterfeld verwiesen, dem Kunst und »Kunstlehre« als geradezu natürliche Gegner erscheinen. (S. B. Meier, KmJb 50, S. 142f.)

QUELLEN UND AUSGABEN

AntA — Antegnati, Costanzo, L'Antegnata Intavolatura de Ricercari d'Organo, 1608, hrsg. von Willi Apel, AIM, o. O. 1965 (= CEKM 9).

AntOC — Antología de Organistas Clásicos, Siglos XVI-XVII, hrsg. von P. Luis Villalba Muñoz, Madrid 1971 (Unión Musical Española 21646).

ANT120 — Canzoni Venetiani a quattro voci, 1608, hrsg. von Helmut Mönkemeyer, Mainz 1958 (Edition Schott 4664).

BaC — Banchieri, Adriano, Canzoni alla Francese (of 1596), hrsg. von Leland Bartholomew, Madison 1975 (= RRMR, Bd. XX).

BaF — Banchieri, Adriano, Vierstimmige Fantasien, hrsg. von Arthur Eglin, Aesch (Kanton Baselland) 1980 (= Laudinella-Reihe, Blatt 210).

BaOS2 — Banchieri, Adriano, L'Organo Suonarino, Venedig 1611 (= Sartori 1611c).

BaOS3 — –, ^{3}Venedig 1622 (= Sartori 1622c).

BeD — Bermudo, Juan, Declaración de Instrumentos musicales, Ossuna 1555; R: Doc. Mus., Erste Reihe, Bd. XI, Kassel und Basel 1957.

BoR — Bonelli, Aurelio, Il Primo Libro de Ricercari et Canzoni a quattro voci, Venedig 1602 (= Sartori 1602b).

CaCW II — Gesamtausgabe der Werke von / The Collected Works of Antonio de Cabezón, Bd. II, Tientos, hrsg. von Charles Jacobs, Brooklyn NY 1972.

CanR — Canale, Floriano, Ricercari di tutti li Tuoni ... a quattro voci, Venedig 1601 (= Sartori 1601a).

CantO2 — Cantantibus Organis. Sammlung von Orgelstücken alter Meister, hrsg. von Eberhard Kraus, Heft 2, Regensburg 1959.

CavO I — Cavazzoni, Girolamo, Orgelwerke I, Libro Primo, hrsg. von Oscar Mischiati, Mainz 1959 (Edition Schott 4991).

CaviR — Cavi, Pietro Pauolo da, Il Primo Libro di Recercari a due voci, Rom 1620 (= Sartori 1620f).

CEKM 10 — Keyboard Music from Polish Manuscripts, Bd. III, hrsg. von J. Golos und A. Sutkowski, AIM, o. O. 1967.

CEKM 24 — Neapolitan Keyboard Composers circa 1600, hrsg. von Roland Jackson, AIM, o. O. 1967.

CEKM 34 — Annibale Padovano, Sperindio Bertoldo, »D'Incerto«, Compositions for Keyboard, hrsg. von Klaus Speer, AIM, o. O. 1969.

CifR — Cifra, Antonio, Ricercari e Canzoni Francesi, hrsg. von Francesco Luisi und Giancarlo Rostirolla, Köln 1981 (= Concentus Musicus, Bd. VI).

CimCE — Cima, Giovanni Paolo, Concerti Ecclesiastici, Mailand 1610 (= Sartori 1610d).

CimPR — –, Partito de Ricercari e Canzoni alla Francese, hrsg. von Clare G. Rayner, AIM, o. O. 1969 (= CEKM 20).

ConR — Conforti, Giovanni Battista, Ricercare (1558) und Madrigale (1567), hrsg. von Dietrich Kämper, Köln 1978 (= Concentus Musicus, Bd. IV).

CorR — Corradini, Nicolò, Ricercari con Fughe negli 8 Toni gregoriani ... (Partitura fratta = Sartori 1615n).

CroF — Croci, Antonio, Frutti musicali, Venedig 1642 (= Sartori 1642b).

DaF — Daza, Esteban, The Fantasias for Vihuela, hrsg. von J. Griffiths, Madison 1982 (= RRMR, Bd. LIV).

DirT — Diruta, Girolamo, Il Transilvano, Venedig 1593 (= Brown 1593_3), und: Seconda Parte del Transilvano, Venedig 1609 (= Sartori 1609-1610).

DTB IV/2 — Ausgewählte Werke von Christian Erbach, Erster Teil. Werke Hans Leo Haßlers, Erster Teil ..., hrsg. von Ernst von Werra, Leipzig 1903.

DTÖ 138/139 — Utendal, Alexander, Bußpsalmen und Orationen, hrsg. von Stefan Schulze, Graz 1985.

EdM 36 — Die Lüneburger Orgeltabulatur KN 208^1, hrsg. von Margarete Reimann, Frankfurt a.M. 1957.

ErCKC I-V — Erbach, Christian, Collected Keyboard Compositions, hrsg. von Clare G. Rayner, AIM, o. O. 1977 (= CEKM 36).

FitzVB I und II — The Fitzwilliam Virginal Book, hrsg. von J. A. Fuller Maitland und W. Barclay Squire. Revised Dover Edition, New York 1979.

FreC — Frescobaldi, Girolamo, Venticinque Canzoni per Cembalo od Organo, trascritte per Pianoforte ... da Felice Boghen, Mailand 1922 (Ricordi).

FreCap — –, Il Primo Libro di Capricci ... in Partitura ..., Rom 1624 (= Sartori 1624b).

Gabr(A)Int — Gabrieli, Andrea, Intonationen für Orgel oder Cembalo, hrsg. von Pierre Pidoux, Kassel 1978 (BA 1779).

Gabr(A)RO I und II — –, Ricercari für Orgel, hrsg. von Pierre Pidoux, Kassel 1952 und 1970 (BA 1780 und 1781).

Gabr(G)C — Gabrieli, Giovanni, Canzoni per sonar a quattro, hrsg. von Alfred Einstein, ^{2}Mainz 1961 (ANT 41).

Gabr(G)CO I — –, Composizioni per Organo, Bd. I, hrsg. von Sandro Dalla Libera, ^{2}Mailand 1977 (E.R. 2573).

GuC — Guami, Giuseppe, Canzoni da sonare a quattro, cinque e otto voci ..., hrsg. von Ireneo Fuser und Oscar Mischiati, Florenz 1968 (= Accademia Lucchese di Scienze, Lettere ed Arti, Studi e Testi II).

HasHLT — Haßler, Hans Leo, Toccatas, hrsg. von Stijn Stribos, AIM, Neuhausen-Stuttgart 1985 (= CEKM 45).

HasJOW — Haßler, Jakob, Orgelwerke, hrsg. von Hartmut Krones, Wien und München 1978 (= Diletto Musicale, Doblingers Reihe Alter Musik, Nr. 570).

IMAMI I und II — Istituzioni e Monumenti dell'Arte Musicale Italiana, Bd. I und II, hrsg. von Giacomo Benvenuti und Gaetano Cesari, Mailand 1931 und 1932.

KinO — Notenanhang zu: Kinkeldey, Otto, Orgel und Klavier in der Musik des 16. Jahrhunderts (s. Literaturverzeichnis).

KrebsD — Krebs, Carl, Girolamo Diruta's Transilvano, Separatdruck aus VfMw 8, Leipzig 1892.

KuN — Notenteil zu: Kunze, Stefan, Die Instrumentalmusik Giovanni Gabrielis (s. Literaturverzeichnis).

LaNR I — Lasso, Orlando di, Sämtliche Werke, Neue Reihe, Bd. I, hrsg. von Wolfgang Boetticher, Kassel und Basel 1956 (BA 3401).

LaSW I — –, Sämmtliche (sic) Werke, Bd. I, hrsg. von Franz Xaver Haberl, Leipzig 1894.

LiLSG — Licino, Agostino, Primo Libro di Duo Cromatici, Venedig 1545, und: Il Secondo Libro di Duo Cromatici, Venedig 1546.

LuSA — (Partitura) Della Seconda Aggiunta alli Concerti racolti dal ... Don Francesco Lucino, Mailand 1617 (= Sartori 1617d).

MAM 9 — Zwei Orgelstücke aus einer Kärntner Orgeltabulatur des 16. Jahrhunderts, hrsg. von Ambros Wilhelmer, Graz 1958 (= Musik alter Meister, Heft 9).

MaOp IV — Marenzio, Luca, Opera Omnia (= CMM 72), Bd. IV, hrsg. von Bernhard Meier, AIM, Neuhausen-Stuttgart 1978.

MarSW — Mareschal, Samuel, Selected Works, hrsg. von Jean-Marc Bonhote, AIM, o. O. 1967 (= CEKM 27).

MaSL — Mayone, Ascanio, Secondo Libro di diversi Capricci per sonare, Neapel 1609 (= Sartori 1609f).

MeruC — Merulo, Claudio, Canzonen, 1592, hrsg. von Pierre Pidoux, Kassel 1941.

MeruR — –, Ricercari d'Intabolatura d'Organo, Libro Primo, ^{2}Venedig 1605 (= Sartori 1605h).

MeruT I-III — –, Toccate per Organo, hrsg. von Sandro Dalla Libera, ^{2}Mailand 1976, 1974, 1974 (E.R. 2626, 2638 und 2629).

MMB 4 — Monumenta Musicae Belgicae, 4e Jaargang, Berchem-Antwerpen 1938.

MME II — Monumentos de la Música Española II = La música en la Corte de Carlos V, hrsg. von Higino Anglés, Barcelona 1944.

MRM I — Musica Nova accommodata per cantar et sonar sopra organi, et altri strumenti (= Monuments of Renaissance Music, Bd. I), hrsg. von H. Colin Slim, Chicago und London 1964.

NMA — Nagels Musik-Archiv, Heft 87, Hannover und Kassel 1932.

OeL 5 — Orgue et Liturgie, hrsg. von N. Dufourcq, F. Raugel und J. de Valois, Heft 5, Paris o. J. [um 1951].

PadR — Padovano, Annibale, Ricercari, hrsg. von N. Pierront und J.P. Hennebains, Paris 1934 (Editions de L'Oiseau Lyre).

PÄM II — Milán, Luis, Libro de Música de vihuela de mano intitulado El Maestro ..., Valencia 1536, hrsg. von Leo Schrade (= Publikationen Älterer Musik, Bd. 2), Leipzig 1927; R: Hildesheim (Olms) 1976.

PaiO — Paix, Jakob, Ein Schön Nutz unnd Gebreüchlich Orgel Tablaturbuch, Laugingen 1583 (= Brown 1583_4, RISM 1583^{23}).

PalR — Palestrina, Giovanni Pierluigi da, Ricercari sopra li tuoni a quattro, hrsg. von Karl Gustav Fellerer, Mainz 1933 (ANT 85. – Die Ricercare *del Terzo* und *del Sesto Tono* vom Herausgeber transponiert).

PalW XXXII — –, Werke, 32. Band, hrsg. von Franz Xaver Haberl, Leipzig 1892.

PasCKW — Pasquini, Ercole, Collected Keyboard Works, hrsg. von W. Richard Shindle, AIM, o. O. 1966 (= CEKM 12).

ReißG II — Reißmann, August, Allgemeine Geschichte der Musik, Bd. II, München 1864.

RitZ II — Ritter, August Gottfried, Zur Geschichte des Orgelspiels, Bd. II: Musikalische Beispiele, Leipzig 1884.

RoOp II und IV — Rore, Cyprian de, Opera Omnia, hrsg. von Bernhard Meier (= CMM 14), Bd. II und IV, AIM, o. O. 1963 und 1969.

Schlecht G — Schlecht, Raymund, Geschichte der Kirchenmusik, Regensburg 1871.

StAW I — Stoltzer, Thomas, Ausgewählte Werke, Erster Teil, hrsg. von Hans Albrecht (= EdM, Reichsdenkmale, Bd. 22), Leipzig 1942.

SweWO — Sweelinck, Jan Pieterszoon, Werken voor Orgel en Clavecimbel, hrsg. von Max Seiffert (= Werken van Jan Pieterszoon Sweelinck, Deel I), Amsterdam 1943. – Die revidierte Neuausgabe der Instrumentalwerke Sweelincks (Opera Omnia, Editio altera, Bd. I/1-3, Amsterdam 1974) war dem Vf. nicht zugänglich.

TorA III — Torchi, Luigi (Hrsg.), L'Arte Musicale in Italia, Bd. III, Mailand o. J. (Ricordi 103034).

TraR — Trabaci, Giovanni Maria, Composizioni per Organo e Cembalo, Fasc. I, hrsg. von Oscar Mischiati, Brescia und Kassel 1964 (= Monumenti di Musica Italiana, Serie I, Bd. III; enthält nur die 12 Ricercare aus TraR I).

TraR I — –, Ricercate, Canzone Franzese, Capricci, ... Gagliarde ... Toccate ... à quattro voci ... Libro Primo, Neapel 1603 (= Sartori 1603c).

TraR II — –, Il Secondo Libro de Ricercate, et altri varii Capricci, Neapel 1615- (= Sartori 1615c).

ValInt — Valente, Antonio, Intavolatura de Cimbalo (Naples 1576), hrsg. von Charles Jacobs, Oxford 1973.

ViLM — Vinci, Pietro, Il Primo Libro della Musica a due voce (sic), Venedig 1560.

WiOp IX und XIV — Willaert, Adrian, Opera Omnia (= CMM 3), Bd. IX und XIV, hrsg. von Helga Meier, AIM, Neuhausen-Stuttgart 1987 und 1977.

LITERATURVERZEICHNIS*

Aiguino, Illuminato, Il Tesoro illuminato di tutti i tuoni di canto figurato, Venedig 1581.
Angleria, Camillo, Regole del Contrapunto et della Musical Compositione, Mailand 1622; R: Forni 1969.
Apel, Willi, Geschichte der Orgel- und Klaviermusik bis 1700, Kassel etc. 1967.
Aron, Pietro, Trattato della natura et cognitione di tutti gli tuoni di canto figurato, Venedig 1525; R: Utrecht (Joachimsthal) 1966.
Artusi, Giovanni Maria, L'Arte del Contraponto, 2Venedig 1598; R: Hildesheim (Olms) 1969.
Banchieri, Adriano, Cartella musicale, Venedig 1614; R: Forni.
Beringer, Maternus, Musicae ... Erster und Anderer Theil, Nürnberg 1610; R: Kassel und Leipzig 1974.
Bona da Brescia, Valerio, Regole del Contraponto et Compositione, Casale 1595.
Bononcini, Giovanni Maria, Musico Prattico, Bologna 1673; R: Hildesheim (Olms) 1969.
Bossuyt, Ignace, Alexander Utendal (ca. 1543/45-1581), Proefschrift tot het verkrijgen van de graad van Doctor ..., Leuven 1978 (masch.-schr.).
Bradshaw, Murray C., The Origin of the Toccata (= MSD 28), AIM, [Rom] 1972.
– The Toccatas of Jan Pieterszoon Sweelinck, in: TVer 25/2 (1975), 38-60.
Breig, Werner, Die Claviermusik Sweelincks und seiner Schüler im Lichte neuerer Forschungen und Editionen, in: Mf 30 (1977), 482-492.
Brown, Howard Mayer, Instrumental Music printed before 1600, 2Cambridge, Massachusetts 1967.
Burmeister, Joachim, Musica poetica, Rostock 1606; R: Doc. Mus., Erste Reihe, Bd. X, Kassel etc. 1955.
Calvisius, Seth, Melopoiia, Erfurt 1592.
– Exercitationes musicae duae, Leipzig 1600; R: Hildesheim (Olms).
Cook, Nicholas, »Analysis contra History«, in: AMl 63 (1991), 21f.
Dahlhaus, Carl, Christoph Bernhard und die Theorie der modalen Imitation, in: AfMw 21 (1964), 45-59.
– Der Dreiklang als Symbol, in: Musik und Kirche 25 (1955), 251 f.
– Musiktheoretisches aus dem Nachlaß des Sethus Calvisius, in: Mf 9 (1956), 129-139.
Dietel, Gerhard, Thomas Stoltzers »Octo tonorum melodiae« - ein frühes Beipsiel absoluter Musik? in: Von Isaac bis Bach ... Fs. Martin Just zum 60. Geburtstag, Kassel etc. 1991, 105-114.
Dreßler, Gallus, Musicae Practicae Elementa, Magdeburg 1571.
– Practica Modorum explicatio, Jena 1561.
– Praecepta musicae poeticae, Ms., Magdeburg 1563/64, hrsg. von Bernhard Engelke, in: Geschichts-Blätter für Stadt und Land Magdeburg, 49./50. Jahrgang, 1914/15, 214-250.
Dürr, Walther, Rezension: Nicola Vicentino, L'Antica Musica, in: Mf 14 (1961), 446-448.
Eitner, Robert, Über die acht, respektive zwölf Tonarten ... im XVI. und XVII. Jahrhunderte nach Joh. Peter Sweelinck, in: Monatshefte für Musik-Geschichte 3 (1871), 139-151.
Gafurius, Franchinus, Practica Musicae, Mailand 1496; R: Doc. Mus., und Gregg 1967.

* Reprints werden zitiert nach Helmut Rösner, Nachdruckverzeichnis des Musikschrifttums, Wilhelmshaven 1971 und 1972. – Reihentitel wurden nicht mit aufgenommen; s. hierzu Hermann Walther, Bibliographie der Musikbuchreihen, Kassel etc. 1991.

Ganassi, Silvestro, La Fontegara, Venedig 1535, hrsg. von Hildemarie Peter, Berlin 1956.
Geering, Arnold, Homer Herpol und Manfred Barbarini Lupus, in: Fs. Karl Nef, Zürich und Leipzig 1933, 48-71.
Gissel, Siegfried, Tonartenbestimmung vielstimmiger Kompositionen um 1600, in: KmJb 71 (1987), 1-11.
– Zur Modusbestimmung deutscher Autoren in der Zeit von 1550-1650, in: Mf 39 (1986), 210-217.
Glarean, Heinrich Loriti, Dodekachordon, Basel 1547; R: Monuments of Music and Music Literature in Facsimile, Second Series, LXV, New York 1967.
Gombosi, Otto, Studien zur Tonartenlehre des frühen Mittelalters, in: AMl 10 (1938), 149-174.
Hegel, Georg Wilhelm Friedrich, Werke, Bd. IX, Berlin 1837.
Hermelink, Siegfried, Dispositiones Modorum, Tutzing 1960.
Högler, Fritz, Bemerkungen zu Zarlinos Theorie, in: ZfMw 9 (1926/27), 518-527.
Hofmann, Eucharius, Doctrina de Tonis seu modis musicis, Greifswald 1582.
Holler, Karl Heinz, Giovanni Maria Bononcini's Musico Prattico in seiner Bedeutung für die musikalische Satzlehre des 17. Jahrhunderts, Straßburg und Baden-Baden 1963.
Jackson, Roland, The Keyboard Music of Giovanni Maria Trabaci, Diss., University of California at Berkeley, 1964.
Jambou, Louis, Les Origines du Tiento, Paris 1982.
Jeppesen, Knud, Marcellus-Probleme, in: AMl 16/17 (1944/45), 11-38.
Johannes Affligemensis, De musica cum tonario, hrsg. von J. Smits van Waesberghe (= CSM 1), AIM, Rom 1950.
Kämper, Dietrich, Studien zur instrumentalen Ensemblemusik des 16. Jahrhunderts in Italien, Köln und Wien 1970.
Kenton, Egon, Life and Works of Giovanni Gabrieli (= MSD 16), AIM, o. O. 1967.
Kiesewetter, Raphael Georg, Geschichte der europäisch-abendländischen oder unserer heutigen Musik, Leipzig 1834.
Kinkeldey, Otto, Orgel und Klavier in der Musik des 16. Jahrhunderts, Leipzig 1910; R: Hildesheim (Olms) 1968.
Kirkendale, Warren, Ciceronians versus Aristotelians on the Ricercar as Exordium, from Bembo to Bach, in: JAMS 32 (1979), 1-44.
Kunze, Stefan, Die Instrumentalmusik Giovanni Gabrielis, Tutzing 1963.
Leuchtmann, Horst, Einleitung zu: DTB, Neue Folge, Bd. 7 … Sdegnosi ardori, Wiesbaden 1989.
Lowinsky, Edward E., Tonality and Atonality in Sixteenth-Century Music, Berkeley und Los Angeles 1962.
Magirus, Johannes, Artis musicae … Libri duo (1596), hrsg. von Ekkehard Nolte, in: Johannes Magirus (1558-1631) und seine Musiktraktate, Marburg 1971.
Meier, Bernhard, Carl von Winterfeld und die Tonarten des 16. Jahrhunderts, in: KmJb 50 (1966), 131-163.
– Die Tonarten der klassischen Vokalpolyphonie, Utrecht 1974; englische Übersetzung: The Modes of Classical Vocal Polyphony, New York 1988.
– Heinrich Loriti Glareanus als Musiktheoretiker, in: Beiträge zur Freiburger Wissenschafts- und Universitätsgeschichte, 22. Heft, Freiburg i. Br. 1960, 65-112.
– Die Modi der Toccaten Claudio Merulos (Rom 1598 und 1604), in: AfMw 34 (1977), 180-198.
– Tonartliche Ordnungen der sogenannten klassischen Vokalpolyphonie, in: Report of the Twelfth Congress Berkeley 1977, Kassel etc. 1981, 509-517.
– Thomae Stoltzeri »Octo Tonorum Melodiae« re-examinatae, in: Von Isaac bis Bach … Fs. Martin Just zum 60. Geburtstag, Kassel etc. 1991, 97-104.
– Zu den »in mi« fundierten Werken aus Palestrinas Offertoriums-Motettenzyklus, in: Mf 37 (1984), 215-220.

– Zu den Tonarten instrumentaler Musik des späten 16. Jahrhunderts, in: Logos Musicae, Fs. für Albert Palm, Wiesbaden 1982, 162-171.
– Zum Gebrauch der Modi bei Marenzio. Tradition und Neuerung, in: AfMw 38 (1981), 57-75.
– Zur Modalität der »ad aequales« disponierten Werke klassischer Vokalpolyphonie, in: Fs. Georg von Dadelsen zum 60. Geburtstag, Neuhausen-Stuttgart 1978, 230-239.
Meier, Helga, Zur Chronologie der *Musica Nova* Adrian Willaerts, in: Analecta Musicologica, Bd. 12, Köln 1973, 71-96.
– Einleitung zu: WiOp IX, AIM, Neuhausen-Stuttgart 1987.
Molitor, Raphael, Die Nach-Tridentinische Choral-Reform zu Rom, Bd. I, Leipzig 1901; R: Hildesheim (Olms) 1967.
Montanos, Francisco de, Arte de Musica theorica y practica, Valladolid 1592.
Müller-Blattau, Wendelin, Tonsatz und Klanggestaltung bei Giovanni Gabrieli, Kassel etc. 1975.
Newcomb, Anthony, Editions of Willaert's »Musica Nova«: New Evidence, New Speculations, in: JAMS 26 (1973), 132-145.
– The Madrigal at Ferrara 1579-1597, Bd. II, Princeton, NJ, 1980.
Niemöller, Klaus Wolfgang, Zur Tonus-Lehre der italienischen Musiktheorie des ausgehenden Mittelalters, in: KmJb 40 (1956), 23-32.
Nivers, Guillaume Gabriel, Treatise on the Composition of Music, Translated and Edited by Albert Cohen, Brooklyn 1961.
Oridryus, Johannes, Practicae musicae utriusque praecepta brevia, Düsseldorf 1557, hrsg. von Renate Federhofer-Königs, in: Johannes Oridryus und sein Musiktraktat, Köln 1957.
Picerli, Silverio, Specchio Secondo di Musica, Neapel 1631.
Pontio, Pietro, Dialogo, ove si tratta della Theorica e Prattica di Musica, Parma 1595.
– Ragionamento di Musica, Parma 1588; R: Doc. Mus., Erste Reihe, Bd. XVI, Kassel etc. 1959.
Powers, Harold S., Artikel »Mode«, in: The New Grove, Bd. 12, London 1980, 376-450.
– Is Mode real? in: Basler Jahrbuch für historische Musikpraxis, Bd. XV, 1991 (im Druck).
– Modal Representation in Polyphonic Offertories, in: Early Music History 2, Cambridge 1982, 43-86.
– Monteverdi's Model for a multimodal Madrigal, in: In Cantu et in Sermone. For Nino Pirrotta on his 80th Birthday, Florenz 1989, 185-219.
– Tonal Types and Modal Categories in Renaissance Polyphony, in: JAMS 34 (1981), 428-470.
Praetorius, Michael, Syntagma Musicum, Bd. 3, Wolfenbüttel 1619; R: Doc. Mus., Erste Reihe, Bd. XV, Kassel etc. 1958.
Reese, Gustave, Music in the Renaissance, [2]New York 1959.
Reichert, Georg, Martin Crusius und die Musik in Tübingen um 1590, in: AfMw 10 (1953), 185-212.
Report of the Eighth Congress, New York 1961, Bd. II, Kassel etc. 1962.
Sartori, Claudio, Bibliografia della Musica Strumentale Italiana stampata in Italia fino al 1700, Bd. I und II, Florenz 1952 und 1968.
Schmalzriedt, Siegfried, Heinrich Schütz und andere zeitgenössische Musiker in der Lehre Giovanni Gabrielis, Neuhausen-Stuttgart 1972.
Schneegaß, Cyriacus, Isagoges musicae libri duo, Erfurt 1591.
Schneider, Herbert, Die französische Kompositionslehre in der ersten Hälfte des 17. Jahrhunderts, Tutzing 1972.
Schulze, Stefan, Die Tonarten in Lassos »Bußpsalmen«, Neuhausen-Stuttgart 1984.
Tigrini, Orazio, Il Compendio della Musica, Venedig 1588; R: Broude Brothers (Monuments of Music and Music Literature in Facsimiles, Series II: Music Literature, Vol. 25).

Walker, Daniel Pickering, Der musikalische Humanismus im 16. und frühen 17. Jahrhundert, Kassel 1949.
Weber, Heinrich, Die Beziehungen zwischen Musik und Text in den lateinischen Motetten Leonhard Lechners, Diss. Hamburg 1961.
Werner, Eric, The Sacred Bridge, London und New York 1959.
Zacconi, Lodovico, Prattica di musica, ²Venedig 1596.
Zarlino, Gioseffo, Le Istitutioni harmoniche, Venedig ¹1558, ²1562, ³1573, ⁴1589; R von ³1573: Ridgewood, NJ, 1966.

PERSONEN- UND WERKREGISTER

Namen und Werktitel erscheinen alphabetisch geordnet, letztere nach Komponisten- und Gattungsnamen. An erster Stelle genannt werden stets jene Werke, deren Titel eine Tonartbezeichnung enthält. Die Nummern in den Werktiteln beziehen sich bei publizierten Stücken auf die vom Verfasser benutzte Ausgabe, bei unpublizierten Werken auf die jeweils im Text genannte Quelle. Findet sich ein Name oder Werktitel in einer Anmerkung, so wird deren Nummer der betreffenden Seitenzahl in Klammern beigefügt. Unter den Stichworten *Glarean* und *Zarlino* sind auch die hiervon abgeleiteten Namensadjektive verzeichnet. Nicht aufgenommen wurden die Namen von Herausgebern (sofern sie nicht für unser Thema Belangvolles sagen), die Namen von Festschrift-Adressaten sowie Namen, die lediglich in Buch- oder Aufsatztiteln erscheinen.

---

*) Die Bezeichnung »del 1. Tono« stammt vom Herausgeber und ist unrichtig.
**) Die Bezeichnung »del 3. Tono« stammt vom Herausgeber und ist unrichtig.
+) Die Bezeichnung »del 6. Tono« stammt vom Herausgeber und ist unrichtig.
++) Die Bezeichnung »del 5. Tono« stammt vom Herausgeber und ist unrichtig, richtig dagegen die Bezeichnung von Nr. 7 als »6.« bei Anglés, MME II, 33.

*) Zu den Ricercaren Trabacis: Werke, deren Titel eine Nummer enthält, entstammen dem Zyklus TraR II, Werke ohne Nummer dem Zyklus TraR I (letzterer publiziert in TraR).